煌煌大明

考古 服饰 礼制

徐文跃 著

浙江古籍出版社

图书在版编目（CIP）数据

煌煌大明：考古、服饰、礼制 / 徐文跃著 . -- 杭州：浙江古籍出版社，2023.9（2024.12 重印）

ISBN 978-7-5540-2667-0

Ⅰ . ①煌… Ⅱ . ①徐… Ⅲ . ①服饰—文物—考古—研究—中国—明代 Ⅳ . ① K875.24

中国国家版本馆 CIP 数据核字（2023）第 134273 号

煌煌大明

考古、服饰、礼制

徐文跃　著

出版发行	浙江古籍出版社 （杭州市体育场路 347 号）
网　　址	https://zjgj.zjcbcm.com
责任编辑	伍姬颖
责任校对	吴颖胤
整体设计	吴思璐
海报设计	时代艺术
责任印务	楼浩凯
照　　排	浙江大千时代文化传媒有限公司
印　　刷	浙江新华印刷技术有限公司
开　　本	880mm×1230mm　1/32
印　　张	19.125　　**插　　页**　4
字　　数	450 千字
版　　次	2023 年 9 月第 1 版
印　　次	2024 年 12 月第 2 次印刷
书　　号	ISBN 978-7-5540-2667-0
定　　价	188.00 元

何以研究明代服饰

为什么要研究明代服饰，或者说服饰研究为什么要注重明代这一时段？

服饰，作为身体外在的显著特征，早在春秋时期就已被认为是族群认同和区分的重要标志，并被纳入礼制的范畴且在后世不断得以强化。明朝，在中国历史的序列上，处于元朝和清朝之间，是一个相对特殊的朝代。元朝和清朝都由少数民族建立，而明朝可说是帝制时代最后一个以汉人为主导的王朝。在服饰史上，元朝“近取金、宋，远法汉、唐”，同时“兼存国制”[1]。这一制度袭自辽金，其时有国服、汉服之别。辽金元虽重国服且行剃发，但不废汉人衣冠。明朝初立，明太祖诏“复衣冠如唐制”，“胡服、胡语、胡姓，一切禁止”[2]。清朝定鼎，强制汉人一律剃发易服。初看之下，元朝为一变，明朝是一变，清朝又是一变，三朝服饰截然不同，似无因袭。但实际上元代服饰影响明代既深且远，其影响且及于清代并朝鲜、日本、琉球诸国。在此，试举数例，以示元、明、清三朝服饰的关系。

搭护。又作搭胡、搭忽、答胡、答忽、褡𧞣，为蒙古语“Dahu”之音译，意为一种皮袄，后用以指代丝麻类半袖或无袖的袍服。

明初革除胡服，但搭护不在其列。搭护在明代更多地写作褡褸，与圆领、贴里为帝王群臣常服中的特定组合。入清，礼服中也有搭护。杨宾《柳边纪略》卷三记满洲“天寒披重羊裘，或猞猁狲、狼皮打呼”，文后注云“皮长外套也”[3]。《御制增订清文鉴》卷二十四《衣服类》第一载“皮端罩 Dahū：用任何一种皮草做的，比褂长，放上眉子，毛朝外穿的，称为皮端罩。用白珍珠毛狐狸皮、元狐皮、貂皮、猞猁皮，上镶貂皮边，猞猁皮、豹皮、狐狸皮等皮毛做的，和朝服一起穿”[4]。满语 Dahū 当即借自蒙古语 Dahu，其时汉译或作打呼、达呼、大护，而更多地则被称为端罩。据《大清会典》，端罩有黑狐皮、紫貂皮、青狐皮、貂皮、猞猁狲皮、红豹皮、黄狐皮等数种，这与蒙古语的本意颇为相近。按质地、皮色及其里、带的颜色，端罩又分几个等级，以此区分身份的高低。

贴里。又作帖里、天益、天翼、缀翼、裰翼，为蒙古语“Terlig”之音译，意为丝、丝织品、绸缎，后泛指丝麻织物。或言“Terlig”为腰间收束之袍服的蒙古语称呼[5]。入明，贴里未废，且与圆领、褡褸为特定的组合。明朝末年，朝鲜使臣申忠一出访女真部落，记努尔哈齐的穿着，说是“身穿五彩龙文天益，上长至膝，下长至足背，裁剪貂皮，以为缘饰”[6]。朴趾源《热河日记》记其一行将渡江入清朝国境，于卢参奉所说“视帖里时，更加豪健矣”文后注云“帖里，方言千翼”[7]，千翼，亦即天翼，也就是贴里。洪万朝于康熙三十五年（1696）以谢恩副使出使清朝，在其《晚退燕槎录》中记清人服饰，称“所谓公服，如我国辇陪军之所着，而有绣贴里则长而有膝。按如我国戎服。

红头上有澄子，青卵、红卵各随其品，垂念珠一串，围带子于贴里。此必遵胡元辽金之制而未可知也”[8]。洪万朝所说的公服，当即清代的朝服，近人考证清代朝服的形制正是受了明代贴里的影响[9]。

补子。补子在明代为文武群臣常服圆领上的一种标识，《明太祖实录》载“（文武官）常服用杂色纻丝、绫、罗，彩绣花样：公、侯、驸马、伯用麒麟、白泽，文官一品、二品仙鹤、锦鸡，三品、四品孔雀、云雁，五品白鹇，六品、七品鹭鸶、鸂鶒，八品、九品黄鹂、鹌鹑、练鹊，风宪官用獬豸。武官一品、二品狮子，三品、四品虎、豹，五品熊罴，六品、七品彪，八品、九品犀牛、海马”[10]。明清易代，袭用补子，用于文武群臣朝服、吉服、常服外套穿的褂子上，其功用与明代一样，也是为了区分品官的等第，唯其花样与明代稍有参差。推原其始，明清补子乃出于元朝胸背。胸背，顾名思义，其装饰的部位在前胸后背，初为或圆或方的装饰花样。元朝胸背普遍采用龙、凤、麒麟等动物作为装饰，并无明确的等差序列。明清补子则文官专用飞禽，武官专用走兽，等级鲜明。

搭护、贴里、补子之外，帽顶与其上的翎羽装饰，珍珠（蒙古语、满语称“答纳”）装饰，及衣物上如云肩通袖膝襕、四团、八团等装饰模式，也都是元、明、清三朝服饰前后袭用的实例。此处所举虽然间有蒙古影响女真的例子，并非一律经由明朝为中介而递相袭用，但不难看出元、明、清三朝服饰之间的关系远比通常所认为的密切。

又，有明一代，以中国为主导的东亚封贡体系最为典型。

朝鲜、日本、琉球作为名义上的藩属，对明朝例行朝贡，明朝则对其加以册封。而封贡体系最为重要的一环，就是明朝赐予藩属冠服。特别是朝鲜王朝，“礼乐文物，侔拟中华”[11]，衣冠制度效法明朝[12]。明清易代，出于尊周思明的意识，朝鲜士人主观地认为清朝已是腥膻遍地，礼乐文物荡然无存；而僻在一隅的朝鲜却能保有明朝政教，“一隅青丘，独保大明日月”[13]，“大明日月，尚存于青邱一隅而未尝亡”[14]。至朝鲜高宗称帝前夕，儒生在劝进奏疏中也说“惟我东方，檀君首出，与尧并立，箕师道东，一变为夏。亦粤我祖宗缉熙之学，直溯关洛，尊尚程朱，礼乐文物，侔拟中夏者，迄今上下四千年。而惟其皇统之号，则在古未遑矣。钦惟皇明，廓清区宇，圣神继绳，我国受命，号称小华”，继称“陛下圣德大业，宜承大明之统绪”，“伏惟陛下深体万东之义，廓挥中兴之志，亟正宝位，亟涣大号，以顺天命，以应民心，克承皇明之统，永享无疆之休焉”[15]。朝鲜王朝升格为大韩帝国，其时距明亡已数百年，但仍认为是承继明朝的统绪。度支部协办朱锡冕在奏疏中就称“洪惟我陛下，挺上圣姿，膺中兴运，远绍皇明之旧统，创制大韩之新规”[16]，高宗也曾直言“大明受之于宋，朕则受之于大明”[17]。与此相应，朝鲜使臣出使清朝，特别注意清人的穿着服用及清朝士人对其衣冠的观感，在《燕行录》中往往费有不少笔墨。朝鲜使臣以为“我等衣冠与明制一样”[18]，普遍认为大明衣冠尚存于朝鲜且只此可见，尹凤九《屏溪集》就称“即今天下，我独周矣。大明衣冠，惟此可见”[19]。在路途中，朝鲜使臣常常讲求穿戴，以期引起路人的艳羡。尹凤九在给即将出使清朝的俞子成的信中，就说“且儒士之行，兄乃一初，不可用军官服，宜以幅巾等巾服莅途。中原旧人，必且艳看矣”[20]。路人对朝鲜使臣异样的眼光，朝鲜使臣却多情地以为“华人见东方衣冠，无不含泪，其情甚戚，相对惨怜”[21]。在与清朝士人交往的过程中，朝鲜使臣的自我优越感还屡屡藉其衣冠得以膨胀，进而夸示于人前[22]。

如上所述，元、明、清三朝冠服制度虽各有异，但异中有同，不乏前后因袭之处。同时，明代服饰也在域外有着深远的影响。明代服饰的特殊性和重要性，即在此历史的纵向和横向得以凸显。服饰研究注重明代，还有一个现实的考虑。往往年代越早，可资利用的材料越少；年代越近，材料越多。元朝去今已远，文献多不足征，其他材料也相对较少；清朝去今最近，无论是文献还是实物、图像等材料，都极为丰富，且相关研究也多。唯于明朝，去今不远不近，材料也还算充足，相关研究不无深入的空间。近年来，相关文献、实物、图像的发现、发掘、发布，也大大丰富了研究的资料，使得系统地研究明代服饰成为可能。

那么，要怎么样研究明代服饰呢？

明代服饰以往的研究，多是基于文献和图像。但文献的记载往往多有阙略，难有具象的认知；图像的释读则常常见仁见智，易被误解误读。相对来说，考古发掘实物及传世实物最为可靠，但其利用似未普遍。即便有文献、实物、图像三者并重之例，也多是限于某个专题或片段，鲜有通盘的论述。明代服饰研究，当以文献、实物、图像三者并重，此将关涉的材料略述如下。

文献，主要是国内的明代文献，如官修的礼书、政书、史书，及地方史志与笔记小说。《洪武礼制》《诸司职掌》《大明集礼》《大明会典》《礼部志稿》《明实录》等书早为学人所熟知，而地方史志与笔记小说更多地反映时人穿着的实况，颇可利用。近年，一些明代珍本图书的刊布，也有助于明代服饰研究的深入。如内府彩绘本《明宫冠服仪仗图》的出版，因其附有众多明初绘制的彩图，使得以往典制中只有文字记载的物事变得生动具象。明代服饰研究可资利用的文献当不限于国内，域外朝鲜、日本、琉球诸国的文献应该也在利用之列。域外汉籍中，以朝鲜的《国朝五礼仪》《国朝续五礼仪补》《春官通考》《朝鲜王朝实录》《朝鲜王朝仪轨》《大韩礼典》《燕行录》诸书与明代服饰关系较巨，特别是《朝鲜王朝实录》载录明朝赐给朝鲜国王、王妃、世子冠服的敕书和咨文，文后详细开列所赐冠服的各个构件，显得尤为重要。日本宫内厅所藏明神宗颁给丰臣秀吉的敕谕，及琉球《历代宝案》所录明朝赐给琉球国王冠服的敕书，文后也都详细开列常服、皮弁冠服的各个构件，前者且有《丰公遗宝图略》以图说的形式作了记录。域外文献的利用，无疑有助于拓宽明代服饰研究的视域，进而引向深入。

实物，主要是考古发掘实物和传世实物。中华人民共和国成立以来，考古事业蓬勃发展，明代墓葬多有发现与发掘。这些墓葬涉及当时社会的各个阶层，上自帝王后妃、文武官员与其妻妾，下至士庶与其妻妾。涵盖的地域遍及大江南北，而尤以两京及现在的江苏、上海、浙江、江西等地为数最多。在已发掘的明代墓葬中，出土有冠帽服饰的所占比重相对较少，但其规模也颇可观。举其大者，帝王陵墓中定陵、鲁荒王墓、梁庄王墓、益宣王墓、宁靖王夫人吴氏墓，品官墓葬中徐达家族墓、沐英家族墓、宋晟家族墓、王洛家族墓、顾从礼家族墓、夏儒夫妇墓、徐蕃夫妇墓、王锡爵墓，士庶墓葬中刘鉴家族墓、张懋夫妇墓，等等，都出土有相当数量的实物。传世实物则主要是国内文博单位如故宫及孔府所藏明代冠帽服饰，特别是孔府旧藏虽已分藏各处，但其数量之多、品类之全、工艺之精、保存之好，为他处所不及。国内实物之外，考古发掘所见的朝鲜时代墓葬中，冠帽服饰出土亦夥，间亦可资利用。而日本所藏明朝赐给丰臣秀吉、上杉景胜的一批服饰遗存，有其明确的来源，特别是前者既有文字的记述又有图像的描绘，尤显珍贵。

图像，主要是纪实性的容像、壁画、版画诸类，特别是明代帝王后妃、品官命妇、士庶及妻各阶层的容像。明代帝后容像现存皇帝坐像一套和帝后云身像一册，真实表现了明朝历代帝后的穿着。明代社会摹写容貌的绘画技术水平较高，兼以当时社会宗族观念较强，现今存世的容像为数众多且较能真实反映当时的衣着风貌。容像的性质较为庄重，主要用于宗族祭祀并保存于祠堂，所以当时的世家大族往往存有延续数代的先人容像，如岐阳王世家、衍圣公世家。明代壁画衰微，但一些寺观壁画却能真实反映时人的穿戴情况。明末印刷出版行业发达，版画水平较高，内中也多有纪实性的题材。此外，行乐图、宦迹图乃至域外的图像资料，也颇可参考。明代行乐图存世较多，《宣宗行乐图》《宣宗马上像轴》《宪宗元宵行乐图》《宪宗调禽图》等上所见帝王穿着多为典制所不载，《杏园雅集图》《竹园寿集图》《五同会图》《十同年图》等上所见官员穿着则多为常服，可补文字记载的阙略。宦迹图如《丛兰事迹图》《王守仁事迹图》《徐显卿宦迹图》等反映的主要是宦途的升转[23]，也颇有助于对明代服饰的认知。朝鲜王朝服饰多遵明制，其时御真、容像也不无参考利用之处。

材料虽备，还需详加考校、寻绎，期于文图互照、名实相符。断代服饰史的研究，孙机先生的《两唐书舆（车）服志校释稿》以文献为经，实物、图像为纬，既有文字上的校订也有名物上的考释[24]，唐代车舆冠服之制赖其校释而得以大明，堪为此项研究的典范。扬之水踵武其师，在名物考证上亦擅其场。其《中国古代金银首饰》一书[25]，往往于一物之微能探幽烛隐且信而有征，尽显考证功夫，兼以文笔之美、考证之当、配图之精，令人叹为观止。金银首饰关系冠帽服饰甚巨，其书第二册且专述明代，对明代服饰研究助益颇多。具体到明代服饰，以往的研究多重事理的阐发而轻名物的考求，然而事理正寓于名物之中。研究明代服饰，孙机、扬之水两位治学的取径堪为楷式，实可效法。

本书为服饰类专著，一些专有名词保留了繁体字、异体字字形。另外，明代公元纪年则以《明代历史纪年表》的形式附之于后。

煌煌大明目録

煌煌大明目録

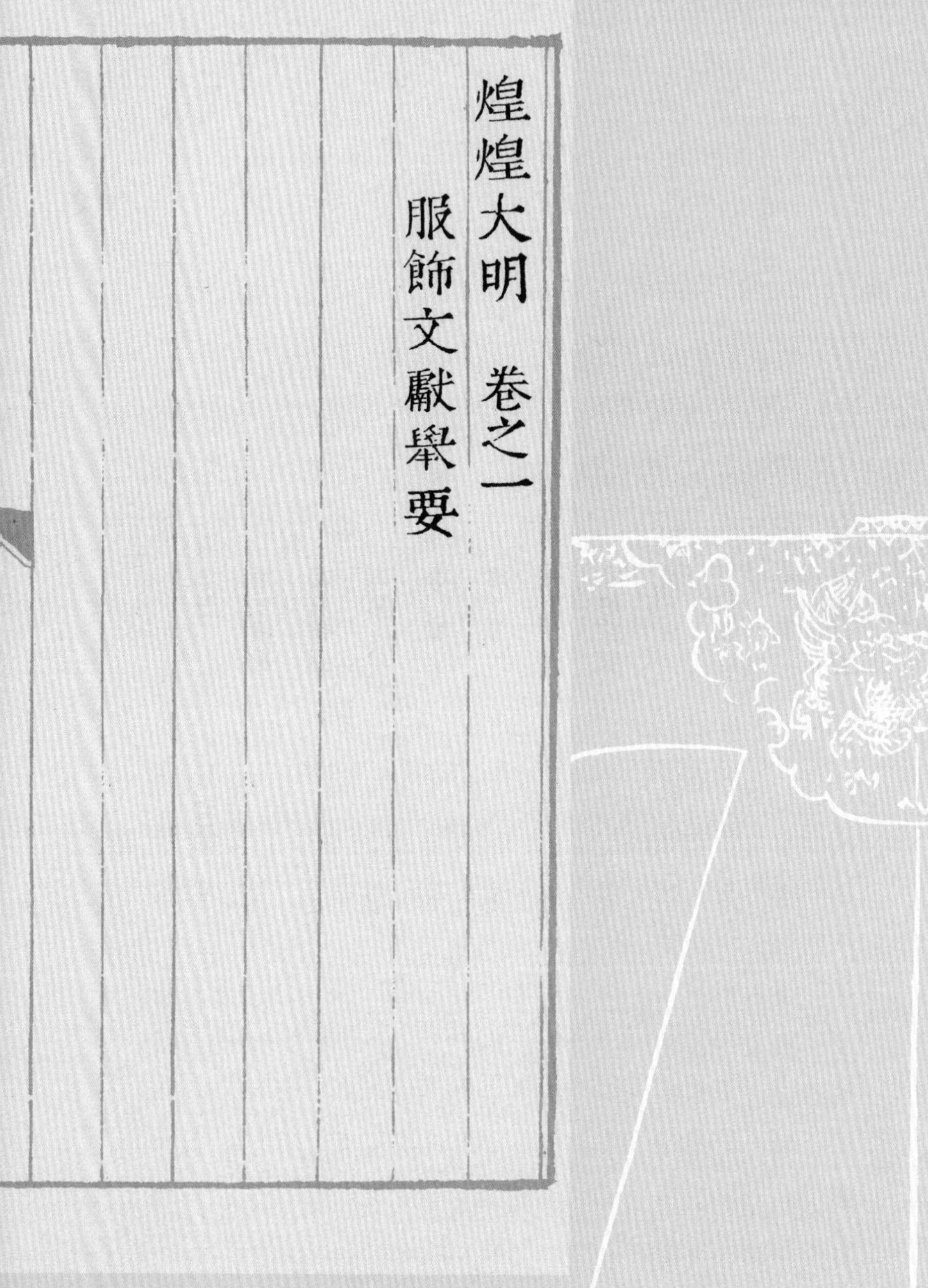

煌煌大明　卷之一

服飾文獻舉要

“衣服有常，礼之制也”[1]。在以儒家思想为主导的传统中国，特重礼义，而礼义最为外在的表现，则在冠帽服饰，在服章之美[2]。冠帽服饰可因配饰的有无多寡、颜色材质的差异等而具有“辨贵贱、明等威”的功能，进而成为礼义的重要组成部分[3]，因此特质，古代中国又称华夏[4]。冠帽服饰作为国家的典制，官修正史中亦往往专列“舆服志”或“车服志”以详其制度。唐代以降，少数民族政权如辽、西夏、金等代兴且能对中原王朝形成强有力的压制。逮及元朝则剪灭西夏、金、南宋等政权，以兴起于漠北的民族形成大一统的局面。有明一代，代元而兴，建国之初，明太祖朱元璋即以荡除元朝旧俗、恢复衣冠之旧相号召[5]，致力于包括冠帽服饰在内的礼乐制度的制定[6]。明代服饰制度，大致经历了洪武元年、十六年、二十四年的制定，建文二年、嘉靖八年的更定。又因现实中制度的执行与制度的规定往往有所出入，兼以明朝享国近三百年，冠服制度多有变化和调整。

明代冠服之制，主要见于当时官方编定的礼书、政书[7]。明太祖是创业之主，为保大明王朝长治久安，洪武一朝修纂礼书最多。《明史》记载，明太祖在位的三十余年间，“所著书可考见者，曰《孝慈录》，曰《洪武礼制》，曰《礼仪定式》，曰《诸司职掌》，曰《稽古定制》，曰《国朝制作》，曰《大礼要议》，曰《皇朝礼制》，曰《大明礼制》，曰《洪武礼法》，曰《礼制集要》，曰《礼制节文》，曰《太常集礼》，曰《礼书》”[8]。可见立国之初，朱元璋对礼乐制度的重视和关切。洪武年间编定的这类礼书，现今仍有较多存世，从中可见对冠服制度的斟酌损益。如《大明集礼》，是书洪武二年八月下诏修纂，三年九月书成，但当时没有刊行，直至嘉靖九年梓成[9]。书以吉、凶、军、宾、嘉、冠服、车辂、仪仗、卤簿、字学、音乐为纲，为明初三年多时间议定礼乐的一个总结。该书卷三十九《冠服》，参酌古制，详述明代皇帝、皇太子、诸王、群臣、内侍、侍仪舍人、校尉、刻期、士庶，及皇后、皇妃、皇太子妃、王妃（公主）、内外命妇、宫人、士庶妻的冠服。卷四十《冠服图》，为卷三十九的图示，附有黑白图 57 页[10]。洪武年间所修礼书还有《洪武礼制》，此书成于洪武二十年之前，其中“服色”规定了文武官朝服、陪祭服、常服的等第及服色禁忌[11]。《礼仪定式》，洪武二十年冬纂定并于同年颁行，其书“官员冠带”规定了文武官员的朝冠和革带等第，“官员服色”规定了文武官员常服所用胸背花样等第，及文武百官、军民僧道人等的服色禁忌[12]。《诸司职掌》，洪武二十六年内府刊行，该书卷四“冠服”条详述皇帝冕服、皮弁服，东宫冠服、亲王冠服、世子冠服（皇太子至世子皆只述冕服），文武官冠服（述及朝服、公服、祭服、常服），命妇冠服。同书卷四“房屋器用等第”，亲王婚礼“纳征礼物”“发册仪物”，公主婚礼“赐驸马冠带衣服”，卷五“军器军装”条，“织造”条（含段匹、诰敕、冠服、器用）亦多述及服饰相关的内容[13]。据其内容，可知《诸司职掌》所载冠服为洪武二十四年改定的制度。《诸司职掌》是明初重要的政书，“以诸司职有崇卑，政有大小，无方册以著成法，恐后之莅官者，罔知职任政事施设之详，乃命吏部同翰林儒臣，仿《唐六典》之制，自五府、六部、都察院以下诸司，凡其设官分职之务，类编为书”[14]。此书以职官为纲，下分十门，详细规定了吏、户、礼、兵、刑、工六部及都察院、通政司、大理寺、五军都督府的官制及其职掌，成为后世编纂《大明会典》的蓝本[15]。

明初的礼制集成，尚有建文二年刊行的《皇明典礼》一书（图 1-1）。该书不分卷，共分十六目，分别为封爵、品

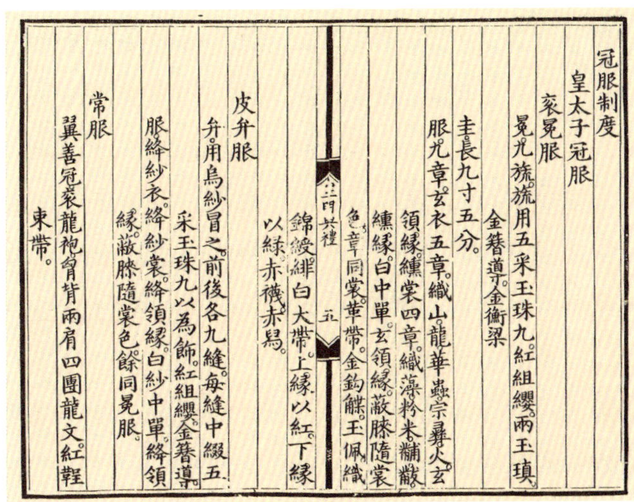

冠服制度
皇太子冠服
袞冕服
冕九旒旒用五采玉珠九紅組纓兩玉瑱
金簪導金衡梁
圭長九寸五分
服九章玄衣五章織山龍華蟲宗彝火玄
領緣纁裳四章織藻粉米黼黻
纁緣白中單玄領緣蔽膝隨裳
色章同裳革帶金鉤鰈玉佩織
皇明典禮　五
錦綬緋白大帶上緣以紅下緣
以綠赤襪赤舄
皮弁服
弁用烏紗冒之前後各九縫每縫中綴五
采玉珠九以為飾紅組纓金簪導
服絳紗衣絳紗裳絳領緣白紗中單絳領
緣蔽膝隨裳色餘同冕服
常服
翼善冠袞龍袍胷背兩肩四團龍文紅鞓
束帶

图 1-1　《皇明典礼》书影

级、冠服制度、册宝、仪仗、妆奁、食禄、官制、赏赐、仪注、冠礼、婚礼、丧礼、祭礼、乐章、典礼通例。是书《冠服制度》详定皇太子、亲王、皇太孙（王世子、郡王）、皇曾孙（王世孙、郡王世子）、镇国将军、辅国将军、奉国将军、镇国中尉、辅国中尉、奉国中尉，皇太子妃、亲王妃（公主）、皇太孙妃（王世子妃、郡王妃、郡主）、皇曾孙妃（王世孙妃、郡王世子妃），皇太子、皇太孙、皇曾孙、亲王、王世子、王世孙、郡王、郡王世子才人，淑人（县主）、恭人（宜人、郡君、县君）、安人（孺人、乡君）、奉国中尉孺人冠服等级，皇帝、皇后、皇妃冠服未在其内。其后《妆奁》记亲王妃并公主妆奁，内首饰冠服并侍女服用、女轿夫衣帽，均与服饰有关。其下且以小字注云“制度别见图式”。据此，《皇明典礼》当初并非仅有文字，应另有图绘，今已不见。是书《婚礼》皇太子婚礼纳征礼物、发册仪物，间亦涉及服饰。书中最后《典礼通例》开载通例二十一条，内中亦多服饰相关的内容[16]。印鸾章《明鉴》卷二记建文帝“用方孝孺等议内外品官阶勋，悉仿周礼更定……又撰礼制颁行天下，然无济实事，徒为燕王棣藉口”[17]，或以为所撰“礼制”即《皇明典礼》[18]。建文一朝历时甚短，其年号于成祖即位后遭到革除，当时的历史也被篡改或销毁[19]。因此很长一段时间，该书都不为人知，对后世的影响并不显著[20]。

有明一代最为详悉、最具影响的政书当数《大明会典》，后人历数明太祖在位三十余年所定礼书，谓“至《大明会典》，自孝宗朝集纂，其于礼制尤详。世宗、神宗时，数有增益，一代成宪略具是焉”[21]。《大明会典》有两个版本：一为正德本，颁行于正德六年；一为万历重修本，刊行于万历十五年。此书据《诸司职掌》，参以《皇明祖训》《大诰》《大明令》《大明集礼》《洪武礼制》《礼仪定式》《稽古定制》《孝慈录》《教民榜文》《大明律》等书编修而成[22]。全书以六部为纲，以事则为目，分述明代开国至成书年间各行政机构的建置沿革及职掌。正德本卷五十七分述皇帝冕服、皮弁服、常服，皇后、皇妃、东宫妃、亲王妃（公主）礼服、常服，东宫衮冕、皮弁服、常服，亲王、世子、郡王衮冕、皮弁服，世子妃、郡王妃（郡主）冠服，长子朝服、公服、常服，长子夫人冠服，镇国将军、辅国将军及其夫人冠服，奉国将军及其淑人、镇国中尉及其恭人、辅国中尉及其宜人、奉国中尉及其安人冠服，县主、县君、乡君冠服；卷五十八分述文武官朝服、公服、祭服、常服等第，仪宾冠服、教坊司冠服，命妇礼服、常服等第，士庶（公使人等）巾服、士庶妻（婢使人等）冠服，乐人巾服，其后并附公、侯、驸马、伯及一品至九品文武官员合用花样黑白图 19 页。该书卷五十九“房屋器用等第”，卷一百、一百一、一百二“给赐”，卷一百六十一“织造”“段匹”“冠服”“器用”等也多少与服饰相关[23]。万历重修本中冠服相关的内容则主要见于卷六十、六十一“冠服”（附黑白图 87 页），卷六十七、六十八、六十九、七十“婚礼”，卷一百五、一百六、一百七、一百八“朝贡”，卷二百一“织造”“段匹”“冠服”“器用”等[24]。

明末成书的《礼部志稿》也影响较著，其书一百卷，泰昌元年修纂。是书首列礼部尚书林尧俞至司务顾民碞纂修诸人姓氏，次列批委纂修诸人姓氏，后列委纂修公移，实则出自松江府生员俞汝楫之手。此书《纂志凡例》一曰“溯初制”，一曰“理条贯”，一曰“慎稽考”，清代四库馆臣谓“其言皆深得纂辑要领，故其书叙述详赡，首尾该贯，颇有可观。如释菜、荐举诸诏，为《明实录》所不载；祈雪、建宫诸训，为《嘉靖祀典》所未录；王妃冠服、百官常服及大宴乐章，较《明史·礼乐志》为详；贡举起送之额、诰敕表章之式，较《明会典》为备”[25]。该书卷五“冕服之训”，卷十八“冠服”，卷二十“婚礼”，卷二十一“宴礼”（记乐舞服饰），卷三十七、三十八“给赐”，卷六十三《冕服备考》，卷六十四《章服备考》，卷七十五《宗藩备考》，卷八十三《宗庙备考》（记藏庙冠服、太庙帝后纱服），卷九十一《朝贡备考》，卷九十三《给赐备考》，卷九十九《诏条备考》，诸卷内容多少都与冠服有关。其中卷十八详述皇帝、皇后、皇妃、内命妇冠服，皇太子、皇太子妃、亲王、亲王妃、公主、世子、世子妃、郡王、郡王妃、长子、长子夫人、郡主、将军以下冠服，文武官、命妇冠服，进士、生员、吏员、士庶巾服，状元、士庶妻、教坊司冠服，其后且述房屋器用等第。卷六十三详述明代冕服制度，对洪武、永乐、嘉靖三朝的冕、衮、大带、蔽膝、玉革带、玉佩、中单、袜、舄、玉圭分别作了对比，其后兼及通天冠服、皮弁服、武弁服、燕弁服。卷六十四详述明代文武官员冠服，兼及忠静冠服、保和冠服与冠服禁制等[26]。

载录明代冠服相关内容丰富的还有《明实录》。《明实录》是明朝最为完备的官修编年体史书，是明代的国史，也是明代唯一一部由政府修纂的国史，正如沈德符所指出的，“本朝无国史，以列帝实录为史”[27]。其修纂，“取诸司前后奏牍，分为吏、户、礼、兵、刑、工为十馆，事繁者为二馆，分派诸人，以年月编次，杂合成之，副总裁删削之，内阁大臣总裁润色”[28]。史料首先取材于原始档案，其次是《起居注》《钦录簿》《六曹章奏》，然后是《日历》和《日录》。因《明实录》的修纂以朝中诸司奏牍及档案为最重要的史料来源，所以价值极高。其体例主要是编年体，日以系月，月以系年，每日之下系以记事，同时又融入纪传体、纪事本末体、典章制度体。《明实录》记载的内容，几乎涵盖礼乐、刑政、钱粮、兵马、赋役、册封、朝贡等当时社会生活的方方面面，记事连贯、内容翔实，故往往可藉以订正其他官书的失误[29]，非一般史书所能企及。明代体制，嗣君登极即着手开局修纂先朝实录。明朝共计 16 位皇帝在位，而《明实录》为 13 朝实录的统称。建文朝因成祖夺位，革除建文年号，其史事附于《太祖实录》；景泰朝因英宗复辟，其史事作为《废帝郕戾王附录》附于《英宗实录》；崇祯朝则因明亡，未及修纂实录。明代冠服制度于洪武年间的几次制定，嘉靖年间的改定及各朝的损益，都在《明实录》中有生动而具体的反映。

官书之中，还有数量最多的各地方志。明朝颇重视地方志的修纂，立国之初，明太祖即“命儒士魏俊民、黄篪、刘俨、丁凤、郑思先、郑权六人编类天下州郡地理形势、降附始末为书，凡天下行省十二、府一百二十、州一百八、县八百八十七、安抚司三、长官司一，东至海，南至琼崖，西至临洮，北至北平”[30]，后来编成《大明志书》。洪武十七年，《大明清类天文分野》书成，“其书以十二分野星次，分配天下郡县。于郡县之下，又详载古今建置沿革之由，通为二十四卷”[31]。成祖即位，于永乐十六年“遣使遍采天下郡邑图籍，特命儒臣大加修纂，必欲成书，贻谋子孙，以嘉惠天下后世”[32]，为保证纂修质量，同时颁布《纂修志书凡例》二十一则。早在永乐十年，就已颁布《修志凡例》十六条。《修志凡例》中专列“风俗”一项，“叙前代至今习俗异同”，每与当地冠帽服饰相关。朝廷颁布的《修志凡例》，对各府州县志书的编纂起到了积极的促进作用。现今存世的明代方志为数众多，服饰相关的内容颇为可观。如崇祯《松江府志》，其书卷七即详记当地风俗流变及冠髻、服饰、履袜、组绣、染色之变[33]。又如嘉靖《承天大志》，是书则详细载录了明世宗父母兴献王（睿宗献皇帝）、慈孝献皇后的冠服[34]。

上述诸书之外，明代官方还编绘有与冠服直接相关、以图为主的一类图书。杨士奇《文渊阁书目》卷一《天字号第二橱书目》记有“《冕服图》一部一册、《冠服图》一部一册、《朝服图》一部二册、《卤簿图》一部七册”[35]。《明太宗实录》也曾记有永乐三年礼部进冕服、卤簿、仪仗图[36]。以上诸图的具体内容，虽不能详知，但大抵可知明初已编绘有冠服图本。嘉靖年间，世宗勇于制礼作乐，其间也编绘有不少图说、图注。万历二十三年，孙能传、张萱等人受命校理内阁藏书，编有《内阁藏书目录》一书。该书卷四《图经部》所载，计有：

《乘舆冕服制图》一册，宙。嘉靖八年，上谕大学士张璁，谓古者上衣下裳，不相掩覆，今使衣通掩其裳。且古裳如帷幔，今则两幅而已。均非礼制，命更定之。因分十二章，衣裳各六。璁考古自有虞及周以下之制为说，绘图以进，内有广运之宝。

《乘舆武弁服制图》一册，宙。嘉靖八年，上谕大学士张璁，凡乘舆亲征，有类造宜祃之祭，当具武弁服。令考古制，绘图以进，璁为之注说，上有广运之宝。

又《冕服图》一册，宙。画本。

又《衮冕冠服图》一册，地。画本，内有广运之宝。

又《冠服》一册，地。画本，皆中宫以下及郡主冠服式，内有广运之宝。

《玄端冠服图》一册，宙。嘉靖七年，上谕制燕居之冠曰燕弁，服曰玄端，并深衣带履。大学士张璁绘图说以进，内有广运之宝。

《御制保和冠服图》一册，宙。嘉靖七年，因光泽王奏请冠服之式。上命大学士张璁以燕弁为准，参酌降杀，以赐宗室。璁为之图说以进。

《朝服图》一册。画本，皆文武诸臣朝服、公服、常服衣履带笏之式也。[37]

载籍所录明代编绘的上述诸书，现今多已亡佚，所幸尚有一二存世，得窥大概。其中，尤为学界瞩目而未能轻易获睹的是《明宫冠服仪仗图》[38]。此书为北京市文物局图书资料中心所藏，乃明代早期彩绘原本或抄本的残本，全书线装成册，共一函六册。一、三、四册，彩图与文字并见，二、五、六册，全为彩图，不见文字。此书第三册末页钤盖篆书“高士奇图书记”长方形章，首册首页钤有行书“长乐郑振铎西谛藏书”方形章和行书“康生之章”长方形章，他处并有篆书“长乐郑氏藏书之印”长方形章，可知先后为高士奇、郑振铎、康生递藏。北京市文物局图书资料中心所藏正本之外，早年还录有一副本。因编写定陵发掘报告需要，郑振铎曾将《明宫冠服仪仗图》借与夏鼐，此书后由朱欣陶取去交由赵其昌录了副本。此本录副在 1959 年 3 月至 1966 年之间，现藏北京市昌平区数字博物馆，为一函七册，除装帧册数、纸张、颜料有别外，色彩、纹饰、装订顺序及墨笔文字与原书无异。1978 年，国家文物局在故宫博物院举办康生所藏文物古籍展览，《明宫冠服仪仗图》在展出之列。当时，故宫图书馆曾将此书复印一份留存并入藏故宫图书馆，其后以《中东宫冠服》一名渐为世人所知[39]。《明宫冠服仪仗图》全书共有手绘彩图 317 幅，其中冠服图 235 幅、卤簿仪仗图和大射礼仪图共 82 幅。手绘彩图部分题有图名，但大部分未具题名。全书文字部分，乃是对后妃、诸王等冠服制度的详细介绍，依次为中宫冠服、东宫冠服、亲王冠服、世子冠服、郡王冠服、东宫妃冠服、皇妃冠服、亲王妃冠服（世子妃服同）、公主冠服、郡王妃冠服、郡主冠服等，彩图部分则为文字所述冠服的彩色配图，其中另有文字不存的乘舆冠服图[40]。从内容上看，此书所反映的主要是洪武和永乐时期的冠服制度。

除却《明宫冠服仪仗图》，存世的冠服图注尚有《大明冠服图》[41]。此书现藏北京大学图书馆，一函一册，系清代写本，内容为嘉靖七年颁行的《燕弁冠服图说》和《忠静冠服图说》。燕弁冠服和忠静冠服皆为世宗于嘉靖七年制定，燕弁冠服为皇帝燕居之服，寓“深宫独处之时而以燕安为戒”之意[42]；忠静冠服则为品官燕居之服，“在京许七品以上官及八品以下翰林院、国子监、行人司，在外许方面官及各府堂官、州县正官、儒学教官服之。武官止都督以上许服，其余不许一概滥服”，寓意“进斯尽忠、退斯补过”[43]。该书卷首抄录《大明会典》燕弁冠服，《明世宗宝训》燕弁冠服、忠静冠服及《明史·舆服志》冠服相关内容，其后分述燕弁冠服、忠静冠服制度，前者附图8页，后者附图9页。《燕弁冠服图说》卷尾题“嘉靖七年正月二十二日少保礼部尚书兼文渊阁大学士臣张璁奉敕图说”，《忠静冠服图说》卷首有“臣璁伏蒙圣谕”云云，可知两书皆为张璁所作图说[44]。至于两书合编一册且以《大明冠服图》为名，当属后人所为。另清华大学图书馆藏有精绘本《冠服图》一函二册，此书未尝寓目，具体内容不详。

官书之外，私人著述往往也对明代冠服制度有所论及。其中既有私撰史书，如查继佐《罪惟录》，为记述明朝史事的纪传体史书。此书始修于崇祯十七年，数易其稿，初名《明书》，作者后因庄廷鑨私刻明史案牵连下狱，以“获罪惟录书”而署书名。《罪惟录》一百二卷，分纪、志和传，三十二卷志中第四卷即《冠服志》。

也有个人文集，如《谕对录》，为张孚敬（即张璁）所奉明世宗谕旨及其奏对，收有手敕三百八十一道并奏对札子。张孚敬为嘉靖朝制礼作乐的核心人物，当时冠服的改制都可在此书中找到世宗的谕旨及其与张孚敬等人的讨论[45]。

有笔记杂说，如范濂《云间据目抄》、顾起元《客座赘语》、张瀚《松窗梦语》、谢肇淛《五杂组》、刘若愚《酌中志》、叶梦珠《阅世编》等，均有服饰相关的内容。明代此类文献数量庞大，记述的往往是明代服饰实际着用的情况，多可补充官书记载上的简略与不足。

有戏曲小说，如冯梦龙所辑《挂枝儿》《山歌》，两部曲集之中往往录有以冠帽服饰为喻的民歌。又如兰陵笑笑生《金瓶梅》，此书堪称明末社会的百科全书，有词话本、绣像本两个版本系统，而词话本内容与明代服饰关系甚密，多为学界所注意。

有类书，如《三才图会》，由王圻纂集、王思义续集，书名“三才”，乃取意于天、地、人之道，可知编集者立意之闳远。全书分天文、地理、人物、时令、宫室、器用、身体、衣服、人事、仪制、珍宝、文史、鸟兽、草木等十四门，每门之下条记事物，并附插图，兼具论说，可谓图文并茂。书中衣服三卷，卷一为周礼六冕、皮弁、狄衣（翟衣）、历朝特别是明朝的各式巾帽及深衣制度，附有黑白图 72 页；卷二、卷三“国朝冠服”亦即明朝当时的服饰制度，分载御用冠服、皇后冠服、皇妃冠服、皇太子妃冠服、公主冠服、皇太子冠服、诸王冠服、群臣冠服、士庶冠服，附有黑白图54页[46]。

有明一代，朝廷对周边诸国如朝鲜、日本、琉球等实行册封，而作为名义上的藩属，朝鲜、日本、琉球等国则对明朝进行朝贡，这就是后世所谓的封贡体系。此为明朝政府对外交往的重要政策，而冠服的赐给即维护这一体系的重要一环。其时朝鲜与明朝往来尤属密切，冠帽服饰多遵明制。因此之故，朝鲜王朝编纂的诸多礼书、政书、史书，内中所载内容往往可与明代冠服、礼乐相发明。其时冠服制度，还常见于朝鲜文人的著述，藉此亦可考见明代服饰之一斑。又因朝鲜以小事大、谨守藩封，每年派出多批使者前往明朝，出使或随行之人常撰有《朝天录》或《燕行录》，其中也不乏对明代冠服制度的观察和记载。

朝鲜诸多礼书之中，成书较早、影响较大的无疑当数《国朝五礼仪》。此书远承周礼，近袭明制，为朝鲜王朝的礼仪大典，奠定了朝鲜王朝典制的基础。朝鲜立国之初，即着手编定一部礼书。世宗朝参酌杜佑《通典》、洪武年间《诸司职掌》《洪武礼制》，及其国内《详定今古礼》等书，编成《五礼》，但未及刊行。及世祖即位，嫌其"条章浩繁，前后乖舛"（《国朝五礼仪序》），命朝臣再加编订，但淹历三朝，书未克成。最终在成宗朝成书。书成，又以申叔舟为总裁，详加考订，成《国朝五礼序例》，并于成化十一年刊行。此书之成，或谓"等威严而有序，文物粲然可观，庶几行之朝廷、荐诸庙社，治国易如指掌，礼乐明而天地官；化民速于置邮，神人和而上下协"（《进国朝五礼仪笺》）。全书共八卷六册，以吉、嘉、宾、军、凶五礼为纲，详述冕服、卤簿、仪仗、乐舞等内容，序例部分且多有插图。其书卷一《吉礼》“祭服图说”，详述殿下冕服、王世子冕服及文武官冠服。冕服中的圭、冕、衣、裳、大带、中单、佩、绶、方心曲领、蔽膝、袜、舄，群臣祭服中的笏、冠、衣、裳、大带、中单、佩、绶、方心曲领、蔽膝、革带、袜、履，均绘有插图并加图说[47]。卷二《嘉礼》“冠服图说”，详述朝鲜国王远游冠服[48]。远游冠服中的圭、冠、衣、裳、大带、中单、佩、绶、蔽膝、袜、舄，均有插图并加图说。卷四《凶礼》“服玩图说”，述及朝鲜国王大殓所用的冕、圭、衣、裳、中单、蔽膝、佩玉、绶、大带、舄、袜等，对其材质、颜色、工艺等皆有说明[49]。

《国朝五礼仪》成书之后，因时推移，至英祖时期书中礼文需予补定，所以又有《国朝续五礼仪补》《国朝丧礼补编》等书的编定。至于朝鲜中后期这一时期重要的礼书，则数《春官通考》。此书由时任礼曹参议的柳义养受正祖之命编纂，最初只有初本一帙[50]。此书博采明清诸多礼书，并参酌朝鲜国内《经国大典》《国朝五礼仪》等书而成，计九十六卷六十二册。其书卷八《吉礼·宗庙》“祭服”，载录了朝鲜中宗十四年（1519），显宗九年（1668），英祖九年（1733）、十年、十九年几次关于祭服的规定。卷十二《吉礼》“原仪祭服图说”，援用《国朝五礼仪》礼文，详述殿下冕服、王世子冕服及文武官冠服，对其冠服的各个构件皆有绘图并加图说。卷四十九《嘉礼》“冕服”（附百官冠服），主要对朝鲜国王冕服、远游冠服、常服，王妃礼服，王世子远游冠服、常服，世子嫔礼服，王世孙冕服、远游冠服，王世孙嫔礼服，文武官冠服、士族妇女服等作了考述。这一部分内容且对冕服、翟衣相关的各构件，引《国朝五礼仪》《大明会典》诸书对朝鲜与明朝制度间的异同作了考证。同卷《嘉礼》“原仪祭服图说”，援用《国朝五礼仪》礼文，详述朝鲜国王远游冠服，俱有绘图与图说。卷八十五《凶礼》“初终图说”，详述朝鲜国王袭所用常服、小殓所用远游冠服、大殓所用冕服。常服中的衮龙袍、翼善冠、网巾、玉带、靴、袜，远游冠服中的绛纱袍、中单、佩，冕服中的冕、圭、衣、裳、大带、中单、绶、方心曲领、蔽膝、红袜、赤舄都有绘图并加图说，所作图说多引《国朝丧礼补编》，对其材质、装饰、工艺、穿着方式等均有说明。卷八十六《凶礼》“原仪服玩图说”，援用《国朝五礼仪》礼文，述及朝鲜国王大殓所用冕服。同卷“凶礼补编服玩图说”，述及冕、圭、佩、绶的补定内容[51]。

朝鲜时代反映当时冠服制度的还有仪轨。所谓仪轨，即仪礼之轨范，朝鲜王朝仪轨即朝鲜时代国家或王室举行大型活动的相关记录，是集文字和图片于一体的一种报告书。其内容除活动过程中必需的文书之外，有关负责人名单、活动准备人员、使用的物品、经费支出、入席者职位及所管业务等一一都有详细记载。不仅有文字记录，所用道具和活动场面等多依照原样用彩图描绘。朝鲜王朝仪轨的种类包括宗庙社稷，嘉礼、贺礼，国葬、丧礼，祔庙，殡殿、魂殿，藏胎，陵、园、墓，庙号、谥号，尊崇、追尊，宝印，御真、影帧，册礼，进宴，录勋，撰修、改修，实录，亲耕、亲蚕，祭器、乐器、营建、整理，等等，几乎囊括所有的国家大型活动。朝鲜王朝仪轨中尤以国葬相关的仪轨最能反映当时宫中的冠服制度。历代国王、王后薨逝后都设国葬都监，王世子逝世后也会设礼葬都监，编制仪轨。国葬都监仪轨或礼葬都监仪轨中有服玩一项，载录用于国王、王妃、世子殓袭的衣物（主要是冕服、翟衣）。这些衣物或为丧主生前所穿或依照制度按五分之一大小造作，仪轨详列这些衣物的构件且每作彩色图说（图 1–2）。宣祖以迄哲宗历代

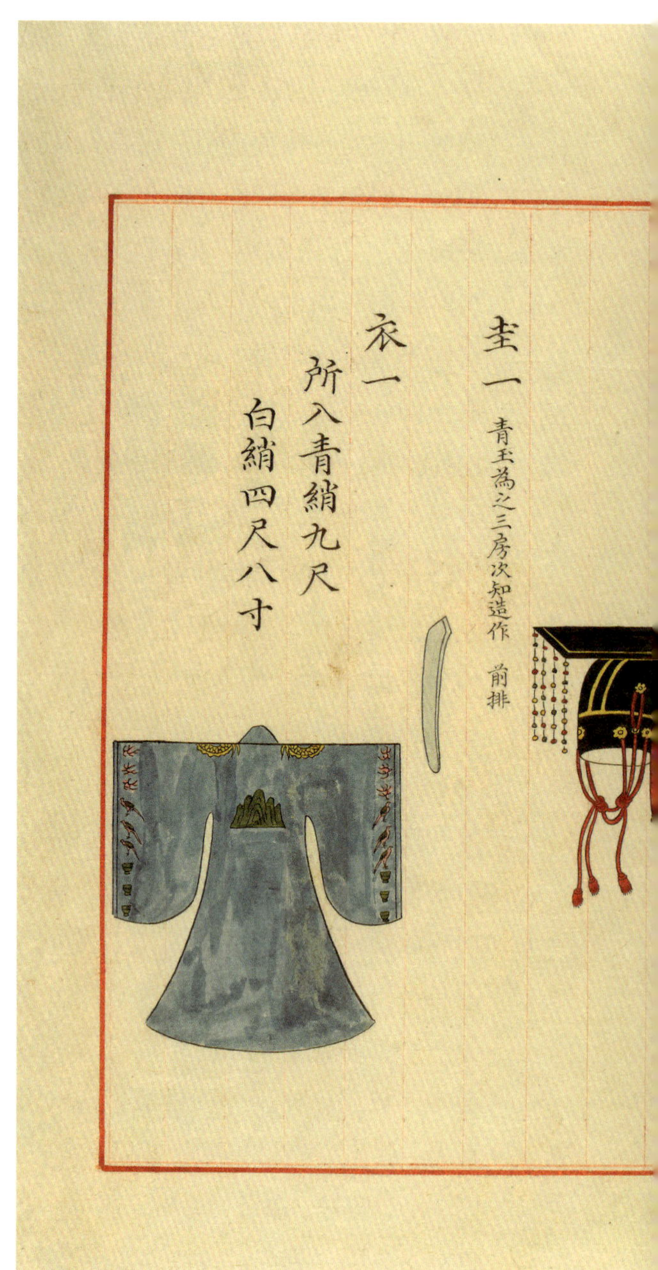

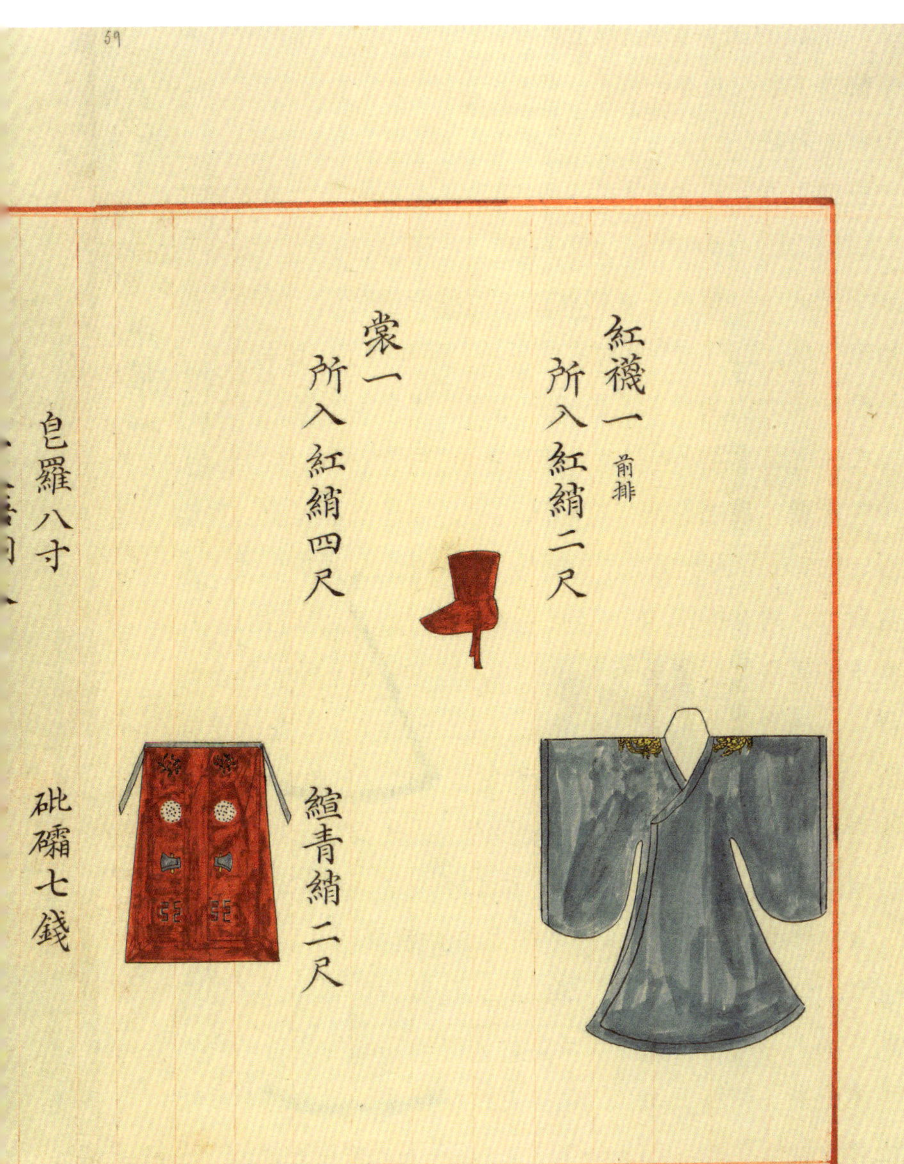

图 1-2　《孝宗国葬都监仪轨》书影　韩国国立中央博物馆藏

国王、王后的国葬都监仪轨现皆有存。大韩帝国时期高宗、纯宗御葬主监仪轨亦皆存世，但因当时处于日本人支配之下，内容较为简略[52]。

朝鲜王朝升格为大韩帝国时期，又有当时最为重要的政书《大韩礼典》。1897年，朝鲜国王高宗称帝，改国号曰“大韩”，建元“光武”，朝鲜王朝由此进入大韩帝国时期。为顺应这一历史变革，当时的掌礼院编纂了《大韩礼典》。其书以《三才图会》《大明会典》《国朝五礼仪》诸书为参考，详细规定了大韩帝国的各项礼制。《大韩礼典》成书于光武二年(1898)，共十卷十册。该书卷四《祭服图说》，详述皇帝冕服、皇后冠服、皇太子冠服、皇太子妃冠服、群臣冠服，内容取则《大明会典》，附有插图36页。此卷载录了大韩帝国时期皇帝、皇太子的冕服制度，皇帝十二章服，基本采用嘉靖八年改定的制度，插图则兼采《三才图会》《大明会典》。皇太子九章服，插图取自《三才图会》。两套冕服虽然都参照明代制度，但细微处有所差别。卷五《冠服图说》，述及皇帝冕服、翼善冠服、通天冠服，皇后礼服，皇太子衮冕、翼善冠服、远游冠服，群臣朝服、大礼服、小礼服，附有插图9页[53]。

至于朝鲜王朝的史书，部头最大且最为重要的是《朝鲜王朝实录》。《朝鲜王朝实录》是朝鲜王朝最为完备的官修编年体史书。朝鲜王朝在史馆中专设编修实录机构，春秋馆为记录时政与纂修国史的专门官厅，实录的纂修由领议政(领春秋馆事)或左右议政(监春秋馆事)中一人担任总裁。睿宗时，春秋馆下设置实录厅、日记厅等，实录厅下再分房，具体编撰事务由各房分担。其纂修，主要取材于春秋馆时政官的史草、《承政院日记》，其他各司誊录、朝报及个人日记、疏草、随笔、文集，后来的《备边司誊录》《日省录》等也都是重要的史料来源。《朝鲜王朝实录》的体例主要是编年体，以时系年，以月系时，以日系月，逐日记事。《朝鲜王朝实录》所记的内容，涵盖朝鲜王朝的政治、经济、文化及社会生活的方方面面。同《明实录》一样，《朝鲜王朝实录》也是在国王薨逝之后开始修纂。朝鲜王朝的历代国王，从太祖至纯宗共计 27 位，每位均有实录。27 位国王中，燕山君、光海君曾遭废位，其实录只称日记（《燕山君日记》《光海君日记》），而高宗、纯宗两朝实录的修纂则由日本支配，史实多有歪曲。一般来说，《朝鲜王朝实录》是指第一代国王太祖至第二十五代国王哲宗期间 472 年的历史记录[54]。《朝鲜王朝实录》史料来源多样、内容丰富，多有明朝及其国内冠服制度的记述。尤其是《朝鲜王朝实录》所载录的国王继位时明朝赐给国王、王妃冠服的具体内容，多不见于国内载籍，可补记载之阙。

文字记述之外，朝鲜王朝也有与冠服直接相关、以图为主的图本。《朝鲜英祖实录》载："召礼官及尚方诸臣，议定冕服制度。尚方旧有冕服图，乃皇朝所颁，而制久多失。组绶佩带，皆取贸燕市，多不中式。至是并依图式，令织房改造。"[55] 明朝在赐给朝鲜冠服的同时，亦曾晓谕朝鲜可"自制冠服"[56]，当时或有图式的颁给，《朝鲜英祖实录》所载冕服图式或即此类。又朝鲜末期高宗内府藏有古图式一本，内中对冠帽服饰亦有图绘[57]。高宗内府所藏古图式存世与否无从考知，但大韩帝国时期的这类图式尚有存世。韩国国立古宫博物馆藏翟衣图本1页（图1-3），图为彩绘，与《明宫冠服仪仗图》类似。此外，尚有韩国国立古宫博物馆藏九等翟衣、十二等翟衣（昌德宫大造殿旧藏）纸本各一，韩国国立中央博物馆藏十二等翟衣（昌德宫旧藏）、蔽膝（纸本）各一[58]。这类样本，或属半成品，或属设计稿，虽与图式有别，但可以肯定当时有图式作为其制作的依据。

日本也曾受明朝冠服影响。洪武三十五年九月，明成祖遣使以继位诏谕安南、暹罗、爪哇、琉球、日本、西洋、苏门答剌、占城诸国，积极开展对外交往。明成祖在给礼部的谕旨中称“太祖高皇帝时，诸番国遣使来朝，一皆遇之以诚。其以土物来市易者，悉听其便。或有不知避忌而误干宪条，皆宽宥之，以怀远人。今四海一家，正当广示无外，诸国有输诚来贡者听，尔其谕之，使明知朕意”[59]。永乐元年六月上太祖帝后尊谥，遣给事中杨春等十二人为正副使，颁诏安南、暹罗诸国并赐彩币。八月，遣官往赐朝鲜、安南、占城、暹罗、琉球、真腊、爪哇、西洋、苏门答剌诸番国王绒锦、织金文绮纱罗有差[60]。九月，遣中官马彬等使爪哇，复命彬等赍诏谕西洋、苏门答剌诸番国王并赐之文绮纱罗[61]。在此背景之下，永乐元年十月，室町幕府将军足利义满遣使圭密等三百余人，奉表贡马及铠胄、佩刀、玛瑙、水晶、硫黄等物，明朝回赐圭密等文绮、绸绢衣和钱钞等物，赐其通事冠带，同时遣使同圭密等往赐日本国王冠服、锦绮、纱罗及龟纽金印[62]。从

图 1–3　翟衣图本　韩国国立古宫博物馆藏

此，日本开始列入明朝封贡体系，足利义满以后的几任将军都曾接受明朝的册封。明朝在册封幕府将军为日本国王的同时，往往赐给冠服、段匹等物。如永乐三年足利义满遣使源通贤等奉表贡马及方物，并献曾经袭扰明朝的倭寇，作为回应，明朝遣鸿胪寺少卿潘赐、内官王进等赐足利义满九章冕服并钱钞、织金文绮等物[63]。明初历任幕府将军上书及明朝皇帝敕谕，日本僧人瑞溪周凤在其所撰《善邻国宝记》中有所载录，内中多有明朝所赐的段匹等物。到了明末万历年间，又有丰臣秀吉的崛起。其在扫平日本国内群雄之后，意欲海外扩张。万历二十年，日本大举侵入朝鲜，明军入朝援助，与日军相持，其后遂议封贡。二十三年，礼部范谦请给丰臣秀吉皮弁冠服、纻丝等项及诰命、敕书、印章，朝廷准封丰臣秀吉为日本国王并赐给冠服、龟钮金印[64]。明朝颁给丰臣秀吉的敕书中，言及“赐以金印，加以冠服”，其后详细开列了赐给冠服的内容（图 1–4）：

颁赐国王：纱帽一顶展角全。金箱犀角带一条。常服罗一套：大红织金胸背麒麟圆领一件、青褡褳一件、绿贴里一件。皮弁冠〔服〕一副：七旒皂绉纱皮弁冠一顶旒珠、金事件全，玉圭一枝袋全。五章绢地纱皮弁服一套：大红素皮弁服一件，素白中单一件，纁色素前后裳一件。纁色素蔽膝一件玉钩全，纁色妆花锦绶一件金钩、玉玎珰全，红白素大带一条，大红素纻丝舄一双袜全。丹矾红平罗销金夹包袱四条。纻丝二匹：黑绿花一匹、深青素一匹。罗二匹：

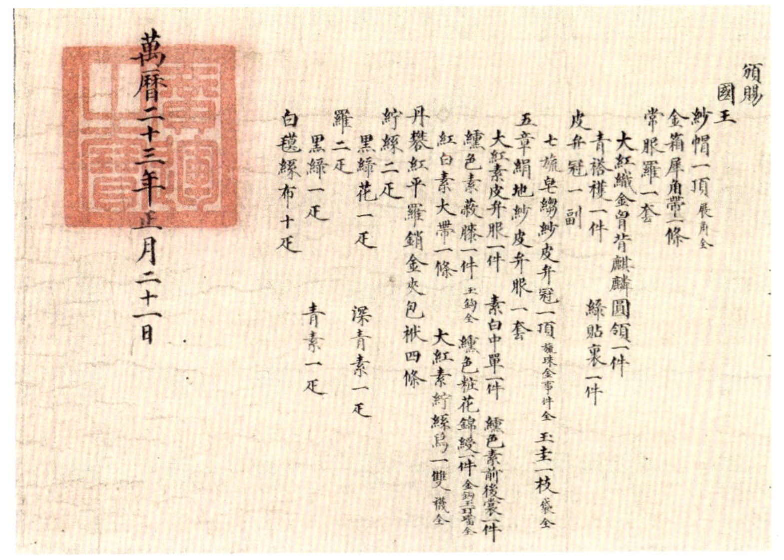
頒賜
國王
紗帽一頂 展角全
金廂犀角帶一條
常服羅一套
大紅織金胸背麒麟圓領一件
青褡護一件
綠貼裏一件
皮弁冠一副
七旒皂縐紗皮弁冠一頂 旒珠金事件全
玉圭一枝 袋全
五章絹地紗皮弁服一套
大紅素皮弁服一件
素白中單一件
纁色素前後裳一件
纁色素蔽膝一件 玉鉤全
纁色粧花錦綬一件 金鉤玉玎璫全
紅白素大帶一條
大紅素紵絲舄一雙 襪全
丹礬紅平羅銷金夾包袱四條
紵絲二疋
黑綠花一疋
深青素一疋
羅二疋
黑綠一疋
青素一疋
白氁絲布十疋
萬曆二十三年正月二十一日

图 1–4　明朝颁给丰臣秀吉的敕书（局部）　日本宫内厅藏

黑绿一匹、青素一匹，白氁丝布十匹。

万历二十三年正月二十一日[65]

丰臣秀吉死后，包括明朝赐给的这批衣物在内的丰臣秀吉遗物入藏丰国神社，其后又收藏在日本妙法院中。二百多年之后，因“其服章、武器、文具及杂器，悉皆英雄余泽，不翅炫斓可珍，况如韩人物件，实海外旧制、辇下奇观……但恐星霜转移，物就蠹败，后世至失其真”，所以法印大僧都真静等“缩写其形状，校识其分寸，以传诸府下焉，图成而属剞劂”（《丰公遗宝图略序》）。此书就是天保三年（1832）刊行的《丰公遗宝图略》，由真静编，吴景文著，冈本丰彦绘图。全书分上下卷，每件遗物先以文字描述，其后配以插

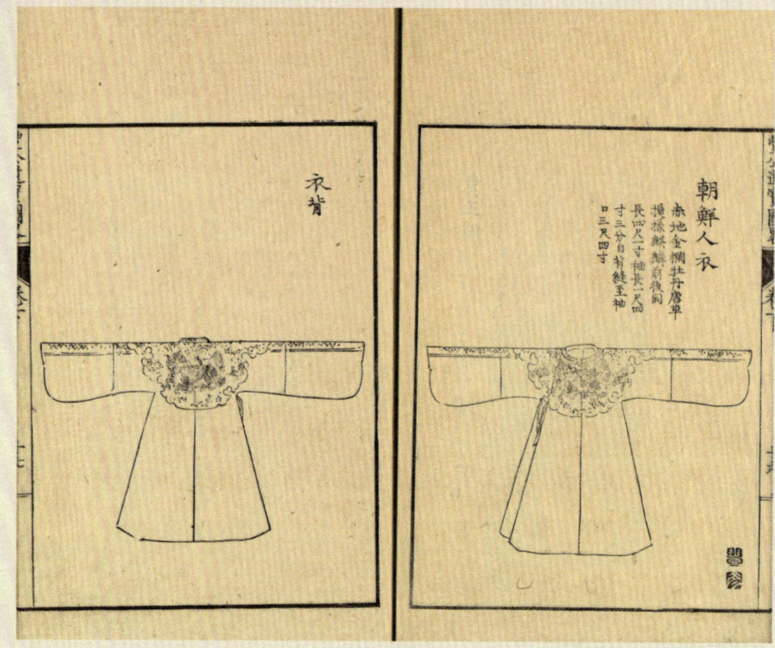

图 1–5 《丰公遗宝图略》书影 日本国立国会图书馆藏

图（图 1–5）[66]。序中所称的“韩人物件”即明朝赐给的冠服，当时日人不察，以为是朝鲜服饰[67]。明代所赐冠服见于卷下，分为青玉佩 2 挂、朝鲜人衣 6 件、裳 2 件、衣 2 件、脚绊 1 双、履 2 双，每项各有配图，朝鲜人衣且具衣身、衣背两张插图。对照明朝颁给丰臣秀吉的敕书，部分遗物见于敕书后所列的清单。幸运的是，丰臣秀吉的这批遗物目前仍有 15 件（双）藏于日本妙法院中[68]。

琉球王国也深受明朝冠服的影响。明朝立国之初，琉球就在朝贡之列，其时尚分为中山、山南、山北三个王国。后来山南、山北两国被中山所并，琉球遂指中山王国。琉球受赐冠服，始于三山时代，中山王察度请求冠服赐给，明太祖以其“彼外夷能慕我中国礼义，诚可嘉尚”，命“礼部其图

图 1-6 《唐冠服图帐》书影 日本那霸市历史博物馆藏

冠带之制往示之”[69]。后来，察度遣使臣亚兰匏等入贡谢恩，复以冠带为请，明太祖命如制赐予[70]。此后每当琉球新王继位之际，明朝都会赐给琉球国王（中山王）皮弁冠服和常服，这在琉球官修历代外交文书汇编《历代宝案》中亦有详细的记录[71]。至清乾隆年间，小细工奉行荣野川亲云上绘制了《唐冠服图帐》，表现的是琉球的常服制度。中山王府旧藏的《唐冠服图帐》今有残缺，但其“补子之图”数页尚存，图作彩色，其旁标明补子纹样及其品级。琉球一品官按司仙鹤，二品官亲方锦鸡，三品官申口座孔雀，四品官吟味役云雁（图 1-6）[72]。察其纹样，皆作双禽，且与明代的补子肖似，当本自《大明会典》。

煌煌大明　卷之二

帝王后妃冠服

考古概况

有明一代，自明太祖朱元璋至明思宗朱由检，共传十二世，计有16位皇帝在位。明初立都南京，开国皇帝朱元璋死后葬南京城东钟山独龙阜下玩珠峰，陵名孝陵。其孙第二代皇帝建文帝朱允炆因靖难之役自焚而死，死后祔葬于其父懿文皇太子朱标园寝，未有帝陵。明成祖朱棣初为燕王，就藩北平（故元大都），靖难之役后，遂升北平为北京，并于永乐十八年迁都北京。直至明亡，都城都在北京。明成祖死后葬于北京西北昌平境内的天寿山下，陵名长陵。明成祖以降，12位皇帝先后葬于长陵左右，于是形成规模庞大的陵区，这一陵区即明十三陵。这一葬区除帝陵外，还有妃嫔入葬的东井、西井及少量皇子墓。明代宗朱祁钰在位时曾在天寿山陵区预建寿陵，后英宗复辟，景帝被废，其天寿山所营的寿陵被平毁，死后葬西山妃嫔皇子墓区。

1955年10月，时任北京市副市长且为著名明史学家的吴晗，会同中国科学院院长郭沫若、文化部部长沈雁冰、人民日报社长邓拓、中国科学院历史所第三所所长范文澜等人，联名上书国务院请求发掘明成祖长陵。吴晗关于发掘明代帝陵最早的信为1955年10月13日，吴晗要求郭沫若对发掘长陵的报告稿斟酌改正并领衔签名。当日，郭沫若即对报告稿作了修改并签名，次日，沈雁冰、邓拓、范文澜等人也表赞成并签名。10月15日，吴晗等人要求发掘长陵的信送致国务院总理办公室主任林枫并报总理周恩来。事先虽有文物局局长郑振铎及著名考古学家夏鼐对吴晗的劝阻，但发掘的请求迅速得到国务院的批准，遂组织长陵发掘委员会，指导发掘工作。长陵发掘之前原先计划试掘明世宗的永陵，后因明神宗的“定陵已显露在外……虽规模较小，但与长陵比较，估计构造大体相同，能为开发长陵取得一些经验”，遂决定先试掘定陵。定陵遂成唯一一座经过考古发掘的明代帝陵[1]。

定陵位于昌平陵区北部偏西的大峪山下，为明神宗朱翊钧的陵墓，随葬有孝端皇后和孝靖皇后（明光宗生母）。明神宗朱翊钧，明穆宗朱载坖第三子，嘉靖四十一年生，隆庆二年立为皇太子,六年穆宗晏驾,时方十岁的朱翊钧遂登帝位,次年改元万历，故又称为神宗。明神宗在位四十八年，为有明一代在位时间最长的皇帝。神宗在位初期，在张居正等人的辅佐下励精图治，颇有明君风范。万历十年张居正病逝后，神宗乾纲独断，但也日益怠政，致有数十年不上朝，君臣否隔。神宗在位时期，正值明朝中后期，社会变革剧烈，其时城市商品经济繁荣，但同时土地兼并严重；社会思想文化活跃，但也暗藏危机。神宗在位时期，虽有平定宁夏哱拜之乱、播州杨应龙之乱和援朝征倭，即所谓的“万历三大征”，但东北的女真人正在崛起,并日益威胁中原王朝。神宗在位时期，可谓是机遇和危机并存的时期。神宗生前沉湎酒色、荒怠朝政，遂致后世认为“明之亡，实亡于神宗”[2]。孝端皇后，万历六年二月立为皇后，无子，四十八年以疾薨，谥孝端。其正位中宫四十二年，光宗即位，上尊谥“孝端贞恪庄惠仁明媲天毓圣显皇后”。孝靖皇后，嘉靖四十四年生，万历六年选进内廷，十年册为恭妃，同年八月诞下皇太子亦即后来的明光宗朱常洛，三十四年进封为皇贵妃，三十九年薨逝，葬东井。光宗即位，拟上生母尊谥，未及举行而龙驭上宾。熹宗即位，上尊谥“孝靖温懿敬让贞慈参天胤圣皇太后”，随后在神宗、孝端后入葬时，迁祔定陵合葬。定陵的陵址为明神宗所选定，于万历十三年八月正式营建，至十八年六月完工，耗时五年。其间，神宗曾三次亲临督查。

定陵的发掘工作始于 1956 年，当年 5 月考古工作队进驻定陵，1957 年 9 月完成地上土方工程，1958 年 7 月结束玄宫内器物的清理工作（图 2-1）。整个考古发掘工作耗时两年又两个月，出土各类器物 2648 件，内有各种袍料、匹料和服饰共 644 件，主要为丝织品，个别为棉毛织品。其中万历帝尸下计有袍料 51 匹、匹料 42 匹、衮服 5 件、龙袍 61 件、衬褶袍 1 件、大袖衬道袍 8 件、中单 40 件、裳 1 件、蔽膝 2 件、裤 15 条、膝袜 20 双、大带 2 条、绶 2 件、靴 5 双、云履毡袜 2 双、袜 10 双、被 8 床、褥 5 床、珠宝袋 1 个、香袋 1 个，椁上并有业已朽烂的丝织袍料、匹料 8 匹；孝端后尸下计有袍料 2 匹、匹料 42 匹、纱袍 1 件、单衣 15 件、夹衣 35 件、丝棉袄 16 件、裙 35 条、被 1 床、褥 4 床，椁上并有匹料 3 匹；

图 2-1　定陵地宫后殿　出自《定陵》

孝靖后尸下计有匹料 33 匹、单衣 14 件、夹衣 46 件、丝棉袄 7 件、裙 12 条、被 5 床、褥 11 床。定陵出土的丝织品，可分为妆花、缎、织金、锦、纻丝、纱、罗、绫、绸、绢、改机、绒、布等十三类。所出袍料及衣物，按其纹样布列形式，计有云肩通袖膝襕、二团龙、四团龙、八团龙、十二团龙、前后方补等；按其领式，计有交领、圆领、立领、方领等。作为纺织品的服饰之外，还有众多服饰相关的金银玉器，如玉圭、玉组佩、革带、玉禁步、纽扣、帔坠、玉花及各类冠帽、首饰等。按礼制上的属性来分，明神宗帝后随葬的服饰中计有冕服、皮弁服、常服、便服（万历帝），礼服、常服、便服（孝端后、孝靖后）[3]。

明朝初期实施残酷的从葬（殉葬）制度，宫妃殉葬之制持续五朝，直至明英宗临死时才下令废止[4]。十三陵葬区的帝陵之外尚有七处陪葬墓，分别为东井、西井、万贵妃墓、郑贵妃墓、神宗四妃墓、世宗妃太子墓、世宗三妃墓（即悼陵）[5]。东、西井为妃嫔的从葬之所。顾炎武《昌平山水记》载："宫人从葬之令，至英宗始除。故长陵有东、西二井，东井在德陵东南馒头山之南，西向；西井在定陵西北，东向……其曰井者，盖不隧道而直下，故谓之井尔。或言《越绝书》有禹井，井者，法也，禹葬以法度，不烦人众，当日命名之意，岂有取于此与？"[6]万贵妃墓位于昭陵西南约一公里处的苏山脚下，其地今为万娘坟村。

万氏为明宪宗宠妃，其于四岁选入宫内，初为孝恭孙太后（宣宗后）宫女，正统十四年选入东宫侍太子（即后来之宪宗）。宪宗 18 岁即帝位时，万氏已 35 岁，初封昭德妃，次年生皇长子进封贵妃。成化二十三年春，万氏暴病而亡，同年八月宪宗崩。郑贵妃墓位于万娘坟村南约一公里处的银钱山，据说早年曾被盗掘。郑氏为明神宗宠妃，关系明末史事甚巨。其于万历十年封为淑嫔，十一年册为德妃，十二年八月进为贵妃。十四年生皇三子朱常洵，同年册为皇贵妃。崇祯三年薨。神宗四妃墓位于郑贵妃墓南约一里处，俗称“东小宫”，合葬神宗二李、刘、周四妃。敬妃李氏，万历二十年受册，二十五年薨，追封皇贵妃；顺妃李氏，万历三十二年受册，天启三年祔葬敬妃李氏旁；昭妃刘氏，万历六年受册，天启、崇祯时称太妃，崇祯十五年薨；端妃周氏，万历二十二年受册。世宗四妃、二太子墓位于神宗四妃墓及悼陵之间，俗称“小宫”，葬世宗阎妃、王妃、马妃、杨妃及哀冲太子、庄敬太子。

贵妃阎氏初封丽妃，嘉靖十二年生皇长子（哀冲太子），十三年进封贵妃，十九年薨，追封皇贵妃；皇贵妃王氏，嘉靖十四年册为昭嫔，十五年生皇次子（庄敬太子），十六年进封贵妃，十九年进封皇贵妃，二十九年薨；贞妃马氏，嘉靖四十四年薨；宫人杨氏，嘉靖四十五年薨，追封为荣妃。世宗三妃墓（悼陵）位于世宗妃太子墓稍南，俗称“大宫”。此地原葬孝洁皇后，隆庆元年孝洁皇后合葬嘉靖帝永陵。孝洁皇后迁葬后，其寿域被用来葬皇贵妃沈氏、靖妃卢氏、敬妃文氏。殉葬之制废止后，除少数皇贵妃、贵妃等得以在十三陵内陪葬之外，其他妃嫔皆另葬金山[7]。金山在北京西北三十里，约当青龙桥西北二里一带地方。葬于此处的除妃嫔外，还有夭亡的诸王与公主，“凡诸王、公主夭殇者，并葬金山口，其地与景皇陵相属。又诸妃亦多葬此”[8]。废帝明代宗朱祁钰死后也葬于此。

明亡之后的甲午年（清顺治十一年，1654），由明入清的谈迁踏访金山，其在《北游录·纪邮上》记载："（八月）丁丑，晨饭别山僧。东出就北道山，先朝诸王、公主殇绝者并葬金山，碧殿道接，化为榛莽瓦砾者过半矣……又园陵自景帝外，怀献、悼恭、哀冲、庄敬、宪怀、献怀、悼怀故太子七，卫、许、忻、申、蔚、岳、景、颍、戚、蓟、均、邠、简、怀、悼故王十七，殇主二十六，仁庙妃三，宣庙妃一，英庙妃□□，宪庙妃十二，按史皆葬金山，与景陵相属，凡五十三园。"[9]据谈迁所记，可知至顺治十一年，金山已有墓园53座，但经改朝换代多已荒废。至乾隆年间（1736—1795），此处逐渐形成村落。乾隆二十四年《重修天仙庙记》云"神京西北隅计二十五里，大明之墓置于斯，相继人烟丛集，随后以墓记村，因以为东四墓焉"。魏源《海淀杂诗》其八"龙髯便是隔山隈，裂帛湖前东四堆。何处香魂桃万树，千年风雨翠华来"，自注云"东四墓、西四墓，正当万寿山后、宝藏庵前，皆明代妃嫔葬所也。东四墓宜桃，岁供进御，而都人多讹传为董氏墓桃。又或云东四亩桃，皆未亲历其地耳"[10]。可见清末此地已有董氏墓、东四亩等误称，后来这一带遂讹传为董四墓村。十三陵区的妃嫔墓未经考古发掘，具体情况不详。金山的妃嫔陵园清初即已荒废过半且被盗掘一空。新中国成立后，共征集得经盗掘而流散的明代妃嫔墓志16合，内宪宗妃墓志4合，神宗皇贵妃墓志1合，光宗妃墓志1合[11]。经考古发掘并有简报发表的目前所见仅为董四墓村发现的神宗七嫔合葬墓和熹宗三妃合葬墓。

1951年8月间，位于北京西郊青龙桥西二里的董四墓村遣光寺附近发现一座明代妃子墓（二号墓），出有凤冠和若干金器，出土遗物后被移送文化部文物局，随即引起重视。不久，乐家花园内又发现一座规模宏大的明墓（一号墓）。文物局闻讯后，即邀请中国科学院考古研究所参与发掘，同时希望能够对附近的其他明墓也加以发掘。考古研究所遂于8月28日在董四墓村设立工作站，29日正式发掘乐家花园内的一号墓，发掘工作至9月25日结束。一号墓主室宝床上共放有三口棺椁，棺尾各置墓志，据此可以确认墓主为明熹宗的妃子，左为张裕妃，中为段纯妃，右为李成妃。据各自墓志，张裕妃生于万历三十四年，天启三年册为裕妃，因怀孕遂被与魏忠贤勾结的客氏所恶，同年革去冠服，后被谮杀，越七年仍复裕妃，崇祯四年葬于金山；段纯妃天启元年选入内廷，同年册为纯妃，崇祯二年以疾薨，四年葬于金山；李成妃天启三年册为成妃，六年因忤客氏被革去冠服，崇祯元年仍复成妃，十年薨逝，十一年葬于金山。该墓早年曾遭盗掘，遗物无多且遭破坏，但仍出土了饰有五毒、绵羊太子等纹样的镶宝石金簪、金饰及翟冠上的饰件，翟冠所用的玉饰、珍珠（千余粒）、宝石等[12]。

二号墓位于一号墓东北，相距约三百米。正式发掘工作从9月3日开始，9月20日打开墓门，11月20日完成发掘工作。根据墓中所出墓志，可知合葬此墓的是明神宗的顺嫔张氏、悼嫔耿氏、敬嫔邵氏、慎嫔魏氏、荣嫔李氏、德嫔李氏、和嫔梁氏。据各自墓志，顺嫔张氏万历九年选入内廷，十六年薨，十七年葬于金山；悼嫔耿氏万历十一年选入内廷，十七年薨，同年葬于金山；敬嫔邵氏万历三十四年葬于金山；慎嫔魏氏万历三十四年薨，同年葬于金山；荣嫔李氏薨于天启年间；德嫔李氏十五岁时选入内廷，薨于崇祯元年；和嫔梁氏生于嘉靖四十一年，万历九年选入内廷，崇祯十六年薨，同年葬于金山。墓内共有前后两室，后室放置棺椁，墓中共有七具棺椁，三具尚未被盗。宝床最西边的第一棺内出有翟冠、耳环、手镯等；第一棺东侧的第二棺内出有翟冠，其上插戴有二十三件簪钗，多为金制、嵌以宝石；宝床最东边的第七棺内出有丝质衣物残片并各式簪钗。其余四具已被盗发的棺椁内几无遗物，仅存一些金玉的纽扣[13]。

明太祖朱元璋起自布衣，崛起淮右，出身与汉高祖相类，行事也多仿效刘邦，封建诸王即其一例[14]。朱元璋认为长久之计莫过于封建诸王以作藩屏。洪武二年，决意分封诸王[15]。三年四月三日以封建诸王告太庙，礼成后在宴会上朱元璋晓谕群臣说“昔者元失其驭，群雄并起，四方鼎沸，民遭涂炭，朕躬率师徒以靖大难，皇天眷佑，海宇宁谧。然天下之大，必建藩屏，上卫国家，下安生民。今诸子既长，宜各有爵封，分镇诸国。朕非私其亲，乃遵古先哲王之制，为久安长治之计”[16]。洪武一朝，先后三次分封诸王，除赵王杞、韩王松早亡外，共 23 位亲王在永乐六年前全部就藩。分封诸王，使得诸王得以协理地方、屏藩王室，藉此保证朱氏天下安如磐石、万世不坠。明初所定分封宗藩制度，其基本内容为：“皇子封亲王，授金册金宝，岁禄万石，府置官属。护卫甲士少者三千人，多者至万九千人，隶籍兵部。冕服车旗邸第，下天子一等。公侯大臣伏而拜谒，无敢钧礼。亲王嫡长子，年及十岁，则授金册金宝，立为王世子，长孙立为世孙，冠服视一品。诸子年十岁，则授涂金银册银宝，封为郡王。嫡长子为郡王世子，嫡长孙则授长孙，冠服视二品。诸子授镇国将军，孙辅国将军，曾孙奉国将军，四世孙镇国中尉，五世孙辅国中尉，六世以下皆奉国中尉。其生也请名，其长也请婚，禄之终身，丧葬予费，亲亲之谊笃矣。”[17] 虽经明初靖难之役和高煦之乱，朝廷对宗藩的控制渐为严格，但有明一代始终将宗藩制度作为国家的基本国策[18]。

终明一代，共有藩国 64 个，遍及河南、山东、山西、陕西、甘肃、宁夏、四川、湖南、湖北、江西等地。各藩亲王以下又有郡王、镇国将军、辅国将军、奉国将军、镇国中尉、辅国中尉、奉国中尉、郡主、县主及仪宾，代代繁衍，明代宗室的人口愈发庞大,相应地也就有为数众多的宗室墓葬存在。这些墓葬绝大多数已在不同的历史时期被盗掘或平毁。新中国成立以来，因农田基建、工程施工，先后发现、发掘和清理了一批明代宗室墓葬，出土有相当可观的珍贵文物，其中不乏明代冠服制度相关的实物。清理、发掘的这些墓葬，几乎涉及明代的所有宗藩，其中又以山东的鲁藩，江西的宁藩、益藩，湖北的楚藩、荆藩、梁藩，四川的蜀藩，甘肃的肃藩较为重要。

山　东

明朝在山东境内分封的藩国有六，此即齐、鲁、汉、德、衡、泾诸藩。齐藩在青州立国，第一世为明太祖第七子朱榑，其于洪武三年受封，十五年就藩。建文年间，齐藩被削，朱榑废为庶人。靖难之役后，朱榑复封，然因行为不轨再度被废为庶人并软禁南京至死，国除。汉藩在乐安立国，第一世为明成祖第二子朱高煦，洪武中封高阳郡王，永乐二年进封汉王，十三年就藩乐安。宣德元年，朱高煦在乐安谋反，同年被擒，与诸子俱死，国除。泾藩在沂州立国，第一世为明宪宗庶十四子朱祐橓，其于弘治四年受封，十五年就藩，嘉靖十六年薨，无子国除。其他鲁、德、衡三藩都是立国至明亡的宗藩。

山东地区的诸藩又以鲁藩较为重要。鲁藩在兖州立国，鲁藩第一世鲁荒王朱檀，明太祖朱元璋第十子，“洪武三年生，生两月而封，十八年就藩兖州”，共传十世十三王。鲁藩自洪武三年始封，迄末代鲁王朱以海于清康熙元年（1662）“中痰而薨”，共传国293年，堪称明代传国最久的亲藩。邹城市北部一带分布着众多的鲁藩墓葬，除鲁荒王墓外，还有其他鲁王、王妃、郡王等宗室墓葬达60余座。鲁藩墓葬早年多遭盗掘，现存墓志70多方。鲁藩墓葬中最重要的要数鲁荒王墓，其墓位于邹城市中心店镇尚寨村北九龙山南麓。鲁王朱檀为明太祖第一次大封诸王时所封，当时出生不足五十天，尚在襁褓，其封地为兖州。至朱檀15岁之国时，兖州府辖有三州二十三县，“东西广八百二十里，南北袤二百六十里”，俨然是一个大藩。朱檀洪武十八年十月二十一日之国，二十二年十二月十六日因服食丹药毒发身亡，时年20岁。朱元璋以“昵比匪人，怠于政事”，且“不知爱身之道，以致夭折”，故赐恶谥“荒”。《明史》载朱檀“好文礼士，善诗歌。饵金石药，毒发伤目。帝恶之。二十二年薨，谥曰荒”[19]。朱檀死后葬于九龙山，《邹县志》载“明鲁荒王园在九龙山”，即今邹城市东北二十五里九龙山之南麓与曲阜市交界处，距兖州不远。1970年春至1971年初，鲁荒王墓被发掘。墓内虽遭积水浸泡，但大批随葬器物并鲁荒王尸体保存完好。墓内随葬品以木制家具、仪仗木俑、冠带服饰等为大宗，并有琴棋书画、文房四宝、瓷器等。内有九旒冕1顶、皮弁冠1顶、乌纱折上巾2顶、竹编帽笠3顶，衮龙袍、腰线贴里、褡䕶等服装27件（套），被7床，衣料、鞋垫等46件，玉谷圭2件、玉组佩6挂、玉带銙2套。特别值得一提的是，墓中还出有一套纸质的明器，分别为冕服中的冕、革带和舄[20]。鲁荒王墓中原先当有冕服中的衣物随葬，但已朽烂，所以这套纸质冕服的构件对认知明初的冕服制度有着重要的意义。

德藩在济南立国，第一世为明英宗第二子朱见潾，其于天顺元年受封，成化三年就藩，共传七世八王。历代德王死后都葬在青崖山，青崖山即青崖寨山，位于济南长清五峰山乡东马村迤东。历代德王的墓园即分布在青崖寨山以南、以东，各枕一座支脉而建。1993年，德王墓园中编号为M4的德庄王朱见潾及其王妃刘氏合葬墓（朱见潾子济宁安僖王朱祐椁早卒，袝葬于此）被盗，济南市文化局文物处遂会同长清文物管理所对被盗墓葬进行抢救性发掘，同时对德王墓群作了调查勘测。德王墓园的地上建筑自20世纪50年代以来已毁坏殆尽，有的墓早年已被平毁。朱见潾墓三次被盗，墓中文物已被劫掠一空，仅出墓志、石碑等物[21]。

江　西

在数量上，江西境内的藩王墓为全国其他地区所难比拟。明朝在江西境内分封的藩国有三，即宁藩、淮藩、益藩。宁藩在南昌立国，第一世为明太祖朱元璋第十六子朱权，其于洪武二十四年受封，二十七年就藩大宁，明成祖朱棣靖难兵起因计赚入北平，后以永乐元年徙封南昌，共传五世四王，至朱宸濠因谋反而国除。淮藩在鄱阳立国，第一世为明仁宗朱高炽第七子朱瞻墺，其于永乐二十二年仁宗即位后受封，宣德四年就藩广东韶州，正统元年徙封鄱阳，共传八世九王。益藩在南城立国，第一世为明宪宗朱见深第六子朱祐槟，其于成化二十三年受封，弘治八年就藩南城，共传六世六王（含追封共七世八王）。宁、淮、益三藩之外，江西境内还曾有过荆藩，但其立国江西只有短短的十七年。20世纪50年代以来，江西发现有近50座明代藩王系墓葬，内有就藩江西的第一世藩王宁献王朱权、淮靖王朱瞻墺、益端王朱祐槟及其王妃的墓园。此外，尚有三藩亲王、郡王、镇国将军、辅国将军、奉国将军、郡主、县主与仪宾的墓园。

宁藩墓园自20世纪50年代以来，共计辨认墓志35方，主要出自南昌市。宁王家族墓大多位于新建西山一代，曾发掘清理宁献王朱权墓、宁靖王朱奠培夫人吴氏墓、宁康王朱觐钧及其元妃徐氏和次妃冯氏墓，乐安王朱奠垒夫妇合葬墓、奉国将军朱宸涪夫妇合葬墓。除朱权墓经过正式考古发掘，少数墓葬经抢救性清理外，大多数墓葬被盗，仅剩墓志。

宁藩第一世宁献王朱权，洪武十一年生，正统十三年以疾薨，享年71岁，死后葬宁藩“西山之原”。朱权生前放志神仙，尤好道术，故有臞仙、涵虚子、丹丘先生等别号。朱权博学好古，于诸书无所不观，且多有著述。朱权墓园位于南昌新建西山珂里潢源村的山上，此山古名缑岭，清同治《新建县志》记载“明宁献王朱权墓，在西山缑岭遐岭峰下，敕建”。其墓早在1952年即经江西省文物管理委员会作初步了解，后于1958年10月至11月间被发掘清理。在发掘清理过程中发现墓室已被盗扰，棺木全被扰乱，仅得少量金、银、锡、玉、瓷器等随葬品而已。朱权为仰身直肢葬，尸体腐而未溃，口含金钱，头插金簪，外戴漆制道冠（胸部并有道冠两顶），身穿金钱云纹道袍，腰围玉带[22]。考古发掘期间，工作人员曾于朱权墓封土北坡内发掘清理砖券墓一座，此墓已被盗掘一空，工作人员推测或与朱权妃子及家族后裔有关[23]。

庄惠世子朱盘烒为朱权长子，早卒，未曾继承王位，其墓位于朱权墓南边约半里的另一山坡上，《新建县志》载“宁惠王朱盘烒墓，在西山遐岭峰下”。朱盘烒墓早年被盗，20世纪50年代曾追缴部分随葬器物，与服饰相关的主要为蝠纹金扣1件、玉带銙4套，内1套素面无纹，1套透雕作春水秋山纹[24]。

宁靖王朱奠培夫人吴氏，正统四年生，弘治十五年殁，享年64岁。吴氏世家蓟州，其父吴景琪追随朱权至宁藩所在的江西。为配合基建，吴氏墓于2001年12月4日为江西省文物考古研究所在华东交通大学校园内发掘。该墓位于西山山脉东缘，西距朱权墓约20公里。此墓发掘清理前未经盗扰，加上埋藏环境较好，所以出土物较多且尤以丝织品最为丰富。墓主吴氏为仰身直肢葬，身穿5套共12件衣物入葬，内有大衫、霞帔、鞠衣等。服饰相关的还有翟冠、玉谷圭、玉组佩等[25]。

乐安昭定王朱奠垒，宁惠王朱盘烒庶三子，宣德二年生，正统七年封镇国将军，景泰二年进封乐安王，弘治元年以疾薨。其墓位于南昌新建望城龙蟠山莲花心花坑山上，为朱奠垒与妃宋氏的合葬墓，1987年2月28日晚被盗，墓中随葬品、棺台、壁龛等全被破坏。闻讯后，江西省文物考古研究所与新建县博物馆即联合对此墓进行抢救发掘，发掘清理工作历时16天，于3月23日结束。该墓的盗后劫余主要是帔坠、玉石金叶坠（玉花彩结绶配件）、锥形金坠、金钩（银作局款）、玉谷圭、玉带銙、玉组佩残件等[26]。

宁康王朱觐钧，宁靖王朱奠培长子，正统十四年生，天顺八年封为上高王，弘治五年袭封为宁王，十年以疾薨，享年49岁。其墓位于南昌新建第八区乌溪乡润溪罗村，1951年11月22日该村村民发现朱覲钧墓并盗掘达三月之久，后经考古人员调查，墓中遗物仅存玉谷圭和玉带銙。宁康王妃徐氏墓位于朱覲钧墓右侧边缘，墓中遗物主要为金凤、金帔坠及首饰和玉饰等[27]。1962年6月、7月间，江西省博物馆考古队在南昌市郊梅岭山麓清理了编号为南梅M2的宁康王次妃冯氏墓，冯氏为末代宁王朱宸濠之母，墓中出土物极少[28]。

宁康王第八女菊潭郡主，成化十五年生，弘治四年受封，正德十年以疾终，享年37岁。其墓于1953年在南昌市第四交通路（今北京西路）某基建工地被发现并遭破坏，现场无存。后将出土文物收缴，主要为金凤、凤纹掩鬓等首饰及金帔坠、鎏金银杂件、鎏金银蕉叶形石坠（此二者为玉花彩结绶配件）、鎏金银扣、玉串珠等[29]。

辅国将军朱覲镃第三女阌乡县君，成化十九年生，弘治十五年卒，享年20岁。其墓于1983年南昌市郊塘山公社塘山大队平整土地时发现，南昌市博物馆筹备组闻讯后随即赶赴现场。该墓早年被盗，但仍出有金凤挑心、金凤穿牡丹鬓簪等物[30]。

宁藩墓葬中近年又有郡王墓被发掘。该墓2012年6月3日于南昌市青云谱区江联小区施工时发现，南昌市博物馆闻讯后随即会同江西省文物考古研究所赶赴现场查看，后于6月11日至12日对该墓进行清理。该墓为夫妻合葬墓，无墓志出土，墓主不详，但据墓主穿着可以判定是宁藩郡王的墓葬。墓中男性墓主尸体保存较好，穿着的衣物尚存，女性墓主尸体已腐，衣物无存。该墓随葬器物服饰相关的有鎏金银帔坠、玉饰及各类首饰。男墓主衣着完好，其中一件衣物上盘金绣有团龙补，棺内并存帽翅残件及龙纹玉带銙[31]。

淮王家族墓位于鄱阳县以北35公里的站前乡韩山南麓，各世淮王墓园均依山而建,多被盗掘,未有一座经过正式发掘，仅征集回墓志5方[32]。

益藩家族墓主要有两处：一为南城县东南15公里外的洪门乡石山中，葬有益端王朱祐槟、益庄王朱厚烨、益恭王朱厚炫；一为南城县东北20公里的岳口乡，葬有益昭王朱载增（益恭王世子，早逝）、益敬王朱常泛、益宣王朱翊鈏、益定王朱由木。益藩中的端王、庄王、宣王、定王墓园先后经过发掘清理[33]，益藩共计发现墓志18方。“明兴，亲王之在区域者三十国，而次第名德，必首曰益藩”（朱由木墓志）。益藩诸王的墓园资料较为系统完备，清乾隆《江西通志》及同治《建昌府志》《南城县志》等皆有记载，地面且留有不少遗存。

益藩第一世益端王朱祐槟，成化十五年生，嘉靖十八年以疾薨，享年61岁。1972年1月，江西省博物馆考古工作者将其位于南城县红湖公社红岭大队外源村北高山（诸方志所载之金华山）南麓丘陵上的墓园发掘，同墓而葬的还有王妃彭氏。墓中出土文物甚众，达200余件，除极少数出自朱祐槟棺内、陶俑置于棺台前之外，其余均出彭氏棺中。内金银首饰、配饰计有75件，有金凤、云纹镶宝石掩鬓、帔坠、鎏金银扣、金钿花、金钩（银作局款）、鎏金菱形银饰牌、鎏金银蕉叶锥形石坠、磬形金片（此三者为玉花彩结绶配件）等。玉器则有玉谷圭、玉花、玉禁步残件、玉组佩、玉带銙等[34]。

益庄王朱厚烨，益端王朱祐槟长子，弘治十一年生，嘉靖二十年袭封益王，三十五年以疾薨，享年59岁。1958年9月26日至10月12日，为配合南城洪门水库工程，位于南城县东南长塘村北高山上的朱厚烨及其妃王氏、万氏合葬墓被江西省文物管理委员会发掘清理。墓中出土陶俑204件、金玉器255件并锡明器、瓷器等，为江西明代藩王随葬物品最为丰富的墓葬。内朱厚烨棺内出有羊脂玉带1副，出土时带鞓尚存，系于死者腰部；王氏棺内出有金凤、帔坠、玉组佩残件、玉谷圭、玉佛挑心、龙凤纹玉带銙、银扣等；万氏棺内出土器物最丰，计金银器122件，玉器122件，玉珠等饰1400余粒，有金束发冠、双龙戏珠鎏金银钿儿、镶宝石金髻、金凤、金钿花、帔坠、楼阁金簪、云纹镶宝石掩鬓、鎏金菱形银牌饰、鎏金骨扣银叶饰片、鎏金银钩（银作局款、典宝所款）、金钩（银作局款）、玉谷圭、玉佛挑心、玉禁步残件等[35]。为配合洪门水库建设，同年清理的尚有益恭王朱厚炫及其妃吴氏的合葬墓。朱厚炫为朱厚烨的同母弟，朱厚烨殁后嗣封。此墓早经盗扰，1988年再遭盗掘，墓室内被洗劫一空，仅存墓志[36]。

益宣王朱翊鈏，益昭王朱载增元子，嘉靖十六年生，万历八年以世孙袭封，三十一年薨，享年67岁。1979年12月，江西南城县岳口公社游家巷大队社员在挖渠时发现朱翊鈏及其元妃李氏、继妃孙氏的合葬墓，并对朱翊鈏的棺室作了清理。1980 年 3 月，江西省文物工作队会同南城县文物保护小组又对李、孙二妃的棺室进行清理。经清理，朱翊鈏及李、孙二妃合葬墓出土金、银、玉、铜、瓷器并各类冠服共计 450 余件。内朱翊鈏棺内出有各类袍服 12 件，其中有衮龙袍、直身、程子衣、披风，玉珠（或为玉瑱）、玉谷圭、玉鸳鸯帽顶、玉带銙、玉组佩、玉钩、琥珀束发冠、九旒冕残件等；李氏棺内出有翟冠、牡丹朵花银饰、玉禁步残件、青玉素面带銙，短衫、裙、裤等；孙氏棺内出有翟冠、金凤、镶宝石金凤簪、凤纹镶宝石掩鬓、王母驾鸾镶宝石挑心、嵌玉佛镶宝石金钿儿、金叶瓣辣椒形玉饰、圆珠形玉饰（此二者为玉花彩结绶配件）、玉禁步、玉带銙，短衫、霞帔、玉花彩结绶、环编绣鞋、膝袜等[37]。

益藩罗川王族墓，为南城县南的株良公社于 1964 年 3 月发现。闻讯后，江西省文物管理委员会即会同南城县文化馆前往作了清理。墓室曾经盗扰，部分随葬品业已散失。墓内棺椁封闭严密，尸体保存完好。清理所得并收集的遗物，有金首饰、配饰等共计 22 件。内有冕冠、皮弁冠上的金葵花和金池，束发冠、鎏金银钩、金簪导、玉圭、玉带銙、玉组佩残件，衣物 6 件（含衮龙袍）。此墓较特殊的是出有一份随葬的典服清单，上面详细开列了“成造殓衣数目”，对了解明代服饰及丧葬习俗颇具价值。现将清单文字录之于后：

正典服所今将成造敛衣数目开具于后，计开：旒冠一顶、皮弁冠一顶、金簪二根、翼善冠一顶、金冠一顶、天青纻丝寿巾一顶、香枕一个、红六云纻丝鸡鸣枕一个、红六云纻丝引带一个、大红五彩织金纻丝四团龙圆领一件、冕服一袋、绿六云改机绸衬摆一件、素玉带一条、玉佩一件、大红六云织金纻丝过肩一件、白云布道袍一件、蓝丝绸长棉袄一件、蓝斗绸长夹袄一件、□云六纻丝过河中衣一件、白西洋布衫一件、白西洋布单中衣一件、蓝六云纻丝棉中衣一件、白湖绸夹中衣一件、白洋布单裙一条、蓝六云纻丝棉夹裙二条、白西洋布暑袜一双、白湖绸肩褥一个、脚褥三个、五彩锦棉被二床、棉褥一床、蓝六云纻丝棉褥一床、青纻丝寿靴一双、白梭布大夹衾一件、小夹衾一件、木梳一付、寿簟一床、金扇一把、宝钱七文、宝钞七、手巾脚巾、大明皇历冥途路引一张，万历二十一年六月 日具

该墓墓志已失，所以不知墓主为谁，但据清单上随葬的服饰可知为亲郡王级别，兼以此墓左侧 3 米处曾发现益藩罗川端懿王副宫夫人张氏的墓志，可以推知此墓墓主很有可能是益宣王朱翊鈏之子罗川端懿王朱常湑[38]。

益定王朱由木，益敬王朱常涏庶三子，万历十六年生，三十五年以镇国将军进封嘉善王，三十九年改封世子，四十五年袭封，崇祯七年薨。其墓位于南城县岳口乡游家巷村西北角的女冠山麓，东距朱翊鈏墓约 200 米，为朱由木及其元妃黄氏、次妃王氏的合葬墓。1982 年 3 月，江西省文物

工作队会同南城县文物管理部门对朱由木及其妃黄氏、王氏合葬墓作了抢救性发掘。朱由木棺室部分文物被盗，黄氏棺室被盗严重,仅王氏棺室保存完好,墓中所存遗物主要为金、银、玉、铜、瓷器等。朱由木棺内出有小玉珠（玉瑱？）、金簪导、玉组佩残件、玉带銙；黄氏棺内出有玉禁步残件、玉带銙；王氏棺内出有翟冠、玉谷圭、玉带銙等[39]。

益藩的墓葬除上述经考古发掘的外，尚有不少被盗者。如淳河怀僖王朱常汭夫妇墓，1987年被盗，墓中出土的追缴物仅为金银钱，淳河王及王妃墓志各1方[40]；淳河怀僖王妃江氏墓，1989年被盗，墓中出土的追缴物主要为龙凤花卉纹金束发冠、鎏金帽花、人物飞凤银残饰（挑心？）等11件首饰、配饰及墓志1方[41]。

湖　北

明朝在湖北境内分封的藩国有十三个，内中有楚、湘、辽、郢、襄、荆、梁、兴、惠诸藩。楚藩在武昌立国，第一世为明太祖朱元璋第六子朱桢，其于洪武三年受封，十四年就藩，共传八世九王。湘藩在荆州立国，第一世为明太祖朱元璋第十二子朱柏，其于洪武十一年受封，十八年就藩荆州。建文元年有人告其谋反，建文帝遣使讯问，柏惧，无以自明，与妃等自焚而死，无子国除。辽藩最初立国辽东广宁，建文四年移国荆州。荆州原为湘藩封地，建文元年湘献王朱柏自焚死，无子国除，所以辽藩得以立国荆州。辽藩第一世为明太祖朱元璋第十五子朱植，其最初于洪武十一年受封卫王，二十五年改封辽王，建文四年徙封荆州，共传七世七王。郢藩在安陆（今钟祥）立国，第一世为明太祖朱元璋第二十四子朱栋，其于洪武二十四年受封，永乐六年就藩，死后无子国除。襄藩在襄阳立国，第一世为明仁宗朱高炽第五子朱瞻墡，其于永乐二十二年受封，宣德四年就藩长沙，正统元年徙封襄阳，共传八世九王。荆藩在蕲春立国，第一世为明仁宗朱高炽第六子朱瞻堈，其于永乐二十二年受封，宣德四年就藩南城，后于正统十年徙封蕲春，共传十世十一王。梁藩在安陆立国，第一世为明仁宗第九子朱瞻垍，其于永乐二十二年受封，宣德四年就藩安陆，正统六年薨，无子国除。兴藩在安陆立国，第一世为明宪宗第四子朱祐杬，其于成化二十三年受封，弘治四年徙封安陆，七年就藩，后以其子朱厚熜（明世宗）承继大统国除。惠藩在荆州立国，第一世为明神宗第六子朱常润，其于万历二十九受封，天启七年就藩，后被明末农民起义军所逐，终被清人所杀。

楚藩墓园位于武汉市东南约 20 公里处的龙泉山，除末代楚王朱华奎墓园尚未确定外，其余 8 位楚王及其王妃均葬于此处。楚藩第一世楚昭王朱桢，元至正二十四年（1364）生，永乐二十二年薨，享年 61 岁。其薨后，朝廷赐谥曰昭，“葬于国之东南灵泉山之原”。为配合龙泉山的旅游开发，1988 年，武汉市博物馆对朱桢墓进行考古钻探。1990 年 7 月、8 月，湖北省文物考古研究所对其进行复探。同年 12 月 5 日至次年 1 月 10 日，由湖北省文物考古研究所主持，武汉市博物馆和武昌县博物馆考古人员对朱桢墓进行考古发掘。朱桢的昭园，是龙泉山楚王墓园中规模最大的一座。此墓虽屡遭破坏，然未被盗，保存完整。经考古发掘，朱桢墓共出随葬器物318件，主要为铅锡、铜、铁、漆木、瓷器等，内有乌纱折上巾、金镶木革带。墓中随葬有丝织品，但多已炭化[42]。

近年来，考古人员在江夏二妃山、龙泉山等处共清理了不同时期墓葬40余座，发现墓志多方，这些墓葬多属楚藩。其中较为重要的是景陵王朱孟炤及其王妃合葬墓、通山王朱孟爚之妃程氏墓、通城王朱英熔墓等。

2002年5月8日，为配合武汉市二妃山垃圾处理厂工程建设，武汉市文物考古研究所、江夏区博物馆、江夏区流芳街文化站联合组队对工程所涉范围进行考古调查勘探及发掘工作。此次勘探共发现并发掘了明代墓葬11座，其中编号为M1、M2的两座墓分别为朱桢第八子景陵王朱孟炤及其王妃贲氏之墓。两墓位于武汉市江夏区流芳街道佛祖岭村，经发掘清理，共计出土各类器物49件。朱孟炤墓因早年取砖修仓被毁，遗物无多；贲氏墓早年亦被盗，但仍出土有鎏金铜凤簪、珍珠串饰等随葬器物[43]。

2009年，因修武汉至流芳富士康工业园区铁路而发现明代墓葬2座。武汉市文物考古研究所、江夏区文物管理所闻讯后，随即于8月12日进驻并开展抢救性发掘工作。据出土的墓志，可知墓主人之一为楚昭王朱桢第六子通山王朱孟爚之妃程氏。经发掘清理，两墓共出土文物120余件，多为金、银、铜、玉等器，墓中出土的木俑尤其独特。

2010年7月，武汉市关山路立交工程部门在施工中发现一座墓葬，武汉市文物考古研究所遂于2010年10至12月在工程范围内进行勘探，发现墓葬5座，并作了抢救性发掘。经发掘清理，确定此处为明代通城王朱英熔家族的一处墓地，葬有通城王朱英熔、王妃徐氏、夫人邵氏、宝乐妃诸人。此处墓地共出有金、玉、铜、瓷器等，金器主要为首饰，玉器则为革带[44]。

湘藩一世国除，所以仅有第一世湘献王朱柏及其王妃吴氏的墓园。朱柏，洪武四年生，建文元年以忧惧自焚而死，享年28岁。朱柏墓位于荆州市荆州古城西门外1.5公里处的太晖观西侧。太晖观为朱柏在藩期间于洪武二十六年所建的国庙。1997年12月，该墓遭盗墓分子破坏，虽因墓室内积水和淤泥较深，随葬器物未被盗走，但墓室及其保存环境已受破坏。为了及时抢救墓内文物，1998年2至5月间，荆州博物馆对该墓进行抢救性发掘。经发掘清理，墓内共出土随葬器物883件（套），主要为漆木、铜、锡器及冠带佩饰。内有凤冠1顶、玉革带2条、玉组佩4副[45]。

辽藩墓园位于江陵县西部的八岭山，东南距荆州古城约20里。辽藩第一世辽简王朱植，洪武十年生，永乐二十二年薨。朱植死后葬于“八岭山之原”，其墓即在八岭山南麓。朱植墓曾多次被盗，为保护该墓，1987年9月至10月，荆州博物馆和江陵县文物局考古人员对该墓进行发掘清理。该墓因多次被盗，出土的器物少且残破，经发掘清理，共出土随葬器物120余件，有金、银、铜、锡、漆、木等器，绝大部分为明器[46]。

郢藩一世国除，仅存第一世郢靖王朱栋的墓园。朱栋，洪武二十一年生，永乐十二年薨。朱栋及其王妃郭氏的合葬墓，位于钟祥市九里回族乡三岔河村四组皇城湾。21 世纪初，该墓先后遭遇多次盗墓，为有效保护文物免遭破坏，湖北省文物局遂组织湖北省文物考古研究所、荆门市文物考古研究所、钟祥市博物馆联合组成考古队，于 2005 年 5 月至 8 月、2005 年 11 月至 2006 年 6 月，分两阶段对该墓进行抢救性考古发掘。发掘清理表明，墓葬保存完好，未被盗掘，墓中出土随葬器物 200 余件，主要为金、银、玉、铜、铅锡、瓷、漆木等器。服饰相关的随葬器物，有冕冠、皮弁上的金玉事件，玉圭、玉带、玉组佩、帔坠等。随葬品中还有一套冕服明器，残存冕冠、玉带、玉组佩等[47]。

襄藩墓园除襄简王朱见淑墓位于隆中山外，其余诸王墓葬皆在今谷城、南漳两县交界处一条西北至东南走向的山脉间。襄康王朱祐櫍墓早年被盗掘，随葬器物基本无存，其墓志盖现藏南漳县博物馆。襄庄王朱厚颎墓早年亦被盗掘，只存庄王及王妃墓志各一。襄靖王朱载尧墓西南一座大墓，早年被盗一空，或为襄忠王之墓，或为襄靖王妃之墓。追封的两位襄王墓葬或盗或毁。襄惠王朱祐楬墓被盗，襄恭王朱见泼墓在 1969 年挖防御工事备战时被毁[48]。

荆藩墓葬在 20 世纪五六十年代开沟取土、兴修水库等农业基础建设中广为发掘。1949 年以来，蕲春境内先后有近 90 座荆藩成员墓葬被发掘。彭思镇张滩村猪头嘴明墓、蕲州镇雨湖村王宣明墓、蕲州镇王嘤村永新王墓、蕲州镇缺齿山姚塆荆王府墓都经发掘，出土各类金银首饰甚多。又，位于横车镇西河驿村汤塆王坟山的荆恭王朱翊钜及其王妃胡氏合葬墓，早年被盗，2007 年再遭盗掘，后由公安追回文物 84 件（套）。众多墓葬至今鲜有发掘简报或报告发表，见诸简报的主要为荆端王朱厚烇次妃刘氏墓和镇国将军朱祐楝墓。荆端王朱厚烇次妃刘氏墓于 1955 年冬为黄土乡农民兴修水利时发现，1956 年 2 月，湖北省文物管理委员会派员前往清理。该墓位于安阳山南麓，距刘娘井村东南 80 余米。墓中随葬器物主要为金、银、铜器。金器主要有金凤、金饰凤冠、坠胸等[49]。镇国将军朱祐楝墓，1986 年 11 月底，西河驿石粉厂在扩建厂房施工取土时被发现，蕲春县文物管理所闻讯后迅即对该墓进行抢救性发掘清理。该墓为同穴三室合葬墓，为朱祐楝夫妇及其早夭之子的合葬墓。墓中出土的随葬器物主要为金、银、铜、玉、瓷器。金银器主要为各类首饰，铜器为帽顶，玉器则为带銙[50]。

梁藩一世国除，仅存第一世梁庄王朱瞻垍的墓园。朱瞻垍，永乐九年生，正统六年薨。其墓据《兴都志》记载“在兴都城南四十五里城南村瑜灵山，妃魏氏合葬，夫人张氏祔葬”。瑜灵山即今钟祥市长滩镇大洪村二组之龙山坡，朱瞻垍墓即坐落于此。其墓东北约 500 米处另有一被盗一空的大墓，其墓主为夫人张氏抑或元妃纪氏尚待证实。朱瞻垍墓曾屡遭盗掘，为保护文物，2001 年 4 月、5 月间，在湖北省文物考古研究所的主持下，荆门市博物馆和钟祥市博物馆遂对朱瞻垍墓进行考古发掘。经清理发掘，墓中共出土随葬器物1400件（套），如计入成套器的配件数则为5340件，主要为金、银、玉、锡、瓷器等。内有九旒冕、皮弁冠的金玉饰件，凤冠残件，玉圭、玉组佩、玉革带、玉花、磬形金镂空饰、云形金镶宝石饰（此三者为玉花彩结绶饰件），帔坠、金钩、帽顶、绦钩、绦环及各类首饰等[51]。

四　川

明朝在四川境内分封的藩国仅为蜀藩。蜀藩在成都立国，第一世为明太祖朱元璋第十一子朱椿，其于洪武十一年受封，二十三年就藩成都，共传十世十三王。蜀藩墓园主要位于成都市龙泉驿区十陵镇南部和洪河镇北部，1995年的调查，发现该区域分南北二区，北区包括2座蜀王墓、3座蜀王妃墓、2座郡王墓，南区包括3座蜀王墓。蜀藩及其家族墓则估计不下百座，死后分葬于凤凰山、天回山、正觉山等地。20世纪70年代以来，此地已探明或发现了20余座明代蜀王及蜀王妃、郡王及郡王妃的墓葬[52]。其中经考古发掘的有悼庄世子朱悦燫墓、蜀僖王朱友壎墓、蜀定王次妃王氏墓、蜀昭王朱宾瀚墓、末代蜀王朱至澍墓等。蜀藩郡王墓业经发掘的还有位于新津县的庆符恭僖王朱友墂墓，其墓于20世纪80年代初期被发掘，墓中出土情况不详。朱友墂，蜀和王第六子，天顺八年受封庆符王，弘治十八年薨。

悼庄世子朱悦燫，蜀藩第一世蜀献王朱椿的长子，洪武二十一年生，永乐七年先于父薨，次年下葬。后其子友堉袭封，追封为王，改谥曰庄，称蜀庄王。1970年，中国人民解放军驻成都某部在工程取土时，葬于成都凤凰山南麓的朱悦燫墓被发现。中国科学院考古研究所和四川省博物馆遂于同年4月至6月间对该墓作了发掘。该墓曾经数次被盗掘，贵重随葬品较多的后殿中室和中庭的圜殿盗扰最甚（图2–2）。虽然如此，但经发掘清理，墓中仍出有釉陶俑500余件及各类随葬品。内有朱漆戗金龙纹冠服匣一，匣分两层，上层放玉圭及朱漆戗金龙纹圭函、冕冠、革带。八旒冕已残，仅存冕板、金簪及其他金玉饰。冠服匣下层则放有玉组佩一副两挂及小玉珠800余颗[53]。

图2–2　朱悦燫墓第四室内的木棺
出自《成都凤凰山明墓》

蜀僖王朱友垻，第一世朱椿之孙，悼庄世子朱悦燫第二子，永乐二十二年封罗江王，后以蜀靖王无子而薨，于宣德七年袭封，九年因风疾发作而终。1979 年 10 月，为配合基本建设，位于成都市龙泉驿区十陵镇大梁村大凉山南麓的朱友垻墓园被发现，成都市文物管理处考古组（成都文物考古研究所）遂对该墓作了发掘。该墓早年曾经盗掘，但经发掘清理，仍出有各类随葬器物 500 余件，主要为铜、铁、陶瓷器，其中陶俑 425 件。蜀僖王朱友垻墓南偏西约 700 米尚有赵妃墓，1978 年冬，当地农民开挖水渠时发现并毁坏。后成都市文物管理处对墓葬作了清理，出土有一些随葬物品[54]。

蜀定王次妃王氏，蜀定王朱友垓的侍妾，后以其子通江王朱申凿袭封蜀王而于成化九年尊为蜀定王次妃。弘治六年，王氏之子惠王朱申凿薨。次年，王氏嫡孙朱宾瀚袭封蜀王，同年，王氏薨。1998 年夏，为修建三环路，位于成都市锦江区琉璃乡潘家沟狮子山南坡的蜀定王次妃王氏墓园被发现。该墓早年被盗，盗墓者已将棺椁拆散，连同墓主骨骸拖出墓外，所剩的随葬物品业经严重扰乱和移动。经发掘清理，前室计有随葬物品 150 余件，中室计有随葬物品 90 余件，主要是各式陶俑及陶瓷器[55]。

蜀怀王朱申鈘，蜀定王朱友垓长子，天顺八年袭封，成化七年薨，次年入葬。王妃徐氏，成化二年受封为蜀王妃，十一年薨，当年入葬。2004 年 2 月，位于锦江区三圣乡的蜀怀王及其王妃合葬墓被盗的消息传至成都文物考古研究所，考古所随即勘查该墓，并于 3 月 15 日进行考古发掘。经发掘清理，墓中共出土有各类器物 200 多件，内有金凤残件、带板金框、金扣残件，玉圭、玉组佩残件等[56]。

蜀昭王朱宾瀚，蜀惠王朱申凿长子，弘治四年册为世子，七年袭封，正德三年薨，次年入葬。1990 年，因成渝高速公路建设，蜀昭王朱宾瀚及其王妃刘氏位于成都市龙泉驿区洪河镇白鹤村与十陵镇千弓村交界处的墓园被发现。1991 年 3 月至 6 月遂对朱宾瀚夫妇合葬墓进行考古发掘。经发掘清理，墓中所出的随葬物品主要为各式陶俑及陶瓷器[57]。

末代蜀王朱至澍，蜀恭王朱奉铨长子，万历三十二年册为世孙，四十四年改封世子，继而袭封。崇祯十七年，张献忠陷成都，朱至澍率妃史氏、次妃邱氏投井自尽。其时明亡，蜀王朱至澍及其王妃史氏、次妃邱氏乃于康熙初年由四川地方政府造圹改葬。1997 年 11 月对位于成都市锦江区琉璃乡潘家沟村的朱至澍及其王妃史氏、次妃邱氏三座墓葬进行抢救性发掘。墓葬早年被盗，但墓中仍出土有各类随葬物品 390 余件，内陶俑占大多数，并有铜、玉等器[58]。

甘 肃

明朝在甘肃境内分封的藩国有三个，即肃藩、安藩、韩藩。肃藩在兰州立国，第一世为明太祖朱元璋第十四子朱楧，其于洪武十一年受封汉王，二十五年改封肃王，二十八年就藩甘州（今张掖），建文元年移藩兰州，共传八世九王（含追封共九世十二王）。安藩在平凉立国，其第一世为明太祖朱元璋第二十二子朱楹，洪武二十四年受封，永乐六年就藩，死后无子国除。韩藩在平凉立国，其第一世为明太祖朱元璋第二十子朱松，洪武二十四年受封，初建藩开原，未就藩而于永乐五年薨。时弃大宁三卫地，开原逼塞不可居，永乐二十二年遂改封朱松之子朱冲烒于平凉，就安王邸，共传九世十一王。甘肃藩王墓葬的考古发掘主要见于肃藩。

肃藩墓园主要位于榆中县来紫堡乡黄家庄村北侧的平顶峰南麓，肃宪王朱绅尧别葬于兰州七里河西津大坪周家山外（朱绅尧夫人薛氏则葬平顶峰墓区），历代肃王皆葬于此。追封的肃安王墓则在兰州七里河上西园西圃子湾。平顶峰墓区共计墓葬 11 座，其中编号为 3 号的墓葬曾在 1954 年和 1955 年被挖掘，但墓主不明。20 世纪 60 年代，墓区编号为 1 号和 2 号的墓葬被农民平整土地时挖掘，据出土的墓志残片，推定 1 号墓为肃庄王朱楧及其王妃之墓。1977 年，甘肃省考古队对 7 号墓作了试掘，据出土墓志知为肃怀王朱绅堵及其王妃王氏合葬墓[59]。

肃藩第一世肃庄王朱楧，洪武九年生，永乐十七年薨，享年 44 岁。其墓在 20 世纪 60 年代被挖掘，加上其墓早年也多次被盗，墓内随葬品多已散失，出有大批彩陶、铜器和墓志等[60]。

肃怀王朱绅堵，肃昭王庶一子，嘉靖三十七年封为世孙，四十二年袭封，四十三年薨，享年 17 岁，死后葬“平地里坎山之原”。1977 年，其墓被发掘，出土有玉牌、陶炉等物及两合墓志。

1958年10月，甘肃省博物馆在兰州市郊上西园清理了一座明墓。主室置有木棺2具，一男一女，知为夫妇合葬墓。男棺内出有金簪、玉带銙等物；女棺内则随葬丰富，计有翟冠（翟冠已残，有珍珠2000余颗）、金凤、金簪、金钿花、帔坠，玉圭、玉带銙、玉饰等，"凤衣"残片，上织云凤图案。此墓并无墓志出土，推测为肃藩郡王墓[61]。

2011年10月，兰州七里河区晏家坪原奶牛场建筑工地发现两座合葬墓。后又于西侧墓葬北20米处发现有石质墓碑，据墓志，知墓主何氏为肃藩延长王朱真澆长子朱弼栋的元配。朱弼栋，嘉靖四十三年封长子，万历十六年卒，以子袭封，追封为郡王。何氏墓之东侧一墓当即延长王长子朱弼栋的墓葬。两座墓葬皆曾被盗，朱弼栋墓出有青玉双螭耳杯、墨绘人物黄河石；何氏墓仅出有铜刀和玉带銙[62]。

安　徽

安徽凤阳，是明太祖的龙兴之地，明朝立国后以此为中都。因明太祖崛起于此，其父、祖的皇陵、祖陵也都在安徽境内。有明一代，安徽境内未曾分封藩王，但藩王或宗室犯法往往于中都圈禁，所以当时安徽境内应有一定数量的宗室及其墓葬存在。1993年，安徽歙县黄山仪表厂在挖地基施工时发现明代墓葬一座，经考古发掘，共清理出文物46件。内有金凤，金簪（两支刻铭文"内官监九成色金壹对壹两重"，两支一刻铭文"□□□二十三日□□□造□□□"，一刻"永乐七年十二月十四日承奉司造八成色金簪一支四钱重”），金钿花，珠环，金帔坠（金钩内侧刻铭文“内官监造作色金计贰两重钩圈全”），玉谷圭，玉组佩残件（瑑云凤纹，描金），革带玉事件等。该墓发现时破坏严重，未能发现表明墓主身份的信息[63]。永乐制度，郡王妃以上皆用玉谷圭，文武官命妇则不用玉圭；郡王妃用金翟，亲王妃以上用金凤；郡王妃玉组佩瑑云翟纹，描金，世子妃、亲王妃瑑云凤纹，描金。据墓中出土的玉谷圭、金凤、玉组佩等物，可知墓主等级不低，至少与世子妃相当。墓中随葬器物铭文多次提及“内官监”，明代内官监所管有十作,其一为婚礼作。内官监管理范围较广，“凡外方修建，分封藩王府第，亦是管理外差也”，“凡大行帝后陵寝，妃嫔皇子女薨修造坟茔，及完姻修理府第，皆其职掌”[64]。金簪上铭文所示的“承奉司”，为王府所设机构，由宦官掌管,洪武年间所定亲王府内官十员之中即有承奉司正、副二员[65]。墓中出土的玉谷圭、金凤、金帔坠、玉组佩等物，当即墓主婚礼时朝廷所赐，部分金簪则当出自王府。

帝王冠服

冕　服

冕服，是明代皇帝、皇太子、亲王、世子、郡王穿用的等级最高、礼制最隆的礼服[66]。明代之前，冕服为皇帝和文武群臣所共用，至明代冕服始限于皇室而文武群臣不得穿用[67]。明朝立国之初，明太祖就着手制定礼乐，史称“明太祖初定天下，他务未遑，首开礼、乐二局，广征耆儒，分曹讨究”[68]。洪武元年，学士陶安请制五冕[69]，明太祖认为五冕礼太烦，故只用衮冕一种[70]，其后规定祭天地、宗庙及正旦、冬至、圣节才服衮冕，祭社稷、先农、册拜亦如之[71]。此后，明代冕服又经洪武十六年[72]、二十二年[73]、二十四年[74]，建文二年[75]，永乐三年的补充、改定始告完成。经明成祖改定的冕服行用百余年后，由小宗入嗣的明世宗为达到确立并巩固自身统治的目的，于嘉靖八年对冕服又作了一次改定[76]，此次改定的冕服制度行用以迄明亡。

明代完整的一套冕服由玉圭、冕冠、衮服、袜、舄等组成。而其中的冕冠又由玉衡、旒珠、金事件、线绦等构成，衮服则一套计为7件条副：衮服、中单、裳、蔽膝、绶、佩、大带。

因时代不同，冕服构件又有所损益，如革带。此一套冕服的完整组成，于明初颁给朝鲜国王的礼部咨文、朝鲜王世子的敕书中可见其详细而生动的记录。《朝鲜太宗实录》记明朝钦赐九章冕服：

国王冠服一副：香皂皱纱九旒平天冠一顶，内玄色素纻丝表、大红素纻丝里，平天冠板一片，玉桁一根。五色珊瑚玉旒珠并胆珠共一百六十六颗，内红三十六颗，白三十六颗，苍三十六颗，黄三十六颗，黑一十八颗，青、白胆珠四颗。金事件一副共八十个件，内金簪一枝，金葵花大小六个，金池大小二个，金钉并蚂蝗搭钉五十八个，金条一十三条。大红熟丝线绦一副，大红素线罗旒珠袋二个。九章绢地纱衮服一套。内深青妆花衮服一件，白素中单一件深青妆花黻领沿边全，熏（纁）色妆花前后裳一件，熏色妆花蔽膝一件上带玉钩，五色线绦全，熏色妆花锦绶一件，熏色妆花佩带一副上带金钩，玉玎珰全，红白大带一条青熟丝线组绦全。玉圭一枝大红素纻丝夹圭袋全，大红纻丝舄一双上带素丝线绦，青熟丝线结底，大红素绫绵袄（袜）一双。[77]

《朝鲜文宗实录》记明朝钦赐七章冕服：

王世子冕服一副：八旒香皂皱纱平天冠一顶玉珩、旒珠、金事件、线条（绦）全。七章绢地纱衮服一套，计七件条副：深青妆花衮服一件，白素中单一件，纁色妆花前后裳一件，缥色妆花蔽膝一件玉钩、线条全，缥色妆花锦绶一件，缥色妆花佩带一副金钩、玉珩璠全，红白素大带一条青线组条全。玉圭一枝袋全，大红素纻丝舄一双袜全。大红平罗销金云龙夹包袱三条。[78]

朝鲜国王，原本只相当于明代郡王爵，但能自进于礼义，且明朝认为朝鲜如果不靠中国的宠数则无以号令其国内的臣民，所以“不以外国之陋而视同中国，不以藩王之疏而秩比亲王”[79]，赐九章冕服以示亲爱[80]。据此两条记录，可知明代冕冠于綖板上敷以纻丝，玄表朱里，并有玉衡，旒珠用珊瑚玉；冕冠上金事件包括金簪、金葵花、金池、金钉、蚂蝗搭钉、金条。可补明代文献对冕服记述的简略。

又嘉靖元年，明世宗上兴献王尊号，并遣官赍送御容、册、宝、冠服至钟祥显陵。冠服中含：

冕服：十二旒黑漆平天冠一顶。玉圭一枝，玉圳子一根。十二章彩妆衮服一套，计七件条副：玄色素纻丝彩妆衮服一件，白素线罗中单一件，缥色素纻丝彩妆裳裙一件，缥色素纻丝彩妆蔽膝一件，大红素纻丝彩妆锦绶一件，大红素纻丝彩妆佩带一副，红白素线罗大带一条。大红素纻丝舄一双，大红素绫绵袜一双。盛用柘黄包袱五条：平罗销金云夹四条，熟绢单一条。[81]

嘉靖十七年，明世宗生母慈孝献皇后去世，明世宗欲将生父兴献王显陵奉迁天寿山，武定侯郭勋、大学士夏言等“以为宜备尊谥、香册、铭旌及诸吉凶仪仗、敛衣弁冕之属奉将以往”，并上奉迁仪，内有一条云“制天子冕服、弁服、常服，佩玉、圭、绶、舄、履全，俱内府该衙门作速恭制”[82]。兴献王的天子冕服后被置于显陵，《承天大志》记云：

> 冕服：十二旒香皱纱漆布胎平顶冠一顶。玉圭一枝，玉圳子一根，玉带一条。十二章衮服一套：玄色素纻丝彩画衮服一件，柘黄素线罗彩画蔽膝一件，青彩画黻领白素纻丝中单一件，柘黄素纻丝彩画前后裳一件，玄色素纻丝彩画锦绶一件，玄色素纻丝彩画佩带一副，红白素纻丝大带一条。大红素纻丝舄一双，大红素纻丝袜全。柘黄包袱五条：平罗销金云龙夹四条，熟绢单一条[83]。

据此可知，嘉靖改制后的冕服同样是7件条副，外加袜、舄及盛裹用的包袱等。

据目前的考古发掘资料，明代帝王陵墓中未见有完整的全套冕服实物出土，但帝王入殓时随葬有冕服的应为数不少。冕服中衮服、裳、蔽膝等主要为有机质纺织品的构件多已不存，但金玉饰件等主要为无机质的构件则所在多有。据可见的考古发掘资料，明代帝王陵墓中计有7座原有冕服随葬，分别为定陵、鲁荒王墓、郢靖王墓、蜀悼庄世子朱悦燫墓、梁庄王墓、益宣王墓及推定为益藩罗川端懿王的墓葬。

定陵出有十二旒冕冠两顶，内一顶已朽，一顶保存较好，尚可复原。中单一件，缎地，交领、短袖，领绣黻纹十三。裳一件，作帷裳，不分幅，黄素罗地，饰火、宗彝、藻、粉米、黼、黻六章。蔽膝一件，红素罗面、纱里，饰龙、火二章。大带一条，红褐色罗地，两端各系垂带一，并各钉缀黄细绸带三，大带中间垂有两个丝绦。绶一件，一大绶二小绶，织金锦地，背衬素纱。赤舄一双，红素缎地，舄头作云头状，鞠与帮相接处缀黄色系带二。玉镇圭一件，正面刻以四山并描金。玉革带一条，带銙完好，带鞓残断，左右各有一圆桃带有方孔。玉组佩一副两挂，珩、瑀、琚等上刻以云龙纹并描金，金钩。鲁荒王墓出有九旒冕冠一顶。玉圭一件，白玉素面，原装戗金云龙纹圭函中。玉革带一条，白玉素面，带銙以金镶托。玉组佩一副两挂，珩、瑀、琚等上刻以云龙纹并描金，玉钩。尤为特殊的是，鲁荒王墓中还出有四件纸质的冕服构件，分别为纸冕一顶、纸舄一双、纸革带两条。纸革带作二式，一为三段式，一为一段式，一段式革带上且缀有贴金纸花五瓣。郢靖王墓出有冕冠一顶，已残，仅存金玉饰件。玉圭一件，玉组佩一副两挂，玉带一条。墓中另出有冕服明器四件，分别为冕冠、玉圭、玉组佩、玉带，尺寸较小，显非实用器。蜀悼庄世子朱悦燫墓出有八旒冕冠一顶，已残，仅存冕板、金玉饰件等。玉圭一件，原装戗金云龙纹圭函中。玉组佩一副两挂，尚存玉珠 800 余颗。墓中尚出有革带，情况不明。梁庄王墓出有九旒冕冠一顶，已糟朽，仅剩金玉饰件。云头形、方环形金钩数件。玉圭一件，青白玉素面。玉革带一条，白玉素面。玉组佩一副两挂，珩、瑀、琚等上刻以云龙纹并描金，玉钩。益宣王墓出有九旒冕冠一顶，残存金玉饰件等。玉谷圭一件，青玉质，并存缫藉。玉革带一条，白玉素面。玉组佩一副两挂，珩、瑀、琚等上刻以谷纹、绞丝纹等纹样，银钩。玉钩一件，白玉质（当为两件，缺一）。益藩罗川端懿王墓出土七旒冕冠一顶，已糟朽，仅存金玉饰件。玉圭一件，青玉质。玉革带一副，素面。玉组佩一副两挂，银钩。

冕　冠　冕服以冕冠得名。冕之称呼，由该冠“俛”的形状而来。《释名》释首饰说“冕，犹俛也。俛，平直貌也”，《周礼・弁师》贾公彦疏谓“冕则前低一寸余，得冕名，冕则俛也，以低为号也”[84]，《仪礼・士冠礼》贾公彦疏称“名冕者，俛也，低前一寸二分，故得冕称”。俛，即俯。关于冕之前低后高，宋代才有具体规定[85]，《高丽史・舆服志》也载高丽毅宗朝以后冕冠“前高八寸五分，后高九寸五分，前俛后仰”[86]。明代冕冠则未见规定，明代出土的冕冠实物也前后等高。冕冠，又作“平天冠”。平天冠一名，由其平面状的冕板（綖）而得名，汉代之前就已可能有此名称，魏晋南北朝时期主要使用此名。明代冕冠沿用平天冠一名，另据《承天大志》，似又有“平顶冠”之称。至于冠胎，则为香皱纱漆布胎，所漆为黑漆。

据目前考古发掘资料，明代帝王陵墓中出土的冕冠或其构件计有8顶（组），分别为定陵两顶，其一保存较好，尚可复原（图2-3），其一已朽；鲁荒王墓1顶，此为保存最为完好的明代冕冠实物；郢靖王墓1顶，已糟朽，仅剩金玉

图 2-3 冕冠 出自《定陵出土文物图典》

饰件；梁庄王墓 1 顶，已糟朽，仅剩金玉饰件；益宣王墓 1 顶，已残，仅存金葵花、金池等物；蜀悼庄世子朱悦燫墓 1 顶，已残，仅存冕板、金玉饰件等；罗川王墓出土 1 顶，已糟朽，仅存金葵花、金池等物。

前圆后方 明代冕版尺寸，并无等级降杀。按洪武与永乐制度，冕版广一尺二寸，长二尺四寸，建文制度不详尺寸。明制，冕冠綖板为前圆后方，明早期资料《大明集礼》《明宫冠服仪仗图》綖板插图显示与其吻合，《三才图会》插图也是如此。但万历重修本《大明会典》文字虽载有前圆后方的规定，但綖板插图却是明显的矩形。从出土实物来看，定陵出土冕冠之一，根据发掘报告，綖板前端有弧度，但较小，不是很明显。鲁荒王的冕冠，綖板前部微有圆弧之状，墓中所出纸冕亦同。郢靖王、梁庄王的冕冠，除金玉饰件外，已糟朽，不知其状。益宣王、罗川王、蜀悼庄世子的冕冠，均已糟朽，不知其状。

玄表朱里　关于綖的材质，洪武时期不详，建文制度未载，永乐制度则以桐板用绮包裹。綖的尺寸，洪武、永乐制度为长二尺四寸、广一尺二寸，嘉靖制度改为长二尺四寸、广二尺二寸。据《朝鲜王朝实录》，冕冠以素纻丝为之，玄色为表，大红为里。又古时一直有綖“朱缘里”的记载，而明代却未作规定。“朱缘里”也就是綖的“里”（底层）与“周回”（缘）的颜色一样，都为红色。从定陵冕冠实物来看，可以看到綖下的红素缎从下往上包住綖板边缘的样子，鲁荒王的冕冠未予表现。朝鲜后期孝明世子七章冕服像（图 2–4），对冕冠的“朱缘里”也有所表现。

图 2–4　孝明世子冕服像
韩国国立古宫博物馆藏

金饰金簪　永乐制度纽与冠武并系缨处，皆饰以金。据《朝鲜王朝实录》，冕冠金事件的名目、数量是“金事件一副共八十个件，内金簪一枝，金葵花大小六个，金池大小二个，金钉并蚂蝗搭钉五十八个，金条一十三条”。金葵花，即纽与贯簪、系缨处之梅花形金饰。贯簪处各饰较大金葵花一，系缨处各饰较小金葵花二。发掘报告和简报或称“花形圆金饰”（定陵）、“梅花金穿”（鲁荒王墓）、“金花纽”（郢靖王墓）、“金花钮”（梁庄王墓）、“梅花穿”（益宣王）。金池，即冠武前后一大一小倭角方形之金饰。发掘报告和简报或称“长方形金饰”“方孔金饰”（定陵）、“金圈”（鲁荒王墓）、“金方环”（郢靖王墓、梁庄王墓）。金钉、蚂蝗搭钉、金条所指不详，不过鲁荒王墓简报所称的“金边”，梁庄王墓报告所称的“金冠箍”“金铆钉”，当在其列。关于金饰的名称，各报告名无定准，比较杂乱。朝鲜赐服咨文与敕书为明朝礼部下发，有关金饰的名称，应以当时名称为准。至于金簪，鲁荒王、郢靖王、梁庄王冕冠都是完整的一根金簪（图 2–5），而定陵冕冠一是完整的金簪，一是分为两段的玉簪。元人吾丘衍《闲居录》载“古者冕十有二旒，取其蔽明，簪着于武，武束于发。后世增二十四旒，复以武束于额，簪无所容，乃虚设簪之本末于额左右，其理甚乖”[87]，可见明代冕冠簪导分为两段的做法也是其来有自。

旒珠颜色　冕冠旒珠用五彩玉石源自周制，而各朝冕服虽是因袭周制而来，但皆有损益。历史上，曾采用玉、珊瑚、翡翠、杂珠、白璇珠等作为旒珠。洪武、建文制度，旒珠用玉，

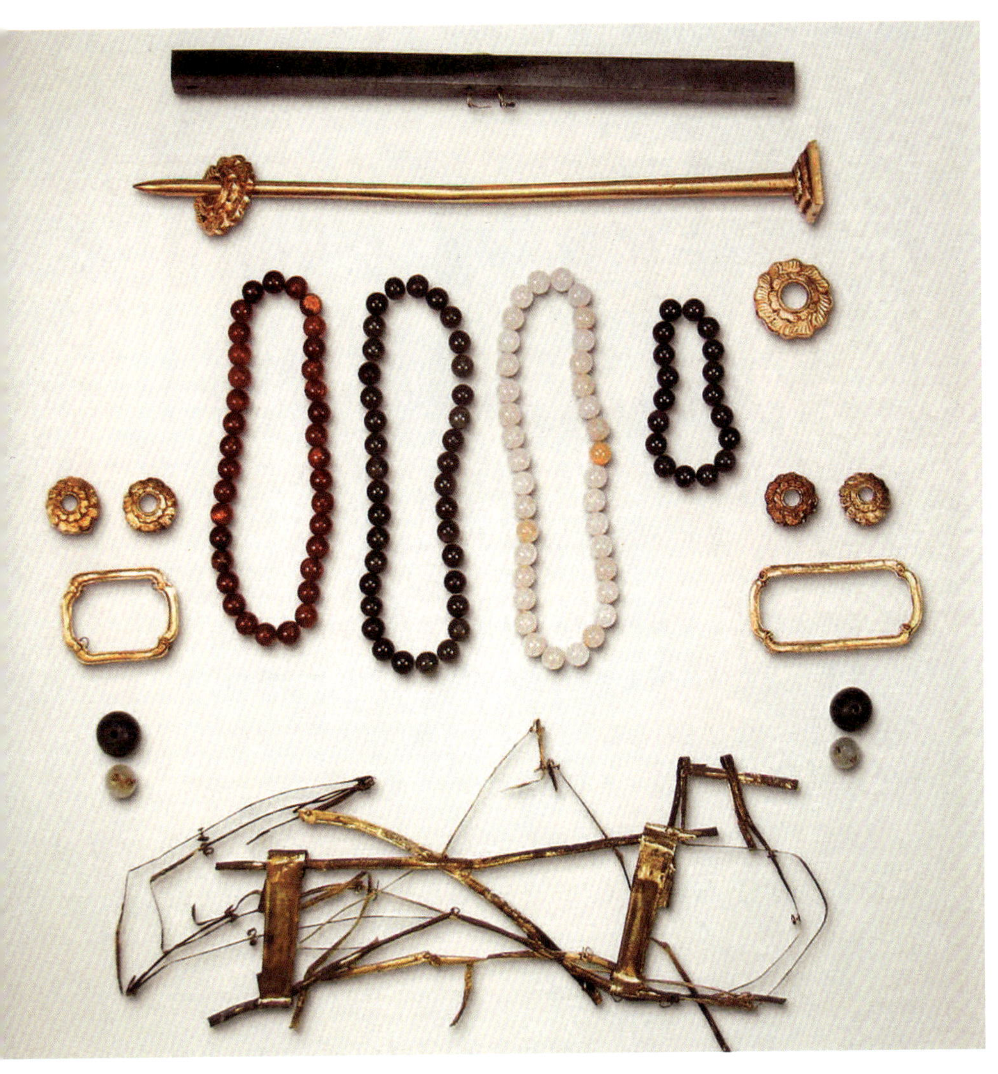

图 2–5 冕冠残件 出自《梁庄王墓》

亲王五彩，但未详列色目。永乐制度，明载旒珠以“赤、白、青、黄、黑相次”。嘉靖制度，旒珠七彩，以黄、赤、青、白、黑、红、绿为之。鲁荒王墓所出皮弁冠旒珠颜色为朱、白、青、黄、

图 2-6 鲁荒王冕冠 山东博物馆藏

黑，考古人员就是按此颜色排列复原的鲁荒王冕冠（图 2-6）。据《朝鲜王朝实录》，国王冕冠旒珠数目为 162 颗，内红、白、苍、黄各 36 颗，黑 18 颗，青纩，而鲁荒王墓所出冕冠旒珠数目、颜色正与此合。旒珠以一条五彩丝线贯穿，此五彩丝线即“缫”。为防旒珠脱落，每颗珠子下再打一个结，此结即“就”。为使“就”不外露影响美观，旒珠的穿孔并不在玉珠正中，而在一侧。

黈纩充耳　缨与纮本不同时并用，明代才同时施用。缨之用色，起初与绶同色，宋政和三年（1113）后主要用朱红色，明代亦同。两缨一端各固定于冠武两侧金葵花处，另一端结束于颔下。纮则一端固定于簪子右端，另一端缠绕簪子左端后自然下垂。据《朝鲜王朝实录》，大红熟丝线绦即朱组，四颗青、白胆珠即青纩充耳。黈纩之制，始见于东汉明帝永平三年（60）冕制，它的出现，或受西域影响[88]。充耳的丝带称为“紞”，玄紞通过玉衡凹槽内两侧的穿孔悬结，然后悬垂纩和瑱。纩即紞的下端悬系着的丸状饰物，起初用黄色丝棉做成（黈纩），后用玉珠替代。明代皇帝用黄玉，皇太子、亲王等用青玉。纩之下又有瑱，又名充耳，明代用白玉。定陵两顶冕冠的纩，一为黑色，一为绿色，皆为青纩，与制度所定黈纩不同，但纩之下都有白玉瑱。鲁荒王、郢靖王与梁庄王冕的纩都为青色，数量都为两颗，但鲁荒王冕未见白玉瑱，郢靖王与梁庄王冕则有白玉瑱两颗，朝鲜国王冕冠的纩和瑱与后者同。

玉衡颜色　玉衡，为固定冕冠的重要饰件。《承天大志》中所谓的“玉䩨子一根”当即玉衡。从明代冕冠实物来看，玉衡固定冕冠的方式是在玉衡上穿孔，通过金丝穿过玉衡上的孔洞与綖板来固定整个冕冠。定陵两顶冕冠上的玉衡都穿四个孔洞，玉衡上各有沟槽一道。鲁荒王、郢靖王、梁庄王冕冠上的玉衡也都有穿孔，玉衡上也各有沟槽一道。关于玉衡固冠的方式，崔圭顺认为，綖板之下或有一突出物插入玉衡凹槽之中以使冠体固定[89]，但出土的实物未证实此猜想。定陵两顶冕冠上的玉衡皆为白色[90]，鲁荒王和梁庄王冕冠上玉衡皆为青色。

衮　服　衮，卷龙衣也，明代官方文书中用衮服来指称冕服的上衣。明代衮服之制，皇帝、皇太子用玄衣，亲王及世子以下用青衣。衮服上的章纹，洪武制度，皇帝日、月、星辰、山、龙、华虫六章，皇太子、亲王山、龙、华虫、宗彝、火五章，世子华虫、火、宗彝三章；建文制度，皇太子、亲王山、龙、华虫、宗彝、火五章，皇太孙、王世子、郡王山、华虫、宗彝、火四章，皇曾孙、王世孙、郡王世子华虫、火、宗彝三章；永乐制度，皇帝日、月、龙、星辰、山、火、华虫、宗彝八章，皇太子、亲王龙、山、火、华虫、宗彝五章，世子火、华虫、宗彝三章，郡王粉米、藻、宗彝三章；嘉靖制度，则皇帝日、月、星、山、龙、华虫六章，皇太子以下章纹未有提及，当是仍用永乐制度。至于章纹的布列，洪武制度未载，但据《大明集礼》及《明宫冠服仪仗图》可知其时皇帝衮服日、月在肩，星、山在背，龙、华虫在袖；皇太子、亲王龙、山、华虫、火、宗彝在袖。察存世的陇西恭献王李贞、岐阳武靖王李文忠冕服像上，章纹布列正与洪武制度相符（图 2-7），李贞、李文忠父子皆在洪武年间亡殁并追封为王。建文制度未及章纹的布列。永乐制度，皇帝衮服日、月、龙在肩，星辰、山在背，火、华虫、宗彝在袖（每袖各三）；皇太子、亲王龙在肩，山在背，火、华虫、宗彝在袖（每袖各三）；世子火一在肩，其二与华虫、宗彝各三在两袖；郡王粉米一在肩，其二与藻、宗彝各三在两袖。《国朝五礼仪》所见，朝鲜国王青衣两肩各绘龙一条，衣背袖口各绘火、华虫、宗彝三对，衣背领下绘山一；王世子青衣两肩各绘火一，衣背袖口各绘火二对、华虫三对、宗彝三对。这两套衮服上的章纹布列正与永乐制度相符。嘉靖制度，日、月在肩，各径五寸，星、山在后，龙、华虫在两袖。

又，嘉靖八年明世宗厘正冕服制度，指出“衣但当与裳

图 2-7　李贞冕服像　中国国家博物馆藏

要（腰）下齐而露裳之六章”，经与张璁研讨即照此改定施行[91]。改制之后的衮服衣长应较之前为短，对比《大明会典》《大明集礼》二书所附插图可知。至于衮服的具体衣长，文献未有明言，不过当时规定文武官朝服上衣“其长过腰指寸七寸，毋掩下裳”[92]，衮服衣长应与此相当。

中　单　中单穿在衮服之内，原称中衣，北齐时始称中单，唐以后一律称为中单。明代中单为白色，领缘用青色并饰以黻纹，黻纹的表现形式为织造。洪武、建文制度，黻纹数目不详；而建文制度，皇太子中单领缘用玄，与亲王等人用青有别；永乐制度，皇帝十三，皇太子、亲王十一，世子九，郡王七；嘉靖制度，皇帝黻纹数目改为十二。中单上的黼纹，《大明集礼》及《明宫冠服仪仗图》都未表现，《大明会典》皇帝中单上则有标示。《国朝五礼仪》所见朝鲜国王中单领后有黻纹一，领的左右各有黻纹五（图 2–8）[93]；朝鲜王世子中单领后有黻纹一，领的左右各有黻四。又据《朝鲜王朝实录》，白素中单为深青妆花黻领。无论黻纹数目还是表现形式，这两套朝鲜冕服上的中单皆与明制相符。

裳　裳是穿于下身最外的一层衣物。明代冕服中的裳，其用色，洪武十六年定为黄，二十六年改为纁，建文制度用纁，永乐制度为纁，嘉靖制度又改为黄。其形制洪武制度未予详述，但据《大明集礼》及《明宫冠服仪仗图》，似未分幅。永乐制度分为前后两片，前三幅后四幅，不相连属。《国朝五礼仪》所载“以七幅为之，殊其前后，前三幅，后四幅”，及《朝鲜王朝实录》《承天大志》所谓的“前后裳”，即指

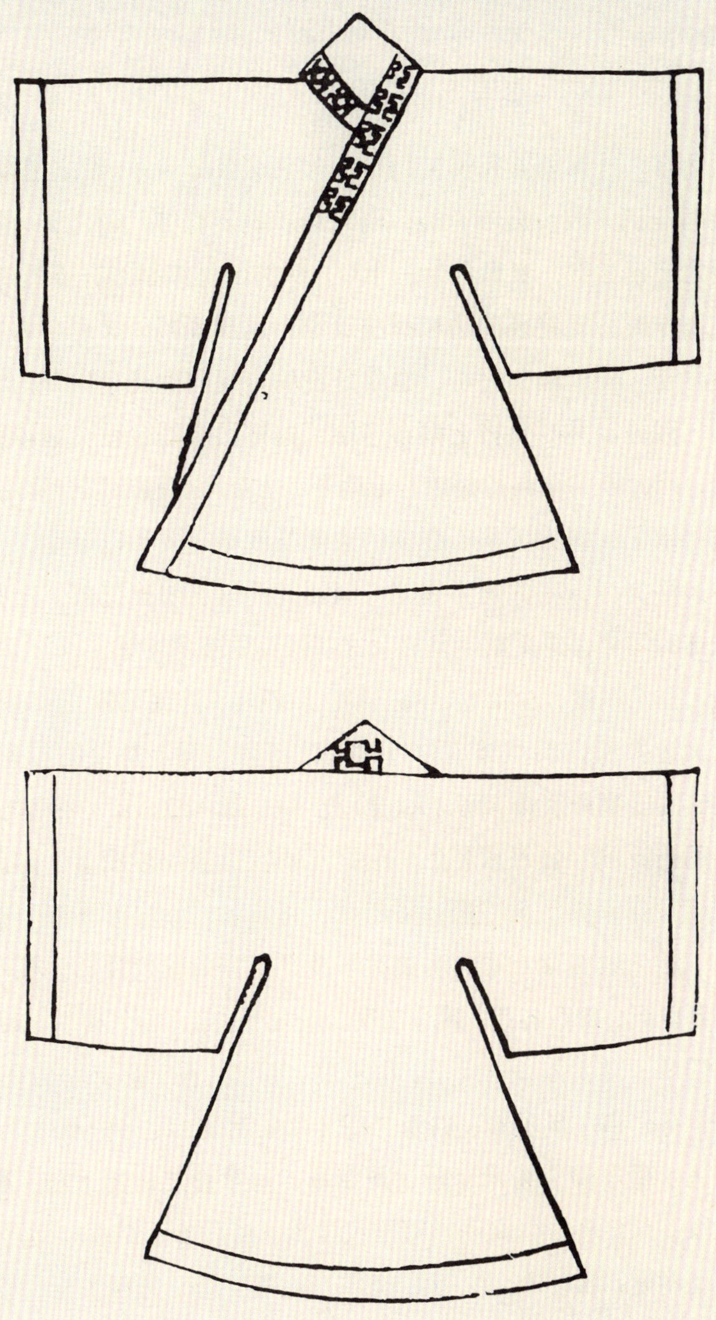

图 2–8　国王中单图　出自《国朝五礼仪》

此而言[94]。《国朝五礼仪》又载“每幅两旁各缝一寸，谓之削幅。腰间辟积无数。裳侧有纯，谓之綼。裳下有纯，谓之緆。綼緆之广各寸半，表里合为三寸”，对裳的具体制作有所记述。在制作时，要将裳的边幅折叠缝制，此即削幅，又有“内削幅”与“外削幅”之别，也就是缝的边幅向内还是向外的差别。因缝制裳时要将七幅布连缀，这样腰身处也就会显得肥大，因此要将布料折叠出若干褶子，方能束紧腰部以合穿用。这些褶子，即为襞积。在裳的边侧与底部还要加以装饰，在裳边侧为綼，底部则为緆。《国朝五礼仪》明确记载了这些缘饰的尺寸，建文制度且提及这些缘饰的颜色用纁。

嘉靖制度，为幅七，前三幅，后四幅，连属如帷[95]，《承天大志》所谓的“裳裙”当即指此而言。裳上章纹的布列，洪武制度皇帝宗彝、藻、火、粉米、黼、黻六章，《大明集礼》插图与此同，且每章各二。但据《明宫冠服仪仗图》，洪武制度只作宗彝、藻、黼、黻四章，每章各二。皇太子藻、粉米、黼、黻四章，《大明集礼》及《明宫冠服仪仗图》插图与制度同，每章各二。建文制度，皇太子、亲王藻、粉米、黼、黻四章，皇太孙、王世子、郡王藻、粉米、黻三章，皇曾孙、王世孙、郡王世子藻、粉米二章。永乐制度，皇帝、皇太子、亲王、世子藻、粉米、黼、黻四章，每章各二；郡王黼、黻二章，每章各二。《明宫冠服仪仗图》所载永乐制度与此同。嘉靖制度，则宗彝、藻、火、粉米、黼、黻六章，分作四行，火、宗彝、藻为二行在内，粉米、黼、黻为二行在外。定陵所出之裳（图 2–9），形制与章纹及其数目合于嘉靖制度，其上

图 2–9　裳　出自《定陵出土文物图典》

所饰六章，现今实物上火、宗彝、藻为二行在外，粉米、黼、黻为二行在内，似为出土时所扰乱，此裳的复制件对此作了更正。

关于永乐制度中的裳，还有一点需加注意。从《明宫冠服仪仗图》插图可见，前裳中幅的腰身处有一呈方孔状突出物，其旁并有系带一条（图 2–10）。《国朝五礼仪》中裳的式样与此相仿（图 2–11），朝鲜中后期一些冕服图样上的裳也保留了这一方孔状突出物。崔圭顺认为，裳上方孔状突出物及旁边的带子乃系于革带所用[96]。不过永乐制度中，使用这种式样的裳时，冕服不用革带。所以崔氏之说，尚可商榷。至于

图 2-10　皇帝裳图　出自《明宫冠服仪仗图》

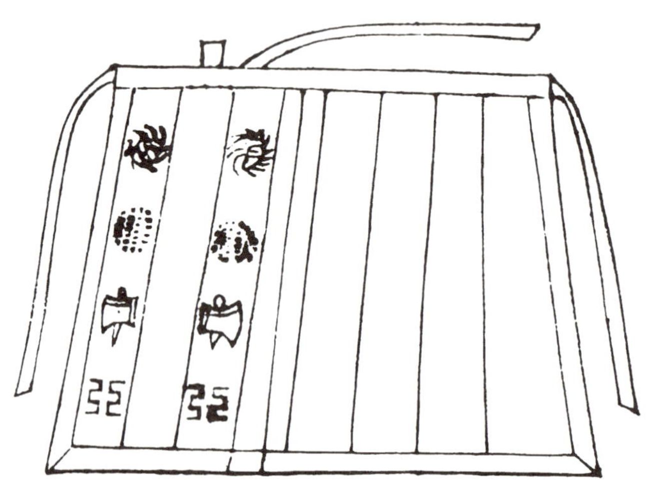

图 2-11　国王裳图　出自《国朝五礼仪》

裳上的方孔状突出物及旁边系带究竟作何用处，因史料阙载，不得其详。裳上系带或是用于围绕腰身后再穿过方孔状突出物来达到裳本身固定的目的。

蔽　膝　蔽膝早期用皮，所以称其为韨、韠，后世渐用纺织品为之，明代用罗。蔽膝的颜色，洪武十六年定为黄，二十六年定为纁，建文制度用纁，永乐制度为纁。其尺寸，洪武制度规定“上广一尺、下广二尺、长三尺”，建文、永乐、嘉靖制度未见提及，当是沿用洪武制度。其上章纹的布列，洪武制度，皇帝、皇太子为火、龙、山三章，据《大明集礼》及《明宫冠服仪仗图》龙一升一降，位于上部，其下为火、山二章。建文制度，皇太子、亲王藻、粉米、黼、黻四章，皇太孙、王世子、郡王藻、粉米、黻三章，皇曾孙、王世孙、郡王世子藻、粉米二章。永乐制度，藻、粉米、黼、黻四章，每章各二，《国朝五礼仪》还明确规定了章纹在蔽膝上的位置为“去上五寸”。蔽膝上还有各类装饰，其上缘称“领”，下缘称“纯”，边缘称“纰”。在这些缘饰的诸缝中，施以五彩的线絛，这种线絛称“紃”，即《朝鲜王朝实录》所谓的“五色线絛”，而建文制度用纁絛。

永乐制度中的蔽膝，皇帝、皇太子、亲王、世子、郡王皆有玉钩二，《朝鲜王朝实录》所录明朝咨文和敕书也特意强调“玉钩全”，《国朝五礼仪》插图也对此玉钩作了描画（图2–12）。不过据出土实物，梁庄王墓所出为金钩，与制度有别。嘉靖制度，蔽膝上绣龙一、下绣火三，定陵出土蔽膝实物合于此制（图2–13）。蔽膝的佩带，据《大明集礼》《明宫冠服仪仗图》，蔽膝上端有居中的“颈”和居于两侧的“肩”，用革带予以固定。《玉藻》“其颈五寸，肩革带博二寸”，郑玄注云“颈中央，肩两角，皆上接革带以系之，肩与革带广同”[97]。据此可知，洪武制度中的蔽膝颇合古制（图 2-14）。永乐制度，冕服不用革带，所以蔽膝无所附丽，蔽膝保留有“颈”，但“肩”已不用，改用玉钩，“附属裳要之间”。嘉靖改制后，冕服中增加革带，蔽膝则与佩、绶等一同挂于革带上。定陵出土的两件蔽膝，从实物看未见佩带的痕迹，不过报告称其顶端残留有钉钩子的丝线。

绶　绶的材质，明代用织成。洪武制度，皇帝大绶六彩，用黄、白、赤、玄、缥、绿，纯玄质，密度为五百首。皇太子、亲王五彩，用赤、白、玄、缥、绿，纯赤质，皇太子三百三十首，亲王三百二十首。世子三彩，用紫、黄、赤，紫质，用三彩织成。大绶上附小绶三，色同大绶，上面且装饰有玉环三个。建文制度，用织锦绶，其他未详。永乐制度，皇帝大绶六彩，用黄、白、赤、玄、缥、绿，纁质，小绶三，色同大绶，施玉环三。皇太子、亲王、世子、郡王四彩，用赤、白、缥、绿，纁质，小绶三彩，施玉环二。《国朝五礼仪》记朝鲜国王、世子大绶的环为“双金环”，与制不符。与大绶相配的小绶，为垂在大绶上面的三组带子。这三组带子其实是六根，两根一组，把六根做成三组，文献中称为“小绶”，这在《大明集礼》《明宫冠服仪仗图》《大明会典》诸书的插图中都有表现。

据《大明集礼》《明宫冠服仪仗图》，明初绶制，不同等级有不同的密度差异，皇帝五百首，皇太子三百三十首，

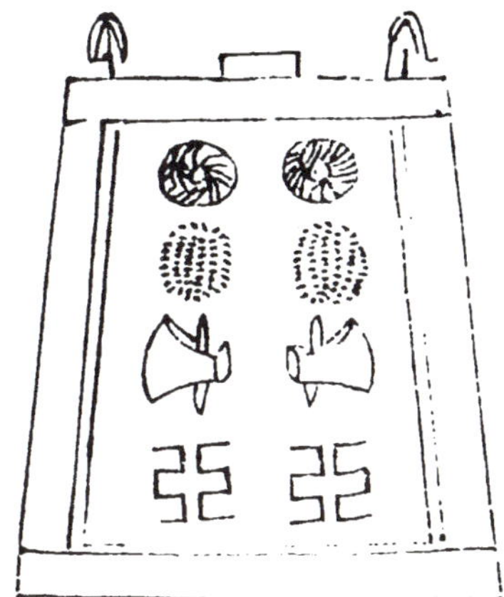

图 2-12

图 2-13　图 2-14

图 2-12　国王蔽膝图　出自《国朝五礼仪》

图 2-13　蔽膝　出自《定陵出土文物图典》

图 2-14　皇帝蔽膝图　出自《明宫冠服仪仗图》

亲王三百二十首，此当为汉绶遗制。“首”为编织物的经线。关于“首”的具体资料，明代文献无征，而朝鲜文献则有记述。《朝鲜英祖实录》记载：“（绶）此后则依教命织造，例自尚方造成，而色则参酌《五礼仪》，赤、青、玄、紫、绿，去纹，而下段三百二十之制，亦依古礼为之可也。”[98]此中所记，与明初亲王首制相符。明代帝王绶制中没有提到丝网，但明代图像资料及赐给朝鲜冕服中的绶都有丝网，而定陵所出大绶丝网则是直接以织成的方式来表现（图 2-15）。所以崔圭顺认为绶制在以织物代替编织物后，由丝网的形式保留了原来的织制法，丝网是古代之绶使用编织法的遗制[99]。明代图像资料中所见的绶，其腰身处左右都有系带，而《国朝五礼仪》插图未见表现，不知是赐给时如此还是描绘粗率所致。

玉组佩　玉组佩材料，主要采用白玉。洪武制度，皇帝佩玉长三尺三寸，未见皇太子、亲王佩玉长度及其他相关的规定。建文制度，用玉佩，其他未详。永乐制度，则详列珩、瑀、琚、玉花、璜、玉滴、冲牙。皇帝瑑饰云龙文、描金，其上金钩二，小绶二，六彩以副之，六彩，黄、白、赤、玄、缥、绿，纁质；皇太子瑑云龙文、描金，其上金钩二，小绶二，四彩以副之，四彩，赤、白、缥、绿，纁质。亲王、世子、郡王如东宫佩制。据梁庄王玉组佩，珩、瑀、花、冲牙的正面各阴刻五爪单龙纹，并描金，冲牙反面还阴刻并列的双层如意云纹，并描金；两琚、两璜正面各阴刻双层如意云纹；两滴子为橄榄形，素面。所谓的小绶，即用各色丝线编织的玉组佩的衬垫物，亦即《朝鲜王朝实录》所说的“佩带”，洪武制度未有此。一副完整

图 2-15　绶　出自《定陵出土文物图典》

的玉组佩有两挂，每挂由 10 件玉饰及数量不等的玉珠组成。这 10 件玉饰自上而下依次为珩一、瑀一、琚二、玉花一、璜二、玉滴二、冲牙一。

据《朝鲜王朝实录》，玉组佩上还有金钩，玉玎珰（玉珩璠）全备。从出土情况来看，玉组佩上的玉珠数量不等，明神宗一副两挂白玉佩上所用玉珠各为180颗和138颗（图2–16）；梁庄王青白玉佩一副两挂所用玉珠共412颗；益宣王玉组佩一副两挂，滴子8件，所用玉珠共600余颗。玉组佩上玉饰件及玉珠的穿系方法，定陵所出系用合股黄色丝线两股，采用双回线穿系，即从上排的玉饰孔中穿玉珠至下排的玉饰孔内，然后又折回到上排玉饰孔内，并将线头再次折穿入玉珠内。玉组佩的系挂，洪武、嘉靖制度都是系于革带。而永乐制度因其时冕服不用革带，所以玉组佩、绶都系挂在裳腰之际。至于当时玉组佩之具体系挂，未详。

大　带　大带，是颇存古意的一种带具。洪武制度，皇帝大带素表朱里，皇太子白表朱里，亲王表里皆白，上缘朱锦，下缘绿锦。但《明宫冠服仪仗图》所见大带表里皆白，缘饰皆为绿色，与制不合。建文制度，绯白大带，上缘以红，下缘以绿。永乐制度，大带皆为素表朱里，在腰及垂皆有綼（綼即缘饰），上綼以朱，下綼以绿。用于结束的纽约，则皇帝用素组，皇太子、亲王、世子、郡王用青组，但《明宫冠服仪仗图》所见大带纽约皆用青组，与制不合。《朝鲜王朝实录》所记朝鲜国王、世子红白大带，用青熟丝线组绦，合于永乐制度。嘉靖制度，素表朱里，上缘以朱，下缘以绿，不用锦。

关于大带的形制，定陵所出大带与《国朝五礼仪》上所见的大带基本相同（图2–17），只是大带上的组，前者是在绅的内侧，后者则在绅的外侧，当属不同时期的做法。崔圭

图 2–16　**玉组佩**　出自《定陵出土文物图典》

图 2–17　**大带**　出自《定陵出土文物图典》

顺认为，《大明集礼》《三才图会》《大明会典》中的大带图样是系好后比较理想的状态，而《国朝五礼仪》与定陵大带实物则是穿之前展开大带的本身式样[100]。大带的形状，本来系好后大带往下垂的“绅”，明初即已固定化。《国朝五礼仪》大带组旁的垂带与定陵大带实物两侧下垂的带子,即“绅”的变形。明代图像资料中，大带都是系好结后所呈现的状态，像是将两耳直接钉缀在大带上，保留打结后形成两耳的那个外形，结系则采用襻扣或系带等方式。《国朝五礼仪》所见大带上的耳，先通过自身结系成蝴蝶结状，再通过旁边的两条组结系而成，其效果正好与明代图像资料对应。

圭　洪武制度，二十六年定皇帝玉圭长一尺二寸，皇太子九寸五分，亲王九寸二分五厘，世子九寸，其他未及。建文制度，皇太子、亲王玉圭长九寸五分，皇太孙、王世子、郡王九寸，皇曾孙、王世孙、郡王世子八寸五分，其他不详。永乐制度，皇帝玉圭长一尺二寸，剡其上，刻山四，以黄绮（即缫藉）约其下，另以金龙纹的韬（即圭袋）包覆；皇太子长九寸五分，亲王九寸二分五厘，世子、郡王九寸，皆以锦约其下，用韬包覆。《明宫冠服仪仗图》所录洪武制度为洪武十六年所定制度，当时不提玉圭，所以未有绘图，同书所附插图则对永乐制度作了真实的反映。嘉靖制度，皇帝圭为白玉，长一尺二寸，剡其上，刻山四，下以黄绮约之，盛以黄绮囊，藉以黄锦。《国朝五礼仪》记朝鲜国王、世子“圭以青玉为之，长九寸”，国王玉圭长度与明制不符。

又，关于玉圭颜色，只有嘉靖制度定为白色，洪武、永乐制度未详，《国朝五礼仪》记为青色，与《明宫冠服仪仗图》所绘插图及明代亲王墓中所出实物正符。鲁荒王玉圭两件，墨色一件长 29.6 厘米、宽 6 厘米、厚 1 厘米（图 2-18）；白色一件长 25.4 厘米、宽 6.2 厘米、厚 1.35 厘米。郢靖王玉圭两件，青玉质，一件长 24.2 厘米、宽 6.45 厘米、厚 0.9 厘米—1 厘米，一件长 24.15 厘米、宽 6.3 厘米、厚 1.35 厘米—1.45 厘米。梁庄王玉圭三件，皆为青玉质，长在 25.6 厘米—25.8 厘米之间，两件宽 6.2 厘米、厚 0.8 厘米—0.9 厘米，梁庄王手执的一件宽 6.7 厘米、厚 1.1 厘米。益宣王墓出土玉圭，青玉质，并存绢套（缫藉），长 16.8 厘米、宽 6 厘米。三墓所出玉圭基本与制相符。另据《朝鲜王朝实录》，当时与圭一同赐给的还有圭袋一只，而其材质为大红素纻丝，即明制所谓

图 2-18
玉圭
出自《鲁荒王墓》

图 2-19　圭函　出自《鲁荒王墓》

的“韬”。定陵出土实物中也见有圭袋，并有圭函以作收纳，而圭函鲁荒王墓亦有出土（图 2-19），且玉圭即出于其中。

袜、舄　袜，也就是袜子，舄则是一种浅帮的鞋子，其上有絇、繶、纯等装饰。洪武制度，十六年定为黄袜、黄舄，金饰，二十六年定皇帝朱袜、赤舄，皇太子白袜、赤舄，亲王白袜、朱履。但据《明宫冠服仪仗图》，皇太子袜色为朱，与制不合。建文制度，白袜、赤舄。永乐制度，袜、舄皆赤色，舄用黑絇纯，皇帝黄饰舄首，皇太子、亲王、世子、郡王黑饰舄首；嘉靖制度，朱袜、赤舄，黄絛缘、玄缨结。早期袜子作绛色，有“赤心奉神”之意，袜用红色后被延续，明初曾一度用黄。《明宫冠服仪仗图》所见，洪武、永乐制度的袜、舄形制有别，嘉靖制度在用色上虽有别于永乐制度但形制却同。洪武、永乐制度形制上的差异，对比《大明集礼》和《大明会典》亦可看出。洪武制度之袜细瘦且无系带，舄低帮无鞠，永乐、嘉靖制度则袜舄肥大，袜缀系带，舄有长鞠。但

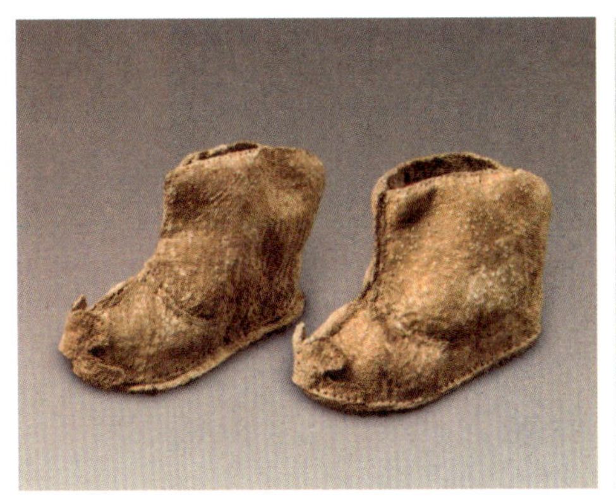
图 2-20　纸舄　出自《鲁荒王墓》

图 2-21　袜、舄　出自《定陵出土文物图典》

就出土实物而言，明初鲁荒王墓所出纸舄（图 2-20），其形制与明初政书所附之图不符，反倒同于永乐制度。定陵所出袜、舄（图 2-21），亦合于嘉靖制度。

古制，舄上有絇、繶、纯、綦等装饰，洪武制度未予反映，永乐制度则有反映。《周礼·屦人》郑注“舄屦有絇有繶有纯者，饰也”[101]。《礼仪·士冠礼》郑注“絇之言拘也。以为行戒，状如刀衣，鼻在屦头”。絇者，鞋头如鼻翘起者，即位于舄首正中的饰物，以丝织物纠合而成，其形状如刀衣，两侧各留一孔以承綦。繶，是嵌于鞋帮和鞋底之间的细圆滚条。纯是嵌滚在鞋帮上口的缘口。綦，也就是鞋带，通常为两条，缝缀于鞋帮后部，使用时由后向前绕，穿过絇鼻，收紧后加以系结，以防鞋履脱落。关于絇、繶、纯、綦的制作，高濂《遵生八笺》卷八《起居安乐笺》“文履”条载：“用皂丝绦一条，约长一尺三四许，折中交屈之，以其屈处缀履头近底处，取起出履头一二分而为二。复缀其余绦，于履面上双交如旧画图，分其两稍，缀履口两边缘处，是为絇。于牙底相接处，用一细丝绦，周围缀于缝中，是为繶。又以履口纳足处，周围缘以皂绢，广一寸，是为纯。又于履后缀二皂带以系之，如世俗鞋带，是为綦。”[102]《朝鲜王朝实录》记舄的材质为“大红纻丝”，舄上带有素丝线绦并以青熟丝线结底，青熟丝线当即用作絇、纯等装饰，正合于永乐制度。

方心曲领　方心曲领为祭服上的重要配件，而明代冕服在祭祀天地、宗庙、社稷、先农及正旦、冬至、圣节、册拜时穿着，祭祀为冕服穿用的重要场合。但据明代典制，《大明集礼》《大明会典》等书都未曾记载穿着冕服时需佩挂方心曲领。倒是在朝鲜的文献中，朝鲜初年受赐的冕服中包括有方心曲领，《国朝五礼》最早载录，《燃藜室记述》亦载建文三年所赐冕服中包括此物，《增补文献备考》袭用此说。但据《朝鲜王朝实录》，两次赐服中，并无方心曲领。《朝鲜世宗实录》所附的《五礼》中虽有世子与文武官方心曲领，但国王冕服中也不曾见有方心曲领相关的文字记载与插图。而《国朝五礼仪》中的两套冕服都载有方心曲领并绘制了插图。朝鲜冕服，最早使用于朝鲜太祖三年（1394），其穿用场合为“奉祀朝觐”。祭祀，无疑是冕服的重要服用场合。嘉靖八年，嘉靖皇帝欲更定冕制，下内阁诸臣讨论，大学士杨一清、桂萼、翟銮等奏称“衮冕之服，天子所以祀天享祖、承上下神祇，与他服不同，诚至重焉者也”[103]；《朝鲜中宗实录》中也有“冕服，祭服也”“且虽冕服，而方心曲领，乃祭时所用也”等记载[104]，中宗且曾穿着冕服配方心曲领行望庙礼。在朝鲜中后期国王殓袭所用的冕服中也包括方心曲领这一饰件。从朝鲜后期孝明世子七章冕服像与纯宗冕服照中（图 2–22），我们仍可以看到冕服上方心曲领的踪影。

方心曲领的样式，《五礼》所载录王世子祭服的方心曲领是用襻扣结系并后附垂带的式样。《国朝五礼仪》中两套冕服的方心曲领也是用襻扣的形式，但左右两边有红、绿二色下垂的饰物，文中称为“缨”（“方心曲领，以白罗为之，旁有两缨，左绿右红”）。明代方心曲领的图像多与《三才图会》所录绘图相同，不用襻扣，只用系带结系，而此书不少插图出自《大明集礼》。又《明宫冠服仪仗图》载洪武年间冠服制度皇太子冕服、群臣祭服中都有方心曲领，且绘有彩图（图 2–23）。从图中可见，明初的方心曲领与《三才图会》所见式样相类，但所用的两根系带一根为红色，这两根系带当即朝鲜文献中的“缨”。明代方心曲领，原是袭用宋代制度。《宋史·舆服志》载天子通天冠服中就有白罗方心曲领，“大祭祀致斋、正旦冬至五月朔大朝会、大册命、亲耕籍田皆服之”[105]；皇太子远游冠服也有白罗方心曲领，“受册、谒庙、朝会则服之”[106]；诸臣朝服中亦有方心曲领[107]。明制一如宋制，方心曲领项后有带结垂带，明初皇陵、孝陵所见石像生文官项后正有方心曲领系带结系的情形。

冕服用方心曲领，虽然为明代典制所不载，但也并非全无踪迹可寻。明人张汝纪、张汝经曾将其祖父张孚敬所奉手敕三百八十一道并奏对札子汇为一书，名为《谕对录》。张孚敬为嘉靖年间参与议礼的主将，其时冠服制度的更定也多

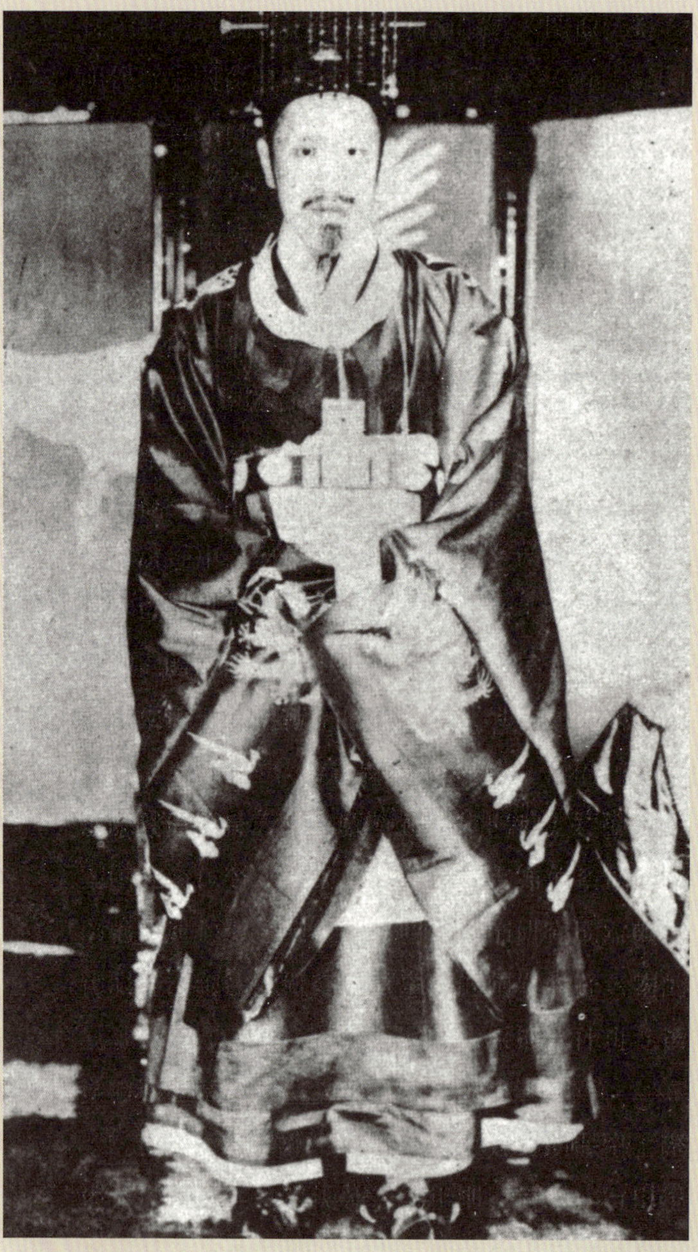

图 2-22　纯宗冕服照　出自《纯宗实纪》

图 2-23　皇太子方心曲领
出自《明宫冠服仪

出张孚敬与明世宗的讨论。《谕对录》所收明世宗与张孚敬议定冠服的谕旨、奏对甚多，其书卷十二“问革带服制义及问疾”，对明代冕服于郊祀之时配用方心曲领就有反映。这一谕旨及奏对，关系重大，不妨具引如下：

谕张元辅：

礼部具朝祭冠服图皆是，惟革带依公服所用者用之。其方心曲领谓考无明义，乃隋始之，若以为取规矩之义，以事大祀则不可缺。若谓非古制，便弗可用。朕不能决，卿可详议来。又环以织文为误，当更正。朕冕弁所用，亦当更正。卿疾何如？并用以问。嘉靖八年十二月十二日

臣张孚敬谨奏：

今日伏承圣谕：礼部具朝祭冠服图皆是，惟革带依公服所用者用之。其方心曲领谓考无名义，乃隋始之，若以为取规矩之义，以事大祀则不可缺。若谓非古制，便弗可用。卿可详议来。钦此。臣谨按《文献通考》载古礼深衣篇云“曲袷如矩以应方”，唐孔颖达疏云“袷，交领也，古者方领如今小儿衣领”，宋司马光曰“方领如孔所言，似三代以前人，反如今服上领衣，但方裁之耳。须用结纽乃可服，不知古人有此否也。又郑玄注《周礼》，‘袷，状如着横衔之繣，结于项’。又《后汉·马援传》‘朱勃衣方领，能矩步’，注‘颈下施衿领，正方’。今朝服有方心曲领，以白罗为之，方二寸许，缀于圜领之上，以系于颈后结之，或者袷之遗象欤？又今小儿叠

方幅系于颈下，谓之涎衣，与郑说颇相符，然事当阙疑，未可决从也。《后汉·儒林传》曰‘服方领、习矩步者委蛇乎其中’，注‘方领，直领也。《春秋传》叔向曰衣有襘，杜曰：襘，领会也。工外反’。《曲礼》曰‘视不上于袷’，郑曰‘袷，交领也’。然则领之交会处自方即谓袷，疑更无他物。今且从之，以为简易”。臣按此则今方心曲领之制，实类小儿涎衣，故司马光谓或者袷之遗象，实疑而未信之词。又谓事当阙疑，未可决信。又谓“领之交会处自方即谓袷，疑更无他物，今且从之，以为简易”。其为说既已明白，况前所称但谓“今朝服有方心曲领，以白罗为之，方二寸许，缀于圜领之上”，又未尝言及祭服。

今朝服及深衣既皆不复用此，而独祭服用之，诚历代沿袭之久，未之能革故也。《礼》曰“衣服在躬，不知其名曰罔”，夫方心曲领若有名义，史志焉有不传，且今以白罗寸许为圜领加于祭服之上，与曲领之制既已不同，又以红、绿带各寸许长二三尺后交结，垂于背后，不知何谓。兹奉圣谕，臣因取礼部题稿看详，其采司马光说既未及详，且谓以其义取规矩，可备斋明，则天子郊祀尤不可废。以其制出俗传，有妨法服，则臣下之祭服不宜独用，词若两可，义未取裁。圣谕谓若以为取规矩之义，以事大祀则不可缺。若谓非古制，便可弗用。圣明之见决矣。臣愚窃谓名义既无所载，夫何取于规矩之义？非古制则俗传明矣。在今日臣下用之祭服已为未

> 当，况天子郊祀岂复可不知其名而轻用之乎？在礼诚所宜厘正，以成一代之制。又礼部所议革带，臣详其图注，俱依今朝祭服所常用者用之，前系以蔽膝，后系以环绶矣。兹圣谕谓惟革带依公服所用者用之，岂其复有他说欤？其环绶旧以织文为之诚误，夫环绶自别是一件，下藉以锦。今却将环绶通织成一幅，诚非古制。请于冕弁服环绶亦宜更定。臣愚见如此，伏乞圣明裁决。谨具奏闻。嘉靖八年十二月十二日[108]

于张孚敬奏对中，可知宋代朝服上有方心曲领，而明代朝服上不用，但祭服有之。且明代祭服上所用方心曲领“以红、绿带各寸许长二三尺后交结，垂于背后”，这正与朝鲜《国朝五礼仪》方心曲领“旁有两缨，左绿右红”的记载契合。不仅如此，察奏对所说，天子郊祀时也用方心曲领，而据明代典制，天子郊祀正是冕服穿着的场合，正可证明朝鲜《国朝五礼仪》所载冕服中含有方心曲领一事乃是当时实情。当然，张孚敬在奏对中认为明代群臣祭服、天子冕服所用方心曲领“非古制则俗传”，“在礼诚所宜厘正”。嘉靖年间群臣祭服方心曲领的革除，《大明会典》《明史·舆服志》诸书都有记载，故而为人所知。而天子冕服于郊祀之时曾用方心曲领这一事实，却因诸书未载以致湮没无闻。国内文献之外，朝鲜文献也不无只鳞片爪以考见当时冕服穿用的实情。朝鲜《承政院日记》载：“上曰：衣服之制，未可知也。方心曲领，常时则无之，祭时有之，且不着靴，此亦有义意欤？（金）

在鲁曰：从便故不着靴矣。上曰：《五礼仪》亦无用于祀之文，而惟祭时用之，兵判知此义耶？洪启禧对曰：臣曾未讲究矣。（洪）凤汉曰：既无用于祀之文，则遍用无妨矣。上曰：兵判何独于此未及知耶？仍命史官出去分付儒臣，考出杜氏《通典》方心曲领所用之本，而又教曰：儒臣持杜氏《通典》入侍。”[109]据此记载，亦可知朝鲜国王冕服祭祀之时则有方心曲领，祭祀之外则无此物，这也正与嘉靖改制之前的制度无悖。又文中所说“祭时有之，且不着靴”想亦其来有自，而明代冕服用于祭祀之时是否不穿赤舄，因史文阙载不能确知。

十二章　十二章是中国古代服装史上使用时间最长的装饰纹样之一，主要用于冕服（图2-24）。十二章之制，起源甚早，历周秦汉唐以迄宋元明清皆有沿用（清代主要用于装饰吉服袍），所以清人恽敬在其《大云山房十二章图说》中谓“古者十二章之制，始于轩辕，著于有虞，垂于夏殷，详于有周，盖二千有余年。东汉考古定制，历代损益皆十二章，亦二千有余年，可谓备矣”[110]。民国初年制定的祭祀冠服，其上亦用十二章纹。十二章纹，验诸文献，最早见于《尚书·益稷》，书谓“予欲观古人之象，日、月、星辰、山、龙、华虫，作会；宗彝、藻、火、粉米、黼、黻，絺绣，以五采彰施于五色，作服。汝明”[111]。《尚书·益稷》的这段话，古人的不同断句进而造成对十二章的不同理解。现今所采用的对十二章的理解，乃是郑玄之说。

十二章的涵义，先秦之人理解较简，《左传》“桓公二年夏四月”条载臧哀伯进谏之言，曰“衮、冕、黻、珽，带、裳、幅、

图 2-24　虞书十二章服之图　出自《三才图会》

舄，衡、统、纮、綖，昭其度也。藻、率、鞞、鞛，鞶、厉、游、缨，昭其数也。火、龙、黼、黻，昭其文也。五色比象，昭其物也。钖鸾和铃，昭其声也。三辰旂旗，昭其明也”[112]。汉儒注说，亦多随事指陈，未及备说。《周礼》“司服”一节郑玄注云“王者相变，至周而以日、月、星辰画于旌旂，所谓三辰旂旗，昭其明也”，又云“登龙于山，登火于宗彝，尊其神明也”[113]。《礼记·明堂位》“有虞氏服韨，夏后氏山，殷火，周龙章”，郑玄注云“山，取其仁可仰也；火，取其明也；龙，取其变化也”[114]。在此基础上，后儒对十二章的注说渐趋完备，渐成十二章全部涵义之发明。隋人顾彪《尚书疏》云“日、月、星取其照临，山取能兴云雨，龙取变化无方，华取文章，雉取耿介……藻取有文，火取炎上，粉取洁白，米取其能养，黼取能断，黻取善恶相背”[115]。王泾《大唐郊祀录》卷三引《三礼义宗》，谓“日、月、星辰三章，有真画作其形，欲明王者有光照之功，垂于下土。山亦画为山形，取其能兴云雨，膏润万物，象王之泽沾于下也。龙亦真画作龙形，其变物无方，潜见变化，显王者之德，卷舒有时，应机布道。华虫者，画作鷩雉之形，有文饰故谓之华虫也。象其身被五色有炳蔚之文，似王者体合五常，又兼文明之性。宗彝者，画虎、蜼于宗庙之器为饰，因之象虎、蜼以猛刚制物，王者亦以威武定乱也。藻，水草也，画其形，藻能逐水上下，似王者之德日新也。火曰炎上，象德常升也。粉米亦真画其形，粉洁白，故以名之。米者，人待之以生者，亦物之所赖以治。黼画斧形，象王者能割断，临事能决也。黻者两己相背，明民见善改恶也。

此皆圣人法象之义”[116]。

宋人聂崇义《三礼图集注》卷一“衮冕”载：“古天子冕服十二章，王者相变。至周而以日、月、星辰画于旌旂，所谓三辰旂旗，昭其明也。而冕服九章，初一曰龙，二曰山，三曰华虫，四曰火，五曰宗彝，皆画缋于衣，次六曰藻，七曰粉米，八曰黼，九曰黻，皆刺绣于裳。此九章登龙于山、登火于宗彝，尊其神明也。龙能变化，取其神；山取其人所仰也；火取其明也；宗彝，古宗庙彝尊名，以虎、蜼画于宗彝，因号虎蜼为宗彝，故并画虎蜼为一章。虎取其严猛，蜼取其智，遇雨以尾塞鼻，是其智也。”[117]又同书同卷“毳冕”云：“藻，水草也，取其文，如华虫之义；粉米取其洁，又取其养人也。粉米不可画之物，故皆刺绣于衣与裳也。黼，诸文亦作斧，案绘人职据其色而言，白与黑谓之黼。若据绣于物上即为金斧之文，近刃白近銎黑，则曰斧，取金斧断割之义也。青与黑为黻，形则两已相背，取臣民背恶向善，亦取君臣离合之义。”[118]南宋蔡沉《书经集传》称“日、月、星辰，取其照临也；山，取其镇也；龙，取其变也；华虫，雉，取其文也……宗彝，虎、蜼，取其孝也；藻，水草，取其洁也；火，取其明也；粉米，白米，取其养也；黼若斧形，取其断也；黻为两己相背，取其辨也”[119]。

皮弁冠服

皮弁服，是明代皇帝、皇太子、亲王、世子、郡王所能穿用的等级次于冕服的礼服[120]。其服用的场合，据《大明会典》，凡朔望视朝（皇太子、亲王、亲王世子、郡王则为朔望朝）、降诏、降香、进表、四夷朝贡朝觐则服皮弁服，嘉靖间令祭太岁山川等神皆服。皮弁冠服为有明一代较具特色的服装种类，最初于洪武元年制定[121]，二十四年改制[122]，建文二年又定[123]，永乐三年更定。依据典制，明代一套完整的皮弁冠服主要由皮弁、绛纱袍、中单、裳、大带、蔽膝、玉佩、大绶、袜、舄等组成。自皇帝至郡王，绛纱袍、裳、蔽膝等基本没有差别。绛纱袍，领褾襈裾作红色；红裳，前三幅后四幅，前后不相连，腰间有襞积，左右及下方的缘饰作红色；中单，以素纱为之，领褾襈裾作红色；蔽膝随裳色，红色缘饰，肩上有玉钩各一；大带，素表朱里。围在腰间及结系后下垂的部分都有缘饰，缘饰上红下绿；袜、舄都为赤色，舄上絇、纯作黑色，舄首上的装饰稍有差别。用以区分等第的主要是皮弁、中单、大绶等。

明代完整的一套皮弁冠服由玉圭、皮弁冠、皮弁服、袜、舄等组成。而其中皮弁冠又由旒珠、金事件、线絛等构成，皮弁服则一套计为7件：皮弁服、中单、裳、蔽膝、绶、佩、大带。此一套皮弁冠服的完整组成，于明代颁给日本国王丰臣秀吉和历代琉球国王的敕谕中可见其详细而生动的记录。日本宫内厅所藏万历二十三年正月二十一日明朝政府颁给丰臣秀吉冠服的敕谕，其上有对明代郡王皮弁冠服各构件的详细开列，已如前述。《历代宝案》所录天顺五年三月二十五日明朝赐给琉球国王冠服的敕谕，上书：

皇帝颁赐琉球国中山王尚德：皮弁冠服一副：七旒皂皱纱皮弁冠一顶旒珠、金事件、线绦全。玉圭一枝袋全。五章锦纱皮弁服一套：大红素皮弁服一件，白素中单一件，纁色素前后裳一件。纁色素蔽膝一件玉钩、线索全。纁色妆花锦绶一件，纁色妆花佩带一付金钩、玉素玎珰全。红素大带一条，大红素纻丝舄一双袜全。大红平罗销金云夹袍（包）袱四各（条）。[124]

明代完整的一套皮弁冠服，又见于《承天大志》。该书卷三十九《礼乐纪四》记嘉靖十七年制作的兴献王皮弁服为：

皮弁：十二旒香皂皱纱漆布胎平凉冠一顶。玉圭一枝，玉革带一条。

皮弁服：大红素纻丝皮弁服一件，大红彩画黻领白素纻丝中单一件，纁色素纻丝前后裳一件，纁色素纻丝蔽膝一件，大红素纻丝彩画锦绶一件，大红素纻丝彩画佩带一副，红白素纻丝大带一条。玄色素纻丝舄一双，白素纻丝袜全。柘黄包袱四条：平罗销金云龙夹三条，熟绢单一条。[125]

明代是行用皮弁冠服的最后一个朝代，因其距今久远且皮弁冠服只限于皇帝、皇太子、亲王、亲王世子、郡王所用，所以皮弁冠服的实物得以存世的极为少见。现今所见的明代皮弁冠服实物主要出自考古发掘，且保存状况不佳，没有全套留存。据考古发掘，有皮弁冠服随葬的主要是四座陵墓，即明神宗定陵、鲁荒王墓、郢靖王墓、梁庄王墓。但因年深日久，随葬的皮弁冠服只剩下皮弁冠的金玉饰件、玉圭、玉组佩等物，作为纺织品的皮弁服等没有能够保存下来。四座陵墓，一座为帝陵，三座为亲王墓。以年代而论，最早为鲁荒王墓，其次是郢靖王墓、梁庄王墓，最后是定陵。国内考古出土之外，万历年间赐给丰臣秀吉的冠服尚有 15 件存世，内中属皮弁冠服的有皮弁服、中单、裳、玉组佩、舄。

皮　弁　皮弁冠服如同冕服，亦属使用时间较长的服装式样之一。其在先秦即已出现，且用途颇广。清人任大椿《弁服释例》卷四、卷五详释皮弁服，于其穿用之例多有考述。据其所考，知皮弁冠服为周天子郊天、听祭报、视朝、常食、燕同姓、宾射燕射、受朝宗、觐礼劳侯氏之服，诸侯朝觐、视朔、相朝、田猎、大射、在境宾射皆服皮弁冠服，大学有司祭菜、士冠再加、聘礼宾主人等皆可服之[126]。

皮弁的形制，变化较大，最初如两手相扣的形状，或像倒扣的耳杯，乃一下丰上锐、近于圆锥形的帽子。《释名·释首饰》说“弁，如两手合抃时也”，《续汉志》也说弁“制如覆杯，前高广，后卑锐”。皮弁最初以白鹿皮为之，郑玄注《仪礼·士冠礼》说“皮弁者，以白鹿皮为冠，象上古也者”，贾公彦疏云“谓三皇时，以白鹿皮冒覆头钩颔绕项”[127]，则皮弁的形状又如兜鍪。皮弁之上，又装饰有各种珠玉。《周礼·夏官·弁师》“王之皮弁，会五采玉璂，象邸，玉笄”，郑玄注云："会，缝中也。璂，读如薄借綦之綦。綦，结也。皮弁之缝中，每贯结五采玉十二以为饰，谓之綦。《诗》云'会弁如星'，又曰'其弁伊綦'是也。邸，下柢也，以象骨为之。"[128]

至隋代，皮弁的形制又有所变化。《隋书·礼仪志》载："弁之制，案《五经通义》'高五寸，前后玉饰'，《诗》云'璯弁如星'，董巴曰'以鹿皮为之'，《尚书·顾命》'四人綦弁，执戈'，故知自天子至于执戈，通贵贱矣。《魏台访议》曰'天子以五采玉珠十二饰之'。今参准此，通用乌漆纱而为之。天子十二琪，皇太子及一品九琪，二品八琪，三品七琪，四品六琪，五品五琪，六品已下无琪。唯文官服之，不通武职。案《礼图》，有结缨而无笄导。少府少监何稠，请施象牙簪导。诏许之。弁加簪导，自兹始也。"[129]杜佑《通典》卷五十七"皮弁"条记隋炀帝时弁制，亦谓"大业中所造，通用乌漆纱，前后二傍如莲叶，四间空处又安拳花，顶上当缝安金梁，梁上加璂。天子十二真珠为之，皇太子及一品九璂，二品八璂，下六品各杀其一璂，以玉为之，皆犀簪导。六品以下无璂，皆象簪导。唯天子用含棱。后制鹿皮，以赐近臣"[130]。观《历代帝王图》中的隋炀帝，其所戴正为皮弁，且为改制后施以簪导的皮弁（图2-25）[131]。

到了明代，皮弁的形制乃有大的改变。据《大明集礼》《大明会典》诸书所附皮弁的图像，明代皮弁与之前有较大的变动，已非下丰上锐之状。验诸出土实物，亦与当时的图像所见形制相同。明代皮弁，用乌纱冒之，皇帝十二缝，皇太子、亲王九缝，世子八缝，郡王七缝，每缝中缀以采玉，以赤、

图 2–25 《历代帝王图》隋炀帝像 美国波士顿美术馆藏

图 2-26 皮弁
出自《鲁荒王墓》

图 2-27 明神宗皮弁复制件
出自《定陵出土文物图典》

白、青、黄、黑相次，其彩数、彩目各按等级降杀，建文制度与此略有差异。缝及冠武并贯簪、系缨处皆饰以金，皇帝玉簪，皇太子至郡王金簪，皆用朱缨。嘉靖时又有“平凉冠”之名，而其冠胎为“香皂皱纱漆布胎”[132]。明代皮弁冠实物，据考古发掘资料，乃有 4 顶。内鲁荒王皮弁 1 顶，出土时较完整（图 2-26）。其由细竹篾编结成六角网格状作胎，髹黑漆，表面敷有黑纱，黑纱多已不存。皮弁九缝，每缝压以金线，缀五彩玉珠 9 颗。贯簪、系缨处钉有金葵花，皮弁冠武前后钉有金池。郢靖王皮弁 1 顶，出土时已残，只剩金玉事件及部分黑纱。残存旒珠 124 颗，金簪 1 根，簪体中心一侧带有“银作局洪武叁拾伍年捌月内造玖成伍色金壹两伍钱外焊伍厘”铭文。梁庄王皮弁 1 顶，出土时已残，只剩金玉事件。残存旒珠 126 颗，金簪 1 根，簪体圆锥形，中空，簪头正方形，作三层阶梯状。明神宗皮弁 1 顶，出土时已残坏（图 2-27）。

皮弁以细竹篾编结成六角网格状作胎，髹黑漆，内衬红素绢，外敷黑纱。皮弁口沿外贴金箍一道，其内前后钉半圆形黑素纱垫一个。皮弁十二缝，每缝内钉包金竹丝一缕，缝中各缀玉珠 9 颗（红 3 颗，白、绿、黑各 2 颗）、珍珠 3 颗，共残存玉珠 206 颗，珍珠全部朽坏。皮弁贯簪、系缨处钉有金葵花，冠武前后钉有金池。玉簪 1 件，顶作方形阶梯状，分二段，每段各有穿孔两个，备穿线系结。玉簪两端系有红色绦带，末端带有缨穗，颔下系有两根红色丝绦。

皮弁服　洪武二十六年制度，用绛纱衣；建文制度，用绛纱袍，领缘皇太子用绛，亲王及以下用青；永乐制度，用绛纱袍，本色领褾襈裾。明代万历年间赐给日本丰臣秀吉的皮弁服，明朝敕谕称其为“大红素皮弁服”，《丰公遗宝图略》未予记录、绘图，但其实物日本妙法院有藏（图 2–28）。据其实物，乃以绛纱为之，领褾襈裾与衣身同色，合于制度。

中　单　建文制度，白纱中单，领缘皇太子用绛，亲王及以下用青。永乐制度，中单以素纱为之，如深衣制，红领褾襈裾。皇帝领织黻纹十三，皇太子、亲王十一，世子九，郡王七。嘉靖年间，明世宗曾将皇帝冕服中单上的黻纹数目改为十二，但未尝提及改定皮弁冠服制度。丰臣秀吉的中单，明朝敕谕称其为“素白中单”，《丰公遗宝图略》记述“薄柹色无纹纱襟，赤，有两己相背之文，长四尺四寸，袖长三尺二寸五分，自领中至袖口四尺一寸”[133]。日本妙法院藏丰臣秀吉中单实物（图 2–29），领褾襈裾俱为红色，左领上绘有黻纹三，右领上可见黻纹一，两个黻纹为左领所压，领后

图 2–28　皮弁服　日本妙法院藏

图 2–29　中单　日本妙法院藏

另当有黻纹一，正合郡王中单黻纹为七之数。唯典制所载，黻纹用织，此实物上似为画绘，稍有不同。而《承天大志》所记皮弁服中单为“彩画黻领”，可见中单上画绘黻纹由来有自。

裳　建文制度，裳用绛纱，皇太子用绛缘，亲王及以下用青缘。永乐制度，裳用红色，如冕服内裳制，只是不织章纹。丰臣秀吉的裳，《丰公遗宝图略》记述“长三尺三寸四分，横四尺三寸五分，襞二十八”[134]。明朝敕谕称其为“纁色素前后裳”，明朝赐给朝鲜国王冕服中的裳，礼部咨文和敕谕中称为“纁色妆花前后裳”。《承天大志》记皮弁服中之裳，则为“纁色素纻丝前后裳”。明初冕服、皮弁服中的裳分两片共腰，穿上后正好一片在前一片在后，“前后裳”之得名或即有取于此。而据《丰公遗宝图略》所附之图（图 2–30），乃是前后连属的帷裳，故而“前后裳”一名未必与实物吻合。敕谕上的“纁色”大概也是如此，日本妙法院所藏实物颜色为黄色（图 2–31），与典制不合，不知是永乐之后有所变动而史籍阙载，抑或年深日久褪色所致。

玉组佩　永乐制度，如冕服内制，皇太子及亲王以下但无云龙纹。丰臣秀吉的玉组佩，《丰公遗宝图略》所绘之图（图 2–32），未见冲牙，图说记曰“青玉佩，长二尺三寸，各雕云龙，小珠有白、绿、青、黄四色”。其于各构件亦加图说，玉珩谓“长二寸七分，横二寸三分，厚一分”，瑀、琚“中央长一寸七分，横一寸三分，厚一分；两傍长一寸八分，横六分，厚一分”，玉花“长一寸六分，横二寸三分，厚一分”，玉滴、璜“中

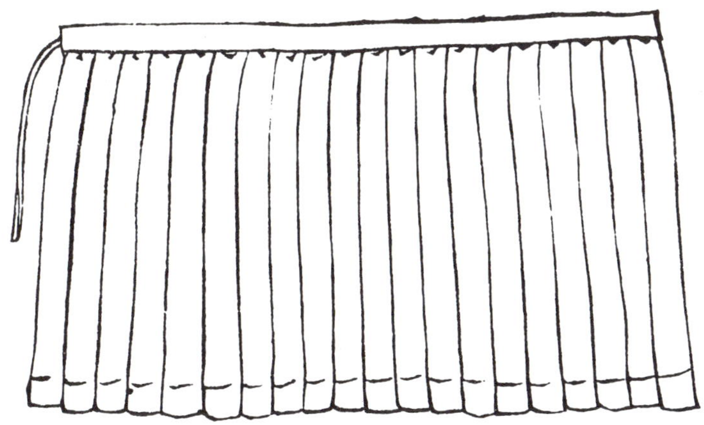

图 2-30　裳图　出自《丰公遗宝图略》

图 2-31　裳　日本妙法院藏

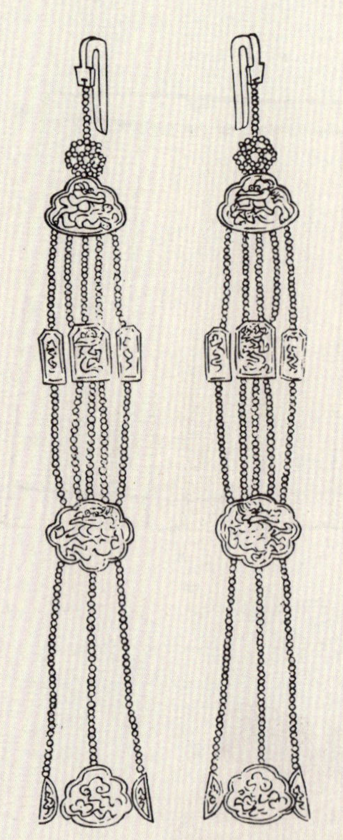

图 2-32　玉组佩图　出自《丰公遗宝图略》

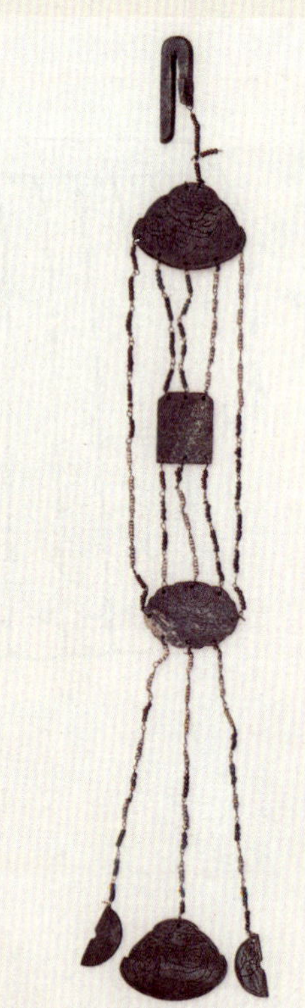

图 2-33　玉组佩　日本妙法院藏

央长二寸，横一寸六分，厚一分；两傍长一寸五分，横七分，厚一分”，钩谓“各长二寸五分，短一寸六分，横三分，厚四分”[135]。日本妙法院所藏实物（图 2-33），琚已缺失，珩以下瑑云龙纹，不合制度。又郡王玉组佩用金钩，此为玉钩，亦与制度不合。

玉　圭　永乐制度，皇帝之圭长一尺二寸，有脊并双植纹，剡其上，黄绮约其下，且有金龙纹的韬。皇太子以至郡王之圭俱如冕服内制，皇太子九寸五分，亲王九寸二分五厘，世子、郡王九寸，并以锦约其下，有韬。

图 2-34　舄　日本妙法院藏

蔽膝、绶、大带、袜、舄　蔽膝随裳色，本色缘，有紃施于缝中，有玉钩二，如冕服内制，只是不织章纹。绶、大带、袜、舄，俱如冕服内制。日本妙法院所藏丰臣秀吉的舄（图 2-34），同于《明宫冠服仪仗图》《大明会典》中舄的样式，亦与定陵所出实物差相仿佛。唯其舄首“状如刀衣”之装饰——絇业已散脱，缀于鞋帮的系带——綦亦已缺失。

常　服

常服，是等级、礼制次于冕服、皮弁冠服而又穿着范围较广的礼服，皇帝常朝视事、日讲、省牲、谒陵等场合均可穿着。其制度，为明太祖于洪武元年制定。洪武元年，明太祖诏定乘舆以下冠服之制，乘舆冠服“其常服则乌纱折角向上巾，盘领窄袖袍，束带间用金、玉、琥珀、透犀”，皇太子冠服“其常服则乌纱折上巾”，诸王冠服则未及常服[136]。建文二年又定[137]。永乐三年，更定常服制度，乌纱折角向上巾易名翼善冠，并对袍、带、靴作了细化的规定。翼善冠，仍以乌纱冒覆、折角向上，自皇帝以至皇太子、亲王、世子、郡王皆同。袍仍作盘领窄袖，但皇帝服色为黄，皇太子以降皆作红色，前后及两肩各金织盘龙一。带皆用玉，靴以皮为之[138]。亲王冠、袍、带、靴俱与东宫同，世子、郡王冠、袍、带、靴俱与亲王同，《明宫冠服仪仗图》所绘皇太子、亲郡王、世子常服即同。

明代帝王完整的一套常服由翼善冠，衮龙袍、褡𫌀、贴里，革带，袜靴组成。此一套常服的完整组成，可见于明初颁给朝鲜国王的敕书。《朝鲜世宗实录》载：

> 谢恩使柳守刚赍敕书及冠服，回自京师，王世子率群臣迎于五里亭。其敕曰：……颁赐……常服：香皂皱纱翼善冠一顶、玉带一。袍服三袭各三件，纻丝：大红织金衮龙暗骨朵云袍、青暗花褡𫌀、黑绿暗花贴里，纱：大红织金衮龙暗骨朵云袍、青暗花褡𫌀、鹦哥绿花贴里，罗：大红织金衮龙袍、青素褡𫌀、青素贴里。皂鹿皮靴一双。[139]

常服中含有衮龙袍（圆领）、褡褸、贴里，也见于朝鲜初期的礼书。《五礼》亦载：

内侍盥手，设袭床于帷内，铺褥席及枕。先置……衮龙袍一，即胸背织龙圆领，纻丝褡褸一，即半臂衣，帖里一；次罗圆领一，褡褸一，帖里一，已上铺袭；次红纻丝圆领一，褡褸一，帖里一。[140]

明代帝王完整的一套常服，又见于《承天大志》，且明确提及衮龙袍、褡褸、贴里三件为一套。该书所记嘉靖元年的天子常服为：

冠服：香皂皱纱漆布胎翼善冠一顶。白玉束带一条。纻丝一套：内柘黄纻丝销金衮龙袍一件，大红素纻丝褡褸一件，白将罗布贴里一件以上三件为一套。罗一套：内柘黄素线罗销金衮龙袍一件，大红素线罗褡褸一件，青素线罗贴里一件以上三件为一套。大红素纻丝舄一双，大红素绫绵袜一双。盛用柘黄包袱五条：平罗销金云龙夹四条，熟绢单一条。[141]

嘉靖十七年的天子常服为：

冠服：香皂皱纱漆布胎翼善冠一顶。玉束带一条。各色素纻丝纱罗常服三套：柘黄纻丝销金日月肩四团龙

> 袍一件，大红纻丝销金龙领褡䕶一件，青纻丝贴里一件以上三件为一套；柘黄银丝纱销金日月肩四团龙袍一件，大红银丝纱销金龙领褡䕶一件，青银丝纱贴里一件以上三件为一套；柘黄罗销金日月肩团龙袍一件，大红罗销金龙领褡䕶一件，青罗贴里一件以上三件为一套。玄色纻丝铜线夹缝靴一双，白三梭布暑袜一双。柘黄包袱六条：平罗销金云龙夹五条，熟绢单一条。[142]

又，明代帝王常服与品官常服在形制及搭配上大体相同，仅在名称和装饰等上稍有区别。帝王翼善冠，品官则为乌纱帽，两者前屋、后山大抵相同，同样敷以乌纱，唯翼善冠帽翅上折冲天；帝王衮龙袍，品官则为圆领袍，唯衮龙袍前胸后背及两肩装饰团龙，颜色亦与品官有别；其余革带、靴等大体只是材质、颜色上的差别。明代品官常服中有圆领、褡䕶、贴里三者，帝王常服亦同。早年鲁荒王墓曾出有常服，其中翼善冠、衮龙袍、褡䕶、贴里、革带皆备，是可知的明初完整的成套常服。另察明代皇帝御容，明成祖衮龙袍之内为交领的红色衣物，而袖口处只见红色衣物内里青色衣物的袖口（图 2-35）。据此可知红色衣物的袖子要较青色衣物为短，而此红色衣物当即褡䕶，青色衣物则为贴里。明宣宗御容上其穿着亦同，衮龙袍之内也是褡䕶、贴里皆具。

帝王常服，如遇大行皇帝、后宫妃主薨逝等凶礼场合，及谒陵、告祷、祭祀、省过，服色稍有不同。圆领一般以没有纹样的素缎制成，其上不饰胸背。这类即史书所见的浅色

图 2-35　明成祖御容　台北“故宫博物院”藏

衣服、淡浅色服（或作浅淡色服），又称素服。与此配套，穿着此类衣服时所用革带为黑犀带。其原因，主要是上述场合不宜衣着华丽。《明英宗实录》载："上谕行在礼部臣曰：山陵祭祀,哀戚存焉,服饰华丽,岂礼所宜？朕自今后每遇孝陵、长陵、献陵、景陵行礼之日，与百官俱具浅色衣服，如洪武、永乐例。"[143]故宫博物院所藏《徐显卿宦迹图》第二十一开"岁祷道行"（图2-36），描绘的是万历帝为缓解京师旱情，决意步行赴天坛求雨的情景[144]。图中万历帝"圣容俨然若思，穆然若深省"，与文武官员、宦官一律青衣角带，所穿的正是淡浅色服[145]。

明代常服实物主要见于考古发掘，以定陵、鲁荒王墓出土为主。定陵所出属明神宗常服的，计有翼善冠3顶，十二团龙十二章衮服5件，内中两件缂丝衮服上放有墨书标签，题名"衮服"。龙袍61件，内保存较完整者16件，残破严重但存大部者30件，仅保留部分残片者9件，龙袍料7件。龙袍又分交领、圆领两式，保存较好的46件中交领34件，圆领12件。龙袍的龙纹又有二团、四团、八团和通肩云龙。衬褶袍1件。中单40件，其中16件出土时套于衮服或龙袍内。裤15条，内分单裤和丝棉裤。靴15双，分单靴和毡靴。膝袜20双，袜子10双。鲁荒王墓所出属常服的有乌纱折上巾两顶，衮龙袍3件，褡褸3件，贴里5件，腰线贴里1件，革带和饰件12件。楚昭王墓另出有"乌纱帽"1顶，当为乌纱折上巾，简报过略，未知其详。

翼善冠　初名乌纱折角向上巾，建文二年已用此名，后

图 2-36　《徐显卿宦迹图 · 岁祷道行》　故宫博物院藏

为永乐制度所沿用。其主要由前屋、后山、折角三部分组成。先以细竹篾编制冠胎，后髹漆，敷纱，以求轻便。《承天大志》所记即为“香皂皱纱漆布胎”，而明人陈铎《折桂令·冠帽铺》则说“轻漆谩烙，正剪斜裁，乌纱帽平添光色，皂头巾宜用轻胎”[146]。明代冕冠、皮弁冠、翼善冠、凤冠等一般都以竹篾为胎，求的也正是轻便。翼善冠又名冲天冠，明仁宗即位之初送给汉王朱高煦、赵王朱高燧的明成祖冠服中即有“皂纱冲天冠一”[147]。王三聘《古今事物考》卷六“冲天冠”条载：“唐制交天冠，以展脚相交于上。国朝吴元年改展脚不交，向前朝其冠缨，取象善字，改名翊善冠。洪武十五年改展脚向上，名曰冲天冠。”[148]有明一代，翼善冠的形态和装饰也随时间的推移有所变化。据明代皇帝御容及实物，早期的翼善冠，后山前踣且有幞头系带结系后的装饰，尚留模仿幞头的痕迹，折角尖翘（图 2-37）。至弘治年间，折角趋于平缓，正德年间，后山渐为高耸，隆庆年间则有二龙戏珠等装饰，且多嵌有宝石、珍珠。又，明代典制，皇帝以至郡王，翼善冠并无等差，但实际执行中或有差别。王夫之《识小录》载：“翼善冠脚直指上，脚，俗谓之剪翅。王冠脚俯垂向前，郡王冠脚既前垂而又斜迤向中，品官则平列冠下。此上下之别也。”[149]

明代翼善冠实物，主要为考古出土。明神宗定陵出有翼善冠 3 顶，其一乌纱翼善冠（图 2-38），出土时戴于明神宗头部。此冠用细竹丝编成六角网格状作胎，髹黑漆，内衬红素绢，外敷双层黑纱。后山前部嵌二龙戏珠，龙身为金丝累制，

图 2-37　明宣宗云身像　台北“故宫博物院”藏

图 2-38　翼善冠　出自《定陵出土文物图典》

且嵌各色宝石及珍珠，龙首托有“万”“寿”二字。冠后插圆翅形金折角两个，系用金片折卷而成，槽内残留竹丝、细纱。折角下有金质扁筒形插座，上面有浮雕升龙。其一乌纱翼善冠，出自明神宗棺内头部北侧圆形冠盒内，仅存金饰件，其中嵌珠宝金龙二，龙首饰红宝石，两龙共残存宝石 20 块，珍珠已朽。方形金帽花一，其中心嵌红宝石，周围嵌珍珠 6 颗（已朽）。金火焰珠一个，背部有花瓣形金托。金折角两个，冠沿金丝两道。其一金丝翼善冠，出土时置于明神宗棺内头部北侧一个圆形木盒内。此冠全系金制，以极其纤细金丝编结，重一斤六两。前屋用极细的金丝编成“灯笼空儿”花纹，山前部采用阳錾金工艺，饰有二龙戏珠。鲁荒王墓出有乌纱折上巾两顶。其一内外乌纱制成（图 2–39），髹黑漆，边沿皆衬铁丝，后山前踣，与冠后有一翅管（已脱落）。折角分体制成，由铁丝弯曲成圆翅形，内衬多层麻布片，外裹之物已朽。其一用细竹篾编成六角网格状胎，边沿衬铁丝，内外髹黑漆，内衬和外敷之物皆朽。冠后有一翅管，内插铁丝弯成的折角，其外所敷之物亦已朽尽。又 2013 年南昌市青云谱区江联小区宁藩后裔墓（考古人员推测为宁藩王系墓）男性墓主棺内出有帽翅一对，仅余帽翅的铁丝框架，当属翼善冠折角。

衮龙袍　《朝鲜世宗实录》所附《五礼》称衮龙袍为“胸背织龙圆领”，疑为益藩罗川端懿王墓出土的典服清单称衮龙袍为“大红五彩织金纻丝四团龙圆领”，可知帝王衮龙袍亦称“圆领”。据《皇明典礼》，建文制度中衮龙袍俱用胸背两肩四团，而皇太子、亲王、皇太孙、王世子、皇曾孙用

图 2-39　翼善冠　山东博物馆藏

龙纹，郡王、王世孙、郡王世子用螭纹。洪武、永乐制度中，未见有此区别。依据文献和实物，明代帝王衮龙袍上的龙纹皆为团龙，或二团，或四团，或八团，或十二团。明代衮龙袍上团龙的排列形式，乃沿袭元代而来。元代龙袍，论者以为有云肩式、胸背式、团窠式[150]，明代的四团龙圆领（衮龙袍）显然是沿袭元代团窠式龙袍而来。1982 年发掘的元末明玉珍叡陵，墓中出有龙袍 5 件，内青缎龙袍 1 件，出土时覆于内棺上，圆领右衽，胸、背饰有衮龙；丹黄素缎龙袍两件，其一较完整，胸、背各饰团龙（图 2-40）；赤黄素缎龙袍两件，胸、背各饰一龙[151]。

图 2-40　衮龙袍及其局部　重庆中国三峡博物馆藏

图 2-41　明英宗御容　台北“故宫博物院”藏

依照典制，衮龙袍上原只装饰龙纹。英宗在位时期，衮龙袍上又饰以十二章纹。十二章纹的排列仿照冕服，日、月、龙在肩，左日右月，星、山在背，华虫在袖（每袖各二），宗彝、藻、火、粉米、黼、黻在前胸以下团龙两侧，通身共饰十二团龙（图 2-41）。此类袍服，亦见于出土实物。明神宗定陵出土有刺绣衮服三件，均饰十二章十二团龙，其中两件残损过甚，一件保存较好。内黄色卍字四合如意云纹缎衮服，日、月在肩，左肩绣日，右肩绣月，日作红色，月牙白色。星辰在背，作红、黄、

图 2-42　明神宗缂丝十二章十二团龙衮服复制件
出自《定陵出土文物图典》

深蓝、浅蓝、白色。山在背部近腋下处，左右各一，为蓝三晕色。华虫在袖，为红、黄、蓝、绿四色，左右各二。宗彝、藻、火、粉米、黼、黻在前胸后背及以下团龙两侧，自上而下各一行，宗彝、藻绿色，火红色，粉米红地，米作白色，黼、黻三蓝色。十二团龙前后襟各三团龙直行排列，左右两侧横摆上各二，两袖各一。缂丝衮服两件（图 2-42），式样、纹饰相同，通体缂制而成，均饰十二章十二团龙，团龙之内且饰有八吉祥，十二章十二团龙的布列同于刺绣衮服。两件缂丝衮服均附有墨书绢标签，其一残存字迹“万历四十五年……衮服……”，其一残存字迹“万历四十五衮服一套收”。据此，可知饰以十二章十二团龙的圆领亦称“衮服”。关于此十二章十二团龙圆领的性质，周锡保认为“大抵在常服的基础上加以十二章等用作次于衮冕服而高于常服的一种礼服”[152]，或以为是皇帝常服[153]，胡汉生则谓“这种饰有十二章图案的袍式礼服是皇帝的最高等级的礼服——衮服，而不是常服，亦不是次于衮服而高于常服的礼服”，“与乌纱翼善冠和玉革带相配，用作皇帝的寿服”[154]。又据《承天大志》所记：“销金日月肩四团龙袍。”嘉靖时似又有仅于肩上饰以日月二章的四团衮龙袍。

衮龙袍服色，典制规定皇帝为黄色，皇太子、亲王、世子、郡王俱为红色。天顺年间，皇帝常服服色包括姜黄、柳黄、明黄等黄色及玄、绿二色。《明英宗实录》载：“禁官民人等衣服不得用蟒龙、飞鱼、斗牛、大鹏、狮子、四宝相花、大西番莲、大云花样，及姜黄、柳黄、明黄、玄色、绿等衣服。”[155]弘治末年，又有玄黄、紫皂之禁[156]。崇祯年间，有黄赭、青绿、赤色及本色。宋起凤《稗说》卷四“中外起居杂仪”载：“凡郊祀祭享庆贺大礼，所司预请上冠服，应照会典例行。如常朝，上数冠翼幝冠，服赭袍软带，便于起止。内宫司衣者，按四时列寻常服着色样于架，奉上取用何色，即进之，已更他衣，则原着收贮不汶进。大率衣制皆龙凤福寿花文居多，黄赭色、赤色、青绿色差半，余本色，杂色不敢备。”[157]据定陵出土实物，衮服与龙袍则有红、黄、蓝、绿等色。又据定陵出土

图 2-43　衬褶袍复制件　北京市昌平区数字博物馆藏

匹料、袍料上的腰封文字，可知其时上用颜色有柘黄、柳黄、大红、月白、莺哥绿、本色，及青闪红黄绿白、大红闪真紫等多种。

褡䙌、贴里　褡䙌、贴里之制均袭蒙、元之旧。褡䙌为一半袖之袍服，亦作搭胡；贴里则为一种腰间打褶的袍服，亦作帖里。定陵出有“中单”40件，内16件出土时套于衮服或龙袍内，其中多有褡䙌。如柘黄缎交领中单，出土时套于衮服内，作交领、短袖，显为褡䙌。但其领上钉有黻纹十三，则又与制不符，大概是明末所出现的新的变化。定陵所出尚有衬褶袍1件（图2-43），作交领，腰间打褶，纹样布列呈云肩通袖膝襕式，内饰云龙纹。察其形制，则属贴里。鲁荒王墓出有褡䙌3件，贴里5件，腰线贴里1件。其

图 2-44　腰线贴里　出自《鲁荒王墓》

褡褸，交领、短袖，摆作打褶处理，右侧腰间缀有系带三对，属典型的褡褸式样。腰线贴里作交领、窄袖，纹样布列呈云肩通袖膝襕式，云肩通袖膝襕内以金线织出云龙、花草等纹样，腰间饰以三组九行腰线（图 2-44）。《朝鲜王朝实录》也屡屡提及腰线帖里。如成化十六年，朝鲜成宗至太平馆宴请明朝使臣郑同、姜玉，宴后留赠两使人情，“各鸦青木绵圆领一、草绿绸夹搭胡一、大红绸蓝腰线帖里一”等物[158]，可知朝鲜国王所赠为常服，而常服之中的贴里亦可为腰线贴里。

革　带　明代帝王革带，形制同于群臣，唯其用材与装饰稍异以示尊贵。革带大抵以皮革为鞓，其外再包覆织物，带鞓之上再饰以带銙，带銙又按其形状和所在的位置有不同的称呼，定型后的革带上的带銙计有三台大小共三、圆桃六、辅弼二、铊尾二、排方七。革带一般作三段式，前围两段，后围一段。前围两段较后围为短，用带鐍与后围固定，前围两段之间则以铜插销扣合（图 2-45）。穿戴时，革带靠

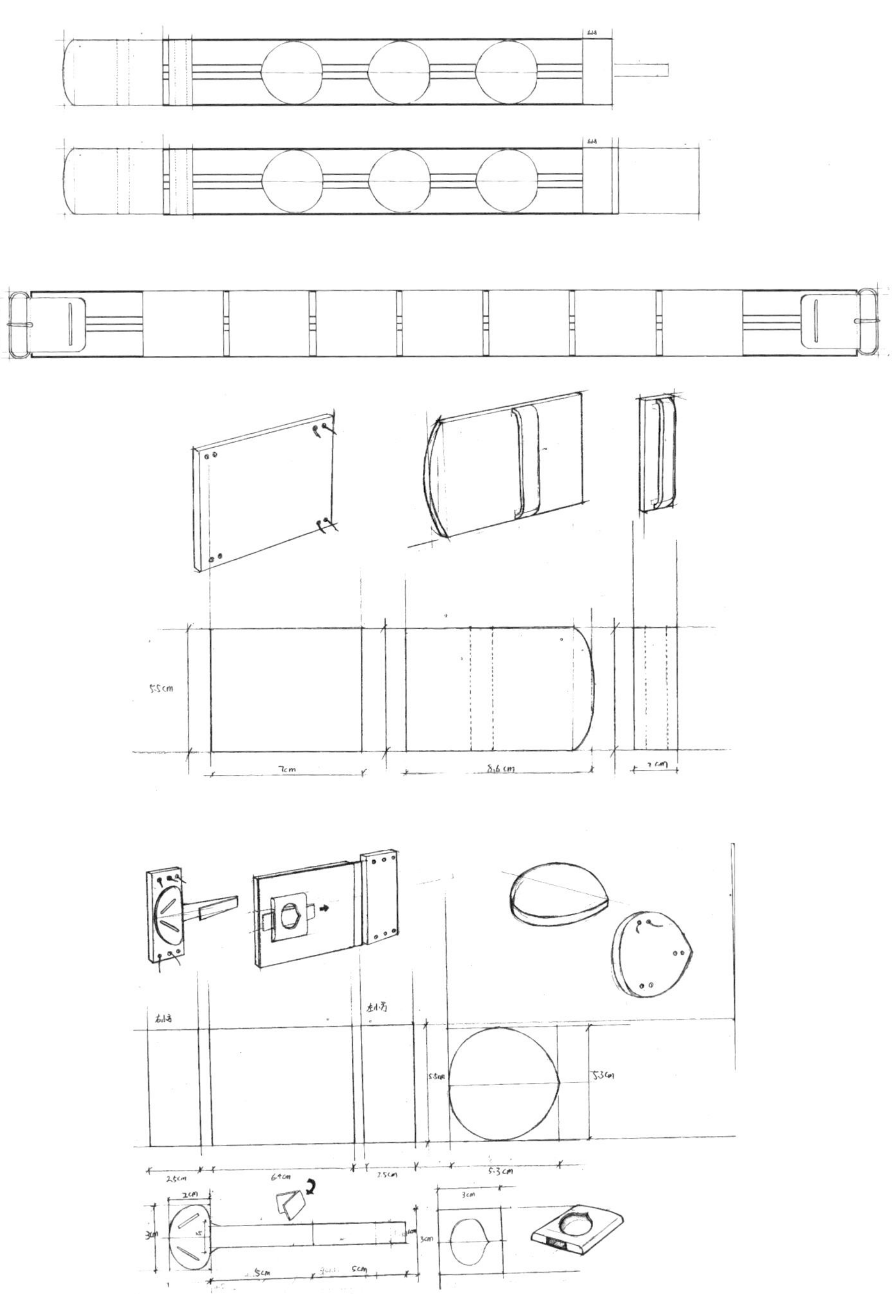
5.5cm
7cm
8.6cm
5.3cm
2.5cm
6.4cm
2.5cm
5.3cm
2cm
3cm
5cm
3cm
3cm

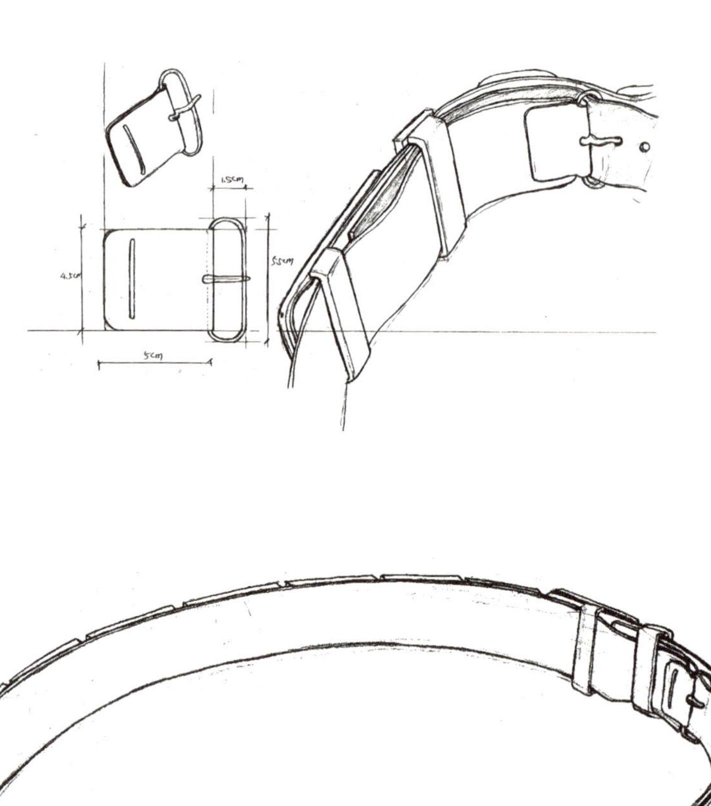

图 2-45　革带形制图　梁晓野绘制

衮龙袍两侧腋下钉缀的带襻固定。明代帝王革带带鞓或为红色[159]，或为黄色，其上描金五道，中间三道，两侧各一道，带銙多以玉为之。至于革带带銙的材质及其上的装饰，宋元以来极为繁复。元人周德清《赠小玉带》紫花儿调中道及玉带，谓“却是红如鹤顶，赤若鸡冠，白似羊脂。是望月犀牛独自，是穿花鸾凤雄雌，是兔儿灵芝，是螭虎，是翎毛，是鹭鸶，是海青拿天鹅不是”[160]，列举了诸多纹样。明代革带所用带銙的花样，较诸宋元有过之而无不及，嘉靖时内阁辅臣严嵩的抄家物品目录《天水冰山录》所记玉带及金厢玳瑁犀角牙香等带就极繁杂富丽[161]。至于带具上有金元遗意的海青拿天鹅，明初梁庄王墓所出玉带中正亦有见。

定陵出土明神宗革带共计 12 条，内玉革带 10 条，大碌带 1 条，宝带 1 条，形制分为三种，带鞓为红色和黄色两种。其一玉革带带銙为碧玉，其中 15 块带銙背面有墨书编号，记述带銙的排列次序。后面正中一块书“后分”二字，其两侧分别为“右一”“右二”“右”和“左一”“左二”“左”。前面左端一长方形带銙书“前分”二字，向左依次为“左”“左一”“左二”；右端第一块书“右”，向右依次为“右一”“右二”“右三”。据此墨书，结合出土情况，正可将玉带复原。大碌带、宝带，其上装饰有各类宝石，亦当为帝王常服所用，明代皇帝御容屡见有此。

靴、袜　明代典制，靴为皂靴，用皮制成。元人穿靴亦多用皮靴，且材质、颜色、装饰因时而异。原本《老乞大》记一跟着官人把马之人，父母在时有田产、物业、孳畜、头匹、

图 2-46　靴　出自《定陵出土文物图典》

人口、奴婢，吃喝穿用都非常讲究，其穿着："穿靴呵，春间穿云南獐皮靴，上头更缝上花样。夏间穿紫斜皮四垂头刻子靴，夹金线黑斜皮靴。到冬间穿白斜皮靴，真皮靴。毡袜呵，穿好绒毛袜子，都教冰蓝纻丝缘口子。一对靴上都有红绒雁爪，那靴底都是两层净底，上的线蜡打了，锥儿细线粗，上的分外的牢壮好看。"[162] 明代虽只用皂色，但亦有麂皮靴、斜皮靴等。

据《明宫冠服仪仗图》，靴作高靿，衬有蓝色或青色托里。明末宫中宦官与皇帝靴履式样相同，唯装饰有别。《酌中志》卷十九《内臣佩服纪略》谓"靴，皂皮为之，似外廷之制，而底软衬薄，其里则布也。与圣上履仝式，但前缝少菱角，各缝少金线耳"[163]。据此，可知皇帝之靴前缝有菱角，各缝且装饰有金线。定陵出土有明神宗的靴子 5 双，内单靴 1 双，毡靴 4 双。其红素缎单靴（图 2-46），高靿翘头，靴筒上部呈弧形，前高后低。护膝部分为绿素缎，口缘部内折，用实针缝缀。靴筒靴面均为红素缎面，素绢里。靴筒分左右两片，前后合缝。靴面由三块缎料缝合，前二后一，均为暗缝。毡靴式样与单靴相同。

便　服

明初至嘉靖初年，帝王便服不过爪刺、䙆(也作曳撒)、绦环而已[164]。其时明代帝王燕居时的常见装束为：头戴缀宝石帽顶的黑毡直檐帽或窄檐大帽(此即爪刺)，身着䙆，腰系绦带(用绦环或绦钩绾结)，脚踏皮靴。帝王的这一穿着，见诸文献的记载。《明仁宗实录》载：

> 遣中官赍奉大行皇帝遗冠服等物送汉王高煦。书曰：大行皇帝遗冠服等物，气泽所存，启阅悲怆，痛何可言？谨以皂纱冲天冠一，黑毡直檐帽一，并金钑顶子、茄蓝间珊瑚金枣花帽珠一串，金相云雁犀带一，金相膘玉穿花龙绦环一副，并紫线绦金事件，象牙顶辏花靶镔铁刀一，纻丝衣、罗衣、纱衣各一袭，皂麂皮靴一双并五彩绣抹口袜，斜皮靴一双并袜送贤弟，朝多瞻奉，以慰哀慕惓惓之心。送赵王高燧亦如之。[165]

此中缀有顶子和帽缨的黑毡直檐帽、金相膘玉穿花龙绦环即为永乐帝燕居所服。又，尹直《謇斋琐缀录》卷八《国

图 2-47 《宣宗行乐图》（局部） 故宫博物院藏

朝典故》载“昔尝叨侍宪宗皇帝观解于后苑，伏睹所御青花纻丝窄詹（檐）大帽、大红织金龙纱曳𫄸、宝装钩绦。又侍孝宗皇帝讲读于青宫，早则翼善冠，衮绣员领，食后则服曳𫄸、玉钩绦”[166]，可知宪宗、孝宗燕居之服与成祖大体无别。明代帝王的燕居之服，也有图像上的反映，如传为《吴三桂斗鹌图》的《宣宗斗鹌图》[167]，及题为《宣宗马上像》《宣宗行乐图》（图 2-47）的两轴与《宪宗调禽图》《宪宗元宵行乐图》，此皆传世的明代宫中写实画卷，画上诸帝的装束除细部装饰外基本无别，都可与文献记载相验证。

图 2-48　金镶宝石白玉镂空龙穿牡丹帽顶　湖北省博物馆藏

帽　顶　湖北钟祥梁庄王墓中共计出有帽顶6件，均由喇叭形金镶宝石覆莲底座和座顶镶嵌宝石或镂空玉龙的顶饰组成[168]。底座口的覆莲，单联瓣的有两件，重瓣（大小花瓣相间）的4件，瓣与瓣之间一般都有1个小穿孔。底座均为分件锤鍱，再金焊合成。其中金镶玉龙帽顶两件、金镶宝石帽顶4件，内金镶宝石白玉镂空龙穿牡丹帽顶底座后端缀有两根管状短金饰，此当为插带羽翎所用（图 2-48）。6件帽顶均出自梁庄王棺床，当初应该都属梁庄王所有。明初太祖朱元璋诏令"衣冠制度悉如唐宋之旧"，可事实上源自元朝的帽笠、帽顶、帽缨之制仍被袭用。

元代，不论男女，均戴冠帽，男子则"冬帽而夏笠"，且各有规制。叶子奇《草木子》载"帽子系腰，元服也"，又谓“官民皆带帽，其檐或圆，或前圆后方，或楼子”[169]。原本《老乞大》所记元人冠帽亦有水獭毛毡儿、貂鼠皮檐儿、单桃牛尾笠子、暗花纻丝帽儿、云南毡海青帽儿、青毡钵笠儿、貂鼠檐儿皮帽、毡帽儿、桃尖棕帽儿、副圆棕帽儿、织结棕帽儿等诸多式样[170]。据《元史·舆服志》的记载，当时天子质孙服，冬之服有十一等，夏之服有十五等，又据所穿衣服的不同，所戴帽笠也各有不同。冬天所戴有金锦暖帽、七宝重顶冠、红金褡子暖帽、白金褡子暖帽、银鼠暖帽；夏天所戴则有宝顶金凤钹笠、珠子卷云冠、珠缘边钹笠、白藤宝贝帽、金凤顶笠、金凤顶漆纱冠、黄牙忽宝贝珠子带后檐帽、七宝漆纱带后檐帽[171]。

元代的帽笠不惟种类繁多，其帽顶和帽缨且多用各式金玉珠宝装饰。陶宗仪《南村辍耕录》卷十五“河南王”条载河南王卜怜吉歹“一日行郊，天气且暄，王易凉帽，左右捧笠侍，风吹坠石上，击碎御赐玉顶。王笑曰：‘是有数也。’谕令毋惧”[172]，可知其时凉帽（笠）上装饰有玉帽顶。上海青浦元代陈明墓曾出土有春水玉帽顶，全器为透雕而成，莲荷之下立以水禽鹭鸶。金元时期流行春水玉，河南王所碎御赐玉顶或即此类。《朴通事谚解》亦曾记两个操马舍人打扮，其头上所戴一个“江西十分上等真结综帽儿上，缀着上等玲珑羊脂玉顶儿，又是个鸋鸨翎儿”，另一个“八瓣儿铺翠真言字妆金大帽上，指头来大紫鸦忽顶儿，傍边插孔雀翎儿”。帽顶所用或为上等玲珑羊脂玉或为指头来大紫鸦忽，帽顶边上且装饰有各类羽翎，顶座上或还用点翠装饰，可说是极尽奢华[173]。察南薰殿旧藏元文宗御容，其笠帽上正作此装饰（图2-49）。金玉珠宝用作帽顶外，也被大量用于帽缨。原本《老乞大》写一个舍人公子按四时穿衣服，“头上戴的帽子，好水獭毛毡儿、貂皮鼠檐儿、琥珀珠儿、西番莲金顶子。这般一个帽子结裹二十锭钞。又有单桃牛尾笠子，玉珠儿、羊脂玉顶子，这般笠子通结裹三十锭钞有。又有裁帛暗花纻丝帽儿，云南毡海青帽儿，青毡钵笠儿，又有貂鼠檐儿皮帽，上头都有金顶子，又有红玛瑙珠儿”[174]。原本《老乞大》所载除各式帽顶外，还有各类帽缨，内有烧珠儿、玛瑙珠儿、红玛瑙珠儿、琥珀珠儿、玉珠儿、香串珠儿、水晶珠儿、珊瑚珠儿等[175]，珠儿亦即缀成帽缨的珠子。元代的帽笠与其帽顶、帽缨同出，有考古发掘的实例。如甘肃漳县汪世显家族墓所出镶宝石笠帽（图2-50），帽、顶、缨并存，其以金玉为顶，并缀13颗各色玉石为缨[176]，正可与文献对读。

其时帽顶所用各色宝石，种类亦繁。《南村辍耕录》卷七“回回石头”条载：“回回石头，种类不一，其价亦不一。大德间，本土巨商中卖红剌一块于官，重一两三钱，估直中统钞一十四万锭，用嵌帽顶上。自后累朝皇帝相承宝重。凡正旦及天寿节大朝贺时则服用之，呼曰剌，亦方言也。”文后且开列有各色宝石名目：

红石头，四种，同出一坑，俱无白水。剌，淡红色，娇；避者达，深红色，石薄方，娇；昔剌泥，黑红色；苦木兰，红黑黄不正之色，块虽大，石至低者。绿石头，三种，

图 2-49　元文宗御容　台北“故宫博物院”藏

图 2-50　镶宝石笠帽　甘肃省博物馆藏

同出一坑。助把避，上等暗深绿色；助木剌，中等明绿色；撒卜泥，下等带石，浅绿色。鸦鹘。红亚姑，上有白水；马思艮底，带石无光，二种同坑；青亚姑，上等深青色；你蓝，中等浅青色；屋扑你蓝，下等如冰样带石，浑青色；黄亚姑；白亚姑。猫睛。猫睛，中含活光一缕；走水石，新坑出者，似猫睛而无光。甸子。你舍卜的，即回回甸子，文理细；乞里马泥，即河西甸子，文理粗；荆州石，即襄阳甸子，色变。[177]

刺，乃波斯语红宝石的音译，陶宗仪所记当为红尖晶石，属品质次于刚玉红宝石的低级宝石。避者达，为阿富汗巴达赫尚所产品质最好的红石榴石。昔剌泥，指锡兰所产黑中泛红的石榴子石，属一种中低档的红宝石。苦木兰，其义为“红色的”，即克什米尔红宝石，品质最低。助把避，祖母绿宝石中最佳者，纯绿色，价值最高。助木剌，阿拉伯语词祖母绿、纯绿柱石、绿宝石（zomorod）的音译，是浅色、透明度低之祖母绿。撒卜泥，下等祖母绿。鸦鹘、亚姑，两者皆指刚玉宝石，鸦鹘为波斯语读法之音译，亚姑乃阿拉伯语读法之音译。马思艮底，应是混在诸色鸦鹘中的未经加工、琢磨的金刚石原石。你蓝，尼罗河色（淡蓝色）的刚玉宝石。屋扑你蓝，接近淡蓝色而非淡蓝色的刚玉。猫睛，“中含活光一缕”者乃上品猫睛石。走水石，乃具流水般光芒的另一猫睛石，次于前者。你舍卜的，即伊朗城市内沙布尔所产之世界上最好的绿松石。乞里马泥，指伊朗起儿漫省区所产的绿宝石，品

图 2–51　前加檐帽　甘肃省博物馆藏

质次于前者[178]。当时所用宝石品目之繁多、帽顶装饰之繁丽据此可以想见。立国西亚的伊利汗国为元朝藩属，两者之间往来亦频，其时阿拉伯文科技著作多被带入中国。元人王士点、商企翁合编的《秘书监志》卷七载传入中国的“回回书籍”甚众，内有“者瓦希剌辨认宝贝五部”[179]。“者瓦希剌”乃阿拉伯语词“宝石”复数形式 Jawahir 的音译，此书乃当时的宝石鉴别书，《南村辍耕录》所记即本于此[180]。

元代帽笠有创自宫中，国人得以着戴者。如前加檐帽，《元史·世祖昭睿顺皇后传》载“胡帽旧无前檐，帝因射日色炫目，以语后，后即益前檐，帝大喜，遂命为式”[181]，其后流行渐广，汪世显家族墓出土的前加檐帽当即此类（图 2–51）。元代帽笠亦有只限宫中、外人禁止制造或是着戴者。《元典章》载

图 2–52 迦陵频迦金帽顶 内蒙古博物院藏

大德元年（1297）中书省咨利用监呈杂造局申告云：“上位新样黑细花儿斜皮帽子一个，进献上位看过。钦奉圣旨：今后这皮帽样子休做与人者，与人呵，你死也！”[182]其时不惟帽笠式样有其禁制，帽顶亦有禁限。至大元年（1308）谕旨“这个缝皮帽的人刁不剩，驸马根前，我带的皮帽样子，为甚么缝与来么？道，今后我带的皮帽样子，街下休交缝者。这缝皮帽底人，分付与留守司官人每，好生街下号令了呵，要罪过者”[183]。又同书载大德十一年（1307）规定“金翅雕样皮帽顶儿，今后休交做，休交诸人带者。做的人，根底要罪过者。带着的人，根底夺了，要罪过者”[184]。内蒙古乌兰察布所出元代迦陵频迦金帽顶（图 2–52），其所谓的迦陵频迦，其实正是《元典章》所谓的金翅雕。

元明易代之后，帽笠、帽顶、帽缨仍存不废。帽顶之制，明初即有规定："一品、二品用杂色文绮、绫、罗、彩绣，帽顶、帽珠用玉；三品至五品用杂色文绮、绫、罗，帽顶用金，帽珠除玉外随所用；六品至九品用杂色文绮、绫、罗，帽顶用银，帽珠玛瑙、水晶、香木；庶民用绸、绢、纱、布，巾环不得用金玉、玛瑙、珊瑚、琥珀。掾史、令史、书吏、宣使、奏差凡未入流品者，并同庶民，帽不用顶，帽珠许用水晶、香木。"[185] 文献所见，明代帽笠上装饰帽顶一直到明后期仍较为普遍。《天水冰山录》即计有抄没严嵩家产所得帽顶三十五个，其皆为金镶帽顶，所嵌或为珠玉或为宝石[186]，梁庄王墓所出帽顶正属此类。明末，帽顶的行用或已不如早先那么流行，故时人或将帽顶与炉顶混淆。沈德符《万历野获编》卷二十六"云南雕漆"条就载："近又珍玉帽顶，其大有至三寸，高有至四寸者，价比三十年前加十倍，以其可作鼎彝盖上嵌饰也。问之，皆曰此宋制。又有云宋人尚未办此，必唐物也。竟不晓此仍故元时物。元时除朝会后，王公贵人俱戴大帽，视其顶之花样为等威。尝见有九龙而一龙正面者，则元主所自御也。当时俱西域国手所作，至贵者值数千金。本朝还我华装，此物斥不用。无奈为估客所昂，一时竞珍之，且不知典故，动云宋物。其耳食者从而和之，亦可哂矣。"[187] 沈德符所说"本朝还我华装，此物斥不用"，虽然不尽事实，但其对帽顶、炉顶尚能分辨。

梁庄王墓长期遭地下水浸泡，有机质的帽体等皆已朽烂无存，故而帽顶当时原应嵌于何种冠帽之上未得其详。明初

图 2-53　竹编圆顶笠帽　出自《明：皇朝盛世五十年》

亲王的帽笠，鲁荒王墓曾有实物出土（图 2-53）。其墓中所出计有竹编圆顶笠帽两顶、朱漆加纻方顶笠帽一顶，同出的尚有核珊瑚帽练一串，此帽缨乃由果核与珊瑚珠各 12 枚相间串成。鲁荒王墓未见帽顶出土，而三顶笠帽保存尚为完好，不见装饰帽顶的痕迹。所幸，从存世的题为《宣宗行乐图》及《宪宗元宵行乐图》等明代宫廷图像资料中，得以推知梁庄王墓所出金镶宝石帽顶所附帽笠的式样。诸行乐图中，皇帝头戴爪刺，身着䙌䙦，腰系绦带，脚踏麂皮靴。爪刺帽檐外多并饰珍珠，帽顶则缀一顶座，上饰宝石顶。梁庄王墓所出的金镶宝石帽顶正是此爪刺上所缀的帽顶。

绦环 / 绦钩　明代帝王燕居之服的束腰之具有绦环和绦钩，二者皆是用以束结绦带的带具[188]。明初鲁荒王墓中亦曾

图 2–54　镶宝石金绦环　出自《鲁荒王墓》

出土有镶宝石金绦环一件（图 2–54），其正中央为紫色宝石一颗，外围为猫睛石两颗、红宝石两颗、珍珠四颗，再外为红宝石六颗、蓝宝石四颗、绿宝石两颗，整件绦环镶宝石 25 颗，珍珠八颗。经分析检测，此绦环上的宝石也多非国产，当为明初开市时购自国外。梁庄王墓中出有绦环六套，内金镶宝石绦环嵌有宝石 14 颗，镀金银累丝镶宝石绦环嵌有宝石 18 颗。墓中另出有金镶革带四条，内金镶宝石带共嵌宝石 98 颗，金累丝镶宝石带共嵌宝石 84 颗。经分析检测，墓中所出的这些宝石多数为国外所产。尤当注意的是，梁庄王墓出土有金锭两枚。其中一枚刻有“永乐十七年四月 日西洋等处买到捌成色金壹锭伍拾两重”字样。永乐十七年四月，正是郑和第六次下西洋之际，这枚刻有文字的金锭及各类宝石，成为目前可见的郑和下西洋的唯一通番实物。又万历帝定陵所出嵌珠宝绦环计有14件，作云头、三菱、心字、长条、长方、椭圆等形状，其上都嵌有珠宝（图2–55）。《天水冰山录》中记有抄没严嵩家产所得的各种绦环共208件、绦钩共68件[189]，其中所记名称多能与定陵出土的绦环对照。如“金厢玉云龙累丝绦环”正当定陵所出编号为W182的云头形镶珠宝金绦环，“金厢玉叠方胜宝石绦环”正当编号为W181的三菱形镶珠宝金绦环，“金厢猫睛心字祖母绿珠绦环”正当编号为W185的心字形镶珠宝金绦环[190]。定陵除出有绦环外，尚出有绦钩五件，内玉绦钩二、木绦钩二、玛瑙羊首绦钩一（图2–56）。

以绦带束腰，南宋即已颇见流行，当时且有专铺发卖。吴自牧《梦粱录》卷十三“铺席”条记载“杭城市肆名家有名者”有“沙皮巷孔八郎头巾铺、陈家绦结铺”[191]，此绦结铺即当时专卖绦带之店铺，颇类似于今天的专卖店。绦带的系结，初时或只是将绦带的两端互相结缚穿引，无需其他带具再作勾括。南宋周季常、林庭珪所绘《五百罗汉图轴·应身观音》左下角的两位画师，均头戴巾帽、身穿圆领襕衫、腰束绦带，而右侧一人腰间所束的绦带正是直接穿引结系而成（图2–57）。同为周季常、林庭珪所绘的《五百罗汉图轴·僧俗供养》，左下角二人皆头戴巾帽、身穿交领袍、腰束绦带，而左侧一人所束的绦带乃由玉环勾括而成，《西湖老人繁胜录》“七宝社”条所谓的“玉绦环”或即此类。其时用以结系绦带的带具尚有钩、环分离者，钩称绦钩，环称绦环，二者搭配使用。大同金代阎德源墓曾出有绦带三条及铜带钩一件，

图 2-55　累丝嵌珠宝心字形金绦环　出自《定陵出土文物图典》

图 2-56　玛瑙羊首绦钩　出自《定陵出土文物图典》

图 2-57
《五百罗汉图轴·应身观音》及其局部
美国波士顿美术馆藏

出土时带钩系于死者腰部，正由铜钩、铜环两部分组成。《元史·伯颜传》载："伯颜之取宋而还也，诏百官郊迎以劳之。平章阿合马先百官半舍道谒，伯颜解所服玉钩绦遗之。且曰：'宋宝玉固多，吾实无所取，勿以此为薄也。'"[192]伯颜所服之玉钩绦或即一套钩、环搭配使用的带具。

元灭宋后，绦带系腰，钩、环相配以作结系仍行不废。山西大同冯道真墓曾出有绦带一条，其上装铜钩和玉环[193]。江苏无锡钱裕墓所出春水玉钩绦（图 2-58），钩上镂雕莲花荷叶，环则饰为鹘捕天鹅[194]。此二者皆为一钩一环式样。而后钩、环互相套接，括结装置隐于背后，统称绦环，此即明代常见的绦环。元代所用的带具亦有较宋人繁复者。《朴通事谚解》记一人操马舍人的打扮谓"刺通袖膝襕罗贴里上，珊瑚钩子系腰"，文下注云"钩子，用金、银、铜、铁、玉、角等物，刻成龟、龙、狮、虎之头，系之于绦之一端，人若带之，则又以绦之一端屈曲为环，纳于钩兽头之空以为固，使不解落，如绦环之制然"[195]。据其自注，可知这一绦带的结系只用一钩，绦钩可为金、银、铜、玉等多种材质且有龟、龙、狮、虎等形象。甘肃漳县汪世显家族墓曾出有绦钩一件（图 2-59），其为玉质，刻为螭首，绦带尚存[196]，与《朴通事谚解》所载正合。

元代带具上的装饰又有所谓的"闹装"[197]。元无名氏杂剧《阀阅舞射柳捶丸记》第四折云："呀，你可便看我结束头巾砌珍珠，绣袄子绒铺，闹妆带兔鹘。"[198]闹妆即闹装，又称宝装、攒装。柯九思《宫词》其五云"千官一色真珠袄，

图 2-58　春水玉钩绦　无锡博物院藏

图 2-59　螭首玉绦钩　甘肃省博物馆藏

宝带攒装稳称腰”[199]。《老乞大谚解》亦载“系腰时也按四季。春里系金绦环；夏里系玉钩子，最低的是菜玉，最高的是羊脂玉；秋里系减金钩子，寻常的不用，都是玲珑花样的；冬里系金厢宝石闹装，又系有综眼的乌犀系腰”[200]。闹装，《老乞大集览》注云“用金石杂宝装成为带者”[201]。《元史》书中所载多有“宝带”“七宝带”的记事，此类带具当即闹装带。如《元史·武宗本纪》“泉州大商马合马丹的进珍异及宝带、西域马”[202]；《仁宗本纪》“淮东宣慰使撒都献玉观音、七宝帽顶、宝带、宝鞍，却之，戒谕如初”[203]；《英宗本纪》“有献七宝带者，因近臣以进，帝曰：‘朕登大位，不闻卿等荐贤而为人进带，是以利诱朕也，其还之’”[204]；《文宗本纪》记御史台弹劾度支卿纳哈出“尝匿官马，又矫增制命，又受诸王斡即七宝带一、钞百六十锭”[205]。又同书《阿术鲁传》“赏金甲、珠衣、宝带，他物称是”[206]；《贾居贞传》“赐锦衣、宝带，宠赉有加”[207]；《石抹明里传》“其赐明里宝带、锦衣、舆及四骡”[208]。其时宫中所用宝带亦有专门的收贮机构，《元史·百官志》载章佩监职掌为“掌宦者速古儿赤所收御服宝带”[209]，用于下赐臣僚的宝带或即出此。元代的闹装带实物无存，但刘贯道所作《世祖出猎图》中元世祖腰间所系正是嵌镶有各色宝石的闹装带（图 2-60）。

关于闹装，明人杨慎《词品》谓：“京师有闹装带，其名始于唐。白乐天诗：‘贵主冠浮动，亲王带闹装。’薛田诗：‘九苞绾就佳人髻，三闹装成子弟鞯。’词曲有‘角带闹黄鞓’，今作‘傲黄鞓’，非也。”[210]胡应麟在其《少室

图 2-60　《世祖出猎图》（局部）　台北“故宫博物院”藏

山房笔丛》中说白居易诗“带”字原作“辔”，乃杨慎因其时有闹装带而妄改，并谓“闹装带，余游燕日，尝见于东市中。合众宝杂缀而成，故曰闹装”[211]。据此，以金细工艺制成、嵌有宝石珠玉等的带具即为闹装带。鲁荒王墓、梁庄王墓及定陵所出镶嵌有珠宝的带具即所谓的闹装带。除实物外，明代闹装带还颇见于图像。南薰殿旧藏明代帝王御容上，明成祖、明宣宗、明英宗、明孝宗等腰间所束即闹装带（图 2-61）。另《天水冰山录》所录玉带、带环中亦有闹装带[212]。又其绦环、绦钩多为金厢并饰宝石诸物，其中应亦不乏闹装者。

元代混一华夷、疆域空前广阔，伊朗等地的域外宝石得以较多地输入中原，所以带具上可用的宝石体量较大、品种亦多（见前《南村辍耕录》所引）。明朝承元之旧，亦能为继。高宇泰《敬止录》卷二十《贡市考》引《皇明永乐志》，述当时宁波贡市外国进口物品清单，计有日本国货物 248 种，暹罗国货物 36 种。暹罗国货物开首即列各式宝石，计有“小没红刻石、小没红比者达石、小洗纳泥石别有没红者、小没青雅呼石、小青米喇石、没红比隅只石、没绿撒不喇者石、碎细没红石、小锦麟翅石、白押忽石、孔穆琍石、玛瑙石、紫英石、青硝子……以上诸石共十四种”[213]。比者达即避者达，阿拉伯语作 bijadi，即石榴石；洗纳泥即昔剌泥，阿拉伯语作 silani，即黑红色宝石；没青雅呼，阿拉伯语作 kabud yaqut，即蓝宝石；比隅只，阿拉伯语作 firuzaj，即绿松石；没绿撒不喇者，没绿即波斯语 marw，亦即木鹿，撒不喇者，波斯语 zabarjad，为黄宝石；孔穆琍即苦木兰，阿拉伯语作 humrah，

图 2-61　明宣宗御容　台北“故宫博物院”藏

乃杂色宝石[214]。

永乐、宣德年间，又有郑和七下西洋之壮举，此举既在“和番”又在“取宝”。此间，产自东南亚及西亚的各类宝石多被买回，或由沿途国家贡入。曾随郑和三下西洋的通事马欢，在其所著的《瀛涯胜览》中对沿途各国的出产多有记述，且对宝石很是关注，记述颇详。如“暹罗国”条载“国之西北去二百余里，有一市镇名上水，可通云南后门，此处有番人五六百家，诸色番货此处多有卖者。红马厮肯的石亦有卖者，此石在红雅姑肩下，明净如石榴子一般”，后云“中国宝船到暹罗，亦用小船去做买卖”[215]。“锡兰国”条称“王居之侧有一大山……此山内出红雅姑、青雅姑、黄雅姑、青米蓝石、昔剌泥、窟没蓝等一切宝石皆有。每有大雨冲出土，流下沙中，寻拾则有。常言宝石乃是佛祖眼泪结成”。“中国麝香、纻丝、色绢、青磁盘碗、铜钱、樟脑，甚喜，则将宝石珍珠换易。王常差人赍宝石等物，随同回洋宝船进贡中国”[216]。“柯枝国”条谓“名称哲地者，皆是财主，专一收买下宝石珍珠香货之类，候中国宝船或别国番船客人来买，珍珠以分数论价而买。且如珠每颗重三分半者，卖彼处金钱一千八百个，直银一百两。珊瑚枝梗，其哲地论斤重买下，雇倩匠人剪断，车旋成珠，洗磨光净，亦秤分量而买”[217]。“古里国”条提及宝船到古里国时，哲地富户将“宝石珍珠珊瑚等物来看议价”[218]。“阿丹国”条记“开读毕，国王即谕其国人，但有珍宝许令卖易。在彼买得重二钱许大块猫睛石，各色雅姑等异宝，大颗珍珠，珊瑚树高二尺者数株，又买得珊瑚枝五柜，金珀、蔷薇露、麒麟、狮子、花福鹿、金钱豹、驼鸡、白鸠之类而还”[219]。“榜葛剌国”条亦载“王亦差人驾船往各番国买卖，取办方物珍珠宝石，进贡中国”[220]。“忽鲁谟斯国”条述及“此处各番宝货皆有，更有青红黄雅姑石，并红剌、祖把碧、祖母剌、猫睛、金钢钻，大颗珍珠如龙眼大，重一钱二三分。珊瑚树珠并枝梗、金珀、珀珠、神珠、蜡珀、黑珀，番名撒白值”[221]。

据马欢所记，当时宝石、珍珠等物多从西洋各国市买，而嵌有珍珠、宝石的闹装带亦有出自西洋各国进贡者。《瀛涯胜览》“古里国”条谓“使回之日，其国王欲进贡，用好赤金五十两，令番匠抽如发细金丝，结绾成片，以各色宝石大珍珠厢成宝带一条，差头目乃邦进奉中国”[222]。“阿丹国”条云“其国王感荷圣恩，特造金厢宝带二条，窟嵌珍珠宝石金冠一顶，并雅姑等各样宝石地角二枚，金叶表文，进贡中国”[223]。明初的下西洋之举，其影响有如严从简《殊域周咨录》卷九“佛郎机”条所说，“自永乐改元，遣使四出，招谕海番，贡献毕至，奇货重宝前代所希，充溢库市，贫民承令博买，或多致富，而国用亦羡裕矣”[224]。明初由西洋各国市买所得的宝货足供数十年的用度，这留给后世宫廷以极为深刻的印象。天顺年间国用不足，司礼监太监福安即屡次奏请乞照明初下西洋采买黄金、珍珠、宝石诸物以充国用。其所奏请，一曰“永乐、宣德间，屡下西洋收买黄金、珍珠、宝石诸物，今停止三十余年，府藏虚竭”[225]，一曰“永乐间，差内官下西洋并往广东买办、采捞珍珠，故国用充足。今久不采，府库空虚”[226]，一曰“关用黄金数多，官库收贮缺乏。乞照永乐、宣德年间差内外官员往西洋等处采买”[227]。

嘉靖七年，明世宗认为“（爪刺、曳撒、绦环）此等之服非不可用，用必用之，不可著为典制，须得一法度之制，方可为后世法”[228]，又认为“常人之情，多修治于显明之处，而怠略于幽独之时”[229]，爪刺、裨襒、绦环之外，遂又有皇帝燕弁冠服及诸王、世子、郡王保和冠服的创制[230]。燕弁冠服，冠匡如皮弁，敷以乌纱。分十二瓣，各压以金线。前饰五彩玉云五片，后列四山。朱绦为组缨，双玉簪。服如古玄端之制，衣身玄色，青缘。两肩绣日月，胸前饰团龙一，后背饰方龙二。领与两祛及衽饰以龙文八十一。其内用深衣之制，黄色，袂圆祛方，衣下作十二幅。素带，朱里青表绿缘，腰围饰以玉龙九片。玄履，朱缘、红缨、黄结，白袜。保和冠服，冠制仿燕弁，亲王九䙆、世子八䙆、郡王七䙆，无簪与五块玉饰。后山皆一扇为之，分画为四。郡王长子冠仿忠静冠，用五䙆。服用青为衣，青缘，前后方龙补各一，身用素地。边用云。其补子郡王以上采妆，郡王长子织金为之。衬用深衣，玉色。带青表绿里，绿缘。皂履，绿结，白袜[231]。

创制此类冠服的目的，明世宗意在“庶几乎深宫独处之时而以燕安为戒也”[232]。此类便服，无实物遗存，唯见于《大明会典》等之绘图。北大所藏清代写本《大明冠服图》，其内尚存《燕弁冠服图说》，存图8页，每图附有图说[233]。明世宗虽创燕弁冠服、保和冠服作为皇帝、诸王的燕居之服，不过后世可能行用不广。《酌中志》记神宗恒尚长者冠，其制“前缝缀一大西洋珠，两傍金五爪龙戏之，而后垂两叶之中，亦各蟠苍龙”[234]。同书又记熹宗“恒尚九华巾”[235]。明末，皇帝仍用爪剌，同时为宫中小皇子所戴。史玄撰《旧京遗事》载“烈皇俭德，每冠只用金箔衚衕巾肆制用。冠如常冠，饰两金龙以为异”，又言“宫中小皇子，旧制戴玄青绉纱瓜瓣有顶圆帽，名瓜拉冠，烈皇时一概用金箔衚衕冠也”[236]。瓜拉，当即爪拉，亦即爪剌，瓜或爪之讹。此帽亦为宫中内臣所用，“冬则以罗或纻为之，夏则马尾、牛尾、人发为之。有极细者，一顶可值五六两，或七八两、十余两，名曰爪拉或爪喇，绝不称帽子”[237]。据此，可知明末皇帝、皇子均戴瓜瓣有顶圆帽瓜（爪）拉冠。而崇祯帝便服所戴之冠形制与常服冠略似，唯装饰有别。

从明末的记载来看，启、祯二朝的皇帝燕居之服似更多与士人相仿。《稗说》卷四“中外起居杂仪”记崇祯帝“辍朝，屏去朝报（服），独着软帻便衣鞋袜，如外间。晋唐巾、飘巾、纱巾、氅衣、野服、云履、方舄等项悉备，咸听上随时衣着”[238]。定陵出土的实物，其中亦可见腰封题有“曳撒袍”“直身袍”字样的袍料，及题有墨书“道袍”字样的袍服。江西南城益宣王墓亦曾出有披风一件，披风为直领对襟，前襟缀以系带以作结系，纹样装饰呈云肩通袖膝襕式，其内绣以龙纹。益宣王薨于万历三十一年，其墓年代与定陵相近。衪撒、直身、道袍、披风，皆为士人所穿着，据文献及出土实物，可知万历年间帝王实际所常穿用的燕居之服已与士人无异，不待崇祯年间方才如此。而明世宗所创的燕弁冠服、保和冠服，恐怕未能行之久远，至少也是绝少穿用。

西洋布

1979年，江西南城发掘了明代益宣王朱翊鈏及其李、孙二妃的合葬墓，墓中朱翊鈏棺内发现题有墨书“西洋布”字样的白细布。但出土器物只提及棺内出有棉布一匹，为米黄色平纹细布，幅宽0.75米、长13米。此棉布当即西洋布。又1964年发掘的推定为益藩罗川端懿王的墓葬，墓内所出典服清单上记有入殓衣物甚多，其中有白西洋布衫、白西洋布单中衣、白〔西〕洋布单裙、白西洋布暑袜。可惜，因埋葬年代久远且遭盗掘，墓中未发现相应实物。明代文献所见，西洋布常用于赏赐亲王、功臣及域外国王，如朝鲜国王[239]，益宣王墓的发掘者即认为墓中所出西洋布乃由宫廷赏赐。

东南亚地区元代即以织布闻名，周致中《异域志》卷上“西洋国”条载“在西南海中，地产珊瑚、宝石等物，所织绵布绝细，莹洁如纸”[240]；周达观《真腊风土记》亦载“（真腊）其国中虽自织布，暹罗及占城皆有来者，往往以来自西洋者为上，以其精巧而细美故也”[241]。确知无疑的西洋布即始见于元代文献。元人汪大渊曾两赴当时的东洋（即南洋）、西洋（即印度洋），其所著《岛夷志略》对东、西二洋的风土、物产有着非常详细的记录，书中即有提及西洋布、西洋丝布。《岛夷志略》“无枝拔”条载“贸易之货，用西洋布、青白处州磁器、瓦坛、铁鼎之属”[242]；“淡邈”条亦载“货用黄硝珠、麒麟粒、西洋丝布、粗碗、青器、铜鼎之属”[243]；“古里地闷”

条云“以银、铁、碗、西洋丝布、色绢之属为之贸易也”[244]；“须文答剌”条谓“贸易之货，用西洋丝布、樟脑、蔷薇水、黄油伞、青布、五色缎之属”[245]。据此，可知以西洋布或西洋丝布用作贸易的地区，涉及中南半岛、马来半岛及印度尼西亚地区，东达东帝汶。

《岛夷志略》“无枝拔”条所载之西洋布，苏继庼校释《岛夷志略》指出即“南印度东岸科罗曼德尔海岸马苏利帕特南（Masulipatnam）产一种极细棉布，土名Mousale、Mouceln，皆由此城旧名Masalia转成”，又云“或以为中国载籍中之西洋布当来自毛夕里（al-Mawsil），与印度无关。此毛夕里布英语名Muslin，法语名Mousseline，皆源于al-Mawsil一名。《长春真人西游记》之白么斯，陶宗仪《辍耕录》（卷十一）之毯子，《瀛涯胜览》‘忽鲁谟斯’条之毯纱，皆为西洋布见于元明载籍之译名”[246]。夏鼐校注《真腊风土记》亦以西洋布为印度棉布，且引《马可·波罗游记》为证。《马可·波罗游记》记载“印度默忒菲里国（夏鼐注云今之海德拉巴之东北）出产之细棉布为世界最好、最美丽、最精致之布”。文后夏鼐又说“十六世纪以来，此种细棉布由印度卡利卡特（Calicut）输出，闻名于欧洲。欧洲人称之为卡利科布（Calico）”[247]。西洋布，《回回馆译语》杂志续篇“衣服门”有收，书作“西洋布，拍蓝，bairam”[248]，“拍蓝，bairam”在波斯语中指一种质地优良的丝料，刘迎胜认为此西洋布应当就是所谓的“西洋丝布”[249]。王元林、林杏容二人认为西洋布“应是贩自被东南亚国家称作‘西洋’的印度洋一带地区的布料”，而“西洋布”的叫法乃是中国人沿袭自东南亚人的称呼[250]。

《岛夷志略》“淡邈”条、“古里地闷”条、“须文答剌”条所载有西洋丝布，“真腊”条、“八都马”条、“三佛齐”条所载亦有丝布。杉本直治郎以为此处之丝布即西洋丝布之略称，而西洋丝布亦即西洋布。又据沈曾植《岛夷志略广证》引至顺《镇江志》所云“金坛之丝布、苎布，皆女冠所织。以苎皮兼丝缉而成者，谓之丝布”，杉本以为布与丝布不同，则布与西洋布不同，丝布与西洋丝布亦当有别，而两者常被混淆，布与丝布的产地也不限于西洋。杉本又据《岛夷志略》所载用西洋布或西洋丝布的地区讨论了西洋布的产地，以为应在当时所称西洋之今日印度马拉巴尔海岸一带，而明初其产地则在古里国南邻的搽黎（Shaliyat）及其东之坎巴夷（Coimbadore），集中输出地则为古里港[251]。

西洋布虽已见于元代，但尚不多见。最为学人征引的是赵孟頫的《致晋之尺牍》（图 2-62），内云“数日来心腹之疾大作，作恶殊甚。令亲至，得所惠书，知安善为慰不可言。付至西洋布及报惠法物，一一拜领，感激无喻”。谢应芳《全佥宪自黄州遣骑以西洋布见惠，作诗谢之》云“十月北风方怒号，故人西布似绨袍。远劳使者传书信，笑看家人落剪刀。留得海图飞凤鸟，绝胜山罽集鹅毛。岁寒冰雪空山里，千里相思报木桃”[252]。西洋布之“西洋”，元初已见，但终元一代，“西洋”的所指多有变化，并不固定。元末，“西洋”一词所指的地理范围渐为明确，主要为印度南部沿海。将“西洋”

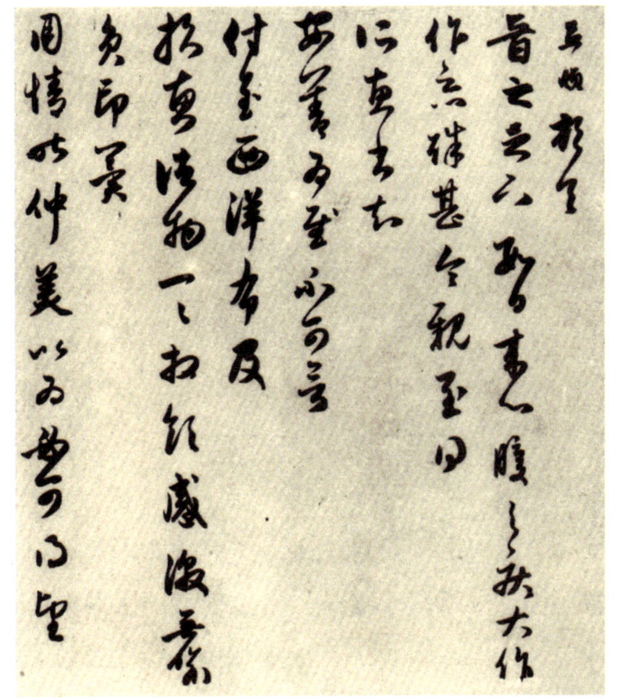

图 2-62 《致晋之尺牍》（局部） 台北“故宫博物院”藏

作为整一个区域来认知并将此称谓固定，有其历史过程。这一过程在元代肇端，至明初完成，而明初的七下西洋意义非常[253]。明代的东、西洋以文莱为界，迤东为东洋，迤西为西洋[254]。

到了明代，文献中西洋布的记事陡增，而西洋布的来源不外政府采买和外国进贡。明初七下西洋，采买黄金、宝石、珍珠诸物外，又有西洋布。《瀛涯胜览》“古里国”条开首即称“西洋大国”[255]，后云“西洋布本国名撦黎布，出于邻境坎巴夷等处。每匹阔四尺五寸，长二丈五尺，卖彼处金钱八个或十个。国人亦将蚕丝练染各色，织间道花手巾，阔四五尺，长一丈二三尺，每条卖金钱一百个”[256]。又张燮《东西洋考》卷七《饷税考》记有万历四十三年货物抽税见行则例，谓“别有货物，先年无开载者，今依时估附记于后：……土丝布，每匹税银一分六厘；粗丝布，每匹税银八厘；西洋布，每匹税银一分七厘；东京乌布，每匹税银二分”[257]。政府采买之外，又有外国进贡。18世纪发现的开封犹太教会堂《重建清真寺记》碑，碑为弘治二年所刻，碑文提及西洋布：“教道相传授受，有自来矣。出自天竺，奉命而来。有李、俺、艾、高、穆、赵、金、周、张、石、黄、聂、金、张、左、白七十姓等，进贡西洋布于宋。”[258]此为明人追述宋代之事，事或宋代之事，但所贡的西洋布恐非宋代所有。《大明会典》载东南夷朝贡的贡物中满剌加国有西洋布[259]，浡泥国有西洋白布[260]，锡兰山国有西洋细布[261]。又严从简《殊域周咨录》、黄省曾《西洋朝贡典录》记载进贡西洋布或西洋细布的国家和地区有暹罗、满剌加、锡兰山，而产西洋布的则有古里、苏门答腊[262]。

另据《明实录》，终明之世，西南地方土官也常有西洋布的进贡[263]，而其进贡的西洋布当由西洋转贩而来。谢肇淛《滇略》卷三载：“至于紫英、云母、石青、深绿、石黄，地所时有，不足珍也。其他如水精、绿玉、墨玉、碧瑱、古喇锦、西洋布、孩儿茶之属，皆流商自猛密迤西数千里而至者，非滇产也。”[264]同书卷四也说：“永昌、腾越之间，沃野千里，控制缅甸，亦一大都会也……其人儇巧善制作，金银、铜铁、象牙、宝石、料丝、什器、布罽之属，皆精好甲他处。加以诸夷所产琥珀、水精、碧玉、古喇锦、西洋布及阿魏、鸦片诸药物，辐辏转贩，不胫而走四方，故其习渐趋华饰、饮食、宴乐。”[265]西南地方虽善织布，所产亦有永昌细布、桐花布、竹布、井口布、火麻布、莎罗布、象眼布等，但西洋布终非当地所产。

“西洋”一词所涵盖的地理范围，郑和下西洋之后又有演变，其范围大致为“交趾、柬埔寨、暹罗以西今马来半岛、苏门答腊、爪哇、小巽他群岛，以至于印度、波斯、阿拉伯”[266]。而后，“西洋”的含义又有引申，海外诸国、外国皆可称为西洋。明末，随着西方传教士的东来，西洋又有大西洋、小西洋之别。欧洲因濒临大西洋又有“大西洋”一称[267]，而“大西洋”亦产有西洋布。万历二十八年，意大利传教士利玛窦在《上大明皇帝贡献土物奏》中即自称“大西洋陪臣”，奏疏后开列作为贡品的“本国土物”中亦有“大西洋布与葛布共五匹”[268]。与西洋布一同上贡的《坤舆万国全图》中，今印度洋处标为“小西洋”，其左注云“应帝亚总名也，中国所呼小西洋，以应多江为名。一半在安义江内，一半在安义江外。天下之宝石宝货自是地出，细布、金银、椒料、木香、乳香、药材、青朱等无所不有，故四时有西东海商在此交易”。此小西洋当即前此所称之“西洋”，此处之细布当即西洋布。今大西洋处标为“大西洋”，物斯法略以北肥良的海中有二岛，一为喎阑地，一为则阑地，其上注云“西洋布此二岛最妙”（图2-63）。元人及明早中期时人所谓的西洋布，皆为西洋即今印度所产，《坤舆万国全图》上所标示的西洋布，显非当时

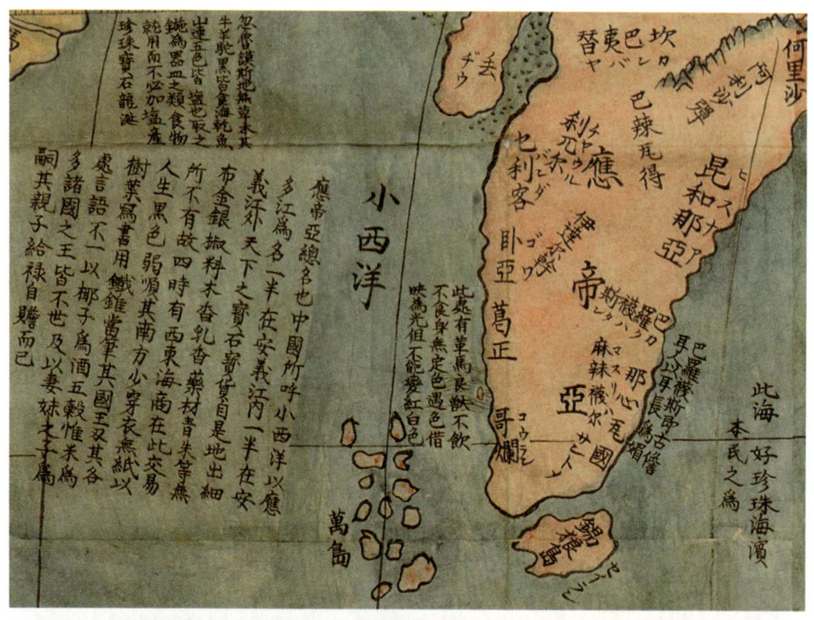

图 2-63 《坤舆万国全图》（局部） 日本东北大学附属图书馆藏

中国人早期认知中的西洋布。

印度所产的西洋布，《大明一统志》卷九十“西洋古里国”条述其土产有西洋布，“幅广至四五尺”[269]，《东西洋考》卷四《西洋列国考》谓“《一统志》名阔布，《华夷考》曰：西洋布幅广至四五尺，精者价乃胜段”[270]。《古今事物考》卷三“西洋布”记载“其白如雪，阔七尺”[271]；王佐《新增格古要论》卷八“西洋布”记载“乡姻邹凤律得西洋布，其白如雪，阔七八尺”[272]。据此，可知阔和白是印度产西洋布的特点。至于欧洲所产之西洋布，品质亦佳，“布则以利诺草为之，视棉更坚且洁，佳者一匹可十数金，所谓真西洋布是也。此布用坏，又可捣烂为纸，莹洁而耐久”[273]。方以智《通雅》卷三十七《衣服》“布帛”谓“吕宋人来，载西洋布，白腻精密，云有草织成”[274]。当时吕宋为西班牙所占领，方以智所述之西洋布当产自欧洲。又《罪惟录》卷三十六“佛郎机国”条亦载当时葡萄牙（佛郎机）人“服锁伏、西洋布、琐哈剌，最华洁”[275]。据此，可知洁和密乃欧洲产西洋布的特点。当时欧洲西洋布的产地主要是今法国东北部和比利时、荷兰西南部的法兰得斯（Flanders），而其转贩之地除了中国还有秘鲁。艾儒略《职方外纪》卷二“法兰得斯”条载“其妇女与人贸易无异男子，顾其性极贞洁，能手作错金绒，不烦机杼，西洋布最轻细者皆出此地”[276]；同书卷四“孛露”（即今秘鲁）条也说“产棉花甚多，亦织为布，而不甚用之，专易大西洋布帛及利诺布，或剪马毛织为服”[277]。明末冒辟疆曾受意大利传教士毕方济（Fransois Sambiasi）寄赠之西洋布，其在《影梅庵忆语》中记曰“时西先生毕今梁寄余夏西洋布一端，薄如蝉纱，洁比雪艳，以退红为里，为姬制轻衫”[278]。冒辟疆所受之西洋布，当属欧洲所产之西洋布[279]。印度、欧洲所产西洋布外，明末亦有中国本土所产的西洋布，但其质量与国外所产相差甚大。徐光启说“又中土所织棉布及西洋布，精粗不等，绝无光泽”[280]。

后妃冠服

礼　服

明代皇后、皇妃、皇太子妃、亲王妃、世子妃、郡王妃所能穿用的等级最高、礼制最隆的服装是礼服。洪武元年，诏定乘舆以下冠服制度，规定皇后于朝会、受册、谒庙，及皇妃、皇太子妃、亲王妃于受册、助祭、朝会诸大事之际则穿礼服[281]。五年，又定内命妇礼服[282]。建文二年，又定皇太子妃礼服[283]。永乐三年，改定皇后、皇妃、皇太子妃、亲王妃、世子妃、郡王妃礼服。嘉靖十年，明世宗仿古礼为九嫔之选[284]，册淑女方氏、郑氏、王氏、阎氏、韦氏、沈氏、卢氏、沈氏、杜氏为九嫔，遂又有皇嫔礼服的制定[285]。明代后妃礼服，洪武制度，皇后九龙四凤冠，皇妃、皇太子妃、亲王妃九翚四凤冠[286]。皇后用袆衣，皇妃、皇太子妃、亲王妃用翟衣。建文制度有所改易，皇太子妃冠一凤九翚，用翟衣，亲王妃及以下翟冠，不用翟衣，以大衫、霞帔为礼服。永乐制度袭建文制度而又有更易，皇后九龙四凤冠，皇太子妃九翚四凤冠，皇妃、亲王妃、世子妃、郡王妃翟冠。皇后、皇太子妃用翟衣，皇妃、亲王妃、世子妃、郡王妃用大衫、霞帔。据建文、永乐制度，皇妃、亲王妃、世子妃、郡王妃不用翟衣，以皇后、皇太子妃用作燕居服的大衫、霞帔作为礼服，反不如洪武制度规整。此先专述皇后、皇太子妃礼服，永乐改制后的皇妃、亲王妃、世子妃、郡王妃礼服则附于后节常服中一并讨论。

洪武制度后妃、建文制度皇太子妃及永乐改制后的皇后、皇太子妃礼服，完整的一套由玉圭、凤冠、翟衣、中单、蔽膝、大带、革带、绶、玉组佩、袜、舄等组成。此一套礼服的完整组成，见于《大明会典》。《大明会典》卷六十“冠服”详细规定了皇后、皇太子妃等的礼服，同书卷六十八“婚礼”皇太子纳妃仪所用的发册礼物也列有：

> 九翚四凤冠一顶，首饰一副。冠上大花九树，小花九树，宝钿九个，翠云、博鬓、描金珠皂罗额、珠眉心、珠牌环全。冠上金凤四个，牌环脚一双。翟衣三套：描金云凤沈香色木匣一个，铜锁钥、索扛全，青纻丝绣翟衣一件、青纻丝绣蔽膝一件、玉色线罗中单一件，红缘襈，青线罗绣翟衣一件、青线罗绣蔽膝一件、玉色线罗中单一件，红缘襈，青纱绣翟衣一件、青纱绣蔽膝一件、玉色纱中单一件。霞帔三副。青红线罗销金大带一条，上有青纻丝副带一条。五色线锦绶一副，上有玉环二个，青红罗采结全。白玉钩碾凤文佩一副，玉事件二十件，串珠全，金钩子并圈二个。五色线锦衬一副。白玉革带一副，青纻丝裹鞓，描金文翟文，玉事件一十件、金事件五件。青纻丝舄一双，上有珠六颗，青罗袜一双。红罗销金夹

袱大小五条，包裹翟衣、玉佩、玉带等用。[287]

此一套礼服的完整组成，还见于《明实录》。洪武八年征卫国公邓愈女为秦王次妃，纳征礼所用冠服，《明太祖实录》谓：

其次妃冠服拟唐宋二品之制。九翚二凤冠一顶，皂罗额、珠眉心全，珠牌环一双。翟衣三袭：绣翟八等青纻丝绣翟衣、青纻丝绣蔽膝、玉色罗绣黼领中单各一，青罗绣翟衣、青罗绣蔽膝、玉色罗绣黼领中单各一，青纱绣翟衣、青纱绣蔽膝、玉色纱绣黼领中单各一。青红罗销金大带一，青纻丝副带一。五色线锦绶一副，玉环二。彩结金玉佩一副，金钩二。玉革带一，嵌珠青舄、青罗袜各一。[288]

嘉靖十八年，明世宗遣官赍送至隆庆殿的圣母冠服，《承天大志》详录其内容，内云：

慈孝献皇后冠服：珠翠十二龙十二凤斗冠一顶……滴珍珠皂罗描金云龙额子一副，珠翠肩心一副，金厢珠翠排环一双，滴珠青素纻丝描金云龙鞋一双。黄绢糊冠盝二座，黄罗销金云龙表黄绢里夹包袱六条，朱红漆木柜二个……玉谷圭一枝，翟服一套计六件：玄色素纻丝彩妆夹翟〔衣〕一件，白素线罗中单一件，玄色素纻丝彩妆夹蔽膝一件，大红素纻丝彩妆夹锦绶一件，大红素纻丝彩妆夹佩带一条，青红素线罗销金云龙彩妆沿边大带一条。青素纻丝舄一双，青素纻丝夹袜一双。柘黄包袱五条：平罗销金龙夹四条，熟绢单一件。[289]

万历三十四年，上圣母皇太后尊号，《明神宗实录》详记御用监上圣母册封册宝冠顶合用金宝数目，内开：

珠翠金累丝嵌猫睛绿青红黄宝石珍珠十二龙十二凤斗冠一顶，金钑龙吞口、博鬓、金嵌宝石簪、如意钩全。皂罗描金云龙滴珍珠抹额一副。金累丝滴珍珠霞帔掭儿一副，计四百十二个。珠翠面花二副，计十八件。金丝穿八珠耳环二只，金丝穿宝石珍珠排环二只，金嵌宝石珍珠云龙坠头一个。白浆玉谷圭一枝。金钑云龙嵌宝石珍珠荷叶提头浆水玉禁步一副，计二挂，间珊瑚、碧甸子、金星石、紫线宝，黄、红线穗头全。青纻丝描金云龙滴珍珠舄二只。金累丝结丝嵌宝石双龙龙凤鸾凤宝花九十六对，金万喜字铎计五千副，索全，银万喜字铎计八千副，索全[290]。盛用浑贴金沥粉云龙红漆创（戗）金云龙宝匣、冠盝，胭脂木谷圭、霞帔、禁步匣九个，铜镀金锁钥事〔件〕全。[291]

据考古发掘资料，明代帝王陵墓及后妃墓园中未见有后妃完整的全套礼服实物出土，但也不乏礼服的构件如凤冠、玉组佩、革带等物。随葬有礼服的明代帝王陵墓及后妃墓园，主要是定陵。

凤　冠　凤冠作为礼冠，并被纳入冠服制度，始自宋代。《宋史·舆服志》载："皇后首饰，花一十二株，小花如大花之数，并两博鬓。冠饰以九龙四凤……中兴，仍旧制。其龙凤花钗冠，大小花二十四株，应乘舆冠梁之数，博鬓、冠饰同皇太后，皇后服之，绍兴九年所定也。"[292]《太常因革礼》亦引《国朝会要》云："礼衣，宴见服之，皇朝存其名，常服龙凤珠翠冠，霞帔。"[293]《武林旧事》卷二"公主下降"条记公主房奁亦有"真珠九翚四凤冠、褕翟衣一副、真珠玉佩一副、金革带一条、玉龙冠、绶玉环、北珠冠花篦环、七宝冠花篦环、真珠大衣背子、真珠翠领四时衣服"[294]。洪武元年，诏令"衣冠制度悉如唐宋之旧"。明代凤冠，即承宋制"龙凤花钗冠""龙凤珠翠冠""九翚四凤冠"而来。

明代凤冠上的装饰，据《明实录》《大明会典》，可知有翠龙/翠翚、金凤、珠翠云、大珠花、小珠花、博鬓[295]、翠口圈、托里金口圈及皂罗额子，另有与凤冠搭配使用的珠翠面花、珠牌环、牌环脚等（图2-64）。其中大珠花皆为牡丹，又分花、蕊头、翠花等；小珠花皆穰花飘枝，又分花、半开、翠叶等；博鬓饰以金龙、翠云或鸾凤，皆垂珠滴；翠口圈上饰以珠宝钿花、翠钿；皂罗额子描金龙凤，缀以珍珠。当时凤冠的大体做法是：先用竹篾编出圆框作为冠胎，髹漆，然后再于冠胎的里层与外层裱糊一层罗纱，最后于冠上缀饰金丝、翠羽制成的龙、凤等，并镶嵌各式珠花、宝石[296]。

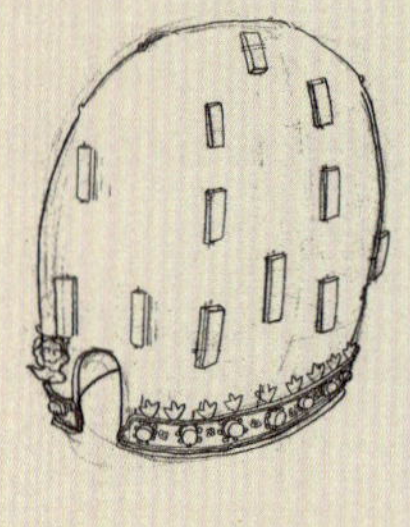

帽胎前面

帽胎后面

正面正中大珠花

顶部珠花

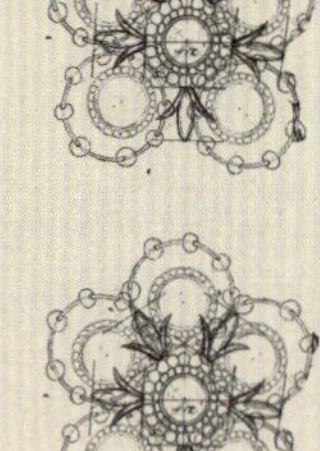

正面侧边珠花 1

正面侧边珠花 2

背面正中大珠花

背面侧边珠花

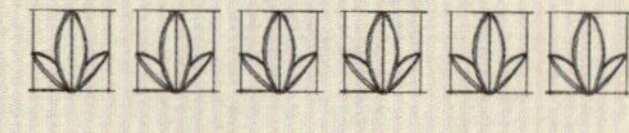

正面帽檐叶子

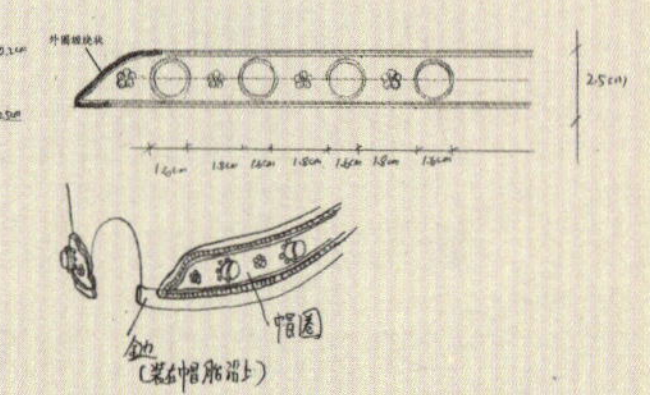

口圈边线

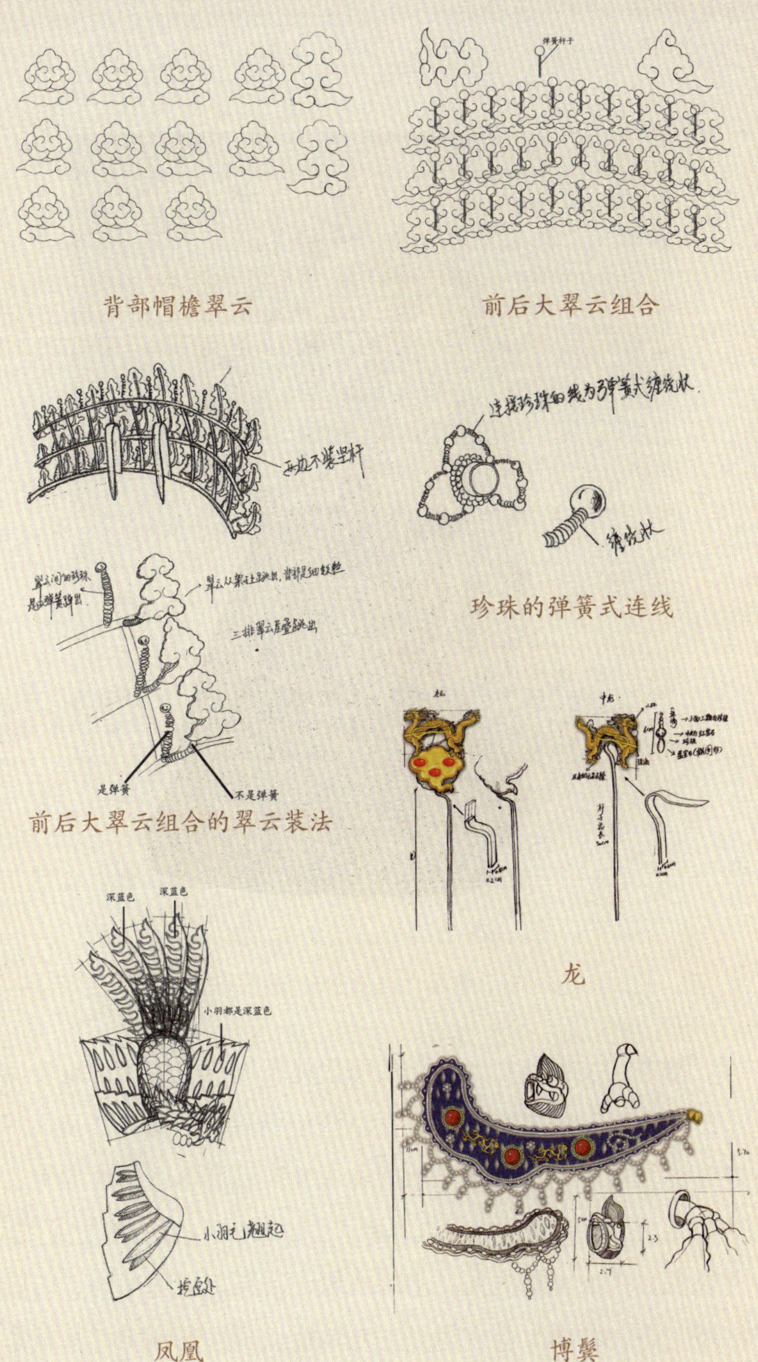

图 2-64　凤冠形制及其构件示意图　梁晓野绘制

图 2-65　九龙九凤冠　中国国家博物馆藏

据考古发掘资料，出土的明代礼服用凤冠主要是定陵出土的 2 顶。定陵出有孝端、孝靖两位皇后的凤冠各 2 顶，其中作为礼服冠的是孝端皇后的九龙九凤冠和孝靖皇后的十二龙九凤冠。孝端皇后九龙九凤冠（图 2-65），冠上饰金龙九、翠凤九，正面上层九龙，中层八凤，下层绕以珠串饰，内嵌红蓝宝石，背面上部立凤一，龙凤皆口衔珍珠宝结，每结系珍珠二、红蓝宝石各一。翠云 44 朵。冠顶以宝石和串珠组成一组花卉，下缘一周嵌红蓝宝石，每块宝石周围饰以串珠。冠后下方有金钑龙吞口2个，博鬓左右各三，每扇饰金龙2条，嵌宝石3块，边垂珠串。冠上共嵌宝石115块，内红宝石57块、蓝宝石58块，珍珠4414颗。孝靖皇后十二龙九凤冠，冠上饰十二龙九凤，正面顶部饰一龙，中层七龙，下部五凤；背面上部一龙，下部三龙；两侧上下各一凤。龙凤均口衔珠宝串饰，正面顶部一龙，串饰系珍珠3颗，宝石3块；中层中间一龙，串饰系珍珠、宝石各三。其余龙凤串饰均以珍珠2颗、红蓝宝石各一制成。凤眼嵌小红宝石2块，龙凤之间嵌大珠花8朵，每朵中心嵌宝石1块或6、7、9块不等，每块宝石周围绕珠串一圈或两圈。龙凤之间饰翠云90朵，翠叶74片。冠口金口圈之上饰珠宝带饰一周，边缘镶以金条，中间嵌宝石12块。每块宝石周围饰珍珠6颗，宝石之间又以珠花相间隔。博鬓6扇，每扇饰金龙1条，珠宝花2个，珠花3个，边垂珠串饰。全冠共用宝石121块，内红宝石53块、蓝宝石62块、绿宝石4块、黄宝石2块，凤眼共嵌小红宝石18块，珍珠3588颗。

1. 金事件

金龙、金凤　凤冠上金龙见于定陵所出孝端皇后九龙九凤冠、孝靖皇后十二龙九凤冠。凤冠冠顶及博鬓上皆饰以金龙，冠顶金龙均作累丝，龙头用錾刻，金龙脚下所踏如意祥云或嵌宝石，博鬓上金龙每扇各二。典制中凤冠上有金凤，但定陵出土的2顶礼服用凤冠上未见，凤皆为翠凤。明代皇后云身像上，亦未见金凤。

2. 铺翠事件

铺翠事件，即凤冠上用点翠装饰的各个饰件，包括翠龙、翠凤、翠云、翠花、翠叶、口圈等。因点翠乃用鸟羽制成，故难保存。定陵所出孝端皇后九龙九凤冠上装饰有翠云44朵，孝靖皇后十二龙九凤冠上装饰有翠云90朵、翠叶74片。

用翡翠鸟羽作为装饰，出现甚早。但关于点翠工艺，一般认为较早见于宋代。《宋史·舆服志》载："徽宗大观元年，郭天信乞中外并罢翡翠装饰，帝曰：'先王之政，仁及草木禽兽。今取其羽毛，用于不急，伤生害性，非先王惠养万物之意。宜令有司立法禁之。'"[297]据此，翡翠即翡翠鸟羽。《梦粱录》卷十三"团行"条谓当时杭州有"官巷方梳行、销金行、冠子行"等行，而工役之人则有"碾玉作、钻卷作、篦刀作、腰带作、金银打钑作、裹贴作、铺翠作"等作分，又谓"最是官巷花作，所聚奇异飞鸾走凤、七宝珠翠、首饰花朵、冠梳及锦绣罗帛、销金衣裙、描画领抹，极其工巧，前所罕有者悉皆有之"[298]。又《太常因革礼》《武林旧事》载有"珠翠冠"，验诸南薰殿旧藏宋代皇后像（图2-66），其凤冠亦用点翠，可知其时所谓的铺翠、珠翠之"翠"皆指翡翠鸟羽而言。

元人亦用点翠，高丽汉语教科书《朴通事》卷上载一操马舍人打扮，谓其头上戴"八瓣儿铺翠真言字妆金大帽"[299]。元人帽上装饰点翠，更为考古实物所证实。1964年苏州发掘的元末张士诚母曹氏墓中出有张士诚父母冠帽各一顶，曹氏七梁金线女冠上即饰有点翠（图2-67），出土时色彩尚为鲜艳[300]。明代，点翠工艺应用益广。《大明会典》卷六十载皇后、

图 2-66　宋神宗皇后像
台北“故宫博物院”藏

图 2-67　七梁金线女冠
苏州博物馆藏

皇太子妃凤冠上“冒以翡翠”，并洪武三年所定皇后、皇太子妃首饰钏镯，金玉、珠宝、翡翠随用，此翡翠即指点翠而言，故张瀚在其《松窗梦语》中说“翡翠珠冠，龙凤服饰，惟皇后、王妃始得为服”[301]。

3. 珍珠装饰

明代凤冠上装饰有大量珍珠，据已知出土实物，定陵所出九龙九凤冠用珠4414颗，十二龙九凤冠用珠3588颗。明代凤冠上的珍珠装饰也是沿袭宋代，王得臣《麈史》卷一“礼仪”条载：“始者角冠棱托以金，或以金涂银饰之，今则皆以珠玑缀之。”[302]李廌《师友谈记》亦载：“太妃暨中宫皆镂金云月冠，前后亦白玉龙簪，而饰以北珠，珠甚大。”[303]当时凤冠上所用珍珠甚多，大观年间至有臣工以“费耗邦财”为由谏止办具皇后受册冠服[304]。南薰殿旧藏的宋代皇后画像，其上可见所戴凤冠同样装饰有大量珍珠，博鬓并凤冠口缘处装饰的珍珠最大，其他部分装饰的珍珠则较小。凤冠上的大珠，殆即当时所谓的北珠。关于北珠，徐梦莘《三朝北盟会编》卷三《政宣上帙》载：“当中国崇宁之间，漫用奢侈，宫禁竞尚北珠……北珠美者大如弹子，而小者若梧子，皆出辽东海汊中。”[305]又蔡絛《铁围山丛谈》卷六说：“天下瑰殊举入尚方，皆萃于宣和殿小库……顷闻之，以宠妃之侍从者颁首饰，上喜而赐之，命内侍取北珠箧来。上开箧，御手亲掬而酌之，凡五七酌以赉焉。初不计其数也，且又不知其几箧。北珠在宣和间，围寸者价至三二百万。”[306]宋代皇后像中所见凤冠上之珍珠，大者如弹子，其贵重可知。万

图 2-68　十二龙九凤冠博鬓　出自《定陵出土文物图典》

历三十四年御用监上圣母册封册宝冠顶、合用金宝等物，其中珍珠数目甚夥，且分等次，为“各样圆珍珠、大珠各一颗，头样珠一百二十七颗，大样珠三百三十六颗，一样至十样珠共一万二千八百十一颗”[307]。当天御用监所上诸物且有凤冠，此类珍珠不少当即用于凤冠之上。

珠　滴　明制，皇后凤冠上翠龙、金凤，皇太子妃凤冠上翠翚、金凤皆口衔珠滴，博鬓上并垂珠滴（图 2-68）。定陵所出孝端皇后九龙九凤冠龙凤俱口衔珠滴，每个系珍珠二颗，红蓝宝石各一；孝靖皇后十二龙九凤冠正面顶部一龙，饰珍珠三、宝石二，中层中间一龙饰珍珠、宝石各三，其余之龙均饰以珍珠二颗，红蓝宝石各一。中层之凤饰珍珠二颗，红蓝宝石各一。

珠　结　明代制度，礼服所用凤冠上似不用珠结，定陵出土的十二龙九凤冠和九龙九凤冠俱未见此。但据《大明集礼》《大明会典》所附之图，皇后礼服所用凤冠亦垂珠结，不过只有一串，为凤冠正中的龙口中所衔。明代皇后凤冠上的这一装饰，明显袭取宋代制度，与南薰殿旧藏宋代皇后像所戴凤冠几无差别，不过恐为虚文。

珠宝钿花　珠宝钿花即用珍珠、宝石等组合而成装饰于凤冠口圈上的花形饰件，皇后、皇太子妃用珠宝钿花，皇后“珠宝钿花十二”，皇太子妃“珠宝钿花九”。定陵所出十二龙九凤冠金口圈上，饰珠宝，带饰一周，边缘镶以金条，中间嵌宝石 12 块，每块宝石周饰珍珠 6 颗，宝石之间又以珠花相间隔。凤冠珠宝钿花并金宝钿上所用宝石，据定陵所出实物，孝靖皇后十二龙九凤冠共用宝石 121 块，内红宝石 53 块、蓝宝石 62 块、绿宝石 4 块、黄宝石 2 块；孝端皇后九龙九凤冠共用宝石 115 块，内红宝石 57 块、蓝宝石 58 块。从南薰殿旧藏明代皇后云身像中（图 2-69），亦可见其冠上装饰宝石数目之众。

珠翠面花、描金珠皂罗额子　皇后、皇太子妃皆有珠翠面花、皂罗额子，于穿着礼服时与凤冠搭配使用。翠面花五事，《明宫冠服仪仗图》中附有插图，为珍珠与点翠的装饰组合，着戴凤冠时贴于面靥。皂罗额子，用珠二十一颗，皇后描金龙纹、

图 2-69　明成祖皇后像　台北“故宫博物院”藏

图 2–70　东宫妃珠翠面花、皂罗额子　出自《明宫冠服仪仗图》

皇太子妃描金凤纹，《承天大志》所记“滴珍珠皂罗描金云龙额子”，及《明神宗实录》所载“皂罗描金云龙滴珍珠抹额”，即皇后皂罗额子。《明宫冠服仪仗图》皇后皂罗额子之图不存，只存皇太子妃皂罗额子之图（图 2–70），其上描金凤纹，用珠二十一颗未有表现。

翟　衣　翟衣渊源甚早，因其衣上饰有翟鸟而得名，古有三翟，均作为祭服使用。《周礼》卷十五“内司服掌王后之六服，袆衣、揄狄、阙狄、鞠衣、展衣、缘衣，素纱”。郑玄注云：“袆衣，画衣也。《祭统》曰‘君卷冕立于阼，夫人副袆立于东房’。揄狄、阙狄，画羽饰……狄当为翟，翟，雉名。伊雒而南，素质，五色皆备成章曰翚；江淮而南，青质，五色皆备成章曰摇。王后之服，刻缯为之形而采画之，缀于衣以为文章。袆衣画翚者，揄翟画摇者，阙翟刻而不画。此三者皆祭服，从王祭先王则服袆衣，祭先公则服揄翟，祭群小祀则服阙翟。”贾公彦疏云：“释曰云掌王后之六服者，自袆衣至缘衣是六。袆衣者亦是翚，而云衣者，以其衣是服之首，故自言衣也。袆当为翚，即翚雉，其色玄也。揄狄者，揄当为摇，狄当为翟，则摇雉，其色青也。阙狄者，其色赤，上二翟则刻缯为雉形，又画之。此阙翟亦刻为雉形，不画之为彩色，故名阙狄也。此三翟皆祭服也。”[308]

王后六服，后世未尽采用，明代只用袆衣、鞠衣。洪武元年，定皇后袆衣，皇妃、皇太子妃、亲王妃翟衣，皆青质，皇后画翟赤质五色十二等，皇妃、皇太子妃、亲王妃绣翟重为九等。据《大明集礼》《明宫冠服仪仗图》《大明会典》，皇后袆衣深青为质，但又云“画翟赤质”[309]，意有未明。察《明宫冠服仪仗图》洪武制度中袆衣，衣色用红，青领褾襈裾，似与礼文不符。建文二年，定皇太子妃翟衣，青色，前后翟一百二十八双，轮一百二十六个，红织金云凤襕边。永乐三年，对洪武制度有所细化、改定，皇妃、亲王妃不用翟衣。皇后袆衣、皇太子妃翟衣纻丝、纱、罗随用，皇太子纳妃仪、亲王婚礼发册礼物中即各有纻丝、线罗、纱翟衣一件，红领褾襈裾，皇后织金云龙纹，皇太子妃织金云凤文。翟纹皇后共一百四十八对，皇太子妃共一百三十八对，间以小轮花。

图 2–71　纱衣　出自《定陵出土文物图典》

明代翟衣上的装饰，明显地可见宋代制度的影响，南薰殿旧藏宋代皇后像中对此有生动的表现。

明代翟衣实物，考古发掘未尝见及。但定陵出有大小式样相同的“童衣”3 件，纻丝、纱、罗各一，纱衣保存较好，其余 2 件均残。纱衣对襟、直袖、无领，后襟及两袖背面画有银灰色翟纹，后襟三排，两袖各三排，共画翟 62 只，每排之间画有小轮花（图 2–71）。此“童衣”当即袆衣，只是尺寸较小而已，随葬的并非实际穿用之物。另，元末张士诚母曹氏墓出土衣物残片中有罗地刺绣龙纹边饰和罗地青绘龙凤边饰。罗地刺绣龙纹边饰其上绣以行龙，原应属衣服的袖边或下摆（图 2–72）；罗地青绘龙凤边饰其上绘以龙凤，龙凤间饰以卷云[310]。结合该墓曾出玉圭、玉带、玉组佩、蔽膝等情况，上述两件残片或应属于翟衣一类的边饰。而明代翟衣领、褾、襈、裾等处也正装饰有龙、凤、卷云纹样（图 2–73）。明代翟衣

图 2-72　罗地刺绣龙纹边饰　苏州博物馆藏

图 2-73　皇后袆衣图　出自《明宫冠服仪仗图》

图像，南薰殿旧藏明代皇后云身像中有所见及。明世宗孝恪皇后，明穆宗孝定皇后，明神宗孝端皇后，明光宗孝元皇后、孝和皇后皆穿翟衣，但只有孝恪皇后像衣作深青色。

中　单　洪武制度，中单皇后用素纱，黼领，朱罗縠褾、襈、裾；皇妃、皇太子妃青纱，亲王妃素纱，黼领，朱縠褾、襈、裾。建文制度，皇太子妃玉色中单，素红襕边。永乐制度，中单以玉色纱为之，或用线罗，皇太子纳妃仪、亲王婚礼发册礼物中即各有玉色线罗二件、玉色纱中单一件，红领褾襈裾，皇后领织黻纹十三，皇太子妃领织黻纹十一。《明宫冠服仪仗图》附有皇后中单，但黻纹十三未予表现。

蔽　膝　洪武制度，蔽膝颜色同于翟衣，作青色，以緅为领缘。皇后用翟为章三等；皇妃、皇太子妃、亲王妃加文绣，重雉为章二等。建文制度，皇太子妃蔽膝，青色，翟四双，轮三个，红织金云凤襕边。永乐制度，蔽膝随衣色，纻丝、纱、罗随用，皇太子纳妃仪、亲王婚礼发册礼物中即各有纻丝、线罗、纱蔽膝一件。皇后织翟为章三等，间以小轮花四；皇太子妃织翟为章二等，间以小轮花三。蔽膝以緅为领缘，皇后织金云龙纹，皇太子妃织金云凤纹。明代后妃蔽膝未有实物出土，但元末张士诚母曹氏墓曾出有蔽膝 1 件。蔽膝上端有居中的"颈"和两侧的"肩"，主体部分绘有左右对称的三对六双共 12 只翟鸟，翟鸟之间是否绘有小轮花因褪色严重无法辨识[311]。《明宫冠服仪仗图》所附皇后、皇太子妃蔽膝（图 2–74），合于永乐制度，在装饰上与曹氏蔽膝一致，唯其形制稍有不同，明代蔽膝没有颈、肩，只在肩的位置左右缀有系带各一。

图 2-74　皇后蔽膝图　出自《明宫冠服仪仗图》

大　带　洪武制度，大带颜色用青，里子为红色。其外作缘边装饰，上部用朱锦，下部用绿锦。纽约用青组。据《大明会典》，皇太子纳妃仪、亲王婚礼发册礼物中有“青红线罗销金大带一条”，且注明“上有青纻丝副带一条”。《明实录》所载亲王次妃冠服中亦有“青红罗销金大带一，青纻丝副带一”[312]。建文制度，皇太子妃用织金云彩色大带。永乐制度，大带表里都是青、红相半，大带绅的末端只作红色，而绅上皇后织金云龙纹，皇太子妃织金云凤纹。大带也作缘边装饰，上以朱缘，下以绿缘。大带之外，另有青绮副带一

图 2–75　皇后大带图　出自《明宫冠服仪仗图》

条。《明宫冠服仪仗图》存有皇后、皇太子妃大带的彩图（图2–75），两者上下缘边的颜色稍有差别，但绅上的纹样皆为云龙纹。《承天大志》所记皇后“青红素线罗销金云龙彩妆沿边大带”，正可于《明宫冠服仪仗图》中见其图式。

革　带　洪武制度，革带用玉，其他未详。但据《大明会典》，皇太子纳妃仪、亲王婚礼发册礼物中都有“白玉革带一副”，且注明“青纻丝裹鞓，描金文翟文，玉事件一十件、金事件五件”。建文制度，未及革带。永乐制度，玉革带，青绮鞓，皇后描金云龙纹，皇太子妃描金云凤纹。玉事件十、金事件四。定陵曾出土孝端皇后礼服用玉革带2条，形制相同，其作一段式，带为黄色素缎两层中间夹纱、皮革各一层，带面饰描金云龙纹。带上缀有椭圆形玉1块、桃形玉8块，椭

图 2–76　皇后玉带图　出自《明宫冠服仪仗图》

圆形玉居中，桃形玉分列两侧。带的末端缀鉈尾，带头为带有铜钎的玉带扣 1 件及玉方策 1 件。《明宫冠服仪仗图》所见皇后、皇太子妃革带（图 2–76），金、玉事件全备。青鞓，其上压以金线，上下一道，中间三道，未见云龙、云凤纹样。

绶　洪武制度，典制未详。但据《大明会典》，皇太子纳妃仪、亲王婚礼发册礼物中都有“五色线锦绶一副”，且注明“上有玉环二个，青红罗采结全”。又据《明实录》，亲王次妃冠服中亦有“五色线锦绶一副，玉环二”[313]。永乐制度，绶缥质，织成，间施二玉环，皇后五彩，黄、赤、白、缥、绿，皇太子妃四彩，赤、白、缥、绿。小绶三，色同大绶。明代后妃之绶未有实物出土，但元末张士诚母曹氏墓曾出有绶带一件。绶的主体作梯形，上窄下宽，上端略有束腰，下端10厘米处且有丝线编成丝网。绶以几何地团龙团凤纹缎制成，错排的团形主题纹样一行为龙一行为凤。绶的主体之外另有两长一短的条带，短的一条末端作三角形，此三根条带当为绶上的附属物小绶[314]，即明代制度中所谓的“小绶三”。《明宫冠服仪仗图》所见皇后、皇太子妃绶制与曹氏后绶相差较大，但亦可见三条小绶和丝网。

玉组佩　洪武制度，典制未详。但据《大明会典》，皇太子纳妃仪、亲王婚礼发册礼物中都有“白玉钩碾凤文佩一副”，且注明“玉事件二十件、串珠全，金钩子并圈二个，五色线锦衬一副”。又据《明实录》，亲王次妃冠服中亦有“彩结金玉佩一副，金钩二”[315]。永乐制度，玉佩一副2挂，每挂由玉珩、玉瑀、玉琚、冲牙、玉璜、玉花、玉滴组成，自珩而下系组五，贯以玉珠。玉佩，上有金钩，珩以下皇后瑑饰云龙纹，皇太子妃云凤纹，描金。玉佩有小绶以副之，均为纁质，织成，皇后五采：黄、赤、白、缥、绿，皇太子妃四采：赤、白、缥、绿。定陵出有孝端、孝靖两皇后玉组佩各一副（图2-77），玉珩、瑀、琚等全，一副共有玉珠236颗，一副共有玉珠180颗，玉珩以下饰以描金正面龙纹。《明宫冠服仪仗图》所见皇后、皇太子妃玉组佩，未表现瑑饰的纹样及描金，但对其上金钩则有所表现。

玉　圭　洪武制度，未定玉圭制度。永乐制度，皇后、皇妃、皇太子妃、亲王妃、世子妃、郡王妃皆用玉谷圭，均长周尺七寸，剡其上，瑑谷纹。皇后玉圭黄绮约其下，别以黄袋韬之，金龙纹；

图 2-77　玉组佩　出自《定陵出土文物图典》

图 2-78　鞋　苏州博物馆藏

皇妃、皇太子妃、亲王妃、世子妃、郡王妃玉圭以锦约其下，并韬。定陵出有玉谷圭 4 件，内 3 件属于孝端、孝靖两皇后，均为白玉圭。玉圭两面均饰谷纹，系用管钻钻出阳纹，每面饰谷纹 81 枚。玉圭下部套有织金黄绮，从圭上残留痕迹可知玉圭外原有圭袋。孝端皇后编号为 X2：8 和孝靖皇后编号为 X14：10 的玉圭，其长度合明尺七寸，折算作周尺为九寸三分则逾制。孝靖皇后编号为 X17：7 的玉圭，其长度合周尺七寸，合于制度。《明宫冠服仪仗图》对皇后、皇太子妃玉圭缫藉及圭袋均有表现，但皇太子妃玉圭为素面。

袜、舄　洪武制度，青袜舄，舄以金饰。据《大明会典》，皇帝纳后仪纳吉纳征告期礼物中有“青素纻丝滴真珠描金云龙舄一双”，且注明“青罗袜全”；皇太子纳妃仪、亲王婚礼发册礼物中有“青纻丝舄一双”“青罗袜一双”，舄后且注明“上有珠六颗”。建文制度，皇太子妃袜舄俱用青色。永乐制度，青袜舄，袜以青罗为之，舄用青绮，皂线纯。皇后之舄饰以描金云龙纹，每舄首加珠五颗；皇太子妃描金云凤纹，每舄首加珠三颗。万历三十四年御用监上圣母册封册宝冠顶合用金宝数目中亦有“青纻丝描金云龙滴珍珠舄二只”[316]。明代后妃之舄未有实物出土[317]，但元末张士诚母曹氏墓曾出有鞋子 1 双（图 2-78）。鞋为紫色，出土时套在脚上，里面套黄缎袜。鞋头以素缎作为舄首，上缀真珠 3 粒[318]。此鞋当为曹氏的礼服用鞋，亦即舄。《明宫冠服仪仗图》所见皇后、皇太子妃袜制相同，青舄舄首均饰以珍珠 5 颗，皇后青舄描金云龙纹，皇太子妃描金云风纹。

常　服

常服是明代皇后、皇妃、皇太子妃、亲王妃、世子妃、郡王妃所穿等级次于礼服的服装。洪武元年，诏定乘舆以下冠服制度，规定皇后、皇妃、皇太子妃、王妃燕居时穿用常服[319]。四年，又定中宫妃主常服[320]。五年，又定内命妇常服[321]。建文二年，定皇太子妃、亲王妃、公主、皇太孙妃、王世子妃、郡王妃、郡主、皇太子、皇太孙、皇曾孙、亲王、王世子、王世孙、郡王、郡王世子才人、淑人、县主、恭人、宜人、郡君、县君、安人、孺人、乡君、奉国中尉孺人冠服[322]。永乐三年，定皇后、皇妃、皇太子妃、亲王妃、世子妃、郡王妃常服。皇后、皇太子妃以大衫、霞帔作为常服，而皇妃、亲王妃、世子妃、郡王妃则以大衫、霞帔作为礼服，此一并列入常服以作探讨。

因属燕居所用，后妃常服似又称之为燕居服。明代后妃完整的一套常服由凤冠 / 翟冠、大衫、霞帔、燕居服、大带、革带、玉花彩结绶、白玉云样玎珰、袜舄等组成。此一套常服的完整组成，见于《大明会典》。《大明会典》卷六十“冠服”详细规定了皇后、皇妃、皇太子妃、亲王妃、世子妃、郡王妃的常服，同书卷六十八“婚礼”皇太子纳妃仪所用的纳征礼物也列有：

> 珠翠燕居冠一顶，冠盏全。冠上大珠、博鬓、结子等项全，金凤二个，金宝钿花二十七个，金簪一对，冠上珊瑚凤冠觜一副。大衫素夹三件：大红纻丝一件、大红线罗一件、大红银丝纱一件。燕居服四件：大红纻丝一件、大红线罗一件、青线罗一件、大红素纱一件。大带四条，内大红线罗三条、青线罗一条。玉革带一条，玉事件九件，金事件三件。玉花采结绶一副，红绿线罗采结，大红线罗系带。采结上玉绶花一个，绶带上玉坠珠六颗，绶带上金垂头花板四片、金叶儿六个。白玉钩碾凤文佩一副，玉事件二十件，串珠全，金钩二个。红罗销金夹袱大小五条，包燕居及玉革带等用。[323]

皇太子纳妃仪发册礼物中另有“霞帔三副”[324]。又《朝鲜王朝实录》中多有记载明朝赐给朝鲜王妃的冠服，如《朝鲜太宗实录》载：

> 王妃冠服一部：珠翠七翟冠一顶，结子全。上带各样珍珠四千二百六十颗，内头样大珠一十四颗、大样珠四十七颗、一样珠三百五十颗、二样珠八百五十八颗、三样珠一千二百三十五颗、五样珠四百二十颗、八样珠七百二十颗、九样珠六百一十六颗。金事件一副，内累

丝金翟一对、金簪一对、累丝宝钿花九个。铺翠事件，内顶云一座、大小云子一十一个、鬓云二个、牧（牡）丹叶三十六叶、穰花鬓二个、翟尾七个、口圈一副、花心蒂二副、点翠拨山一座。皂皱纱冠胎一顶，大红平罗冠罩一个，蓝青熟绢冠盝一个，木红平罗销金夹袱一条……各色素纻丝衣服霞帔等项四件，内大红素纻丝夹大衫一件、福青素纻丝夹圆领一件、青素纻丝绶翟鸡霞帔一副、钑花金坠头一个。[325]

《朝鲜文宗实录》载：

王妃珠翠七翟冠一顶，金簪、金翟、宝钿花、结子等件全。钑花金坠子一个。各色纻丝罗夹服二套计七件：一套计四件，大红纻丝大衫一件、福青纻丝彩绣圈金翟鸡褙子一件、青线罗彩绣圈金翟鸡霞帔一副、象牙笏一枝；一套计三件，大红织金云肩海棠四季花纻丝团衫一件、翠蓝暗细花纻丝袄一件、柏枝绿暗细花纻丝裙一件。沈香色礼服匣一座，护箱等件全。[326]

另，《承天大志》记嘉靖十八年明世宗遣官赍送至隆庆殿的圣母冠服，内云：

燕居服三套：柘黄纻丝素单大衫一件，大红素纻丝销金云龙单鞠衣一件以上二件为一套；柘黄素银丝纱大衫一

> 件，大红素银丝纱销金云鞠衣一件以上二件为一套；柘黄素线罗单大衫一件，大红素线罗销金云龙单鞠衣一件以上二件为一套。青素线罗销金云龙霞帐（帔）一副，青素纻丝滴珍珠描金云龙鞋一双，青素纻丝描金云凤鞋一双，青素线罗夹袜一双。柘黄包袱五条：平罗销金云龙夹四条，熟绢单一条。[327]

据此，可知大衫、鞠衣二件为一套，同属于燕居服。

据考古发掘资料，明代帝王陵墓及后妃墓园中未见有后妃完整的全套常服实物出土，但也不乏常服的构件如凤冠/翟冠、大衫、霞帔、坠子、革带等物。随葬有常服的明代帝王陵墓及后妃墓园，主要是定陵，北京青龙桥董四墓村的明熹宗妃合葬墓（一号墓）、明神宗嫔合葬墓（二号墓），宁靖王夫人吴氏墓、乐安昭定王墓（妃宋氏）、宁康王妃徐氏墓、宁康王女菊潭郡主墓、青云谱区江联小区宁王后裔墓，益端王墓（妃彭氏）、益庄王墓（妃王氏、万氏）、益宣王墓（妃李氏、孙氏）、益定王墓（妃黄氏、王氏），景陵王墓（妃贲氏）、通山王妃程氏墓、通城王家族墓地（王妃徐氏、夫人邵氏、宝乐妃），湘献王墓（妃吴氏），郢靖王墓（妃郭氏），荆端王次妃刘氏墓，梁庄王墓（妃魏氏），兰州市郊上西园肃藩郡王墓，安徽歙县明墓。

凤冠/翟冠　明代制度，上至皇后，下至品官之妻，礼服皆需戴冠。又据着戴之人身份等级的不同，冠上的饰件依其品级各有等差，不过大抵也是饰件的有无与材质、数目上的差异。因此差异，又有凤冠、翟冠之别。洪武制度，皇后用九龙四凤冠，皇妃、皇太子妃、亲王妃用九翚四凤冠。永乐制度，皇后用九龙四凤冠，皇太子妃用九翚四凤冠，皇妃、亲王妃用九翟冠。嘉靖制度，又增皇嫔冠服，冠用九翟冠。皇妃、亲王妃、公主所用虽为翟冠，而其上所饰用于悬挂珠结的簪子仍用金凤，郡王妃则用金翟。金凤、金翟的区别在于：第一，头饰。凤鸟头顶生有肉冠，有如鸡冠。头冠之外，脖颈之上也会有火焰状翎羽向前或向后飘拂。有时凤首下巴处并有与公鸡类似的垂胡；而翟鸟的头饰很少，基本就是头顶一根翎毛，其他部位没有饰物。第二，脖子。凤鸟的脖子较长，而翟鸟的脖子较短。第三，尾巴。凤鸟的尾羽一般较多，且形状多为火焰状，带有弧度向前伸展。尾羽之外，凤尾根部还会有其他卷形的羽毛。而翟鸟的尾羽较少，且其形状多为折曲的直条形，不作火焰状，根部亦无卷形的羽毛。冠上所饰凤鸟与翟鸟虽有此般差别，但一般认识当中两者的差别不大，故而凤冠、翟冠一般皆以凤冠称之。凤冠因多装饰有珍珠，又称珠冠。益宣王继妃孙氏翟冠上所用金凤，簪脚内面铭文作"大明万历庚辰五月吉旦益国内典宝所成造珠冠上金凤，每只计重二钱八分五"，可知其时翟冠又有珠冠之称。

凤冠/翟冠上的装饰，有翠博山、金龙、金凤（郡王妃用金翟）、金簪、珠牡丹花、珠翠穰花鬓、珠翠云、翠口圈等。因等级的差别，凤冠/翟冠上又有金龙、翠凤与大珠翟、小珠翟、翠翟、宝珠等的差别。郡王妃七翟冠上的具体装饰，见前引《朝鲜王朝实录》所录的明朝礼部咨文[328]。据此咨文，

图 2-79　六龙三凤冠　出自《定陵》

当时翟冠乃由金事件、铺翠事件、各样珍珠装饰、冠胎等组成。而金事件中又包括金凤（翟）、金簪、金宝钿花，铺翠事件则包括顶云、大小云子、鬓云、牡丹叶、穰花鬓、翟尾、口圈、花心蒂、博山（拨山）等，冠上装饰的各样珍珠又有头样、大样、一样、二样直至九样之别，结子亦由珍珠组成。凤冠/翟冠之上既有如此多的装饰，其价甚昂，“翟冠官价，至于二千两”[329]。刘銮《五石瓠》“珠冠价”条谓“明朝皇后，一珠冠费至六十万金。珠之大者，每颗重八分，然亦无几也。及其上宾，则此冠藏之太庙，尽中官盗毁之，朝廷不问，岂非暴殄哉！山东尚书张忻夫人陈氏珠冠首饰，一副费八千金，每旦悉妆设鬟髻间，不以为劳且赘也”[330]，言语间不无夸大，然珠冠耗费甚巨，大体仍系实情。其着戴，“梳发后从顶后分囟，左右发毛交相结，上作丫髻，将冠冒其上而仍插箴”，且以禁步“自两肩垂之于前，节其行而不妄步也”[331]。

明代后妃常服所用凤冠实物，主要见于定陵。定陵出有作为常服所用的孝端皇后六龙三凤冠和孝靖皇后三龙二凤冠各一顶。孝端皇后六龙三凤冠（图 2-79），其上饰金龙六、

图 2-80　三龙二凤冠　故宫博物院藏

翠凤三。正面顶部正中一龙，口衔珠宝滴，两侧在如意云形头上各饰一龙，口衔珠宝串饰；中层三凤，口衔珠滴，作展翅飞翔状，下层为大珠花 3 树。背面金龙 3 条，中间一龙口衔珠宝滴，两侧一龙各衔珠结。中下层为大珠花 4 树。冠口外沿一周嵌红蓝宝石 12 块，其间饰有珠花，里为金口圈。博鬓左右各三，插在凤冠鬅上。每扇饰金龙一、翠云翠叶四，边缘饰以珠滴。冠上共嵌宝石共 128 块，内红宝石 71 块、蓝宝石 57 块，珍珠 5449 颗。孝靖皇后三龙二凤冠（图 2-80），冠体以细竹篾编制成圆框，边缘上镶金口圈一周。冠上饰金龙三、翠凤二，正中一龙及二凤皆口衔珠宝结，每结系珍珠 3 颗，红、蓝宝石各 1 块，凤背饰珍珠。两侧金龙立于如意云头上，口衔珠结，结子下分两行，中部系珠花 3 个，上下为菊花形，花心嵌宝石 1 块。中间一朵牡丹花，花心嵌宝石 5 块，两行下垂红宝石滴。凤冠上饰翠云 80 朵，大珠花 4 朵（皆牡丹花），每朵中心嵌红、蓝宝石7块，翠叶7片。小珠花6朵（皆梅花），每朵中心嵌宝石1块、翠叶4片（顶端一朵饰翠叶12片）。博鬓左右各三，每扇饰金龙1条、翠云1朵，嵌宝石2块，边垂珠串。冠上共嵌红、蓝宝石95块，珍珠3426颗。

明代翟冠出土较多，主要见于妃嫔墓园及各地藩王墓。北京青龙桥董四墓村明熹宗妃合葬墓（一号墓）出有镶宝石金簪、金饰及翟冠上的饰件如玉饰、珍珠（千余粒）、宝石等；北京青龙桥董四墓村明神宗嫔合葬墓（二号墓）也出有翟冠，其中1顶上面插戴23件簪钗，多为金制，嵌以宝石。湘献王妃吴氏翟冠1顶，已朽，仅存金事件、珠花等物；荆端王次妃刘氏翟冠1顶，已朽，仅存金事件等物；益端王妃彭氏翟冠1顶，已朽，只存金事件并珍珠等物；益庄王妃王氏、万氏棺内亦当原有翟冠陪葬，惜出土时只剩金事件等物；益宣王元妃李氏、继妃孙氏九翟冠各1顶（图2-81），两顶翟冠保存较为完好；益定王妃王氏翟冠1顶，

图2-81　翟冠　出自《江西明代藩王墓考古收获》

已朽，只剩金事件等物；宁靖王夫人吴氏翟冠1顶，保存较为完好；明代肃藩家族墓所出凤冠一顶，已散乱，存金事件、珍珠等物。

1. 金事件

金凤/金翟　金凤一般以累丝制作，头部及脚下所踏祥云或嵌以宝石。金凤头部大多以两枚金片拼合打造而成，上作錾刻。凤鸟喙处均缀以小金圈，用以垂挂珠结。凤鸟多作昂首欲飞状，足踏如意祥云，下接簪脚，簪脚呈弯弧状，上端切面呈圆形，下端尖直，用以插入冠体上插槽以作固定。金翟做法、造型与金凤相类。

金凤/金翟实物，据考古发掘可知有以下几处：湘献王妃吴氏1对，鎏金铜质，长12厘米；荆端王次妃刘氏1对，翟鸟口中所衔用以悬挂珠结的金丝尚存；梁庄王妃魏氏1对，凤身、翅、尾及如意祥云皆为累丝作，凤的头、颈锤鍱而成；益端王妃彭氏1对（图2–82），出土时插翟冠上，凤

图2–82　金凤　江西省博物馆藏

首锤鍱成型，其他部位采用累丝、掐丝、缠绕、焊接而成，簪脚内面刻“银作局永乐二十二年十月内成造九成包金二两，外焊二分”铭文。益庄王妃王氏1对，鎏金银质，簪脚扁平，由粗渐细，长16.2厘米，簪脚内面刻“银作局嘉靖三十六年四月内造金七钱五分”铭文。继妃万氏2对，其一簪脚由圆而扁平，渐细，长12.5厘米，簪脚内面刻“银作局永乐二十二年十月内造九成仓金二两外焊二分”铭文；其一造型相同，簪脚内面刻“银作局嘉靖三十六年四月内造金七钱五分”铭文。益宣王元妃李氏1对，出土时插翟冠上，锤鍱成型，簪脚阴刻铭文“银作局嘉靖二十六年八月内造，金七钱五分”；继妃孙氏1对，出土时插于翟冠两侧，錾刻而成，凤尾用五片长条金叶剪成，阴刻“大明万历庚辰五月吉旦益国内典宝所成造珠冠上金凤，每只计重二钱八分五”铭文。宁康王女菊潭郡主1对，锤鍱錾刻而成，簪脚内面刻“银作局弘治七年六月内造，金七两五分”铭文。宁靖王夫人吴氏1对，锤鍱錾刻而成，其喙中所衔珠结尚存。安徽歙县明墓1对。

金　簪　簪子的作用不外挽发、固冠、装饰三种功用。从容像资料中可见，明初凤冠狭小，仅能罩住发髻。因冠上装饰黄金、宝石、珍珠等物，重量较大，所以另需物件将凤冠加以固定，此物件就是金簪。金簪为凤冠上不可或缺之物，在《大明会典》所载皇帝纳后、皇太子纳妃、亲王婚礼纳征礼物所给凤冠中都有提及，明朝赐予朝鲜的翟冠中亦有此物。金簪用于固冠，亦为考古发掘所证明，宁靖王夫人吴氏头上翟冠出土时，其两侧正好有1对金簪。固冠所用的金簪，其

图 2–83　曹国长公主像　中国国家博物馆藏

长度通常在 10 厘米以上，簪首有作梅花形，亦有作其他形状者。

金簪实物，据考古发掘可知有以下几处：益宣王继妃孙氏 1 对，簪头作龙首，簪体近龙首处及两边焊以金丝并嵌宝石花托，簪脚由宽渐窄，略呈弧形。宁靖王夫人吴氏 1 对，簪成针状，簪首锤鍱成五瓣花，下接圆针状长簪脚，通长 11.7 厘米，出土时插翟冠上。曹国长公主二龙戏珠金簪 1 对，具体不详，曹国长公主容像（图 2–83）中，亦可见其所戴翟冠口圈下两侧各插有金簪一支。安徽歙县明墓2对，簪头呈漩涡状，簪上皆有铭文，为内府制造。

金宝钿花　与定陵所出并明代皇后云身像中所见繁丽的珠宝钿花相比，藩王墓葬出土的实物就要简单得多。郢靖王妃郭氏18枚，由六瓣桃形花叶组成，呈镂空状；益端王妃彭氏16枚，用绳形金丝绕成六瓣花形；益庄王继妃万氏鎏金银花7枚，用绳状或扁状金丝掐、焊而成，每朵为六花瓣，花瓣内饰变形如意卷云纹；宁靖王夫人吴氏8枚，形制相同，用金丝制成，花分两层，上下叠压，下层由粗金丝编成五瓣花形，花瓣内再用金丝绕成卷云纹，上层用细金丝编成小五瓣花形，出土时缀于翟冠翠口圈处。安徽歙县明墓4枚，用金丝绕成六瓣花形。

2. 铺翠事件

明代墓葬中出有翟冠的，因简报等阙略，其上点翠具体的保存情况不得详知。定陵所出三龙二凤冠上装饰有翠云80朵，六龙三凤冠上装饰翠云亦夥。铺翠事件，在出土实物中较为少见，容像中凤冠或翟冠上作蓝色或绿色的部分，当即铺翠事件。

3. 珍珠装饰

明代凤冠上装饰有大量珍珠，据已知出土实物，定陵所出六龙三凤冠用珠5449颗，三龙二凤冠用珠3426颗；益宣王妃李氏、孙氏翟冠用珠3000余颗；肃藩家族墓翟冠用珠2000余颗。另据《朝鲜王朝实录》，永乐元年明朝政府赐予朝鲜王妃的翟冠用珠4260颗，且珍珠品色各异，有头样、大

图 2-84　三龙二凤冠珠结
出自《定陵出土文物图典》

样、一样乃至九样之区别。珍珠分别等次，亦见于西藏博物馆所藏永乐六年明成祖致如来大宝法王书及赏单，其宝石珠翠金牌宝相花上饰有“大样窠嵌珠一颗，重五分；二样珠一百颗，重四钱五分，三样珠二百颗，重六钱一分八厘”[332]。而万历三十四年御用监上圣母册封册宝冠顶合用金宝，内中凤冠所用珍珠则有头样、大样、一样乃至十样[333]。

珠　滴　明制，皇后凤冠上金龙、翠凤，皇太子妃凤冠上翠凤皆口衔珠滴，博鬓上并垂珠滴。皇妃、亲王妃、世子妃、郡王妃翟冠上大珠翟、小珠翟、翠翟皆口衔珠滴。定陵所出六龙三凤冠正中一龙，中层三凤，背面中间一龙，皆口衔珠滴；三龙二凤冠正中一龙及二凤，皆口衔珠滴。两顶凤冠的博鬓上也垂珠滴。益宣王妃李氏翟冠上翠翟亦嘴衔珠滴。

珠　结　珠结，又称“珠子挑牌”[334]，是凤冠/翟冠两侧垂挂于肩的长串珠饰，其上端通过一小金环与金龙/金翟喙部固定（图 2-84），下端则自然下垂。益宣王妃李氏翟冠上金翟嘴衔长串珍珠，串中再缀珠花；宁靖王夫人吴氏金翟，出土时亦嘴衔珠结。

图 2-85　宋宣祖皇后像　台北“故宫博物院”藏

大　衫　洪武四年定真红大袖衣、霞帔。建文二年定大衫、霞帔用大红色。永乐三年定大衫、霞帔，大衫皇后用黄色，皇妃、皇太子妃、亲王妃、世子妃、郡王妃用大红，纻丝纱罗随用。明代的大衫，也是沿袭宋代制度[335]。《宋史·舆服志》记后妃之服，谓“中兴，仍旧制……其常服，后妃大袖，生色领，长裙，霞帔，玉坠子；背子，生色领皆用绛罗，盖与臣下不异”[336]。《宋史·礼志》公主笄礼亦载笄礼当天“其裙背、大袖、长裙、褕翟之衣，各设于椸，陈于庭；冠笄、冠朵、九翚四凤冠，各置于盘，蒙以帕。首饰随之，陈于服椸之南，执事者三人掌之”[337]。《宋史》所称的“大袖”即明代大衫的渊源所自。宋代大袖，也见于当时容像。南薰殿旧藏宋宣祖皇后像，即头戴凤冠，身着大袖，其上挂以霞帔，霞帔底端并缀有坠子（图 2-85）。

图 2–86　**大衫**　出自《纺织品考古新发现》

明代后妃大衫实物，鲜有出土，唯宁靖王夫人吴氏墓出有 1 件（图 2–86）。大衫素缎，出土时穿于墓主身上最外层。对襟、大袖，背后有三角形“兜子”一个，用于收纳霞帔的尾端。衣身前后长短不一，前身较短，后身较长，下摆也是前窄后宽。明代后妃大衫图像，则屡见于明代皇后云身像，但因其为半身像，未能知大衫之全貌。所幸《明宫冠服仪仗图》附有皇后至郡王妃的大衫，从图中可见皇后大衫作黄色，皇太子妃以至郡王妃皆作红色，大衫袖子宽大，衣背且有三角形的“兜子”，衣身前短后长，与制相符。

霞帔、坠子　洪武四年所定霞帔，其制不详。建文制度，霞帔用青，霞帔及坠子的纹饰各有等差。永乐制度，霞帔深

图 2–87　霞帔　出自《定陵》

青为质，或绣，或铺翠、圈金，饰以珠，纻丝纱罗随用。皇后织金云霞龙纹，玉坠子，瑑龙纹。皇妃、皇太子妃、亲王妃、世子妃织金云霞凤纹。皇妃、皇太子妃玉坠子，瑑凤纹；亲王妃、世子妃金坠子，钑凤纹。郡王妃金绣云霞翟纹，金坠子，钑翟纹。明代霞帔及其坠子，仍是袭用宋代制度[338]。《宋史·舆服志》所记后妃常服即有霞帔，《太常因革礼》舆服五“后妃之制”条亦载“常服龙凤珠翠冠、霞帔”。

明代后妃霞帔实物，大多出自考古发掘。定陵出有金累丝珍珠霞帔 2 件，分属孝端、孝靖皇后，两件形制、大小完全相同。编号为 X2：9 的霞帔作带形（图 2–87），分左右两

图 2-88　霞帔　江西省博物馆藏

条，面为织金纻丝织成料，红色，两边织金线二条，内饰圆点纹，中间织云霞和升降龙纹。里为黑素缎，中间夹平纹绸一层。带上缀有珍珠梅花形金饰。梅花用金片剪成，正面以花丝圈成梅瓣，瓣内铺翠，中心穿两孔以铜丝系珍珠一颗，花瓣上穿三孔，以合股丝线钉在带上。每条带上钉梅花形金饰五十三排，上部五十排每排钉四个，下部斜尖部分，分别钉三、二、一个，左右相叠压，各排之间自上而下依次相叠压，形成鱼鳞状，全帔共用 412 个。帔分左右两条，较短，似不能单独使用，发掘者认为使用时可能钉在另一条丝织霞帔上以作为装饰。益宣王墓出有继妃孙氏的云凤纹霞帔 1 件（图 2-88），霞帔由两条宽 13 厘米的罗带组成，各长 230 厘米。

图 2-89　金帔坠　出自《定陵出土文物图典》

每条两侧用盘金绣出圆珠，中间绣以云凤纹，每条有凤 7 只。宁靖王夫人吴氏墓出有压金彩绣云霞翟纹霞帔 1 件，出土时系于大衫之上，平置墓主前身。霞帔由两条宽 13 厘米的罗带组成，各长 245 厘米。霞帔一端两条缝合，呈尖状，坠金坠子，另一端齐平。霞帔距尖端 121.5 厘米处，内侧缀有扣襻一对，可与大衫领上的纽子扣合。距平端 91 厘米处，内侧有一对系带以作结系。霞帔以扣襻为界，前段各绣翟鸟 4 只，后段各绣翟鸟 3 只。明代后妃霞帔坠子，因其为金玉材质，出土实物较多。定陵出有金坠子 2 件、玉坠子 1 件，金坠子分别出自第二和第十四器物箱，玉坠子则出第十七号器物箱内。金坠子形制相同。编号为 X14：4 的金坠子（图 2-89），器身呈桃形，中空，左右两半分制而成。上端以金链与花托形四叶相连，顶部再以金链和金钩相系。器身两面分别镂刻二龙戏珠及海水江崖等纹样，正面中部嵌珍珠一颗。编号为X17：8的玉坠子呈桃形，两面刻龙凤戏珠纹，刻纹内填金，顶嵌金丝编制的花托形四叶，上系金链并缀圆环。金坠子，其他藩王墓出土甚多，形制、工艺大抵相同。

霞帔的固定，主要是靠霞帔上扣襻与大衫领侧纽子的扣合。垂于背后的两条霞帔之间还有横带以作系结。大衫背面腰部以下或底端另外缝有一三角形的兜子，兜子的两侧开口，用以收纳霞帔的末端。而坠子的使用，主要是为了霞帔在挂于大衫之上时能够平展地下垂。通过襻扣、横带、兜子及坠子的配合使用，霞帔便可较为稳妥地披挂于大衫之上，《明宫冠服仪仗图》所附插图清楚表现了霞帔披挂时的状态。

四䙆袄子　䙆，《康熙字典》引《经典释文》解释说是“衣裾分也”，四䙆袄子即衣裾四开的袄子，明代亦称褙子。永乐制度，四䙆袄子纻丝纱罗随用。皇后衣色作深青，金绣团龙纹。皇妃、皇太子妃、亲王妃、世子妃桃红色，金绣团凤纹。郡王妃桃红色，金绣翟纹。褙子，亦作背子，明代四䙆袄子当即袭用宋代褙子而来。《宋史·舆服志》所载后妃之服中即有背子，记士庶人服亦云“妇人则假髻、大衣、长裙，女子在室者冠子、背子，众妾则假紒、背子”[339]。其时男女皆服背子，关于背子的形制及功用，程大昌《演繁露》卷三“背子中禪”条载“今人服公裳，必衷以背子。背子者，状如单襦、袷袄，特其裾加长，直垂至足焉耳，其实古之中禪也……

图 2-90　**四褛袄子图**　出自《明宫冠服仪仗图》

古之法服朝服，其内必有中单。中单之制，正如今人背子，而两腋有交带横束其上”[340]。明代穿于大衫之内的四褛袄子，其功用正与中单相仿。《明宫冠服仪仗图》所见，四褛袄子作交领、窄袖，未见开裾情形（图 2-90）。

鞠　衣　鞠衣渊源甚早，《周礼》以其为王后六服之一。宋代后妃亦有鞠衣，但只“亲蚕服之”，合于经说。《周礼·天官冢宰》“内司服掌王后之六服：袆衣、揄狄、阙狄、鞠衣、展衣、缘衣，素沙”，郑玄注云“鞠衣，黄桑服也。色如鞠尘，象桑叶始生”[341]。黄桑之色即后世之缃色，亦即浅黄色，《释名·释采帛》云“缃，桑也，如桑叶初生之色也”。《吕氏春秋·季春纪》“天子乃荐鞠衣于先帝”，高诱注云“内司服，王后之六服有菊衣，衣黄如菊花，故谓之菊衣”。《释名·释衣服》云“鞠衣，黄如鞠华色也”[342]。明代鞠衣，其装饰与功用皆与宋代不同，且与经说不合，显然是当代之制作。

建文制度，始见鞠衣，唯皇太子妃、亲王妃、公主、皇太孙妃、王世子妃、郡王妃、郡主用之。永乐制度，鞠衣如深衣制。鞠衣纻丝纱罗随用，皇后、皇妃、皇太子妃用织金，或绣，或加铺翠、圈金，饰以珠；亲王妃、世子妃、郡王妃用金绣。皇后衣用红色，胸背云龙纹，余色随用。皇妃、皇太子妃青色，胸背鸾凤云纹，除黄外余色随用。亲王妃、世子妃青色，胸背云凤纹；郡王妃青色，胸背云翟纹。亲王妃、世子妃、郡王妃各色随用，唯不用黄。

明代鞠衣实物，据考古发掘资料，见于宁靖王夫人吴氏墓。该墓出有妆金团凤纹鞠衣1件，作圆领、窄袖，为深衣制，前胸后背各织有妆金团花对凤。衣身下半前后共用12片梯形衣片相互缝合，且无开衩。宁靖王夫人吴氏，其地位相当于郡王妃，鞠衣胸背当用云翟纹，而实际却用了云凤纹，显已逾制。《明宫冠服仪仗图》所见郡王妃鞠衣（图2-91），其胸背正作云翟纹。

缘襈袄子　襈，《类篇》释为“缘也”，缘襈袄子也就是有衣服缘饰的袄子。永乐制度，唯皇后、皇妃、皇太子妃

图 2-91　郡王妃鞠衣图　出自《明宫冠服仪仗图》

图 2–92 皇后缘襈袄子图 出自《明宫冠服仪仗图》

用缘襈袄子，亲王妃、世子妃、郡王妃不用。缘襈袄子，纻丝纱罗随用。衣色皇后用黄，皇妃、皇太子妃青色。红领褾襈裾，皇后皆织金彩色云龙纹，皇妃织金云凤纹，皇太子妃织金彩色云凤纹。《明宫冠服仪仗图》所附只见皇后、皇太子妃缘襈袄子（图 2–92），皇后缘襈袄子除下摆处的龙，其他缘饰上的龙均为升龙，皇太子妃缘襈袄子上凤的布局类同。

图 2–93　**皇后缘襈裙图**　出自《明宫冠服仪仗图》

缘襈裙　永乐制度，唯皇后、皇妃、皇太子妃用缘襈裙，亲王妃、世子妃、郡王妃不用。缘襈裙均作红色，纻丝纱罗随用。绿缘襈，皇后织金彩色云龙纹，皇妃织金花凤纹，皇太子妃织金彩色花凤纹。《明宫冠服仪仗图》所附只见皇后、皇太子妃缘襈裙（图 2–93），皇后缘襈裙除裙摆处的龙，其他缘饰上的龙均为升龙，皇太子妃缘襈裙上凤的布局类同。

玉花彩结绶　玉花彩结绶，其制以红绿线罗为结，上缀瑑有花纹的玉绶花 1 块，绶带上有玉坠珠 6 颗并缀有金垂头花板 4 片，小金叶 6 个，红线罗系带 1 条。皇后以至郡王

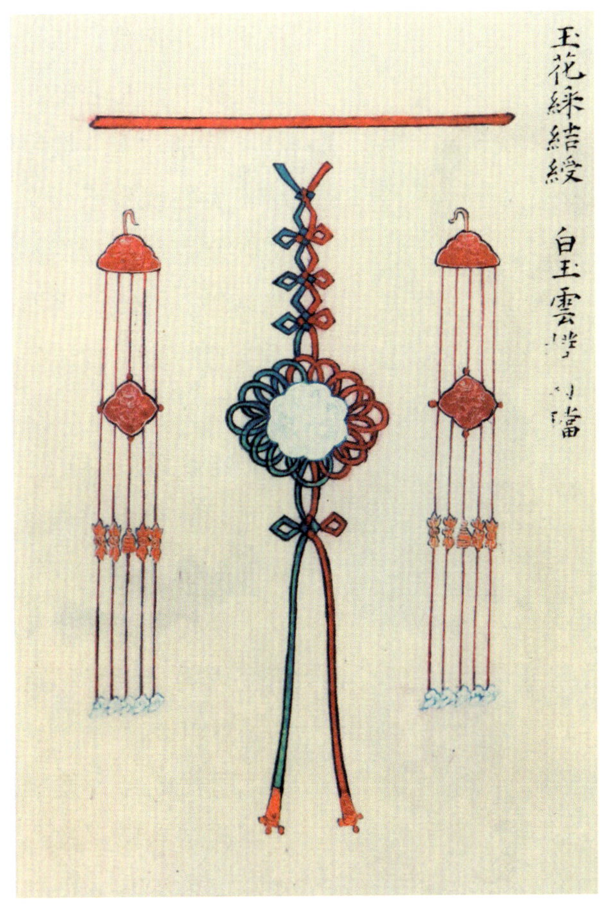

图 2-94　玉花彩结绶图　出自《明宫冠服仪仗图》

妃及公主的玉花彩结绶大体相同，唯玉绶花上皇后瑑以云龙纹、皇太子妃瑑以云凤纹、其他诸人瑑以宝相花纹作为区别。根据文献的记载，很难明了玉花彩结绶的具体形象。所幸其图像见于《明宫冠服仪仗图》，从图中可知玉花彩结绶近于今日的中国结，乃由线绦亦即文献所称的线罗制成（图 2-94）。图中线绦颜色左侧为绿，右侧为红。《大明会典》

图 2–95　玉花彩结绶
出自《江西明代藩王墓》

皇太子纳妃仪、亲王婚礼纳征礼物中有玉花彩结绶一副，其下特别注有“红绿线罗采结、大红线罗系带”，正与《明宫冠服仪仗图》所附彩图相符。玉绶花当即中间近乎圆形、颜色浅淡的一块玉饰，其上可装饰云龙、云凤、宝相花纹样。红绿线罗交编，下垂两条余绪，玉坠珠、金垂头花板、小金叶即附丽于此。以上是传世文献及其图像留给今人关于玉花彩结绶仅有的一点印象。

明代的考古发掘，特别是明代帝后陵寝及一大批藩王墓园的发掘，为具体认识玉花彩结绶提供了可能。益宣王墓中继妃孙氏棺内发现所谓的“方心曲领”（图 2–95），无疑就是明代玉花彩结绶的实物，且为现今所知唯一一件玉花彩结绶的实物（发掘报告未予刊布者抑或有之）。

据简报，这件玉花彩结绶通长115厘米，由黄色暗云纹织物制成，用5.5厘米宽的双层长条带于对折处中段编结成方块形，再于其上缀八出透雕宝相花纹的玉饰，条带下端各缀有磬形金叶两片，金叶较薄，锤压向外凸棱。简报所说透雕出宝相花的玉饰正是玉绶花，宝相花纹也正与典制记载的亲王妃所用纹样相符，磬形金叶则为金垂头花板。简报提及继妃孙氏棺内还发现有圆珠形玉饰4件，形制相同，青玉质，形似茄子，顶部有孔包金叶3瓣，由带环金丝穿挂；又有金叶瓣辣椒形玉饰2件，形制相同，青玉质，形似辣椒，顶部有孔包金叶3瓣，金丝穿过金叶绕孔内，金丝上端有小圆环。此类玉饰，业经扬之水指明乃是玉花彩结绶上的饰件，当即典制所谓的“玉坠珠”[343]，通计6颗，数目也正相一致。据此实例，一大批墓葬所出的这类金饰、玉饰可认定为玉花彩结绶上的饰件。定陵出土编号为X17：9的八角形玉饰件（图2–96），据报告为白玉，刻龙凤纹，纹饰内描金，两端附山形镂空金饰。此刻龙凤纹且描金的八角形白玉乃是玉绶花，而2块山形镂空金饰则当为金垂头花板。玉花彩结绶的饰件还见于梁庄王墓，墓中出有镂空宝相花饰1件（玉绶花），金蒂玉榄坠2件、金蒂玉珠坠4件（玉坠珠），磬形金镂空饰4件（金垂头花板）。玉花彩结绶饰件的集中出土主要见于江西明代藩王墓中。益端王墓王妃彭氏棺内出有玉花饰1件（玉绶花）、鎏金棱形银饰牌4件（金垂头花板）、鎏金银蕉叶锥形石坠6件（玉坠珠）（图2–97）；益庄王墓元妃王氏棺内出有石质圆茄形饰物6件（疑为玉坠花），继妃万氏棺内出有鎏金菱形银牌

图 2-96　玉花彩结绶饰件　出自《定陵出土文物图典》

图 2-97　玉坠珠　出自《江西明代藩王墓》

饰7件（金垂头花板，或有缺失）、鎏金骨扣银叶饰片6件（玉坠珠上金饰）；宁康王女菊潭郡主墓出有鎏金银菱形牌饰2件（金垂头花板），鎏金银蕉叶锥形石坠2件、鎏金银蕉叶形石坠4件（玉坠珠）。南昌市安乐乡蒋巷村明墓出有3对小金花（小金叶）[344]。以上所举，都是墓中出有玉花彩结绶上金、玉饰件的实例。

关于玉花彩结绶，或如明代冠服制度中的很多细节乃是袭自前朝一样，应该也是渊源有自。苏州南郊元末张士诚母曹氏墓中曾出有罗带1条，罗带编结成"百吉"形，两端下垂处呈三角形，其上墨绘鸾凤纹，且各缀有玉珠3颗[345]。其形制和装饰，都很容易让人联想起明代的玉花彩结绶，扬之水业已指出这点[346]。明代玉花彩结绶的佩挂，文献未尝明言，结合张士诚母曹氏墓所出罗带出土时发现于胸前的情况，明代的玉花彩结绶或挂于身前。

白玉云样玎珰/玉禁步　白玉云样玎珰即玉组佩，《明宫冠服仪仗图》所附白玉云样玎珰即与玉组佩无异。此玉组佩又称玉佩玎珰，其外另有玉禁步，亦当与大衫、霞帔搭配使用[347]。《大明会典》卷六十七"婚礼"皇帝纳后仪纳吉纳征告期礼物于玉佩玎珰一副外另有玉禁步一副，同书卷二百一"冠服"各王府冠服记亲王妃、世子妃冠服中亦有玉佩玎珰一副、玉禁步一副，且注明"内官监办"[348]。《明神宗实录》所载"御用监上圣母册封册宝冠顶合用金宝数目"中亦有"金钑云龙嵌宝石珍珠荷叶提头浆水玉禁步一副，计二挂"，且注明"间珊瑚、碧甸子、金星石、紫线宝，黄、红线穗头全”[349]。

玉禁步实物，多见于考古发掘。定陵出有两副四挂，正可与《明神宗实录》对照。X14：5、X14：6为一副（图2–98），X2：11、X2：12为一副。X14：5顶端为荷叶形鎏金铜提头，两面均浮雕有二龙戏珠纹，每面各嵌红宝石两块、蓝宝石三块，上部正中有环鼻一个与带环挂钩相连，下部有四环鼻分别系黄色丝组穿玉饰件。共有十排，一、三、五、七、九各排，每组系叶形玉饰两片，玉叶上部穿系黄丝穗一个。二、四、六、八、十各排穿系不同质料的饰件。第二排为碧玉花和水晶花各两朵；第四排为白玉花四朵；第六排为红玉桃两个、绿玉桃一个、碧玉花一朵；第八排为白玉花一朵、铁蓝石鸳鸯一个、慈姑叶两片；第十排碧玉蝉、蟾蜍各一件，白玉鸳鸯、鱼各一件。另外在第四排玉饰下有扁长条形玉横饰一件，上有四孔，分贯四组。其他三挂形制、装饰与此基本相同。梁庄王墓出有继妃魏氏的一副两挂，由玉叶和玉或玛瑙雕成各种动物、植物果实形状的串饰，以黄色丝线穿缀而成。形制与定陵所出类同，只是配件较少且无提头。益端王墓出有王妃彭氏的玉禁步残件甚多，计有玉人、玉羊、玉鱼、玉泥鳅、玉鸳鸯、玉坠珠，及叶形、菱角形、扁方形玉饰等。益庄王墓出有继妃万氏玉禁步残件一组，计有玉鸳鸯、玉孩儿、玉鱼及玛瑙蝉等。益宣王墓出有元妃李氏的玉禁步残件一组，出土时由柳叶形玉65片、菱形玉32片、鱼形玉8片及黄丝缨36个编缀而成。湖北蕲州镇雨湖村王宣明墓出有玉禁步一副两挂，计有玉叶64片，玉坠32个，无提头。

图 2-98　玉禁步　出自《定陵出土文物图典》

大带、革带、袜、舄 永乐制度，大带以线罗制成且加缘饰。线罗，皇后用红，皇妃以至郡王妃用青。大带的颜色，皇后、皇妃、皇太子妃或青或绿，各随鞠衣的颜色，亲王妃、世子妃、郡王妃或用红罗。《明宫冠服仪仗图》所见后妃大带，皆为实际穿用时的状态。永乐制度，后妃革带用玉，青绮鞓，玉事件十，金事件三[350]。皇后描金云龙纹，皇妃、皇太子妃、亲王妃、世子妃描金云凤纹，郡王妃描金云翟纹。袜、舄与礼服所用同。

便　服

明代后妃便服并无专门制度，明代典制亦无刊载。但其大体与民间无异，主要也是上衣（襦、衫等）、下裙的搭配，不同在于质料、装饰、技法等方面。据明初所定士庶之妻的服饰禁令，后妃便服衣服可用金绣、锦、绮、纻丝、绫、罗、绸、绢、素纱，首饰、钏镯则用金玉、珠翠、银等。明初后妃便服实物并无存世，但据现存《明宪宗元宵行乐图》等图像资料可知其大概（图2-99）。图中所见宫廷后妃头戴黑纱尖顶棕帽，帽上再插戴各式金玉簪钗，而插于棕帽正前类似于挑心的金簪则多数为梵文金簪。明初诸帝受元代风气影响，多崇奉藏传佛教，所以当时工艺美术多受其熏染，论者即以为“梵文簪钗的制作，其风大约扇起于明成化时代的宫廷”[351]。其时衣着，上身为交领短衣（襦），主要有大红、柳绿、宝蓝三色，作花、素二类，有花纹的基本都饰以织金云肩通袖襕。下身

图 2-99　《明宪宗元宵行乐图》（局部）　中国国家博物馆藏

为裙，多为蓝、绿二色，间有黄色，但裙上未见膝襕。裙摆蓬松外张，取其美观，或为当时所尚。图中所见，后妃外衣之内的衣物，其领口处且缀有金纽扣。此类里外衣物，当即后世所称的“二色衣”。明末刘若愚于《酌中志》卷十九《内臣佩服纪略》中记近御之人亦有此衣，谓“自外第一层谓之盖面，如䙆褹、贴里、圆领之类，第二层谓之衬道袍，第三层曰裰领道袍。其白领以浆布为之，如玉环在项而缺其前，稍油垢即换之，非入过皇城者不敢缀也。自此三层之内，或褂或袄，俱不许露白色袖口，凡脖领亦不许外露，亦不得缀纽扣”。刘若愚且强调指出，“只宫人脖领则缀纽扣”，所以“切避忌之”[352]。明代中期后妃便服，因文献阙略不可详知。明末后妃便服，因有神宗帝后合葬墓定陵及地方藩王墓园的发掘，兼有当时文献的记载，可知其大概。

据考古发掘资料，明末后妃墓中多有便服随葬且不少还保存较为完好。定陵所出孝端皇后的衣物计有袍料 2 匹，纱袍 1 件，单衣 15 件，夹衣 35 件，丝绵袄 16 件，裙 35 件；孝靖皇后的衣物计有匹料 33 匹，单衣 14 件，夹衣 46 件，丝绵袄 7 件，裙 12 件。孝端皇后头发盘于脑后，头戴黑纱尖棕帽，帽上插戴各式金玉簪钗；上身着绣龙纹方补黄绸夹衣，内着本色云纹绸夹衣；下身着绣龙纹长裙，内着黄缠枝莲纹夹裤，脚穿缎鞋。孝靖皇后也是头发盘于脑后，头戴黑纱尖棕帽，插戴金玉簪钗；上身着黄缎短衣三层，下身穿缎裙，内有夹裤，脚穿红缎鞋。两位皇后的随身穿戴，均为便服。其他随葬衣物，也多数属于便服。两位皇后的诸多衣物之上，多装饰有应时

图 2-100　百子衣复制件　出自《走进万历朝》

应景的新样，如五毒艾虎、宝历万年、洪福齐天等。

此外，亦有集婴戏之大成的百子纹样。定陵出有百子衣4件，其中属孝端皇后的1件（D25），属孝靖皇后的3件（图2-100）。4件百子衣皆作方领对襟式，袖作琵琶袖，云肩通袖襕内饰以云龙、花卉，云肩通袖襕外则绣以花卉百子。4件百子衣中保存较为完好的是编号为J55：3的一件，此衣以罗为地，云肩内绣出的龙纹，前襟左右各一，每条龙各托举一个“万”字，后背则只作正龙一条，龙首托顶一个“寿”字。此衣两袖残损，尚存各式童子91人，作各种嬉戏状。以婴儿或婴戏作为绘画的题材，出现甚早，唐代已趋成熟[353]。到了宋代则涌现出一批专攻婴戏的画家,其中最具代表的有苏汉臣、李嵩等人[354]。今日所存宋代绘画中婴戏图为数众多，其他以婴戏为题材的工艺美术品亦复不少，可见当时婴戏题材之流行。婴戏之集成，则为百子图，而百子图在明清两代十分流行。后来身居内阁首辅的张居正嘉靖年间就曾作有《应制题百子图》一诗，此诗应时为裕王的明穆宗之命而作[355]。诗云："襁褓钟慈爱，群嬉悦圣情。眼前看赤子，天下念苍生。雏凤翩翩舞，祥麟队队行。百男今有兆，太姒在周京。""髫髫谁家子，芳林剧戏亲。玉繁庭际树，珠弄掌中人。少小看头角，嬉游总性真。应知皇泽远，麟趾自振振。"[356]后穆宗后宫李氏果然产下男孩，此即张居正辅政十年的明神宗。

古人以多子为多福，平民如此，皇室亦然。朱彝尊《曝书亭集》卷三十六《感旧集序》即谓"百子图者，龙文五采者，皆昔日皇居帝室之所尚也"[357]。见于定陵百子衣上的游戏，有蹴鞠、藏钩、下棋、扑蝶、弄鸟、戏竹、牵车、排衙喝道，观鱼、沐浴、摸虾、角抵、放爆竹、鞭陀罗、推枣磨、戏蟾蜍、捉迷藏、傀儡戏、千千车、宝塔儿，课读、跳百索、踢毽子、放空钟等，这些游戏部分地见于唐人路德延的五言五十韵《小儿诗》[358]，部分见于宋人绘画，可谓集婴戏之大成[359]。据定陵所出皇后便服实物，其上身多为短衣，下身则为裙，裙内则又有裤，其用料以缎、绸、妆花为主，兼有纱、罗、绫、绢、改机、天鹅绒等。短衣领式可见立领、方领、圆领诸式，领襟上往往缀有金属扣。当时金属扣的种类繁多，有子母扣、球形扣、机制币扣等多种，定陵所出衣物上的纽扣主要为传统的丝质襻扣和金子母扣（图 2–101）。定陵出土的裙子有花、素二类，其上或有裙襴，襴分单襴、双襴。定陵之外，益宣王墓亦出有其元妃李氏、继妃孙氏的便服实物（图 2–102）。

图 2-101　各式金扣　出自《定陵出土文物图典》

图 2-102　立领对襟女衫　出自《江西明代藩王墓》

其短衫与定陵所出类似，领式多为立领，或饰云肩通袖襕，或饰四团圆形补子，纹饰则主要为鸾凤和禽鸟。裙子分素裙和襕裙，襕裙饰膝襕和底襕，膝襕为刺绣鸾凤，底襕为刺绣璎珞。

明末后妃便服，还见于当时的文献记载。宦官刘若愚神宗朝入宫，且历天启、崇祯二朝，其所著《酌中志》对明代内廷服饰多有翔实真切的记载。《酌中志》所载，万历朝内廷首饰、衣物等上多有应时应景的新样，且多能与定陵出土的实物相验证。《酌中志》之外，《天启宫词》《崇祯宫词》等亦对明末内廷服饰多有吟咏。《天启宫词》有秦徵兰、蒋之翘等数家，《崇祯宫词》则为王誉昌所撰，此数人均为明末清初之人，所咏得自见闻，颇称详核。此就王誉昌《崇祯宫词》所咏，举其服饰相关的数条：

> 退红蘸碧轻逾艳，远黛飞霞淡自真。就里细参苏样好，内家妆束一时新。

吴理注云：“后籍苏州，田贵妃居扬州，皆习江南服饰，谓之苏样。”[360]明末的苏州生产生活稳定、社会经济繁荣，引领着全国时尚的风潮。王士性《广志绎》卷二《两都》载：“姑苏人聪慧好古，亦善仿古法为之，书画之临摹，鼎彝之冶淬，能令真赝不辨。又善操海内上下进退之权，苏人以为雅者，则四方随而雅之，俗者，则随而俗之，其赏识品第本精，故物莫能违。”[361]其时苏样服饰亦且流入宫禁，当时士人或不乏忧惧。于慎行《谷山笔麈》卷三“国体”条载：“宫禁，朝廷之容，自当以壮丽示威，不必慕雅素之名，削去文采，以亵临下之体。宣和艮岳苑囿，皆仿江南白屋，不施文采，又多为村居野店，宛若山林，识者以为不祥。吾观近日都城亦有此弊，衣服器用不尚髹漆，多仿吴下之风，以雅素相高。此在山林之士，正自不俗，至于贵官达人，衣冠舆服，上备国容，下明官守，所谓昭其声名文物以为轨仪，而下从田野之风，曲附林皋之致，非盛时景象矣。”[362]嘉靖、万历年间已是如此，到了崇祯年间风气更甚。又因其时周皇后、田贵妃均出自江南，苏样服饰更趋流行。《旧京遗事》载：“帝京妇人往悉高髻居顶，自一二年中，鸣蝉坠马，雅以南装自好。宫中尖鞋平底，行无履声，虽圣母亦概有吴风。”[363]

四月轻绡进六宫，素衣惊与至尊同。裁冰笼雪慈云影，不蹋莲舟一瓣红。

吴理注云：“宫眷暑衣从未有用纯素者，葛亦惟帝用之，余皆不敢用。后始以白纱为衫，不加盖饰。上笑曰：‘此真白衣大士也。’”[364]

连宵裁就暑衣新，掩映深红雪里春。澹作桃花浓酒晕，分明脂粉画全身。

吴理注云：“自后穿纯素暑衣，一时宫眷裙衫俱用白纱裁制，内衬以绯交裆红袙腹，掩映而已。”[365]

莫染红绡莫画罗，砑光绫上月华多。晓风楼阁催金剪，剪尽春江瑟瑟波。

吴理注云：“一夕，袁贵妃侍于月下，衣浅碧绫，即所谓天水碧也。帝曰：‘此特雅倩。’于是宫眷皆尚之，绫价一时翔贵。”[366]

此三首咏周皇后、袁贵妃在宫中衣着尚雅素，从而带动宫中流行，甚而导致绫价腾贵。南装重古朴、雅素，正与江南的品味相宜。文震亨《长物志》卷八《衣饰》载：“衣冠制度，必与时宜。吾侪既不能披鹑带索，又不当缀玉垂珠，要须夏葛冬裘，被服娴雅。居城市有儒者之风，入山林有隐逸之象，若徒染五采、饰文缋，与铜山金穴之子，侈靡斗丽，亦岂诗人粲粲衣服之旨乎？”[367]由明入清的李渔亦称“妇人之衣，不贵精而贵洁，不贵丽而贵雅，不贵与家相称，而贵与貌相宜”[368]。而其时江南妇人乃至秦淮妓女同为此风所染。余怀晚年追记秦淮旧院一带的种种旧事，也说“南曲衣裳妆束，四方取以为式，大约以淡雅、朴素为主，不以鲜华、绮丽为工也”[369]。

定陵及藩王墓园出土遗物所见，明代后妃首饰多以宝石、珠玉镶嵌。明代中后期的宫廷与明初一样，珍爱宝石、珠玉。其情形多见之于文献，《明史·食货志》“采造”条载嘉靖中期以后，“太仓之银，颇取入承运库，办金宝珍珠，于是猫儿睛、祖母碌、石绿、撒孛尼石、红剌石、北河洗石、金刚钻、朱蓝石、紫英石、甘黄玉，无所不购。穆宗承之，购珠宝益急”[370]。隆庆六年“诏云南进宝石二万块”[371]。至万历朝时，“帝日黩货，开采之议大兴，费以巨万计，珠宝价增旧二十倍”，“顺天府尹以大珠、鸦青购买不如旨，镌级。至于末年，内使杂出，采造益繁”[372]。

《明实录》所见，则嘉靖年间的宝石采办尤多。嘉靖四十二年二月，“户部奉谕，购珍珠八样二万五千八百颗、宝石三色五千块以进，共用太仓二万七千七十余两。上谕曰：祖宗时内藏之蓄，俱已用尽。今径二三寸石无有，且兹买者仅止三色，睛碌诸样尚未获焉。耀言径二三寸石及睛碌诸石一时难获，当以重价购之。次日复谕曰：昨部疏寻访珍宝，可示令六月望日进睛者、猫睛碌者、祖母碌石，还有绿撒孛尼石、红剌石、比阿洗石，又有金刚钻者，及米蓝石、紫英石，可悉令买进”[373]。四十二年四月，“云南进宝石青、红、黄三色三百六十两有奇”[374]。四十二年七月，“云南布政司进青、红、黄宝石六千七百六十九块”[375]。四十三年二月，“云南进宝石七百六十余两，上嫌其碎小，命更采青红色二寸、黄色径寸并紫英等石以献”[376]。四十三年七月，“云南进宝石六百五十余两，诏更采径寸者以献”[377]。四十四年四月，“云南巡抚都御史吕光洵进宝石及紫英石。上发视，无堪用者，怒，欲罪之，寻命再采以进”[378]。由此可见，当时宫中宝石需求之大、采办之繁、耗用之巨。

宫中耗费金宝珍珠数目之巨，万历年间不下嘉靖年间。

万历三十四年御用监上圣母册封册宝冠顶合用金宝一项，其所开列的品目为“足金一千四百三两八钱；七成五色金一千两；银一千六百两；猫睛二块，重一钱八分；祖母绿六块，重四钱二分；青宝石四百六十八块，重二百七十四两五钱；红宝石五百四十七块，重一百六十四两一钱；黄宝石十二块，重一两八钱；各样圆珍珠、大珠各一颗，头样珠一百二十七颗，大样珠三百三千六颗，一样至十样珠共一万二千八百十一颗；白玉料一十一斤；珊瑚料一斤三两；玛瑙料一斤；金星石料一斤；水晶料一斤；碧甸子一斤；翠毛一千六个”[379]。

明代珍珠，率多采自广东。《明史·食货志》“珠池”条载：“广东珠池，率数十年一采。宣宗时，有请令中官采东莞珠池者，系之狱。英宗始使中官监守，天顺间尝一采之。至弘治十二年，岁久珠老，得最多，费银万余，获珠二万八千两，遂罢监守中官。正德九年又采，嘉靖五年又采，珠小而嫩，亦甚少。八年复诏采……隆庆六年诏……广东采珠八千两。神宗立，停罢。既而以太后进奉，诸王、皇子、公主册立、分封、婚礼，令岁办金珠宝石。复遣中官李敬、李凤广东采珠五千一百余两……至三十二年始停采。四十一年，以指挥倪英言，复开。”[380]南珠的开采由来已久，在南朝时即对其有清楚的认知，且依其形状、颜色、大小区分其品质，至有九品[381]。明人对珍珠品质的分类，基本袭用前人分法，将其分为珰珠、走珠、滑珠、磥砢珠、官雨珠、税珠、葱符珠等。宋应星《天工开物》卷下《珠玉十八》即载：“自五分至一寸五分经（径）者为大品。小平似覆釜、一边光彩微似镀金者，此名珰珠。其值一颗千

图 2-103　没水采珠之图　出自《天工开物》

金矣，古来明月夜光即此。便是白昼晴明，檐下看有光一线闪烁不定。夜光乃其美号，非真有昏夜放光之珠也。次则走珠，置平底盘中圆转无定歇，价亦与珰珠相仿。化者之身受含一粒，则不复朽坏，故帝王之家重价购此。次则滑珠，色光而形不甚圆。次则磥砢珠，次官雨珠，次税珠，次葱符珠。幼珠如粱粟，常珠如豌豆。琕而碎者曰玑。”文后且附采珠之法及其图示（图 2-103）[382]。明代宫廷则将珍珠分为头样珠、大样珠、一样至十样珠。

明代后妃首饰，有其专门的造办机构，朝廷主要是内官监和银作局，王府则为承奉司和典宝所。洪武二十八年，“重定宫官六尚品职及内官监、司库局与诸门官并东宫六局、王府承奉等官职秩……内官监掌成造婚礼妆奁、冠舄、伞扇、衾褥、帐幔、仪仗，及内官、内使贴黄诸造作，并宫内器用、首饰与架阁文书诸事”[383]。洪武三十年，“置银作局，掌造内府金银器用”[384]。明末内官监和银作局的职掌，《酌中志》专列《内府衙门识掌》一卷详有论及。据该书所载，内官监“所管十作，曰木作、石作、瓦作、搭材作、土作、东作、西作、油漆作、婚礼作、火药作，并米盐库、营造库、皇坛库、里冰窨、金海等处。凡国家营建之事，董其役。御前所用铜、锡、木、铁之器，日取给焉”，“凡外方修建，分封藩王府第，亦是管理外差也，须数万金营求，方能到手，领敕书关防前去，工竣即回”，“凡大行帝后陵寝，妃嫔、皇子女薨修造坟茔，及完姻修理府第，皆其职掌”[385]；银作局“专管造金银铎针、枝个、桃杖、金银钱、金银豆叶”[386]。王府承奉司，洪武三年置[387]；王府典宝所，洪武九年置[388]。洪武二十八年，更定王府官制并重定其职掌，“其亲王府承奉司掌王府诸事，凡事则呈长史司并护卫指挥使司行之，与内官衙门不相统摄”[389]。内官监与银作局，多有工匠隶属。景泰四年，“命天下诸色工匠以十分为率，四分与内官监各厂用工，六分拨各处上工”[390]。成化二十一年，“内府各监局及工部匠官其精于艺者一千二百九十二人”，其中“内官监三百六十五人”，“银作局二十三人”[391]。嘉靖四年，见在军匠“内官监七千八百五十六名”[392]。十年，存留军民匠一万二千二百五十五名，内银作局二百七十四名。计为钑花匠五十名、大器匠四十二名、厢嵌匠一十一名、抹金匠七名、金箔匠一十四名、磨光匠一十五名、镀金匠三十五名、银匠八十三名、拔丝匠二名、累丝匠五名、钉带匠五名、画匠一名、表背匠四名[393]。据此匠人的分工,亦可知银作局多与金银加工、造作相关。工匠既多，造作诸物的耗费自然不少。

正德元年，署内承运库事太监秦文奏内府财用不充，值大丧、即位耗费颇多，大婚之礼户部仅送银三十万两，而“内官监造妆奁、御用监造宝册、银作局造仪仗诸类通计费金八千五百二十余两、银五十三万三千八百四十余两”[394]。万历四十三年，“银作局张栋等奏：买办四十三年册封荣府等府一十三处合用七成金六百七十四两九钱、足色金二十二两二钱”[395]。定陵出土的银锭，内中多带“银作局”款的花银。各地藩王墓中出土的金凤，及个别勋贵墓中出土的金翟等物，其上多有“银作局”款铭文，这类金银器物当即出自朝廷赐给。“承奉司”款、“典宝所”款的金银首饰，间亦有所出土，这类器物乃出自王府自制。

新　样

明神宗定陵中出土的织绣服饰及金银首饰，其上的装饰繁杂富丽，见于织绣服饰上的有秋千、五毒艾虎、鲇鱼、绵羊、葫芦、菊花、梅花、万万寿、万万喜、洪福齐天等（图 2–104），见于首饰上的则有月兔、绵羊、寿字、喜字、万万喜等（图 2–105）[396]。照明代文献的记载，定陵出土器物上的这类装饰

图 2-104　红纬丝十二章福寿如意衮服（局部）
出自《定陵出土文物图典》

图 2-105　“喜庆万年”鎏金银簪
出自《定陵出土文物图典》

纹样，当属时人所称的“新样”。“新样”之名始见于万历时期，并延续到天启、崇祯两朝，而后且对清代的装饰纹样有显著的影响。

万历时期所谓的新样，目前可知最早出自《明神宗实录》。其一称：

> 工科给事中刘弘诲题为敦俭朴省织造以光圣德事。伏读祖宗谟训，见我成祖服敝垢之衣，语侍臣曰：“朕虽日十易新衣未尝无，但自念当惜福，故每浣濯更进。”因备称太祖见高皇后躬补缉，喜曰：“富贵勤俭若此，正可为子孙法。”故常守先训，不忘此祖宗家法，正陛下所宜恪守勿替者。今织造样制新巧繁多，其于二祖、明成祖之意谓何？矧迩年边境桀虏肆侵，东南洪水重沴，元气稍稍虚惫矣。伏愿皇上守崇俭惜福之训，敦悯灾省费之实，将已前未完段匹姑暂停缓，近降新样必不容已量酌减数，庶节俭以昭财力不匮，而圣德光于天下矣。既部覆请如科臣言。上命：新旧兼织机匠不必增添其新样，改派苏杭抚按官督造解用。[397]

其二谓：

> 庚申，巡抚陕西兵部右侍郎吕鸣珂奏：陕西岁用新样绒袍至四千匹，据停织造二十四年，局作机张，向已倾废，今始葺修。挑花等匠，见存无几。蚕丝取之异省，

绒线产于临、兰，岂能立办？计开机之时，距解运之日才四阅月，为日几何，能完四千匹？伏望特赐宽假，乞将今年头运止以见完者解进，以后不拘年限、不论多寡，惟以织成者陆续恭进，数完而止。疏入，上报可。[398]

《明实录》所见袍料上之新样，仅据实录未得其详。而其时帽饰上亦有所谓的新样、新式。秦徵兰《天启宫词》“万寿宫中尽彩衣，金镳新样昔时稀。一双仙鼠丹砂染，贴着齐天字脚飞”，诗下自注云：“宫中遇万寿节，卑贱者皆不衣青素。癸亥、甲子间，每届节宫眷宫人竞创新式方胜葫芦戴之，有宝历万年、四海丰登、洪福齐天等名。八宝荔枝、卍字鲇鱼是曰宝历万年；四隅各填海字，中有两蜂附灯而飞是曰四海丰登；中填齐天二字，两傍红色蝙蝠各一是曰洪福齐天。”[399]秦徵兰所记，亦见于《酌中志》，其书卷十九《内臣佩服纪略》载：

铎针，金银、珠翠、珊瑚皆可为之。年节则大吉葫芦、万年吉庆。元宵则灯笼。端午则天师。中秋则月兔。颁历则宝历万年，其制则八宝荔枝、卐字鲇鱼也。冬至则阳生、绵羊引子、梅花。重阳则菊花。遇万寿圣节则万万寿、洪福齐天之类。洪福者，于齐天字之傍，左右各有红蝙蝠一枚，以取意耳。凡遇诞生、婚礼及尊上徽号、册封大典，皆万万喜。此所谓铎针者，单一枚，有镩居官帽中央者是也。[400]

唯刘若愚所记较秦徵兰为详，且知节庆各有其对应之式，宝历万年乃用于颁历，洪福齐天则用于万寿圣节，等等。与每届节庆帽饰竞创新式一致，其时衣物亦有相应的装饰。《酌中志》卷十九《内臣佩服纪略》载：

自正旦灯景以至冬至阳生、万寿圣节，各有应景蟒纻。自清明秋千与九月重阳菊花，俱有应景蟒纱。逆贤又创造满身金虎、金兔之纱，及满身金葫芦、灯笼、金寿字、喜字纻，或贴里每褶有朝天小蟒者。然圆领亦有金寿字、喜字，遇圣寿及千秋，或国喜，或印公等生日，檄移则穿之。[401]

同书卷二十《饮食好尚纪略》所载更详，谓：

正月初一日正旦节。自年前腊月廿四日祭灶之后，宫眷内臣即穿葫芦景补子及蟒衣……十五日曰上元，亦曰元宵，内臣宫眷皆穿灯景补子蟒衣……五月初一日起至十三日止，宫眷内臣穿五毒艾虎补子蟒衣。门两旁安菖蒲、艾盆……七月初七日七夕节，宫眷穿鹊桥补子……九月，御前进安菊花。自初一日起，吃花糕。宫眷内臣自初四日换穿罗重阳景菊花补子蟒衣……十月初一日颁历。初四日，宫眷内臣换穿纻丝……冬至节，宫眷内臣皆穿阳生补子蟒衣。[402]

图 2–106　累丝嵌宝石人物纹金簪　出自《明清金银首饰》

宫中服饰各因岁时节庆而别，亦见诸《明史·孟一脉传》。史载孟一脉于张居正死后起复原官疏陈五事，中谓“数年以来，御用不给……浮梁之磁，南海之珠，玩好之奇，器用之巧，日新月异。遇圣节则有寿服，元宵则有灯服，端阳则有五毒吉服，年例则有岁进龙服”[403]。

据上所引，可知其时丝织品（段匹、龙袍）并帽饰（金镶或铎针）上都出现有以往所无的新式花样，而帽饰所作新样每届节庆各有其相应之样式，且有宝历万年、四海丰登、洪福齐天诸多名目。又据《酌中志》所载，节庆时作新样的帽饰与衣饰每多对应，而所谓的应景补子亦当属新样之列。

定陵之外，当时的新样还见于其他墓葬出土的器物之上。北京西郊董四墓村明熹宗妃张氏墓所出累丝嵌宝石人物纹金簪（掩鬓）（图 2–106），以花丝为托，上嵌珍珠宝石，其中部各饰一圆形金饰，其纹样作绵羊引子[404]；镂空人物纹金帽花（或即铎针），其所作纹样与金簪大体相同，作童子骑羊、绵羊引子[405]；镶嵌在凤冠上的玉饰，有的雕有喜字，有的雕有寿字。明神宗外祖父母李伟夫妇墓中所出可能用做衣饰的银花片上錾有艾叶、寿字、蝙蝠、吉庆有余等（据其发掘简报图版，内中似有绵羊引子）；金艾叶以艾叶为簪头，上伏一蝎；掐丝镶嵌花钗背面以掐丝做出意为“吉庆有余”的鲇鱼、伞、方胜等；各式花簪，或饰宝瓶、喜字或饰宝瓶、卍字，或嵌碧玉寿字或嵌白玉喜字[406]。墓中所出银盆、银洗均錾“慈宁宫”“大明万历壬午年御用监造”等字样。慈宁宫为万历帝生母李太后居所，而李太后为李伟及其夫人王氏之女，故此可以推断李伟墓中出土的各类首饰亦当出自宫中。

出土实物之外，当时的新样还见于传世的织绣服饰之上。这类新样实物最常见的即所谓的应景补子，及利用应景补子改造而成的佛经封面，亦即所谓的经皮。如故宫博物院所藏经皮，多有新样的实例（图 2–107）。北京艺术博物馆所藏明代经皮为数甚多，其上纹样多作卍字、寿字、葫芦、灯笼和吉语文字，亦皆新样之属。美国费城艺术博物馆、纳尔逊－阿特金斯艺术博物馆、宾夕法尼亚大学博物馆所藏亦多应景补子，其或圆或方，或作大吉葫芦，或作五毒艾虎，或作秋千龙纹，均可归入新样之列。香港织绣藏家贺祈思藏品中也多有应景补子，为明末岁时节庆所用。应景补子之外，新样实物还有部分以袍服或袍料的形式存世。如故宫博物院所藏明黄缎洒线绣云龙纹袍料，云肩内前胸后背处各饰一正

图 2-107　洒线绣鹊桥相会经皮　故宫博物院藏

龙，两肩处各饰一侧龙，四龙龙首各顶一葫芦形灯笼，右肩葫芦内饰一卍字，左肩葫芦内亦饰以吉语文字，唯其文字不

图 2-108　金地缂丝灯笼仕女袍料及其局部
北京艺术博物馆藏

清。北京艺术博物馆所藏金地缂丝灯笼仕女袍料（图 2-108），其作云肩通袖式，云肩内以灯笼仕女作主景，点缀湖石、花卉。灯笼作葫芦形，其内或饰盘长，或饰宝瓶，或饰牡丹，或饰奔鹿，或饰卍字，或饰鲇鱼；紫红天鹅绒彩绣云龙葫芦袍料，为无袖方领衣之袍料，袍料全身绣满龙纹，龙头之上或龙纹之间且绣以葫芦，葫芦内或绣出大吉等字样。美国旧金山亚洲艺术博物馆藏有万历时期的无袖方领衣一件（图 2-109），其作对襟式，前襟左右各饰一升龙，金龙一爪各托一金寿字，其上再饰一金卍字；后襟左右各饰一升龙，两龙共托一金寿字，其上左右各饰一金卍字。此无袖方领衣在形制与纹样上都与定陵所出实物极为相似。更为难得的是，此衣衬里腰侧还有题记[407]。此衣所附题记及所作纹样（万万寿、金寿字），说明正是万寿圣节时所穿用。贺祈思所藏缂丝明黄地灯笼景过

壽
壽

图 2-109　无袖方领衣　美国亚洲艺术博物馆藏

图 2-110　缂丝明黄地灯笼景过肩云龙纹袍料　贺祈思藏

肩云龙纹袍料（图 2-110），云肩内缂织过肩龙二，二龙龙头、龙身各托一葫芦形灯笼，其上织有吉语文字。龙头上一作“万年”，一作“吉庆”，合为“万年吉庆”，龙身上一作“洪福”，一作“齐天”，合为“洪福齐天”。袍料通袖襕上左右亦各织一葫芦形灯笼，其上并有吉语文字，一作“百事”，一作“祯祥”，合为“百事祯祥”。袍身上缂织龙纹及葫芦纹，葫芦上饰以吉语文字，或作“吉祥”，或作“如意”；大红盘金彩绣福寿如意纹麒麟袍料，通体绣以金寿字，寿字下并绣寿桃、石榴、灵芝等，在袍料胸背处各绣一麒麟。值得注意的是，私人所藏与定陵出土遗物多有近同。这类袍料从纹样上看，均属新样之例。

明末新样各因岁时节庆而异，有其广泛的民俗基础。明末岁时民俗大为发展，每一节庆有其固定的物事。《长物志》卷五《书画》"悬画月令"条载："元宵前后宜看灯、傀儡……端五宜真人玉符，及宋元名笔端阳、龙舟、艾虎、五毒之类……七夕宜穿针乞巧、天孙、织女、楼阁、芭蕉、仕女等图……九、十月宜菊花、芙蓉、秋江、秋山、枫林等图……十二月宜钟馗迎福，驱魅嫁妹。"[408] 其时宫中本有依时序、节庆换衣的旧制，材质、颜色各有相应的规定。《酌中志》卷十九《内臣佩服纪略》载："旧制，自十月初四日至次年三月初三日穿纻丝，自三月初四日至四月初三日穿罗，自四月初四日至九月初三日穿纱，自九月初四日至十月初三日穿罗。该司礼监预先题奏传行。凡婚庆吉典，则虽遇夏秋，亦必穿纻丝供事。若羊绒衣服，则每岁小雪之后，立春之前，随纻丝穿之。凡大忌辰穿青素，祧庙者穿青绿花样，遇修省则穿青素。祖宗时，夏穿青素，则屯绢也；冬穿青素，则元色之纻丝也。"[409] 民间岁时节庆亦有当季、应景的新衣，"以夸其令节"。《旧京遗事》载："都中妇人尚絃服之饰，如元旦、端午，各有纱纻新衣，以夸其令节。丽者如绣文然，不为经岁之计，罗裙绣带，任其碧草朱藤狼藉而已。每遇元夕之日、中秋之辰，男女各抱其绮衣，质之子钱之室，例岁满没其衣，则明年之元旦、端午，又服新也。"[410]

新样在万历时期的出现，还有着审美上的因素。以各类动植物、佛教法器等表达吉祥寓意古已有之，到了明代则集大成[411]。同时，以各种物事的谐音表现吉祥之意，或直接揭以吉语文字，也正是明代中后期才广为流行。参照文献及实物，可知新样所用纹样有蝙蝠、鲇鱼、蜜蜂、玉兔、绵羊、菊花、梅花、灯笼、葫芦、八宝诸物事，每取谐音，取意吉祥；吉语文字多作万寿无疆、万年吉庆、洪福齐天、圣寿齐天、万万寿、万万喜等，其吉祥寓意一见便知。新样之中宝历万年、四海丰登、洪福齐天诸式且多以四字为名，言简意赅，通俗易记。清代纹样"图必有意，意必吉祥"并往往以四字为名，其实正源出于此。清初宫中按季穿衣且据岁时节庆有相应的应景袍服，康熙时人孙珮所编《苏州织造局志》卷七《段匹》记有上用各式袍服，春夏秋冬四季袍服之外，还有诸般应景袍服。皇上三润色阔满装万寿袍一件，文下以小字注云"其肩龙头顶万字，前后龙头顶寿字"；三润色阔满装灯景袍一件，文后以小字注云"灯景花样"；三润色满装中秋袍一件，文后以小字注云"月殿兔一座，前后两肩共四团"；三润色阔满装重阳袍一件，文后以小字注云"簪花地菊花样"；三润色阔满装冬至袍一件，文后以小字注云"独角羊一座，前后两肩共四团"[412]。据其所示花样，可知率皆承袭明末新样而来，验诸清代实物，其装饰纹样正有沿用明末新样的（图 2-111）。

图 2-111　黄色织金缎彩云金龙纹夹朝服及其局部　故宫博物院藏

煌煌大明　卷之三

品官命婦冠服

附内使冠服

考古概况

明太祖崛起东南，其根据地为金陵（今南京），并以此为基地扫除群雄，所以立国之初以金陵为首都，称京师。永乐时期，由靖难之役而登上皇位的明成祖因其封地在北平，故改北平为北京，升为首都，并保留南京为都，两京制度基本确立。南京、北京既为首都，勋臣贵戚多居于此，死后亦多葬此。此外，如安徽凤阳为龙兴之地，明初从龙功臣也多起自凤阳，死后亦有归葬者。有明一代，江、浙、赣三地经济发达，为人文渊薮，仕途登进之人为数众多，因此三地的品官墓葬发现不少。据考古发掘材料，江苏的苏州、常熟、常州、泰州、无锡、江阴，浙江的桐乡、安吉、嘉兴、余姚，江西的南昌、德安、玉山、抚州、永修、广昌、彭泽等处都有明代品官墓葬发现。上海密迩江浙，明代中后期渐趋繁荣，此地发掘的品官墓葬也有不少。以上所列，为明代墓葬发现较为集中的地方，上述诸地之外，河北赤城，河南杞县，山西大同，陕西陇县，甘肃兰州、文县，宁夏盐池，福建福州、漳浦，广东广州、东莞，湖北石首、宜昌，四川剑阁，贵州思南等处均有明代品官墓葬发现。此仅就随葬器物中有冠服相关的述其大概。

南 京

南京明初功臣墓地主要分布于三个区域：一为钟山之阴（紫金山北麓），一为神策门外（中央门外幕府山附近），一为城南中华门外直至江宁一带。洪武年间，明太祖两次分封功臣，洪武二年封六公二十八侯，十二年封四公二十一侯二伯。洪武十二年前，功臣葬地无定，十二年起功臣殁后多提及赐葬，而赐葬之地则为钟山之阴。《明太祖实录》载“济宁侯顾时卒……敕葬钟山之阴……追封滕国公”[1]。王焕镳《明孝陵志》谓“钟山之阴，功臣陪葬者十余人”，其后引康熙《江宁府志》列中山王徐达、开平王常遇春、岐阳王李文忠、东瓯王汤和、江国公吴良、海国公吴祯、滕国公顾时、安陆侯吴复、静诚先生陈遇、太常寺卿吕本 10 人[2]，又引胡祥翰《金陵胜迹志》列中山王徐达、开平王常遇春、岐阳王李文忠、东瓯王汤和、江国公吴良、海国公吴桢、滕国公顾时、许国公王志、芮国公杨璟、燕山侯孙与祖、安陆侯吴复、汝南侯梅思祖 12 人[3]。经考古发掘证实，东瓯王汤和葬于安徽蚌埠曹山之麓，不在陪葬之列，而永国公薛显、安庆侯仇成赐葬钟山，在陪葬之列。赐葬钟山的除却公侯之外，还有一些战死沙场和死于任上的武将，如广西都指挥使王真、后军都督佥事高显、左军都督府佥事何德、中军都督府佥事孙世等。

徐达家族墓。位于南京太平门外板仓村，1965 年至 1983 年，为配合南京天文仪器厂等单位基本建设发掘 11 座家族墓葬。

内中有徐达第三子徐膺绪夫妇墓（9号徐膺绪）、长孙徐钦夫妇墓（2号徐钦，3号徐钦妻何妙莲）、五世孙徐俌夫妇墓，余者因无墓志，墓主不详。徐达家族墓中出有金簪、金钗、掩鬓、分心、耳坠、坠胸、纽扣、玉组佩残件、雕花白玉带銙、铜镶木带銙、金镶玉带銙、白玉带銙等[4]。内徐俌夫妇墓为徐俌与元配朱氏的合葬墓，继室王氏于墓边另葬。徐俌夫妇墓中出有雕花白玉革带、金镶碧玉革带、琥珀束发冠、乌纱帽（内有网巾）、缎织胸背麒麟圆领、贴里、衪襒、褡䕼，翟冠、耳坠、金银纽扣、玉带銙、缠枝牡丹纹上衣。王氏墓中出有金跳脱、金耳坠、金簪、嵌宝石金钗、嵌宝石金头饰、童子花瓣金扣等物[5]。徐达，洪武三年封魏国公，十八年卒，追封中山王，谥武宁，赠三世皆王爵。徐达长女为明成祖皇后，次女代王妃，三女安王妃。徐膺绪，洪武二十三年任尚宝司卿，三十五年升中军都督府佥事，永乐十四年以疾卒。徐钦，原名徐释迦保，洪武二十四年生，永乐五年袭封魏国公，洪熙元年卒。徐俌，成化元年袭爵，正德五年加太子太傅，十二年七月十二日卒[6]。

板仓村明墓。位于钟山之阴，东距李文忠墓约150米，西南距徐达墓约200米。墓葬年代在明代晚期，发掘者认为墓主很可能和徐达或李文忠的后代有关。该墓出土器物100余件，内有金腰带1条，带銙数为20，其上饰以斗牛；琥珀腰带1条，带銙数为20，饰以狮蛮纹样；白玉腰带1条，带銙数为20，素面；金簪1对；金饰件2件，圆形，中有圆孔，直径1.5厘米（疑为网巾圈）；红宝石1粒[7]。

吴良家族墓。位于南京太平门外紫金山之阴西北麓。1957年对吴忠墓，1965年对吴良墓，1983年9月对吴祯墓作了发掘。吴良墓出有玉带1条，带銙数为20；玉佩3件，作蝶形；玉环1件，外径6.1厘米、内径2.2厘米、厚0.3厘米；象牙笏板1件，已变黑、残断成9块。吴祯墓出有镶金玉带1条，带銙数为20，素面无纹；玉组佩饰件14片；玉环2件，其一外径6.7厘米、内径2.9厘米，其一外径6.2厘米、内径2.6厘米（疑为后绶上之环）。吴忠墓出有蝴蝶形金饰2件，出自死者头部；玉带及服饰共876件，简报过简，具体内容不详。吴良，初名国兴，明太祖赐名良，封江阳侯，洪武十四年卒，追封江国公，谥襄烈。吴祯，原名国宝，为吴良之弟，明太祖赐名祯。洪武三年封靖海侯，十二年卒，追封海国公，谥襄毅。吴忠嗣父吴祯为靖海侯，洪武二十三年爵除，吴忠当卒于二十三年之后[8]。

沐英家族墓。位于南京市中华门外江宁县殷巷乡陈墟村将军山南麓。1959年南京市博物馆发掘了沐英次子沐晟之墓，并对已遭盗掘的沐英墓作了清理。1974年沐英十一世孙沐启元墓，1979年沐英八世孙沐朝辅墓，2006年沐英三子沐昂墓及其旁侧室墓（6号墓），2008年沐晟之子沐斌墓及其旁夫人梅氏墓，2009年沐昂侧室邢氏墓均被发掘。经清理，沐晟墓为夫妇合葬墓，出有金束发冠、金佛字簪、玉带等[9]。沐朝辅墓为夫妇合葬墓，出有金、银、玉、琥珀、水晶等各类器物100余件，内有金束发冠、金帽花、金纽扣、白玉素面革带等[10]。沐启元墓出有金事件儿、金帽饰、白玉佛像分心、嵌宝石金镶玉革带、白玉素面革带等[11]。沐昂墓为夫妇合葬墓，出有各类器物64件（套），内有金纽扣等物；沐昂侧室墓出有金束发冠、金簪、银纽扣等物[12]。沐昂侧室邢氏墓出有包括金簪、金纽扣在内的各类器物20件（组）[13]。沐斌墓为夫妇合葬墓，出有金掩鬓、金纽扣、玉带銙等物。梅氏墓出有顶簪、挑心、分心、掩鬓、纽扣等物[14]。沐英，为明太祖养子，洪武十四年镇守云南，二十五年卒，归葬京师，赠黔宁王。其子孙世代镇守云南，与大明王朝相始终，亦有不少葬于当地[15]。沐晟，洪武元年生，建文元年袭封西平侯，永乐四年论功封黔国公，正统四年卒，赠定远王。沐昂，正统十年卒，赠定边伯。沐斌，洪武三十年生，正统五年袭爵，景泰元年卒。沐朝辅，嘉靖十五年袭爵，二十六年卒。沐启元，天启五年袭爵，崇祯元年卒。

宋晟家族墓。位于南京中华门外郎宅山西麓，1960年2月至3月27日发掘家族墓葬6座，内中有宋晟及其夫人叶氏墓（5号墓宋晟、6号墓宋晟夫人叶氏），宋晟夫人墓（1号墓许氏、2号墓丁氏）、宋晟之父宋朝用及其夫人墓（3号墓宋朝用夫人、4号墓宋朝用）。1991年2月，又于江宁县东善桥乡前盛村发掘宋铉夫妇合葬墓[16]。宋晟夫人墓出有金簪2件，金耳坠1副，金圈1件。宋朝用及其夫人墓出有金耳饰1副，金钗2件，金簪4件，金发饰1件，五梁束发金冠1顶。宋晟墓出有银钩2件，当为佩玉所用；玉组佩和带饰共35片；金饰7件，内金耳挖、小金圈各1件，2件作蝴蝶形，3件作飞天状。其夫人叶氏墓出有金耳坠1副，金簪2件[17]。宋朝用，元末参加红巾军，以功授万户，后进总管，又升广德元帅，以老留建康，洪武十七年卒。宋晟，永乐初授平羌将军，委以西北边务，永乐三年封西宁侯，五年卒，其二子宋琥、宋瑛皆尚公主。

薛显墓。位于南京太平门外，距李文忠墓约 300 米，1974 年发现。薛显，洪武三年封永城侯，二十年八月癸亥以疾卒于军，享年 58 岁，追封永国公，谥桓襄，同年十月二十五日葬于钟山之阴。墓中出土各类器物共 34 件，内有玉组佩残件等物[18]。

仇成墓。南距常遇春墓约 100 米，1965 年底被发掘。仇成，洪武十二年封安庆侯，二十一年七月初八以疾终于家，享年 64 岁，追赠皖国公，谥庄襄，同年八月二十九日葬于钟山之阴。墓中出有各类器物 73 件（副），内有青白玉带 1 条，带銙数为 19；鎏金银束发冠 1 顶，其上压出五道梁状凸箍，下部两侧贯簪[19]。

俞通源墓。位于南京市城南中华门外戚家山北坡，1978 年 11 月至 1979 年 6 月，为配合人防工程建设而发掘。俞通源，虢国公俞通海之弟，洪武三年封南安侯，二十二年二月二十九日以疾薨于家，享年 44 岁，同年五月初二日葬于江宁县聚宝山之原。俞通源墓出有各类器物 34 件，内玉腰带 1 条，带銙数为 15，带銙素面无纹，有的背后残留革带痕迹；金簪 1 件；小金饰片 3 件；银钗 2 件[20]。

康茂才墓。位于南京市中央门外小市镇安怀村，1967 年 8 月村民在平整耕地时发现。1974 年 4、5 月间南京市文物保管委员会对其进行发掘。康茂才，元延祐二年（1315）生，明洪武三年卒，追封蕲国公，谥武义。该墓早年被盗，随葬器物多不完整，仅残存金带钩、耳挖等物[21]。

汪兴祖墓。位于南京中央门外一小土山南麓，1970年10月为配合工农业生产建设而发掘。汪兴祖，洪武四年卒，追赠东胜侯。墓中出有各类器物74件，内玉带1条，带銙数为14，其上饰云龙纹，尚有元代遗风[22]。

徐忠夫人武氏墓。2000年3月，为配合小行南京地铁总站施工而发掘。墓中出土各类器物41件（套），内金束发冠1顶、金簪2件、金耳坠2件、金纽扣1副、金戒指3枚、银香囊（帔坠）1件。徐忠，洪武三十五年封永康侯，永乐十一年卒，赠蔡国公，谥忠烈。墓志提及其夫人武氏“卒于北京居贤坊东之第宅……礼部奏于上，命安（武氏之子）护丧从葬先公之墓在聚宝门安德乡长冈之原工部造坟”[23]。

耿炳文夫人陈氏墓。位于东山镇石马行政村麻田自然村，北距中华门约6.2公里，1994年7月窑厂取土时发现。耿炳文，洪武三年封长兴侯，永乐元年畏罪自杀。其夫人陈氏墓早年被盗，出土器物较少，内有金簪1件[24]。

佟卜年妻淑人陈氏墓。位于南京城南邓府山，1987年秋至1988年春为配合停车场建设而发掘。其夫佟卜年，曾任山东按察司佥事东莱监军。墓中出有各类器物139件（套），内金包髻1件，圆形，边沿二小孔内插以金簪各一；金簪4件（其中2件插于金包髻上）；金钗1件；金耳坠2件；金戒指2件；镀金银腰带1条，带銙数为19，饰以梅、兰、竹等纹样；金龙裹琥珀冠饰 1 件；琥珀项链 1 串。该墓下葬于顺治年间，钱谦益撰写墓志，但所葬之物应属明代[25]。

王氏家族墓。1987 年 11 月至 1988 年 3 月，南京公交公司基建处修建停车场时，于雨花台居民住宅小区南端、西邻邓府山连绵的岗阜上发现，当地文保部门随即对其进行发掘。经清理，墓群为明宪宗孝贞皇后王氏的祖茔。其内共发掘了 8 座墓葬，分别为王铨妻李玉墓、王洪及妻成氏墓、王锐及妻杨氏墓、王钺墓，及推测墓主为王铨的 M32、墓主为王凤的 M33 两座墓葬。墓群出土文物共计 46 件（套），包括金耳环、鎏金银簪、衲襖、贴里等。王皇后之父为王镇，墓志所见的王钺、王铨妻李氏、王锐妻杨氏，分别是王皇后的叔父和叔母，王洪及妻成氏，为王皇后的从兄、嫂[26]。

北　京

南苑苇子坑明墓。1961 年 6 月，北京市文物工作队清理发掘，墓为夫妇合葬墓。经清理，出土丝织的衣衾之类共 83 件，内有衲襖、贴里、短衫、裙、绣云凤霞帔、靴、鞋等。女尸头部发现金嵌宝石花钗 7 枝，脚部发现银质鎏金霞帔坠子 1 件。男尸头部玉簪 1 支，腰部玉带 1 围，带銙为素面白玉，共计 20 块。该墓早年曾遭盗掘，后与早年收存的墓志盖和买地券对照，推测为明武宗夏皇后之父夏儒夫妇的合葬墓[27]。夏儒，正德二年封庆阳伯，十年以寿终。《明史》称其“为人长厚”，“既贵，服食如布衣时，见者不知为外戚也”[28]。

李伟夫妇墓。墓地位于北京市海淀区八里庄，在慈寿寺塔西北约一公里处，1977年10月北京市文物管理处清理发掘。该墓曾遭盗掘，李伟棺内出土器物很少。其夫人棺内出土有錾花银饰147片，其纹饰作西番莲、灵芝、银锭、艾叶、方胜、寿字、蝙蝠等（简报推测为衣物饰片）。金凤1对，喙衔珍珠，珠已脱落，仅余金丝。金耳环1对，饰绿松石和红宝石。嵌玉梅花簪1对，花心嵌红宝石。金艾叶1对，花饰为艾叶，上伏一蝎。各式簪钗甚多，内掐丝镶嵌花钗1件，背面掐丝“吉庆有余”图案。大花顶簪1件，大红宝石做花心，旁有金蝶，蝶须嵌珍珠两颗，花四周饰红、蓝宝石。珠花4件，以珍珠串制。珠蝶4件，蝶翅以珍珠串制。白玉带銙12块，素面。李伟，正德五年生，万历十一年卒，为明神宗生母李太后之父。明神宗即位后晋武清伯，万历十年晋武清侯。其夫人王氏，正德八年生，万历十五年卒，为李太后的生母，常被李太后接到慈宁宫去住，赏赐甚多，墓中出土的很多头面应即出自宫中[29]。

施聚祖孙墓。2005年9月28日，北京华能热电厂在铺设管道时发现，北京市文物研究所随即对其进行发掘。2座墓早年曾遭盗扰，再经施工严重破坏，墓中出土器物无多。经清理，二号墓出土有素面玉带銙20块，另有金饰、银簪等物。据出土墓志，知一号墓墓主施鉴，正统三年生，成化二年袭怀柔伯爵，弘治八年卒。二号墓墓主施聚，为施鉴祖父，洪武二十二年生，英宗复辟后，封怀柔伯，天顺六年卒，赠怀柔侯。据施聚墓志，其父、祖、曾祖皆为蒙古人，施聚之父施忠始归附明朝，易汉姓[30]。

赵胜夫妇墓。2007年4月于北京市朝阳区奥运村地区发现，北京市文物研究所随即对其进行发掘。该墓早年曾遭盗扰，经清理，出土有金簪、银簪各一，素面玉带銙20块。赵胜，永乐十七年生，成化十九年封昌宁伯，二十三年因营建万贵妃茔，坠崖而卒，赠昌宁侯[31]。

安　徽

汤和墓。1973年，为配合蚌埠市公路建设而发掘。汤和，洪武三年封中山侯，十年改封信国公，二十八年八月七日薨，追赠东瓯王，谥襄武。墓中出有金花2件，金戒指1件，金簪1件，玉组佩饰件9片，玉带銙15块[32]。

江　苏

苏　州　王锡爵墓。墓为夫妇合葬墓，1966年苏州市郊虎丘公社新庄大队在平整土地时发现，苏州市博物馆遂对其作了发掘。王锡爵，太仓人，嘉靖十三年生，万历三十八年卒，赐葬，敕建专祠。历官詹事府右谕德、国子监祭酒、詹事、礼部右侍郎、文渊阁大学士，万历二十一年出任内阁首辅。经清理，墓中出土有忠静冠1顶，玛瑙束发冠1顶，忠静服1件，缎便服1件，云头鞋1双及丝棉绸服、缎服各1件，白玉带钩1件[33]。

黄元会墓。墓为夫妇合葬墓，1984 年太仓县水泥制品厂扩建厂区平整土地时发现，苏州博物馆遂与太仓县博物馆联合对其进行发掘。黄元会，万历四十一年进士，历任工部都水司主事、南昌知府、按察副使、提学副使、山东布政司参政、江西按察使等职，卒年 51。夫妇二人入葬时各穿衣服 6 件，多已朽烂。经清理，黄元会棺内出土玉簪 1 件，玉坠 2 件，银带銙 11 片；恭人徐氏棺内出土耳挖、发簪各 1 件，银带銙 21 片[34]。

常　熟　陆润夫妇墓。1990 年 10 月 15 日常熟博物馆在虞山周围监督取土工地时发现，随即对其进行发掘。经清理，计有包括墓志在内的 24 件文物出土。内有嵌宝梵文金分心 1 件、人物楼阁掩鬓 1 对、白玉嵌宝石金挑心 1 支、金梳背 1 件、金葫芦环 1 对等。陆润，常熟人，正统元年生，历任闽县知县、清平知县、太仆寺丞、温州知府，正德十三年卒。其妻安人马氏，正统三年生，弘治十八年卒，正德三年入葬[35]。

常　州　毕宗贤夫妇墓。2004 年 2 月 15 日常州广成路某小区住宅建设工地发现，常州市博物馆随即对其进行发掘。2 座墓均遭毁坏，尤其二号墓随葬品已被掏出，考古人员仅捡回铜镜 1 枚、木雕带銙 8 块和墓志。经清理，一号墓为毕宗贤墓，二号墓为其妻子宜人屠氏之墓。毕宗贤头戴乌纱帽，身着常服，脚穿白布鞋。其墓中出有金簪 1 件、网巾圈 1 对、补子 2 方、枣木腰带 1 围、棉布衣 1 件、布袜 1 双。毕宗贤，成化元年乡试举人，二年进士，历任泰安知州、蓬州知州、登州知府[36]。

王沂夫妇墓。1970年发现，墓葬曾遭破坏，文物大量散佚，博物馆发掘、征集了20余套金银器和1件玉器。墓为夫妇合葬墓，出有梵文金分心1件、牡丹纹挑心1件、凤朝牡丹金满冠1件、牡丹纹金簪1件、云纹掩鬓1对、麒麟纹金簪1件、花头簪4对、金葫芦环2对、祥云日月形金饰3件、孔雀纹鎏金铜带銙19块（缺失辅弼1块）、麒麟纹鎏金铜带銙2块、青玉束发冠1顶。经清理，男墓主墓志未见，女墓主墓志显示为淑人杨氏。参考王氏宗谱，知男墓主为王沂。王沂，正统八年生，弘治十七年卒，历任礼部祠祭司主事、郎中，山东布政司左布政使，都察院右副都御史[37]。

白氏家族墓。2013年9月15日常州某村在道路改造中发现，常州市考古研究所随即前往勘察并作发掘。墓地共有墓葬10座，出土各类文物87件，计有䯼髻1件、云鹤纹簪1件、挑心3件、花头簪6件、鎏金银观音分心1件、鎏金银坐佛分心1件、日月纹金饰件3件、金葫芦环5件、金束发冠3件。据墓志并参考《晋陵白氏宗谱》，这座墓地应当就是《晋陵白氏宗谱》所记的白埈及其妻妾子媳的家族墓地，主要埋葬白埈及其夫人杨氏，三至六号墓为白埈四位侧室的墓葬，七至十号墓为白埈的两个儿子白诩、白诏夫妇合葬墓。白埈，为刑部尚书白昂之子，曾任锦衣卫都指挥同知管南镇抚司事，正德十二年卒[38]。

和平村明墓。20世纪60年代发掘，似无简报发表。墓中出有䯼髻、分心、额帕、大衫、霞帔、帔坠、短衫、裙子、弓鞋等物。䯼髻为银丝编就，分心为银质，饰一仙人。额帕以双排子母扣扣合，其上装饰有金饰。霞帔绣以鹭鸶云霞纹，帔坠银质，上作孔雀纹。霞帔内侧有金质子母扣以作扣合结系。因未见该墓考古发掘材料，墓主身份不详。

王洛家族墓。1997 年武进市横山桥镇基建施工时发现墓葬 2 座，当地博物馆随即对其进行发掘。经清理，知为王洛与妻盛氏，王洛之子王昶与妻华氏、徐氏及妾杨氏的合葬墓。王洛及妻墓中出有棉质衣物 6 件、丝质衣物 31 件，内有盛氏织金胸背狮子圆领 1 件、缀有狮子补的短衫 2 件，及缀有珠饰、金饰的额帕 1 件。墓中所出另有乌纱帽 1 顶、鬏髻 1 顶（其上插有分心、满冠等）及黄杨木带銙等物。王昶与其妻妾墓中出有丝质衣物 35 件，内有缀有孔雀补子的短衫 1 件，以环编绣绣出梅花、牡丹的裙子残片 3 片，及缀有珠饰、金饰的额帕 1 件。墓中所出另有继配徐氏的鬏髻 1 顶（其上插有分心、满冠等）。王洛，天顺八年生，以灾年输粟授镇江卫指挥使、昭勇将军，正德七年卒。其父曾任南京吏部尚书，其兄曾任都察院右副都御史。其妻盛氏天顺三年生，嘉靖十九年卒。王昶，王洛仲子，弘治八年生，因其伯父移荫应天府经历，后迁南康县县丞，嘉靖十七年卒。王昶元配华氏，早逝，赠孺人。继配徐氏，生卒年失考，封孺人。妾室杨氏，生卒年失考[39]。

泰　州　胡玉墓。1979 年泰州西郊唐楼村农民挖水渠时发现。墓主头戴乌纱帽，身穿圆领，腰围革带（革带带鞓尚存，绿色素缎里，内裹会试试卷草稿 6 张）。棺内另随葬有衣物一包，计有圆领袍、褡褸、贴里、鞋、袜等物。胡玉，正统三年生，成化十三年以《诗经》领荐，辛丑第进士唱名二甲首，授礼部主事，累迁仪制员外郎、精膳郎中，擢陕西布政司右参议，弘治十三年卒[40]。

徐蕃夫妇墓。1981年10月底农民建房挖地基时发现，当地博物馆随即对其进行发掘。经清理，墓为徐蕃及妻张盘龙的合葬墓，男女两棺内包尸花缎及随身所葬衣物共有80余件，均保存完好。男性墓主头戴方巾（内有网巾），身穿8层衣服，计有金绣胸背孔雀圆领（外系束带）、褡䕶、贴里、裙、裤、靴、袜等；女性墓主头戴方帽，上身亦穿8层衣物，计有缎织胸背麒麟圆领（外系束带）、缎织胸背仙鹤短衫、主腰、裙、袜等。女性墓主棺内另随葬有两包衣物，有主腰、衣、裤等。徐蕃，弘治六年进士，授南京礼科给事中，嘉靖时累官至工部右侍郎，嘉靖九年卒。其妻张盘龙嘉靖十一年卒，二人并于十二年下葬[41]。

森森庄明墓。2008年7月泰州江州北路拓宽工程森森庄段发现，泰州市博物馆随即对其进行发掘。墓为夫妇合葬墓，墓主仅存骸骨，但衣物保存较好。经清理，男墓主棺内出有帽子（疑为网巾）1件、幅巾1件、银簪1支、深衣1件（附绦子）、直身1件、素缎单袍1件。女墓主棺内出有各类袍衫3件、裙子4条、包头巾1件、风帽1件、鞋1双、银簪2件、包金银簪2件等。内有1件短衫胸背处饰以麒麟补子，1件夹袍对襟、大袖，腋下开衩，胸口处缀有系带。墓中没有发现墓志，据铭旌可知男性墓主姓王，女性墓主为其妻孺人许氏[42]。

无　锡　黄钺家族墓。1979年基建工程中发现，当地博物馆随即对其进行发掘。黄钺墓居墓园北部正中，长子抃墓在其左侧，次子抚墓居其右侧，三子、四子及家族诸墓按辈分依次向南两侧排列。黄钺家族墓曾遭严重破坏，今仅存10座墓葬。经清理，墓中所出除墓志外，主要是各类金银首饰，计有䯼髻、钿子、玉佛分心、银佛分心、草虫簪、耳坠、戒指等物。黄钺，成化十年生，正德十六年卒，生前拜承事郎，死后因其子赠南京光禄寺典簿。其四子“皆以例贡涉仕途”，长子抃为太学生，次子抚为鸿胪寺序班，三子拉为南京光禄寺署丞，四子播为南京光禄寺典簿，迁永平府通判。黄钺孙邦教、邦礼分别任光禄寺监事和署丞[43]。

龚勉夫妇墓。1958年因无锡通用机械厂扩建对其进行发掘。墓为龚勉及妻宜人张氏合葬墓，出有白玉簪、白玉带銙、䯼髻及各式簪子等物。龚勉，嘉靖十五年生，隆庆二年进士，曾任浙江嘉兴县令，官至浙江右布政使，万历三十五年卒[44]。

江　阴　薛鏊家族墓。2002年8月在平整土地时发现，当地博物馆随即对其进行发掘。1号墓葬薛鏊及其妻陈氏，2号墓葬薛鏊之子薛如淮。经清理，薛鏊棺内出有织金鹭鸶胸背圆领（原简报称“仙鹤”）及褡䙌、贴里等物；陈氏棺内出有布帽（似为网巾）、裙、裤等物；薛如淮棺内出有白鹇胸背圆领（原简报称“孔雀”）、褡䙌及衣襟残片等物。薛鏊，成化十六年生，嘉靖四十四年卒，官至宁海州判，其子薛如淮，嘉靖二十九年进士，补为南京刑部主事[45]。

承理家族墓。位于江阴南门磨盘墩，1986年8月基建施工时发现，当地文物部门随即对其进行发掘。承理家族墓共残存4座夫妇合葬墓，承理墓居于墓地东部中心，承银墓、承天秀墓、承宇墓按其辈分纵列。除承天秀墓外，其他3座墓葬遗物均已无存。承天秀棺木保存完好，头戴缎帽（似为网巾），身着5层衣物，计有衣物37件。承天秀，天顺八年生，正德二年举人，历官钱塘知县、顺天府通判、南阳府同知，嘉靖二十四年卒[46]。

上　海

杨氏家族墓。2000年8月在松江华阳桥镇复垦农田时发现，当地文物保护部门随即对其进行发掘。墓葬共有9座，其中1号墓、2号墓在施工过程中已遭破坏。经清理，共出土各类器物183件（套），内有红木束发冠、唵字梵文分心、人物楼阁纹掩鬓、菩萨形分心、顶簪、葫芦环、木雕麒麟纹带銙等。据出土戒牒，2号墓墓主为杨福信，受持时间为正统四年。据旌铭，8号墓为武略将军四山杨公墓[47]。

韩思聪墓。位于上海市宝山区杨行镇苏家宅，2001年5月筑路挖沟时发现。墓中出有乌纱帽1顶，圆领袍1件，“白丝衣”2件，朝衣1件，疑为中单的“白绸镶蓝边对襟衣”1件，后绶1件，2件“褐色绸蔽膝”中疑有蔽膝1件。韩思聪，永乐十年生，成化十二年卒，生前曾任顺天府大兴县丞[48]。

顾从礼家族墓。1993年、1994年上海肇家浜路打浦桥建房工地施工时发现，计有10座墓葬。1号墓为夫妇合葬墓，墓主不详，出有各式簪子及葫芦耳环。2 号墓为顾叙及其妻妾的合葬墓，出有各式簪子及珍珠龙戏珠头饰、耳环。3 号墓为夫妇合葬墓，出有各式簪子。4 号墓为顾东川夫妇合葬墓。顾东川头戴乌纱帽，身着织金胸背鹭鸶圆领，腰围革带。其妻头戴䯼髻，并围额帕，额帕上缀有金玉饰件，鬓插掩鬓，身披霞帔并挂坠子。5 号墓为顾从礼夫妇合葬墓。顾从礼头戴乌纱帽，身着织金胸背鹭鸶圆领，其妻头戴翟冠。6 号墓为单室墓，出有耳挖及戒指。7 号墓为顾□□妻孺人陆氏墓，8 号墓为顾汝达夫妇合葬墓，出有各式簪子。结合旌铭文字及地方史志，知顾东川为顾从礼之父，顾从礼名汝由，当与顾汝达同辈,顾叙未见记载,但从墓葬排列看辈分高于顾东川，1 号墓墓主辈分又高于顾叙。据旌铭，顾叙为太学生，顾东川为太医院御医，顾从礼为光禄寺少卿，顾汝达为茂才，顾□□为庠生[49]。

潘允徵家族墓。1960 年发现 3 座墓葬，并对其进行发掘。经清理，知墓主为潘惠夫妇及其子潘允修夫妇、潘允徵夫妇。潘惠尸体及衣物已朽，唯棺内乌纱帽 1 顶尚为完好。其妻王氏棺内出有金莲花簪、银嵌蓝宝石花簪、金嵌宝石花蝶耳环、金扣饰等。潘允修夫妇墓早年已遭盗掘，此次清理只出有一些碎木棺和人骨架并墓志铭。潘允徵尸体及身上衣物已朽，仅头上所戴乌纱帽及身上的5方补子尚存,补子上或绣有鸂鶒。其元配赵氏棺内出有各式金簪 7 件，鎏金耳环 1 对，白布衫2 件，白布裙 1 条。侧室何氏棺内出有木簪、嵌宝石戒指等。潘惠，万历十五年卒，年八十五，生前任官至温州府通判。

潘允修，嘉靖六年生，四十二年卒，生前为太学生。潘允徵，嘉靖十三年生，万历十七年卒，生前任官至光禄寺掌醢署监事[50]。

陆深家族墓。位于上海陆家嘴轮渡东南海兴路西侧东宁路以北典当弄附近。1969年，该地人防施工，夜间擅自发掘，致使墓葬遭到破坏。后来，考古工作人员清理了已被破坏的2座墓葬。墓为陆深夫妇及其子陆楫夫妇墓。两墓的随葬物品扰动混在一起，内有银丝鬏髻、白玉束发冠、金双狮滚绣球分心、金镶玉观音分心、金镶玉飞天掩鬓、金镶玉葫芦环、金事件、银霞帔坠子、玉扣、玉幻方及各式簪子等。陆深，成化十三年生，弘治十八年进士，授翰林院编修，后累官四川左布政使、詹事府詹事，嘉靖二十三年卒，赠礼部右侍郎。陆楫，正德十年生，嘉靖三十一年卒，生前为太学生[51]。1981年，基建施工过程中，于东昌路与浦东大道交接处西约100米处发现两座明墓。经发掘，出有金丝鬏髻及各式簪、环。此处墓葬离陆深墓不远，考古工作人员推测为陆深后裔墓葬[52]。

浙　江

桐　乡　杨青墓。2002年濮院镇杨家桥香海寺施工时发现，当地博物馆随即对其进行发掘。墓主头戴乌纱帽[53]，身着织金胸背獬豸圆领（原简报称为麒麟）。墓主尸骨已朽，但衣物尚保存完好，里外共穿着九层衣物，内有贴里、背心、裙、裤等。墓中所出尚有六合一统帽、雕花木带銙等物。据墓中所出题有“御史为罪囚事今将天顺五年六月初一日起至本道并无问发过记罪京军京民姓名无揭帖者”字样的文书，及地方史乘，考古工作人员将墓主考订为杨青。杨青，景泰进士，初授翰林院庶吉士，改礼科给事中，后出为河南按察使佥事[54]。

安　吉　吴麟夫妇墓。位于鄣吴镇景坞村竹园自然村，1966年10月被村民炸开，棺内遗物被送到当地革委会保存，后移交当地博物馆。墓为吴麟与其妻安人方氏的合葬墓，移交至安吉县博物馆的器物共47件（组），内有金丝䯼髻、玉分心、玉满冠、玉掩鬓、鎏金银翟、葫芦环、各式簪子（多用点翠）、银铃（疑为霞帔坠子）、杂宝纹挂饰、鎏金银带銙、玉禁步等。吴麟，成化二十一年生，嘉靖五年进士，授刑部福建司主事，后任河南道监察御史，后官至山东提刑按察司副使，三十二年卒[55]。

嘉　兴　李湘墓。2006年11月嘉兴王店镇人民政府在平整土地时发现,嘉兴博物馆闻讯随即对其进行发掘。经清理，知为李湘及其妻与妾陈氏、徐氏的合葬墓。墓中出有男女衣物21件，或缀有麒麟、白鹇等补子，另有䯼髻、鞋、帽等物。据陈氏墓志，知其夫为李湘，其子李芳嘉靖进士，孙李原中万历进士。又据《梅里志》，李湘“以子芳贵封文林郎”[56]。

余　姚　袁炜墓。1968年位于余姚南山公社袁马大队三峰山的袁炜墓遭到破坏，随葬器物散落村民手中，1978年收回并上交余姚县文化馆。计有玉带銙、银簪、玉簪、鎏金银帽饰、玛瑙束发冠等。袁炜，嘉靖十七年进士，三十五年升为礼部右侍郎，四十年迁礼部尚书，四十四年卒[57]。

江　西

南　昌　戴贤夫妇墓。1981年南昌市永和门外省二机局工地取土时发现，当地文保部门随即对其进行发掘。墓为戴贤及其淑人徐氏合葬墓。经清理，墓主戴贤身穿蟒袍，腰系嵌金木雕麒麟带。徐氏棺内出有金簪、金耳坠、金戒指、包金玉带一副。戴贤，明宪宗时因镇压两广、南赣等地农民起义，被封为昭勇将军[58]。

德　安　桂德光夫妇墓。1991年4月墓葬被盗，当地博物馆随即对其进行发掘。墓为桂德光及妻熊氏的合葬墓。此墓虽为合葬墓，但未见桂德光墓志。熊氏棺木保存完好，其头梳高髻，插戴各式簪子，外敷黑纱，身穿衣物7件，外套白鹇圆领1件，下穿裙子7件。墓中所出器物共计83件，内棉质衣物37件，丝质衣物22件，麻质衣物9件[59]。据墓志，熊氏成化十八年生，弘治十三年嫁于桂德光，嘉靖十六年卒[60]。

玉　山　夏浚墓。位于嘉湖山山腰，1962年发现。墓中出有袍服6件，内有獬豸圆领等。墓中所出并有衣物疏一份，上题：

> 江西广信府玉山县招善乡吴田里良田社，恭惟近故会稽郡贵廿五广西参政存名夏浚所有，存日衣裳开

具□后：一、上穿贴身白袖衫一件，白绵□棉袄一件，□□□□褶一件，□□□云绢褶一件，□青苎绵袄一件，□□□苎褶一件，□□□深衣一件。一、下穿白绵绸绵裤一腰，葱云绢裙一腰，头插金耳挖一条，玄宁巾一顶，金圈一双，福巾一顶，梳掠一副，□面扇一把，□巾一幅，白布一条，□脚一双，□绸绵袜一双，脚枕一副，□□被褥一副，红素苎绵被一床。共计贰拾□件，付与明故会稽贵□□广西参政讳名夏浚收执，□□□白衣单。

夏浚，玉山人，嘉靖进士，累官至广西参政，嘉靖四十年卒[61]。

临　川　徐琼夫妇墓。位于金石山山腰，1966 年 3 月清理发掘。墓为徐琼及妻刘氏合葬墓，早年被盗，出土遗物较少。墓中出有金孔雀钗 1 对，金帽花 1 对，金鳌鱼 1 件。徐琼，金溪人，天顺元年进士，由翰林累官至侍读学士，弘治九年任礼部尚书，十八年卒。其妻刘氏正德六年卒[62]。

永　修　魏源夫妇墓。1966 年基建施工时发现，1972 年对其进行发掘。墓为魏源及妻卢氏合葬墓，出有金瓜耳环，鬓花、银簪，鎏金银孔雀等。魏源，永乐四年进士，英宗即位进刑部尚书，正统九年卒[63]。

广　昌　吴念虚夫妇墓。位于千善乡大际村，1988 年被盗掘，当地博物馆随即对其进行发掘。墓为吴念虚及其淑人何氏的合葬墓，随葬文物被盗被毁，后经公安追缴和发掘清理，计有缎织胸背仙鹤圆领、裙、裤、楠木带銙、玉组佩残件等。吴念虚，名思学，号念虚，嘉靖二十六年生，历任武定州知州、丽水知县、南京刑部主事郎中、东昌知府、汀州知府、广西按察使司、福建布政使司等，万历四十二年卒。其妻何氏，嘉靖二十六年生，万历三十八年卒[64]。

福　建

福　州　马森墓。位于福州西禅寺附近，1980年当地文物部门对其进行发掘。墓中出有丝质衣物23件，计有纱、罗、绢、绸、绫、缎、锦等品种。该墓未有简报发表，唯于对其墓中所出丝织品的研究文章中知有头巾、褙子、缀有仙鹤补子的衣物等[65]。马森，正德元年生，嘉靖十四年进士，历官江西巡抚、户部尚书，万历八年卒。

漳　浦　卢维祯墓。位于漳浦县盘陀乡通坑村庙埔自然村，1987年被盗掘，当地文博单位随即对其进行发掘。墓为卢维祯及其淑人张氏合葬墓。经清理，张氏身着衣物9层，收集随葬品68件，内有金簪、银镯、镶金玉八仙钿儿、白玉螃蟹、白玉喜鹊、白玉蝉、白玉梅花片、凸模鎏金银挂件、霞帔坠子、银带銙等。卢维祯棺内出有银事件儿、银带銙等。卢维祯，嘉靖二十二年生，隆庆二年进士，官至户部、工部侍郎，万历三十八年卒，两年后赠户部尚书[66]。

广　东

广　州　戴缙夫妇墓。位于广州东山梅花村南面，1956年底至1957年初发掘。经清理，墓为戴缙及孺人周氏合葬墓。戴缙尸体共由12层衣物包裹，头戴幅巾及网巾，网巾上缀有玉环两个；身穿深衣，其内有绣胸背麒麟圆领，共有10件衣物，下身穿有裙、裤等。戴缙两足之间垫有衣服一包。周氏头戴黑色小布帽，贯鎏金银簪两支，耳戴金环。身上穿有各式衣物，下身着裙。戴缙，宣德二年生，成化二年进士，官至南京工部尚书，正德五年卒[67]。

东　莞　钟雪松家族墓。位于东莞市寮步镇上屯村响塘岭，2003年发掘。墓葬共为8座，唯钟雪松墓及其右侧钟雪松妻孺人陈氏墓得以确认身份，其他6座墓推测为钟雪松之子及孙的墓葬。钟雪松墓仅出有几枚铜钱，尸骨已朽。陈氏尸骨尚存，其上衣物保存尚好，其中一件胸前可见织金仙鹤补子。据墓志，知钟雪松为云南布政使司左参政钟渤之父，宣德八年生，弘治十八年卒，赠征事郎、刑科给事中[68]。

河　北

王铎家族墓。1989年马营村村民盗掘墓葬3座，随葬品后被追回。1992年，当地文博单位对此3座墓葬作了发掘。经清理，一号墓为开平卫昭勇将军王俊及其淑人申氏的合葬墓。王俊身着10多层衣物，但已朽烂，只胸部有一补子保存较好，腰际残有木带銙。申氏也有丝绸衣物残片留存。二号墓墓主不详，考古工作人员推测为王佐。出有木带銙、衣物残片等。三号墓为昭毅将军王铎及妻的合葬墓，其妻骨架周围残有朽烂的衣物，颜色有黄、绿、茶色等。王铎，洪武三十五年生，永乐二十年袭父荫任交州右卫武略将军，宣德四年改任开平卫，天顺八年进阶为昭毅将军，成化七年卒。王俊为王铎长子，王佐为王铎三子[69]。

河　南

高高山明墓。1956年杞县高高山在基建中发现明墓数座，后发掘了2座。经清理，知二号墓为张希义及妻孺人张氏的合葬墓。男性墓主尸体尚未腐烂，身上放有折叠的衣服6件，其一缀有补子。张氏棺内出有衣服6件，颜色有黄、绿等色。一号墓墓主为张廷恩，身上也放有衣服6件，都为上衣。据墓志，张廷恩为张希义之父，为昭勇将军，张希义曾任兵马指挥[70]。

山　西

孙柏川墓。1999年5月21日大同市南郊小南头村村民挖沙时发现，大同市考古研究所随即对其进行发掘。墓为夫妇合葬墓，葬有孙柏川与其夫人原氏、朱氏。经清理，孙柏川棺内出有金束发冠1件、青玉浮雕麒麟带1围，其上带銙19块，缺一辅弼。朱氏头戴金冠、身着黄色长袍，腰系玉带，内穿10余件衣物，脚穿弓鞋。孙柏川，嘉靖十七年生，万历二十八年卒，生前任官镇守固原、甘肃总兵官，左军都督府都督同知[71]。

陕　西

阎仲宇夫妇墓。1973年陇县城关乡祁家村社员浇地时发现，当地文博单位随即对其进行发掘。墓为三室并列的夫妇合葬墓，葬阎仲宇及其妻仲氏、袁氏。经清理，阎仲宇身着长袍，但已朽烂，身下铺有夹衣。仲氏上身穿六层衣物，下身穿五层单裤，外罩裙子。墓中所出，另有金簪、玉带銙、金顶银簪、金耳环等物。阎仲宇，成化十一年进士，历任盐山县令、湖广道监察御史、山东按察副使、浙江按察使、兵部右侍郎、兵部尚书等，正德七年卒，同年下葬[72]。

甘　肃

兰　州　彭泽家族墓。位于兰州市西郊上西园，因基建需要，1955年甘肃省文管会对其进行清理。墓地共有墓葬5座，一号墓居中最大，为彭泽夫妇墓。死者衣饰尚能分辨色泽花纹，唯腐朽不堪揭取。彭泽妻棺内出有玉带1围，饰白玉带銙20块，均透雕金瓜枝叶花纹；翟冠1顶，饰有五翟，翟身翟尾有小珠串缀，下衬翠云一周，冠前下部正中有一圆形金饰，边作火焰形，中间用细金丝盘成小蝶，花朵镶有宝石多粒。冠后各式金银簪钗甚多。小金帽饰一组，大小共23件，均作花朵状。金银首饰30件，包括大小花簪、耳环。白玉带銙20块，透雕花鸟。玉组佩2挂。织金麒麟补子2方。霞帔1条，金绘云朵孔雀花纹，帔坠已朽。二号墓为彭泽之弟彭冲及妻陈氏合葬墓。女棺出有金银花簪、首饰、耳环等。三号墓为彭橹及妻周氏合葬墓，随葬器物无多。四号墓为彭泽继配萧氏与妾赵氏合葬墓，萧氏棺内出有小钗、首饰，赵氏出有耳环、小簪。五号墓为彭泽之子彭棨及妻赵氏墓，仅见木带銙十余块。彭泽，弘治三年进士，历任徽州知府、真定知府、浙江按察司副使，嘉靖九年卒[73]。

戴廷仁夫妇墓。1988年9月甘肃省筑路机械修造厂在施工时发现，当地考古部门随即对其进行发掘。墓为戴廷仁及其妻柴氏的合葬墓，墓中出有铜带銙、革带、翟冠、鎏金头花等物。戴廷仁，嘉靖四年生，三十五年参与抗击倭寇因功授中护卫指挥佥事，万历二十七年卒。淑人柴氏，万历三十五年卒[74]。

文　县　萧氏家族墓。1973年9月于鹄衣坝生产大队兴修农田时发现一处明墓群，据墓志，知此处为萧氏家族墓，葬有萧时雍夫妇、萧籍夫妇、萧槐峰夫妇。同年10月，当地文博单位即对萧籍墓作了发掘。萧籍尸体保存尚好，头上戴帽（疑为网巾），帽上方有方形小孔金饰2枚。身着衣物5套，最外为圆领，缀有补子。墓中出有玉质方形衣饰1件，上刻兽面花纹。萧籍，隆庆二年生，万历举人，历任河南渑池知县、山西泽州知州，崇祯十五年卒，次年下葬[75]。

宁　夏

杨氏家族墓。位于盐池县城南郊、花马池镇冯记圈村东北侧的荒滩上，1999 年因特大暴雨而显露墓葬轮廓，当地文保部门随即对其进行发掘。经发掘，共清理了 3 座墓葬，一号墓出有带銙 10 块、衣物 10 件，内有胸背狮子圆领、搭护、直身、芭蕉仕女纹襕裙等。二号墓出有带銙 7 块、衣物 14 件，内有包巾、织金胸背麒麟圆领、护膝、靴、鞋等。三号墓出有花卉纹铜带銙 20 块、各类织物 37 件，内有乌纱帽、包巾、刺绣胸背獬豸圆领、襕裙、靴、鞋等。一号墓、三号墓未有表明墓主身份的信息出土，二号墓据墓志墓主为杨钊，考古工作人员推测一号墓墓主为杨钊的兄弟辈，三号墓墓主的入葬时间则晚于前二者。据杨钊墓志，其高祖枢歹为蒙古人，随明太祖征战，授官金吾右卫指挥同知，曾祖麻忽儿克，明成祖赐姓杨，为杨钊一族改取汉姓之始。杨钊，弘治元年生，嘉靖年间官至指挥使、领班都指挥，晋昭毅将军[76]。

湖　北

石　首　杨溥墓。1993 年 3 月 10 日高陵岗村村民取土时发现，市博物馆随即对其进行发掘。墓葬早年曾经村民挖古砖破坏且遭盗扰，但棺内仍存有众多随葬器物。杨溥头戴乌纱帽，身着织金胸背麒麟圆领。棺内出有贴里、褡䕶等袍服多件，另出有革带 1 围，带銙木质，计 19 块。杨溥，洪武五年生，正统十一年卒，生前任官至礼部尚书兼武英殿大学士，与杨士奇、杨荣共称“三杨”[77]。

宜　昌　宜昌明墓。1998年宜昌东山烈士陵园于基建过程中发现，宜昌博物馆随即对其进行发掘。经清理，墓中出土保存完好的各类衣物和纺织品30余件。内中襕裙裙襕之上或作芭蕉仕女、璎珞纹样，短衫胸背处缀有方形对凤补子。据墓中所出买地券，墓主为中年女性，嘉靖四十五年生，万历二十五年卒。墓主具体身份不详，但从其随葬的众多衣物看，大抵也应该是出自仕宦之家[78]。

四　川

赵炳然夫妇墓。1979年发现，四川省博物馆和剑阁县文化馆随即对其进行发掘。赵炳然棺木保存完好，其身穿9层衣物，上面和周围堆放叠好的衣物19件，脚端放鞋3双，旁边并有革带。其妻王氏棺内出有八仙庆寿钿子、镀金银翟、各式簪钗、蝶赶菊纽扣、革带等[79]。赵炳然，嘉靖十四年进士，历官监察御史、巡抚、大理寺丞、右都御史、兵部尚书，隆庆三年卒[80]。

杨慎家族成员墓。1956年新都城郊发现，四川省文管会随即派人清理。墓主为女性，棺木完整，棺内衣物及尸身均未朽烂。棺中共出土衣物50件。内有上衣20件，内1件短衫织有麒麟补子；裙子7件，夹裤2件，袜子1双，膝裤3双，鞋子3双，护膝1双，头巾3件。此外，另出土发簪4根，耳环1对，事件1挂。墓中并无墓志等表明墓主身份的文字材料，但此墓3米外曾发现嘉靖年间下葬的杨母蒋氏墓。蒋氏为杨慎之父杨廷和的侧室。又据杨慎家谱记载，此地为杨慎家族墓地所在，所以发掘者认为墓主为杨慎家族成员，而且可能是嘉靖前后所入葬[81]。

贵　州

张守宗夫妇墓。位于思南河东公社万胜山顶，1980年社员平整土地时发现，贵州省博物馆遂派人对其进行发掘。经清理，张守宗妻尸体保存完好，其上有衣服9件、裤3件、裙7件、鞋1双，尸体四周填塞衣物。墓中出土衣、裤、裙、包巾等各类衣物共计37件，丝质被子13领，其他丝织物11件，棉质衣物及纺织品17件，另有金环2件，银发簪2支。张守宗，嘉靖五年生，二十八年举人，二十九年进士，曾任官户部山西司员外郎，万历三十一年卒[82]。

品官冠服

朝服 / 祭服

明代群臣朝祭之服的制定在洪武元年，凡朝贺、辞谢等礼皆穿朝服，凡上亲祀郊庙社稷，文武官分献陪祀则服祭服[83]，“制与朝服同，惟衣色用青，加方心曲领”[84]。二十四年更定朝服、祭服制度，大祀、庆成、正旦、冬至、圣节及颁降开读诏赦、进表、传制穿朝服，陪祭则祭服[85]。嘉靖八年，对朝祭之服又有改定，祭服革除方心曲领不用[86]。

明代完整的一套朝祭之服，由梁冠、衣、中单、裳、蔽膝、大带、革带、玉组佩、绶、袜、履等组成。朝服与祭服的区别主要为衣之颜色，嘉靖八年改制前的祭服则比朝服多一方心曲领。此一套朝祭之服的完整组成，见于《大明会典》。《大明会典》卷六十一“冠服”详细规定了文武官朝服、祭服。《大明会典》之外，《明实录》也详细记录有洪武年间制定的朝服、祭服制度。又，成书于朝鲜时期的《高丽史》亦记洪武三年所赐群臣陪祭冠服，谓：

恭愍王十九年五月，太祖高皇帝赐群臣陪祭冠服，比中朝臣下九等递降二等，王国七等。通服青罗衣，白纱中单，皂领袖襴。红罗裙，皂缘。红罗蔽膝，红白大带，方心曲领，革带，绶环，白袜，黑履。冠五顶，五梁至一梁，角簪导。服样一副，罗衣、中单、裙、蔽膝、大带、方心曲领、白袜、黑履全。服段，青罗十一匹，白罗十一匹，红罗六匹，皂罗四匹，青绢三十五匹，白绢三十五匹，红绢十七匹，皂绢十匹，生绢七十一匹。绶样三副，紫锦绶一副，银环二；赤锦绶一副，鍮石铜环二；绿锦绶一副，鍮石铜环二。绶料，紫锦绶五副，赤锦绶六副，绿锦绶三十五副。五色线七斤，革带银钩觼一副，鍮石铜钩觼一副。第一等，秩比中朝第三等，服五梁冠，革带银钩觼，紫锦绶，银环。第二等，秩比中朝第四等，服四梁冠，余同前。第三等，秩比中朝第五等，服三梁冠，革带铜钩觼，紫锦绶，铜环。第四等、第五等，秩比中朝第六等、第七等，服二梁冠，赤锦绶，铜环。第六等、第七等，秩比中朝第八等、第九等，服一梁冠，绿锦绶，铜环。[87]

另，《朝鲜世宗实录》礼曹启文提及：

永乐六年正月日，赐王世子朝服，五梁冠、赤罗衣、白纱中单、赤罗裳、蔽膝、革带、佩绶、白袜、黑履、象笏。祭服，五梁冠、青罗衣、白纱中单、赤罗裳、蔽膝、方心曲领、红白大带、革带、佩绶、白袜、黑履、象笏。[88]

《五礼》且附有王世子、文武官朝服各配件的插图[89]。

明代朝服实物，墓葬少有出土，据可见的考古发掘资料，可知上海宝山韩思聪墓曾有朝服所用的衣、绶等物出土。出土实物之外，明代的朝祭之服还见于传世品中。山东曲阜孔府旧藏明代服饰较多，内中即有梁冠、赤罗衣、白罗中单、赤罗裳及祭服中的青罗衣。

梁　冠　明代所称的梁冠，属进贤冠系统，其由来久远。早在汉代，上自公侯，下至小吏，皆戴进贤冠，且以冠上之梁区分等级。唐、宋仍用进贤冠，到了明代始改称梁冠。明代沿袭汉代以来“梁数随贵贱”的做法，以梁的多寡表示品级的高低。洪武元年制度，冠上的梁数一品、公侯、三师及左右丞相、左右大都督、左右御史大夫八梁，从一品、平章同知、都督七梁，二品六梁，从二品五梁，三品、四品四梁，五品三梁，六品、七品二梁，八品、九品一梁，国公加笼巾貂蝉。二十四年改制，公八梁，侯七梁，伯一品七梁，二品六梁，三品五梁，四品四梁，五品三梁，六品、七品二梁，八品、九品一梁。梁数之外，还有立笔、香草、蝉等作为装饰，且以其数目、材质以作等差。公立笔五折四柱，香草五段，前后用玉为蝉；侯立笔四折四柱，香草四段，前后用金为蝉；伯立笔二折四柱，香草二段，前后用玳瑁为蝉。三者俱左插雉尾，冠上加笼巾貂蝉。驸马冠与侯同，不用雉尾。嘉靖八年所定，梁冠照旧式。

明代梁冠由冠武、冠山、展筒及附于其上的梁组成。从明代典籍所附梁冠插图看，冠武额上颜题，其上或以花卉、禽鸟为饰，冠山两侧冠耳各有一孔以作贯簪之用。展筒为拱形，

图 3-1　梁冠　山东博物馆藏

横跨冠武、冠山之间，其上附以冠梁。据孔府旧藏梁冠实物（图3-1），冠武、冠山皆为金铜材质（或涂金），其主体均为铜丝网以减轻重量。冠武颜题处倭角长方形内饰一西番莲，其外左右有一对称的翔凤。冠山底部正中饰一西番莲，上部正中饰以如意云纹，冠耳处饰以对称的翔凤，翔凤之下各有穿孔一个，穿孔之外饰以八瓣花形饰，簪子即穿过此穿孔以作固定。冠山底部两侧各有两个框饰，冠武后部插入此中以作固定并以此调节松紧，冠武左右两侧中间并缀两根丝绳，在冠武后部插入框饰后结系于冠耳底部一并作为固定之用。展筒为球面状突起，前低后高，其上可见冠梁五道[90]，冠梁似以铜叶或乌金纸包覆。

冠梁的做法当亦袭用宋制。孟元老《东京梦华录》卷十载："宰执百官皆服法服，其头冠各有品从。宰执亲王加貂蝉笼巾九梁，从官七梁，余六梁至二梁有差，台谏增廌角也。所谓梁者，谓冠前额梁上排金铜叶也。"[91]孔府旧藏梁冠，冠梁紧贴展筒，以蓝色丝线钉缀，颜色与展筒一致，皆作灰黑色。展筒材质似为麻布，或作髹漆加固处理。制作梁冠，需耗费麻布等料，见于沈榜《宛署杂记》。其书卷十四《经费上》"宫禁"载"隆庆六年，穆宗敬皇帝大行礼"，文下以双行小字注云"巾帽局成造梁冠等件，合用麻布等料，除大兴外，本县办麻布一百五十匹，每匹银一钱五厘；白苎布一百三十七匹，每匹银二钱五分；诸暨布五匹，每匹银二钱"[92]。《宛署杂记》所记制作梁冠耗费的麻布、白苎布、诸暨布或即展筒所用的耗材。梁冠所用的耗材，亦见于天启年间成书的朝鲜《祭器乐器都监仪轨》。该书记有宗庙所需新造的祭服六十六套，内有"梁冠六十六件"，并详细开列了所需的材料："每一件休纸一两四钱，式五斤十二两四钱；皂绸二尺，式三匹三十三尺；四升布六寸，式一匹四尺六寸；苎丝一分，式六钱六分；中铁丝七尺五寸，式四百九十五尺"[93]。据此清单，可知朝鲜梁冠需由休纸、皂绸、四升布、苎丝、铁丝等制作。

图 3–2　梁冠图　出自《五礼》

梁冠制度在洪武定制之后虽无改制，但有明一代两百多年间似有变化。明初梁冠作黑色，冠上的纹样或作涂金处理，这在《明宫冠服仪仗图》所附梁冠插图上有明显的表现，《五礼》载录的梁冠也是黑色（图 3–2），而孔府旧藏梁冠实物则通体为金色，唯展筒作灰黑色。又据《明宫冠服仪仗图》《五礼》，明初梁冠上的装饰纹样主要为缠枝花或蔓草，而万历重修本《大明会典》所附梁冠其上装饰纹样则有翔凤，与孔府旧藏梁冠实物较为一致。另据诸书插图，明代梁冠颜题处的装饰，不同时代似亦有别。《大明集礼》《明宫冠服仪仗图》所附梁冠，颜题处多有蝴蝶形装饰，其数或单或双，或为数更多。此蝴蝶形装饰，明初杨洪朝服像上亦可见及。像主杨洪身穿朝服，头戴梁冠，冠上加笼巾，冠上颜题处的蝴蝶形装饰体量巨大，特显突出（图 3–3）。明初功臣墓也常有蝴蝶形金饰件出土，如吴忠墓、宋晟墓及南京太平门外尧化门明墓均有出土（图 3–4）。这类蝴蝶形金饰以往多被认为是妇女头上的饰物闹蛾。但吴忠墓所出 2 件乃出自死者头部，结合明初梁冠插图及杨洪朝服像来看，这类蝴蝶形金饰件当属梁冠颜题处的装饰物。洪武二十四年定文武官朝服，侯冠七梁，“前后用金为蝉”，明初功臣墓出土的这类蝴蝶形金饰件应即金蝉[94]。梁冠颜题上的装饰又有獬豸，此为御史所用，此装饰仍是袭用宋制。山东即墨博物馆所藏蓝章朝服像，其梁冠前正装饰有獬豸，是难得的一例。

衣、中单　洪武元年，定朝服用赤罗衣、白纱中单，俱皂饰领缘；祭服，制与朝服同，唯衣色用青。二十四年，定朝服用赤罗衣、白纱中单，皆青饰领缘；祭服同朝服，唯以青罗为衣，皂领缘。嘉靖制度，上衣用赤罗，青缘。中单白纱为之，青缘。祭服上衣用青罗，皂缘。明初制度行用到嘉靖年间，沿久而讹，衣袭乎裳，无上下之辨。嘉靖八年改定冕服制度，定其衣不掩裳，并令“各王府并内外文武官一体更正”[95]。而百官承讹如故，后给事中戴儒请明降定式，明世宗与内阁、礼官议定朝祭服制度，“通行中外，职官遵行，毋得违越”[96]。改定后的朝服上衣衣长，“其长过腰指寸七寸，毋掩下裳”[97]，祭服长与朝服同。

明代朝祭之服上衣及中单实物，出土鲜少，唯韩思聪墓出有朝祭之服所用上衣1件。简报称其为“白绸镶蓝边大襟衣”，信息阙略不详，据其图版可知褪色严重，但衣领、衣袖及下

图 3-3　杨洪朝服像　美国亚洲艺术博物馆藏

图 3-4　蝴蝶形金饰件　吴忠墓出土　南京市博物馆藏

摆等处均饰以缘饰，所谓的“蓝边”即指此缘饰。同墓所出另有“白绸镶蓝边对襟衣”1件，形制、装饰等与中单类似，但领式作对襟，胸前缀系带。又明代朝祭之服上衣及中单实物均见于孔府旧藏，现分藏于山东博物馆和孔子博物馆两处。山东博物馆所藏朝服上衣和中单（图3–5），形制、装饰类同。上衣、中单均为罗质，上衣赤色，中单白色，青饰领缘。两者俱作交领、右衽，袖子宽大且上下平齐，腰下有暗摆，上衣背面左右腋下各缀有带襻两条，较为特殊的是上衣胸前正中还缀有襻条一对。明代祭服上衣，据目前所知不见于考古发现，其实物似仅见于孔府旧藏。据笔者目验，此上衣形制、装饰与山东博物馆藏朝服上衣类同，唯衣色用黑，青饰领缘，因残破已甚，不详是否有暗摆。朝服之衣，《大明集礼》附图题为“青衣”。《明宫冠服仪仗图》所附之衣和中单二图，皆青饰领缘，反映的应是洪武二十四年制度。

裳、蔽膝　洪武元年，定朝祭之服裳用赤罗，皂缘，蔽膝同裳色。二十四年定朝服赤罗为裳，青缘，蔽膝同裳色；祭服同朝服，皂缘。裳制行用到嘉靖年间，“裳之襞积，烦简不同”，后经礼官议定，“裳并三齐”[98]。嘉靖八年，遂定下裳七幅，前三后四，每幅三襞积，朝服赤罗青缘，祭服赤罗皂缘[99]。蔽膝缀于革带。明代朝祭之服下裳实物，考古发掘未见，唯有孔府旧藏的下裳1件（图3–6）。山东博物馆所藏下裳为帷裳，赤罗制成，青缘，裳的腰部缀有带襻一对。裳与蔽膝，《大明集礼》《明宫冠服仪仗图》所附之图相同，唯后者为彩图。裳，《大明集礼》附图题为“裙”，其形制

图 3–5　朝衣、中单　山东博物馆藏

图 3–6　裳　山东博物馆藏

可明显地看出分幅，附图表现了裳前面的三幅。两书所附蔽膝，其形制较为简单，未见肩、颈，整体呈梯形，只靠蔽膝上端的两条系带结系。嘉靖改制后的蔽膝，缀于革带，但对蔽膝的形制未曾言及，万历重修本《大明会典》所附之图亦简。蔽膝如要缀于革带，蔽膝上当有肩、颈或钩子等以便固定于革带。史文阙略，不能详知。

大带、革带　洪武元年，定大带用赤、白二色；革带，一品、从一品用玉钩觽，二品犀钩觽，从二品金钩觽，三品同于四品但所用不详（疑用金钩觽），五品镀金钩觽，六品、七品银钩觽，八品、九品铜钩觽。二十四年，定大带用赤、白二色绢；革带公、侯、驸马、伯及一品用玉，二品用犀，三品、四品用金，五品用银钑花，六品、七品用银，八品、九品用乌角。大带之制行用既久，到嘉靖年间“带缀于韠，无缭约之制”，于是嘉靖八年明世宗亲定“朝祭服大带表里俱素，两耳及下垂缘以绿色，就以蔽膝、佩绶系之”[100]，又用青组约之，革带俱照旧式[101]。明代朝祭之服大带、革带，未见实物留存。大带、革带图式则均见于《大明集礼》《明宫冠服仪仗图》，《大明集礼》且附题名“假带”“束带”。据其图式，大带均为结系之前的式样，《明宫冠服仪仗图》所附图式且对赤、白二色有清楚的表现（图 3–7）。革带作三段式，同于常服所用革带，据《明宫冠服仪仗图》，革带青鞓，带鞓边缘各压金线一道，中间压以金线三道。

玉组佩、绶　洪武元年，定朝服用佩，但其制不详。锦绶，五品以上用黄、绿、紫、赤四色，六品、七品黄、绿、赤三色，

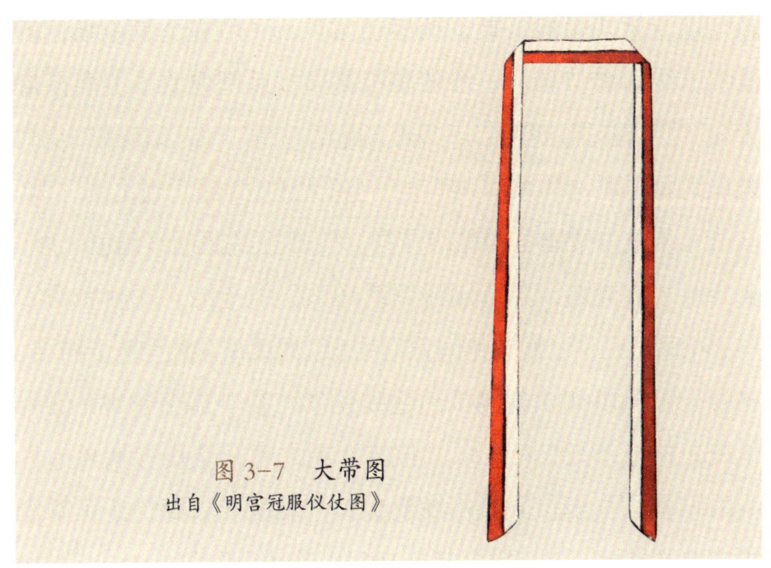

图 3-7　大带图
出自《明宫冠服仪仗图》

八品、九品黄、绿二色。一品、从一品、二品，丝织成云凤花样，从二品云鹤，三品同于四品但所用不详（疑用锦鸡），五品盘雕，六品、七品练鹊，八品、九品鸂鶒。绶下俱结青丝网，绶环均为两个，一品、从一品用玉，二品犀，从二品金，三品同于四品但所用不详（疑用金），五品银镀金，六品、七品银，八品、九品铜。二十四年，定玉组佩公侯至三品用玉，四品以下用药玉。绶，公侯、驸马、伯及一品用绿、黄、赤、紫四色，云鹤花锦，玉环二。二品绶同，但用犀环二。三品、四品用黄、绿、赤、紫四色，锦鸡花锦，金环二。五品用黄、绿、赤、紫四色，盘雕花锦，银镀金环二。六品、七品用黄、绿、赤三色，练鹊花锦，银环二。八品、九品用黄、绿二色，鸂鶒花锦，铜环二。自云鹤以下花纹，并环皆织成，俱下结青丝网。佩、绶之制行用既久，到了嘉靖年间多有讹误，“佩惟玉璧、铜鋈杂用”，“环有金玉等级，后概织于绶而略似环形。绶随品级花样，后则但取华美而任意妆饰”[102]。嘉靖八年遂定“佩玉更复古制”[103]，如诗传之制，去双滴及二珩，各照旧式[104]。“环以织文为误，当更正”[105]，嘉靖八年重申绶制各照品级花样，绶环也各照品级用玉、犀、金、银、铜为之，并特别强调绶环不以织于绶，改制后的绶系于革带之后[106]。嘉靖年间，又因玉组佩无所包覆、易于纠结，故令玉组佩用红纱囊包覆，称佩袋或纱袋。其时中外官俱制佩袋，独于郊天大礼，取其铿锵清越之音，登坛的太常寺官不用佩袋[107]。玉组佩既用纱囊包覆，后世或趋简约，官卑俸薄之人不得已“以襄汉间药料所烧者充玉”[108]。

明代文武官员佩绶实物，考古发掘所见较少。吴良墓曾出蝶形玉佩3件及玉环1件，因与象牙笏同出，疑玉环或为绶环。韩思聪墓所出之绶，是目前所知唯一一件且保存较为完好的后绶实物，从其图版可见后绶下端垂有明显的丝网，而其绶环正是织出的环纹。文武官员所用玉组佩形制，当同于帝后所用玉组佩，唯材质、装饰等有别。洪武佩制，《大明集礼》《明宫冠服仪仗图》皆未附图，唯万历重修本《大明会典》中附有佩的图式，但稍嫌简略。

笏　笏的出现，为时甚早。据《礼记·玉藻》所载，天子以下，笏的材质、尺寸因身份地位的高低也有所不同。天子以球玉，诸侯以象，大夫以鱼须文竹，士以竹。笏度，二尺有六寸，其中博三寸，其杀六分而去一。笏的作用，乃“所以书思对命者”，亦即《晋书·舆服志》所谓的“古者贵贱皆执笏，其有事则搢之于腰带”。笏，“晋宋以来，谓之手板。西魏以后，五品以上通用象牙。武德四年七月六日，诏五品以上象笏，六品以下竹木笏。旧制，三品以上前挫后直，五品以上前挫后屈。武德以来，一例上圆下方也”[109]。宋代，文散五品以上用象，九品以上用木。武臣、内职并用象，千牛衣绿亦用象[110]。

明代亦用笏板，洪武元年定五品以上用象牙，九品以上用槐木，二十四年更定自五品以上至公、侯皆用象牙，六品以下用槐木。嘉靖制度未尝言及笏制，当仍旧制。明末之笏，于象牙、槐木之外或用黄杨，以求轻便，而衍圣公或以孔林楷木作笏赠人[111]。明代笏板存世极少，间亦见于考古发掘。明初吴良墓即出有象牙笏板1件，然已残断。其实物见于山东博物馆（孔府旧藏）及国内外公私收藏。孔府旧藏笏板，为象牙制成，上圆下方，通长54.2厘米，上宽4.5厘米，下宽7.4厘米。笏板内侧上端刻“天启四年八月初三日　皇上幸学　钦赐六十五代袭封衍圣公孔”字样并填以朱色[112]。明代笏板，《大明集礼》《明宫冠服仪仗图》皆附有图式[113]，其状屈曲，同于孔府旧藏实物。

袜、履　明代之前，朝祭之服所用或舄或靴或履，代有不同。或一代之内，亦屡有更定，如宋代即履、靴多有更易，《宋史·舆服志》载“宋初沿旧制，朝履用靴。政和更定礼制，改靴用履。中兴仍之。乾道七年，复改用靴”[114]。明代制度，朝祭之服用履，袜为白袜，履作黑履。宋代制度，朝靴参用履制，唯于履上加靿，底用麻两层、革一层，里用素衲毡，高八寸。

图 3-8　镶履　山东博物馆藏

朝靴的装饰有絇、繶、纯、綦，这四类装饰不同品级之人各有减损，其颜色则仿所穿的颜色[115]。明代履制，据《大明集礼》《明宫冠服仪仗图》《大明会典》诸书所附之图，似亦有絇、繶、纯等装饰，《大明集礼》且称之为“舄”。

有明一代，因时推移，朝祭所用履的颜色也有变化。据现今存世的明代官员朝服像，明代中期以降朝履颜色多为红色。其上且有多重镶嵌，色用青、蓝或红、绿，或即所谓的“镶履”[116]。明代文武官员朝祭之服所用袜、履实物，考古发掘似未有见，唯于孔府旧藏中见有朝履 1 双（图 3-8）。此履高 12.8 厘米，底长 28 厘米，橙红缎面，头尾以青、蓝二色嵌出云头，履的正面嵌以蓝色条饰。此履饰以云头，当即所谓的“云头履”[117]。其装饰多为镶嵌，亦可称之为“镶履”“三镶云履”[118]。

方心曲领　洪武元年、二十四年制定的文武官祭服制度中均有方心曲领。洪武六年诏定品官家用祭服，祭家庙用的祭服三品以上去方心曲领，三品以下并去佩绶[119]。嘉靖八年，更定百官朝祭服图式，明世宗谕张璁“其方心曲领谓考无明义，乃隋始之，若以为取规矩之义，以事大祀则不可缺。若谓非古制，便弗可用，朕不能决，卿可详议来”[120]，且令礼官“议方心曲领名义”[121]。张璁在考覆《文献通考》《司马氏书仪》

等书之后，认为“非古制则俗传明矣”，“在礼诚所宜厘正，以成一代之制”[122]，礼官则上言“方心曲领始于隋时，非古也”[123]。以此，明世宗宣谕“方心曲领，古制不传，况始自隋，岂可袭用？宜革之”[124]，遂去方心曲领。方心曲领的样式，据《明宫冠服仪仗图》，文武官与皇太子所用相同，不用襻扣，只用系带结系，所用系带一根红色，一根白色。

公　服

明代公服制度，始定于洪武元年，朔望朝见及拜诏、降香、侍班、有司拜表、朝觐则服之[125]。二十四年，更定公服制度，在京文武官于每日早朝奏事及侍班、谢恩、见辞则服之，在外文武官员于每日早公座亦服之[126]，“在外未入流官凡遇行礼皆具公服”[127]。

明代完整的一套公服，由幞头、袍、革带、靴、笏等组成。此一套公服的完整组成，见于《大明会典》，《大明会典》卷六十一“冠服”详细规定了文武官公服。《大明会典》之外，《明实录》也详细记录有天顺年间制定的奉国将军、镇国中尉、辅国中尉、奉国中尉等人的公服制度。《明宪宗实录》载：

礼部奏：各郡王府镇国将军及郡主、郡君等冠服俱有定制，其奉国将军、镇国中尉、辅国中尉、奉国中尉并将军、中尉妻及县君、乡君仪宾一向未有受封者，其冠服、仪制条例不载，请会同翰林院定拟以闻，永为定制。奉国将军……公服一副，内大红素纻丝双摆夹一、皂皱纱幞头一、钑花金革带一；镇国中尉……公服一副，内大红素纻丝双摆夹一、皂皱纱幞头一、光金革带一；辅国中尉……公服一副，内深青素线罗双摆夹一、皂皱纱幞头一、钑花银革带一；奉国中尉……公服一副，内深青素线罗双摆夹一、黑漆幞头一、光银革带一……县君仪宾……公服一副，内深青素线罗双摆夹一、皂皱纱幞头一、乌角革带一……乡君仪宾……公服一副，内深青素线罗双摆夹一、黑漆幞头一、乌角革带一。[128]

《明实录》之外，《朝鲜王朝实录》也对明代公服制度有所提及。《朝鲜世宗实录》载：

洪武三十五年十月日礼部榜文内，公服用盘领右衽袍，或纻丝、纱、罗、绢，从宜制造，袖宽三尺。一品至四品绯袍，五品至七品青袍，八品至九品绿袍。幞头用漆纱，二等展角各长一尺二寸。笏，依朝服为之。腰带，一品用玉，或花或素，二品用犀，三品、四品用金荔枝，五品以下用乌角，革用青革，仍垂挞尾于下。靴用皂。[129]

此明朝礼部榜文所示，与《明太祖实录》所载无异，可知洪武三十五年所用公服合于洪武二十四年制度。

幞　头　南北朝晚期就已出现，历唐、宋的发展至明代趋于定型，清初革除不用[130]。明代幞头，乃袭取宋制。宋代

图 3–9 幞头 孔子博物馆藏

公服中即有幞头[131]，其制“君臣通服平脚，乘舆或服上曲焉。其初以藤织草巾子为里，纱为表，而涂以漆。后惟以漆为坚，去其藤里，前为一折，平施两脚，以铁为之”[132]。“去其藤里”之后的幞头，无需在发髻之上施以巾子，亦即宋人所称的“幞头帽子”。《东京梦华录》卷三“相国寺内万姓交易”条谓“占定两廊，皆诸寺师姑卖绣作、领抹、花朵、珠翠、头面、生色销金花样、幞头帽子、特髻冠子、绦线之类”[133]，同书卷八“中元节”条亦称“先数日市井卖冥器，靴鞋、幞头帽子、金犀假带、五彩衣服，以纸糊架子盘游出卖”[134]。宋代幞头实物，1999 年泰州市一职中工地蒋师益墓曾有出土。该幞头通高 21 厘米，直径 18 厘米，展脚长 53.5 厘米，以罗纱为表，外髹黑漆。展脚用粗铜丝制作骨架，上缠网状细铜丝[135]。

明初幞头，据典制，“用漆纱，二等展角各长一尺二寸，未入流杂职止用垂带”[136]。洪武二十六年，定未入流杂职官幞头展角与入流官同，不用垂带[137]。明代幞头实物，考古未见出土，唯孔府旧藏有见（图 3–9）。山东曲阜孔子博物馆所藏的这顶幞头，高 20 厘米，直径 17 厘米，展脚长 70 厘米，以铁丝为胎，外敷漆纱，漆麻布为里。幞头前屋、后山方平，前屋、后山相接处有山形饰物，前屋近后山处稍有凸起。两展脚也以铁丝为骨架，敷以黑纱，左右平伸，外端稍有起翘。幞头后山靠帽沿处中间钉缀有翅管，展脚插入翅管以作固定。其形制与蒋师益墓相同，唯做法上稍有差异：蒋师益墓所出幞头帽体髹漆，较为光亮；其展脚平伸，以展脚相互缭绕固定于后山下部。但据明代图像资料，展脚幞头的展脚外端皆有上折，与孔府实物所见的起翘亦稍有不同。

双　摆　公服所用袍服为圆领、右衽、大袖，《明宪宗实录》称其为“双摆”[138]。洪武元年制度，未详袍服形制，皆用赤色。一品服大独科花，直径五寸；二品小独科花，直径三寸；三品散答花，直径二寸；四品小杂花，直径一寸五分。五品花同四品。六品、七品花同五品，直径一寸。八品、九品无花。二十四年制度，用圆领右衽袍，纻丝、纱、罗、绢随宜，袖宽三尺。公、侯、驸马以下至四品用绯，五品至七品用青，八品以下并杂职官俱用绿。暗织花样，公、侯、驸马及一品用大独科葵花，径五寸；二品用小独科葵花，径三寸；三品用散答花，无枝叶，径二寸；四品、五品小杂花文，径一寸五分；六品、七品小杂花文，径一寸；八品以下无文。明代公服所用双摆，考古未见，孔府旧藏冠服中或有其实物。孔府旧藏实物中有素面赤罗袍一件（图 3-10），其作圆领、右衽，袖子宽大，上下平齐，左右腋下各有插摆。“凡文武官公服花样，如无从织买，用素随宜”[139]，据其形制与装饰及存世

图 3-10　赤罗袍　山东博物馆藏

图 3-11　边贡公服像　山东博物馆藏

的明代公服容像（图 3-11），此袍似为公服所用。

革　带　革带之制，洪武元年制度较繁，一品玉带；二品花犀带；三品金带，镂葵花一蝉八；四品金带，镂葵花一蝉六；五品金带，镂葵花一蝉四；六品银带，镀金葵花一蝉三；七品银带，镀金葵花一蝉二；八品、九品通用光素银带。二十四年加以简化，定公、侯、驸马、伯及一品玉带，或花或素。二品犀带，三品、四品用金荔枝带，五品以下用乌角带。带鞓用青革，垂挞尾于下。革带的形制，据《大明集礼》《明宫冠服仪仗图》作一段式，带鞓为青色，其边缘各压金线一道，中间压以金线三道。带鞓上且缀方形带銙，带尾缀一挞尾。又据明代容像，可知此革带较长，至少绕肚一圈半而后垂挞尾于下。

靴、笏　靴制，洪武元年定其制如宋元，二十四年定用皂靴。其制，据《大明集礼》《明宫冠服仪仗图》作高靿，上端饰以蓝缘。明初靴禁甚严，“靴不得裁制花样、金线装饰。违者罪之”[140]。明代公服所用之靴，当与常服所用之靴同式。据《明宪宗实录》，奉国将军、镇国中尉、辅国中尉、奉国中尉等人所用有皂麂皮铜线靴、皂麂皮靴[141]，可知天顺年间皂靴乃以麂皮为之，明初虽有金线之禁，但其时靴上装饰铜线以作变通。笏制，如朝服之制。

常　服

明代品官的诸类服饰中，常服最为常用。其制度初定于洪武元年，二十四年更定。“凡常朝视事，以乌纱为帽，团领衫、束带为公服”[142]，其服用的场合为文武官常朝视事及年老致仕官员朝贺、谢恩、见辞等。依照典制，明代品官常服主要以圆领袍上的胸背花样、革带上的带銙材质来区分等级。胸背花样有文武之别，而带銙材质则不分文武[143]。

明代品官常服完整的一套，大体由乌纱帽，贴里、褡䙡、圆领，革带，皂靴组成。此一套常服完整的组成，见于《明实录》。《明宪宗实录》载：

> 奉国将军……常服纻丝夹一套，内大红织金胸背虎豹开褉圆领一，深青素褡䙡一，黑绿素贴里一，钑花金束带一，皂麂皮铜线靴一双，乌纱帽一；镇国中尉……常服纻丝夹一套，内大红织金胸背虎豹开褉圆领一，深青素褡䙡一，黑绿素贴里一，乌纱帽一，光金束带一，皂麂皮铜线靴一双；辅国中尉……常服纻丝夹一套，内红织金胸背熊罴开褉圆领一，青素褡䙡一，绿素贴里一，乌纱帽一，钑花银束带一，皂麂皮铜线靴一双；奉国中尉……常服纻丝夹一套，内红织金胸背彪开褉圆领一，青素褡䙡一，绿素贴里一，乌纱帽一，光银束带一，皂麂皮铜线靴一双……县君仪宾……常服纻丝夹一套，内红织金胸背熊罴开褉圆领一，青素褡䙡一，绿素贴里一，乌纱帽一，钑花银束带一，皂麂皮铜线靴一双……乡君仪宾……常服纻丝夹一套，内红织金胸背彪开褉圆领一，青素褡䙡一，绿素贴里一，乌纱帽一，光素银束带一，皂麂皮靴一双。[144]

《明宪宗实录》所载常服纻丝夹一套，内有大红织金胸背开褛圆领、深青素褡䕶、黑绿素贴里、乌纱帽、钑花金束带、皂麂皮靴各一。只是因等级不同，圆领上的胸背作虎豹、熊罴、彪等。明代品官常服圆领之内另有褡䕶、贴里，制度未及，但按诸文献核以出土与存世实物，可知乃是固定搭配。《大明会典》卷二百一“织造·冠服”载：

> 凡赏赐衣服，永乐十二年，添设主事一员于六科廊，专管成造，其纻丝、纱、罗、绢、布，每套俱有圆领、褡䕶、贴里……上半年成造：织金纻丝圆领八百件、素纻丝圆领二百件，纻丝褡䕶、贴里各千件；绢圆领、褡䕶、贴里各三十件……下半年成造：织金纻丝圆领八百件、素纻丝圆领二百件，纻丝褡䕶、贴里各千件；绢圆领、褡䕶、贴里各三十件。[145]

此中圆领、褡䕶、贴里的数量相等，可知三者乃是常服的固定搭配且一同用于赏赐。另明朝使臣出使外国，例有衣赐，其中即有常服且往往提及含有圆领、褡䕶、贴里三者。万历四年，萧崇业等出使琉球前，朝廷赐给常服，内中即有圆领、褡䕶、贴里。《明神宗实录》载：

> 封琉球国世子尚永为中山王，以户科左给事中萧崇业为册封使，行人谢杰为副使，赍皮弁冠服、玉圭往。仍赐崇业等各大红织金胸背麒麟、白泽罗圆领各一件，

绿罗褡褸、青罗贴里各一件，例也。[146]

明代品官常服圆领并不单穿的例子，同样可见于当时的笔记。刘元卿《贤弈编》载“中和里僻陬也，居民多老死不见官府，相传里中有三骙云，其一赴县应里役。晨起族长趣侦令出视事。未时，令方释团领袍，服褡褸据案而坐。骙子从门屏遥觑一过，忙忙归报族长曰‘官人未出，惟夫人坐堂上耳’。族长嗤曰‘岂有是哉’！骙子曰‘吾觌坐堂上者上服绿披袷而下红裙，非夫人谁耶’？盖遥瞻案帷为女裙，而因以褡褸为披袷也”[147]。李乐《见闻杂记》卷二载：“豪放不羁之士，自不当以常礼责之。姚江理斋诸先生当嘉靖癸卯寓净慈寺，其乡新举子十数辈共谒之。先生冠带出见，然自员领以内绝无衬衣，莹然一玉体也。数君口不言，心谓先生慢客至此。坐间报学宪张公来访，数君谓先生必更衣也。先生以此迎学宪如故，殊无踌躇不安之意。数君于是心服先生之旷达焉。此可以资笑谈，不可以为士子法也。”[148]《阅世编》卷八“冠服”也说“圆领则背有锦绣，方补品级，式样与今之命服同，但里必有方领衬摆，不单着耳”[149]。

明代官员死后，往往以常服随葬。《明史·礼志》载：“敛衣，品官朝服一袭，常服十袭，衾十番。”[150]经考古发掘的明代墓葬为数众多，其中有常服随葬的大抵有如下几处：湖北石首杨溥墓、浙江桐乡杨青墓、江苏常州毕宗贤墓、江苏泰州胡玉墓、江苏南京徐俌墓、江苏泰州徐蕃夫妇墓、江西彭泽陶醒翁墓[151]、宁夏盐池冯记圈明墓等。而徐俌、徐蕃诸墓且

图 3-12　大红纻丝缂丝胸背斗牛圆领　日本上杉神社藏

圆领、褡褸、贴里并出。据此也可知完整的一套常服除却圆领尚有褡褸、贴里。最为难得的是，日本妙法院中仍藏有万历年间赐给日本丰臣秀吉的冠服，而其中便有常服，且能与明朝册封敕谕上所开列的冠服对应。万历二十年，丰臣秀吉治下的日本大举侵入朝鲜，明军入朝援助，与日军相持不下，遂议封贡。万历二十三年封丰臣秀吉为日本国王，“赐以金印，加以冠服”。敕谕中记载了明朝所赐常服的内容：“纱帽一顶，展角全，金箱犀角带一条，常服罗一套：大红织金胸背麒麟圆领一件、青褡褸一件、绿贴里一件。”米泽上杉神社也保存有万历年间上杉景胜受赐的常服，其中乌纱帽、圆领、革带、靴等尚存（图 3-12）[152]。

图 3-13 乌纱帽 潘允徵墓出土 出自《上海明墓》

乌纱帽 明代品官常服所用乌纱帽又称堂帽、纱帽[153]。按其结构，乌纱帽由前屋、后山、帽翅组成，前低后高，通体皆圆[154]。乌纱帽帽体大致由竹篾、藤篾等编织为胎，使其轻巧，帽胎之上髹漆后再敷以黑纱。附于后山上的帽翅又称耳、展角、展脚、雁翅，计有一对，左右各一。其以金属丝围出扁条形框架并敷黑纱，一端且留出一段金属丝用以固定。后山靠帽沿处中间钉缀有翅管，翅管两侧留有孔洞，帽翅上的金属丝插入此孔洞即可固定。

考古发现所见，明代墓葬出土乌纱帽甚多（图 3-13）。有明一代，乌纱帽也随时推移渐有变化。明初乌纱帽帽体低矮，后山前踣，帽翅窄小，屈曲下垂。而后帽体虽保有前踣之势，帽翅却渐趋平直，但还不甚宽大。及至明代中叶，风气大变，后山高耸，帽翅宽大，正德时兵部尚书王敞，“纱帽作高顶，靴着高底，舆用高杠，人呼为‘三高先生’”[155]。此风相扇，一直延续到明末。

圆 领 为明代品官常服最外一件衣物，又作员领、团领、盘领衫，因其领式为圆领，故名。文武职官常服中的圆领，明初有具体的规定：文武职官衣服长短宽窄以身为度。文官的衣下摆离地一寸，袖长过手复回至肘，袖跟宽一尺，袖口则为九寸；武官衣下摆离地五寸，袖长过手七寸，袖跟宽一尺，袖口为一拳的宽度。公、侯、驸马则与文官同[156]。

明代品官常服之上饰有胸背（补子），用飞禽走兽不同的花样来区分品官的等级（图 3–14）。胸背，乃或圆或方的装饰花样，其装饰部位，顾名思义即为前胸后背，原为元代服饰上较具特色的一种装饰。胸背源出金代，但在元代流行，并进而在明清时期被用作区分品官等级的一种标识。《元典章》中最早提及胸背，其书载大德元年（1297）三月十一日“不花帖木儿奏：街市卖的段子似上位穿的御用大龙，则少一个爪儿，四个爪儿的着卖，有奏呵。暗都剌右丞道：尚书两个钦奉圣旨，胸背龙儿的段子织呵不碍事，教织着似咱每穿的段子，织缠身上龙的，完泽根底说了，各处遍行文书禁约休织者。钦此”[157]。元代地方志记载的地方官营织染局所产织物，其中亦有胸背。关于胸背的更多记述，则出自高丽文献。崔世珍《朴通事谚解》于“胸背”一词注云“胸背，凡于纱罗段帛之上，以彩绒织成胸背之纹，裁成衣服者也”[158]。此书并《老乞大》且载有胸背的产地、质量、价格等。

元明易代，胸背被明朝袭用，元代胸背上无等级差别的龙、

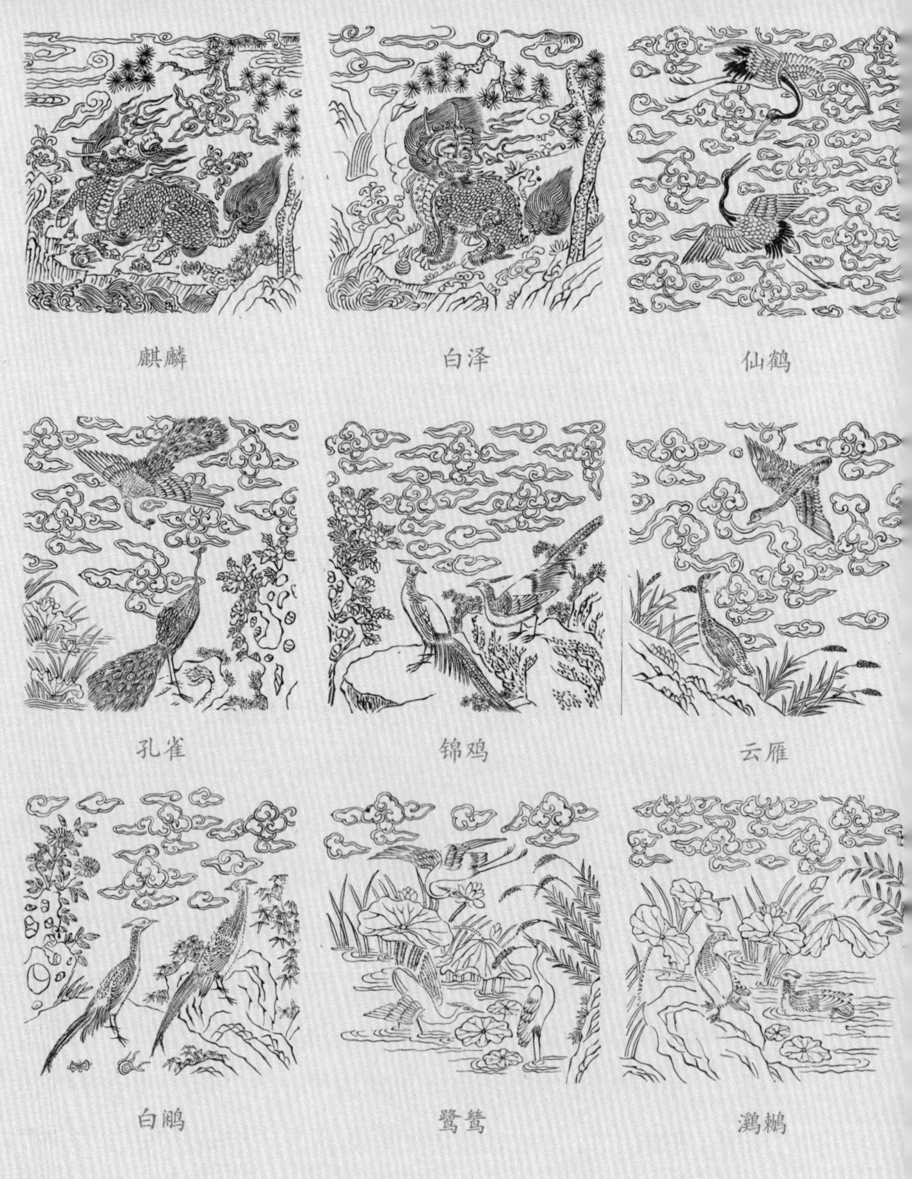

图 3-14　补子花样　出自万历《大明会典》

黄鹂　鹌鹑　练鹊

獬豸　狮子　虎豹

熊罴　彪　犀牛

海马

凤、麒麟等动物到明代也有了等级上的差别。丘濬《大学衍义补》卷九十八载："我朝定制，品官各有花样，公、侯、驸马、伯绣麒麟、白泽，不在文武之数。文武一品至九品，皆有应服花样，文官用飞鸟，象其文采也，武官用走兽，象其猛鸷也。"[159]《五杂组》卷十二《物部四》也说："国朝服色以补为别，皆用鸟兽，盖取古人以鸟纪官之意。文官惟法官服豸，其余皆鸟，武官皆兽。"[160]《罪惟录》卷四《冠服志》亦云："圆领前后有补，文武分，文从禽，武从兽，惟风宪官用豸补。"[161]其具体的等级，《明太祖实录》载："（文武官）常服用杂色纻丝、绫、罗，彩绣花样：公、侯、驸马、伯用麒麟、白泽，文官一品、二品仙鹤、锦鸡，三品、四品孔雀、云雁，五品白鹇，六品、七品鹭鸶、鸂鶒，八品、九品黄鹂、鹌鹑，杂职练鹊，风宪官用獬豸。武官一品、二品狮子，三品、四品虎、豹，五品熊罴，六品、七品彪，八品、九品犀牛、海马。"[162]用以区分品级的胸背（补子）之外，明代尚有作为赐服专门赐给臣工的赐补，如蟒、斗牛、飞鱼等。到了明代后期，每逢节庆，宫中又有各色所谓的应景补子，如元宵用灯笼补子，端午五毒补子，七夕鹊桥相会补子，中秋月兔补子，千秋万寿节则寿字、双喜补子。

胸背之外，圆领所用料子的纹样似亦有其等第。《识小录》载："常服纻丝及纱，皆织云纹，唯未入流朱衣，不得有云。七品以下，每列七云。四品至六品五云，三品以上三云，赐玉者一衣十三云。"[163]明代圆领的摆也较具特色。为着行走的方便，品官所用圆领左右开衩，因圆领内有其搭配的衣物，

图 3–15　缎织胸背麒麟圆领　徐俌墓出土　南京市博物馆藏

故无暴露肢体之虞。圆领开衩之处即有摆，摆的式样且因时而异。摆的较早式样，似为衣身的部分，无需加接布料，只需将开衩处打褶处理即可（图 3–15）。摆的另一式样是只将开衩处衣料自然悬垂，不作打褶处理，摆的内里衬以各色衣料。明神宗定陵所出衮服及《徐显卿宦迹图》所见品官圆领衣摆，即作此样式。至明代末年，圆领的摆趋于夸张，上端尖翘，此即所谓的插摆。插摆需于开衩处另接布幅并作打褶，为保持其坚挺上翘，上端内里往往衬以加过浆的麻布，孔府

图 3–16 **太祖取抚顺降李永芳** 出自《清太祖实录战迹图》

旧藏明代衣物中就多有这样的实例。又，成书于后金天聪九年（1635）的《清太祖实录战迹图》绘有满洲起源传说及努尔哈齐起兵以来的征战事迹，所附太祖取抚顺降李永芳、广宁官生出城纳降二图（图 3–16），李永芳、广宁官员圆领之摆即为插摆，犹如衣后的双翅，较显夸张。

褡 褸 明代品官常服之中，褡褸穿于贴里之外、圆领之内（图 3–17）。常服之外，褡褸也可搭配其他衣物穿着。在明代中后期，常服中的褡褸、贴里常被替代或减省，但在

图 3-17 缎地杂宝纹褡獲 徐俌墓出土 南京市博物馆藏

正式的官文书中仍多有提及。褡獲，也是袭取元代的一种服装式样，又作搭护、搭胡、搭忽、答胡、答忽。由其众多的异名，可以推知褡獲一名乃是外来语音译。据考，褡獲为蒙古语“dahu”的音译，推原其意本为一种袄子或皮袄[164]，后用以指代丝质或布质半袖或无袖的袍服。

褡獲为蒙、元时期独具特色的服装式样，常见于文献记载。《元朝秘史》第九六节：答忽，旁译袄子，答忽宜，旁译袄子行，答忽因，旁译袄子的；第一五二节：答忽，旁译皮袄。《至元译语》衣服门：番皮作“答胡”。《元史·舆

服志》载天子质孙冬之服有十一等，其中“服银鼠，则冠银鼠暖帽，其上并加银鼠比肩”，原注“俗称曰襻子答忽”[165]。高丽时期的汉语会话教科书原本《老乞大》载有“紫罗绣搭胡”“绣荆褐纱搭胡”“云肩搭胡”[166]。《朴通事谚解》载有“鸦青绣四花织金罗搭护”“柳黄饰金绣四花罗搭护”[167]。《朴通事谚解》于“胸背”一词注云：“胸背，凡于纱罗段帛之上，以彩绒织成胸背之纹，裁成衣服者也。凡丝之练熟未合者曰绒，已合为纶者曰线；衣之无袖，对襟为襞积者曰比甲，即本国덥지털릭。妇女亦依此制为短袄着之，亦曰比甲，通称搭护。”[168]元朝时期的搭护，其实物邹县李裕庵墓出有3件[169]，韩国文殊寺高丽时期的装藏中亦有发现（图3-18）[170]。而其图像，则于元墓壁画、元人容像中多有见之（图3-19）。蒙古语中的褡䕶一词，后被满语借入，用以指称同样是皮袄的端罩。

褡䕶的主要形制特征就是袖子短小只到肩膀的一半或没有袖子，所以后人往往认为褡䕶即隋唐时期的半臂。《朴通事谚解》注“搭护”引《事物纪原》云“隋内官多服半臂，余皆长袖。唐高祖减其袖，谓之半臂，即今背子也。江淮间或曰绰子，庶人竞服之。今俗呼为搭护”[171]。翟灏《通俗编》卷二五《服饰》“搭护”条在引郑思肖诗“鬃笠毡靴搭护衣，金牌骏马走如飞”及其自注“搭护，元衣名”后，且加按语说“俗谓皮衣之表里具而长者曰搭护，颇合郑诗意。《居易录》言：‘褡䕶，半臂衫也，起于隋时内官服之。’乃名同而实异”[172]。有如翟灏所指出的，褡䕶与半臂实则毫不相干，非同一物。

图 3-18　搭护　韩国文殊寺藏

图 3-19　元文宗、元明宗御容　美国大都会艺术博物馆藏

贴　里　圆领、褡頀、贴里三者，贴里穿于最内（图3-20），又作帖里、天益、天翼、缀翼、裰翼，众多的异名，可知其当为音译。明代贴里这一服装式样也是袭自蒙、元。据考，贴里之名乃是蒙古语“Terlig”之音译[173]。“Terlig”最初意为丝、丝织品、绸缎，后泛指丝麻织物[174]。或言“Terlig”为腰间收束之袍服的蒙古语称呼[175]，现代蒙古语中贴里一词仍为“袍服”之意，夏季单袍为 terlig，冬季皮袍则为 deel。

关于贴里，《朴通事谚解》注“帖里”一词有云：“元时好着此衣，前后具胸背，又连肩而通袖之脊至袖口为纹，当膝周围亦为纹如栏干，然织成段匹为衣者有之，或皮或帛，用彩线周遭回曲为缘，如花样刺为草树、禽兽、山川、宫殿之纹于其内，备极奇巧。皆用团领着之，其直甚高。”[176]据此，贴里亦用腰线，且与团领（圆领）搭配穿着。目前韩国服饰学界研究认为，贴里当中腰部有横线的叫作“腰线贴里”，《朴通事谚解》所云殆即“腰线贴里”。《朴通事谚解》也讲到腰线用各色线搓制，其谓“今日好日头，斗星日得饮食的日头，好裁衣。将出那段子来裁。这明绿通袖膝栏绣的做帖里，这深肉红界地穿花凤纻丝做比甲，这鸡冠红绣四花做搭护，这鸦青织金大蟒龙的做上盖。都裁了也。如今便下手缝，一个不会针线的女儿，着他搓各色线。且将那水线来都引了着。你来将那腰线包儿来，拣着十分细的大红腰线上。纽子不要底似大恰好着，大时看的蠢坌了”[177]。1992 年，韩国海印寺大寂光殿毗卢舍那佛腹之中发现一批高丽时代的衣物，其中有一件 1326 年的腰线贴里（图 3-21），上有墨书题记“年

图 3-20　贴里　日本妙法院藏

图 3-21　腰线贴里　韩国海印寺藏

图 3-22　透雕白鹇木带銙　毕宗贤墓出土　上海博物馆藏

十五，宋夫介，长命之愿”[178]。《朝鲜王朝实录》所见，官员常服亦有腰线帖里[179]。

革　带　明代革带之制，以革为质，其外裹以丝织物并饰以带銙，考古发掘所见往往只存带銙（图 3-22）。明朝初年，革带之制还未定型，所饰的带銙数量多少不等。定型之后，革带之上的带銙固定为二十块，且带銙的分布各有其规律和名称。带銙因其所处位置、形状的不同又有三台、圆桃、辅弼、鉈尾（又名挞尾、鱼尾、獭尾、插尾）、排方等称谓。《通雅》卷三七《衣服》“鞶带”条载：“今时革带，前合口曰三台，左右各排三圆桃。排方左右曰鱼尾，有辅弼二小方。后七枚，前大小十三枚。”[180]由明入清的叶梦珠在其《阅世编》中亦载明朝革带之制云：“腰带用革为质，外裹青绫，上缀犀玉、花青、金银不等，正面方片一两，傍有小辅二条，左右又各列三圆片，此带之前面也。向后各有插尾，见于袖后，后面连缀七方片以足之，带宽而圆，束不着腰，圆领两胁各有细钮贯带于巾而悬之，取其严重整饰而已。”[181] 革带一般分作三段，前围两段，后围一段。前围两段较后围为短，用带镉与后围固定，前围两段之间则以铜插销扣合。穿戴时，革带靠圆领两侧腋下钉缀的带襻固定。

品官革带，主要以其上带銙的材质区分品阶。“文武官束带，公侯及一品用玉，二品用犀，三品金钑花带，四品素金带，五品银钑花带，六品、七品素银带，八品、九品及杂职未入流官用乌角带”[182]。明代中叶以降，革带趋向奢靡，为取轻便，带銙往往用伽南、水沉、班竹皮、玳瑁等为之，等级上也渐趋紊乱。王世贞《觚不觚录》载：“世庙晚年不视朝，以故群臣服饰不甚依分。若三品所系，则多金镶雕花银母、象牙、明角、沉檀带；四品则皆用金镶玳瑁、鹤顶、银母、明角、伽楠、沉速带；五品则皆用雕花象牙、明角、银母等带；六七品用素带亦如之，而未有用本色者。”[183]《识小录》亦载：“带用玉、犀、金、银、明角，为五等……以轻便取适者，用伽南、水沈、班竹皮、玳瑁，黄白纱为鞓质，而以本品宜用金或银镶之。”[184]

革带制作所需的材料，文献往往言及带銙材质，而带鞓则约略言之。所幸墓中出土实物间或保存完好，藉此可窥其大概。泰州胡玉墓中曾出有革带一围，保存完好，带鞓内裹以会试试卷。试卷为河南省汝宁府汝阳县刘绅应弘治三年会试的试卷底稿，其内容为会试第二场所考的“论”和“表”，

图 3-23　靴　日本妙法院藏

及第三场所考的“策问”。据此实物，革带带鞓之内还当填以纸张，且往往以废弃的纸张充用。至于会试试卷的回收利用，实则也是其来有自，不足为奇，明初即以太学生课业簿回收作为他用。祝允明《野记》卷一载：“高皇始造钞，累不就。一夕梦神告，当用秀才心肝为之。寤思之，未得，曰：‘岂将杀士而为之邪？’高后曰：‘不然，士子苦心程业，其文课即其心肝也。’太祖喜曰：‘得之矣！’因命取太学积课簿，捣而为之，果成。遂令岁输上方。今太学季纳课业簿，云给军卫糊为炮，仿书给光禄为面囊。造钞事想行于国初耳。”[185]

靴　明代品官常服所用之靴，多为皂靴，但也可见白靴、蓝靴（图 3-23）。靴多为布纳白底，圆头微翘，靴靿高低不等。靴面多用各类皮革制造，或鹿皮，或麂皮，或牛皮，皮质的不同抑或有等级上的差别。其时皮靴的制作有一定的式样和铺户，买卖也有一定的规程[186]。皮靴的接缝又有六缝、四缝之别，而六缝或非常人所能穿用。

依照明末之人的记述，常服的穿、脱有一定的先后顺序。穿着时大抵是先穿靴，次戴帽，后着圆领；脱解时则先解圆领，次换帽，后脱靴。脱圆领前则需先解革带，按动革带三台处插销的雀舌即可解开革带。这一套穿、脱的顺序及革带的插解之法，非常人所能熟知。

《醒世姻缘传》第八十三回写狄希陈捐了武英殿中书舍人，忙着“做圆领，定朝冠、幞头、纱帽，打银带，做皮靴，买玎珰锦绶，做执事伞扇”。要试穿圆领时，骆校尉道：“这穿冠服都有一定的先后，你是不是没穿靴，没戴官帽，先穿红圆领，这通似末上开场的一般。你以后先穿上靴，方戴官帽，然后才穿圆领。你可记着，别要差了，叫人笑话。”狄希陈将圆领逐套试完，自己先脱了靴，摘了官帽，然后才脱圆领。骆校尉笑道：“这个做官的人可是好笑，怎么不脱圆领，就先脱靴，摘官帽的呀？”狄希陈道：“你说先穿靴，次戴纱帽，才穿圆领。这怎么又不是了？”骆校尉道：“我说穿是这们等的，没的脱也是这们等的来？你可先脱了圆领，拿巾来换了官帽，临了才脱靴。你就没见相大爷怎么穿么？”狄希陈道：“我只见他那带，一个囫囵圈子，我心里想：这个怎么弄在腰里？没的从头上往下套？没的从脚底下往腰上束？我只是看那带，谁还有心看他怎么穿衣裳来！我见长班把那带不知怎么捏一捏儿就开了，挂在腰里；又不知怎么捏捏儿又囫囵了。

我看了好些时，我才知道这带的道理哩。”骆校尉道：“你既是不大晓的，你爽利不要手之舞之的。脱不了有四个长班，你凭那长班替你穿。这还没甚么琐碎，那穿朝服、祭服还琐碎哩。”[187]

又，《金瓶梅词话》第七十一回写何太监叫西门庆宽了盛服（常服），西门庆说里面没穿什么衣服，叫下人回家取，何太监随便就送了一件飞鱼绿绒氅衣给西门庆，“西门庆捏了带，令玳安接去员领，披上氅衣，作揖谢了”[188]。革带的插解虽易，但不知的人往往颇费周折。《酌中志》曾记有革带相关一事，因事主口才甚好才免于尴尬。该书卷十六《内府衙门识掌》载：“姜淮者，年少有口，值殷太史士瞻教书，偶不在室，淮戴其纱帽，束其带，正在室中摇摆作势，殷猝至。淮不知带插横解法，殷不怿，淮曰：师父还系玉带哩，此银带何足贵！殷笑而释之，归寓向夫人备道相笑。”[189]

麒麟补

1977年，南京太平门外板仓村发掘了徐达五世孙徐俌夫妇合葬墓，徐俌棺内出土缎织胸背麒麟圆领一件（图3-24）。圆领胸背为麒麟，此麒麟与明代通常所见作双角、蹄足类兽状的麒麟不同，乃作长颈鹿状，长颈鹿为跪姿，四肢屈曲，长颈回望[190]。胸背上饰以四合如意云纹，左侧立一松树，枝干扶疏，右侧立一植于石间的灵芝，其下为海水江崖。徐俌，字公辅，开国功臣中山王徐达五世孙，景泰元年生，成化元

图 3-24　缎织胸背麒麟圆领及其麒麟胸背　南京市博物馆藏

图 3–25　纳纱麒麟补子　故宫博物院藏

年袭封魏国公，正德五年加太子太傅，十二年亡殁，享年68岁，工部治葬事。

与徐俌墓所出麒麟胸背类似的还有故宫博物院所藏的天鹿锦[191]。中国古人视天鹿为瑞兽，王者有道乃见[192]。天鹿锦原为书画引首，清高宗特予重视，故将其重新装裱为手卷（图3–25）。天鹿前后皆有清高宗御笔题跋，前跋《咏天鹿锦》诗，尾联前句清高宗且自注云："内府藏名画大观册，皆元以前名人真迹，而以宋刻丝一幅冠于册首……兹于旧画卷首得天鹿锦盈尺，古香璀璨，神采焕发，既装成卷，复题其前，亦从香光例也。"后跋《再题天鹿锦》诗，可见清高宗对此物之重视。不过，此天鹿锦并非如清高宗所说的宋代之物，实则只是明代的麒麟补子[193]。

我国文献对长颈鹿的记载始见于南宋初李石的《续博物志》，其书卷十谓“拨拔力国有异兽，名驼牛。皮似豹，蹄类牛，无峰，项长九尺，身高一丈余”[194]，驼牛即为长颈鹿之波斯语译语[195]。后又见于赵汝适的《诸蕃志》，其书卷上“弼琶啰国”条载“兽名徂蜡，状如骆驼，而大如牛，色黄，前脚高五尺，后低三尺，头高向上，皮厚一寸”[196]。夏德与柔克义在其合译的《诸藩志校注》中，谓徂蜡广东人读若ts'o-lap，就是长颈鹿。汉译徂蜡乃是出自波斯语zurnapa，其在阿拉伯语中则作zurafa[197]。入明，长颈鹿又有祖剌法之异译。江苏刘家港天妃宫《通番事迹碑》和福建长乐《天妃灵应之记》碑二通碑记皆载“永乐十五年……阿丹国进麒麟，番名祖剌法”[198]。又费信《星槎胜览》所载佐法儿国和天方国的物产中也有祖剌法[199]。祖剌法即长颈鹿，亦即明人所称作长颈鹿状的麒麟。徂蜡即祖剌法的省译，祖剌法为阿拉伯语zurafa的对译，但本自波斯语zurnapa，意犹笛足，隐喻长颈鹿之足细而长[200]。长颈鹿的汉译除来自阿拉伯语zurafa外，费琅认为还有另一语源。他认为用以指称长颈鹿的麒麟一语，实则译自东非索马里语的东部方言giri或北部方言geri，giri和geri皆指长颈鹿而与汉语麒麟语近[201]。

长颈鹿本非中国所产，明人称之为“麒麟”的长颈鹿率由外国进贡或“和番”的使臣采买[202]。永乐十二年，榜葛剌“遣使奉表来谢，贡麒麟及名马、方物”[203]，正统三年又“贡麒麟，百官表贺，明年又入贡”[204]；永乐十三年，麻林“遣使贡麒麟”[205]。永乐十九年，中官周姓者从阿丹采购猫眼、珊瑚、大珠及麒麟等归国[206]。宣德五年，使人从天方“市奇珍异宝及麒麟、狮子、驼鸡以归”[207]。上述之麒麟，指的都是长颈鹿。其形象，《瀛涯胜览》“阿丹国”条载：“麒麟，前二足高九尺余，后两足约高六尺，头抬颈长一丈六尺，首昂后低，人莫能骑。头上有两肉角，在耳边。牛尾鹿身，蹄有三跲，匾口。食粟、豆、面饼。”[208]《五杂组》卷九《物部一》亦载麒麟，从其描述看也是长颈鹿，其书云：“永乐中曾获麟，命工图画，传赐大臣。余尝于一故家得见之，其身全似鹿，但颈甚长，可三四尺耳，所谓麕身、牛尾、马蹄者近之，与今俗所画迥不类也。”[209]谢肇淛所说永乐中获麟所画的图当即《瑞应麒麟图》。明初郑和下西洋，榜葛剌于永乐六年首次入贡，永乐十二年又贡麒麟及名马、方物。“有毛之虫三百六十，而麒麟为之长”[210]，麒麟乃仁兽，“王者至仁则出”。殊方异域进贡麒麟，使得明成祖龙颜大悦，翰林院修撰沈度作《瑞应麒麟颂》以纪其事，宫廷画师画下麒麟且将沈度之颂题写其上，遂成《瑞应麒麟图》（图3–26）。此图现藏台北“故宫博物院”，诗塘处题有序和颂。其序谓：“臣闻圣人有至仁之德，通乎幽明，则麒麟出。斯皆皇帝陛下与天同德，恩泽广被，草木昆虫，飞潜动植之物，皆得生遂。故和气融结，降生麒麟。”其颂有云：“西南之陬，大海之浒，实生麒麟，形高丈五，麕身马蹄，肉角膴膴，文采烨煜，玄云紫雾，趾不践物，游必择土。舒舒徐徐，动循矩度。聆其和鸣，音叶

图 3-26　《瑞应麒麟图》（局部）　台北“故宫博物院”藏

钟吕。仁哉兹兽，旷古一遇。”《瑞应麒麟图》现有两种临摹本存世：一为明代沈庆临摹本，藏美国费城艺术博物馆；一为清代陈璋描临《榜葛剌进贡麒麟图》，藏中国国家博物馆。

狮蛮带

1987年南京太平门外板仓村发掘明代墓葬一座，墓中出土琥珀狮蛮带銙一套（图3-27）。琥珀带銙共20块，呈紫红色，雕镂狮子蛮人形象。带上之人多戴尖顶高帽，穿着与汉人明显有别，故知为蛮人。三台中间为狮，两侧为蛮人，辅弼作云纹，其他圆桃、排方皆作一狮一人，狮子或蹲或立，蛮人

图3-27　琥珀狮蛮带及其局部　南京市博物馆藏

以绳子牵引。南京太平门外板仓村编号为87BCCM1的这座明墓，没有发现墓志，墓主身份无法确认。但其墓位于钟山之阴，处中山王徐达墓和岐阳王李文忠墓之间，且墓中出有斗牛纹金带銙、白玉带銙等器物，推测是徐达或李文忠的后人。除南京太平门外板仓村明墓出土的这套，明代考古发现的狮蛮带还见于南京玄武湖唐家山明墓[211]、北京海淀区魏公村社会主义学院工地[212]、江西南昌烈士陵园明墓。上述三处出土的玉带銙，其上狮子蛮人纹样与板仓村明墓所出带銙虽有细部特征、雕琢工艺的不同，但大体相类。此外，中国国家博物馆尚藏有狮蛮带的部分带銙，计圆桃4块，排方1块，鉈尾2块。

带具上的狮蛮之名，始见宋人笔下。其时带具花样繁多，岳珂《愧郯录》卷十二“文武服带之制”条载“国朝服带之制，乘舆、东宫以玉，大臣以金，亲王勋旧间赐以玉，其次则犀则角，此不易之制……金带有六种：毬路、御仙花、荔枝、师蛮、海捷、宝藏。金涂带有九种：天王、八仙、犀牛、宝瓶、师蛮、海捷、双鹿、行虎、洼面。金束带有八种：荔枝、师蛮、戏童、海捷、犀牛、胡荽、凤子、宝相花……自金带而下，凡为种二十有七，朝章之辨，尽于此矣”[213]，内金带、金涂带、金束带所用纹样皆有师蛮。《宋史·舆服志》谓“其制有金毬路、荔支、师蛮、海捷、宝藏”，“金涂天王、八仙、犀牛、宝瓶、荔支、师蛮、海捷、双鹿、行虎、洼面”，“束带则有金荔支、师蛮、戏童、海捷、犀牛、胡荽、凤子、宝相花”，且记各式的重量[214]。陈世崇《随隐漫录》卷三亦载带格三十二种，文后详列其式：笏头一字、笏头球纹、排方御仙花、螺犀、丝头荔枝、球路、海捷、剔梗荔枝、柘枝、太平花、碎草、师蛮、八仙、犀牛、宝瓶、行虎、戏童、宝相、胡荽、凤子、野马、双鹿、方胜、云鹤、坐神、天王、行狮、行鹿、盘凤、凹面、醉仙、獐鹿，各式之下且记着用之人[215]。在此诸多带具中，亦有师蛮之名。师蛮，亦即狮蛮。《武林旧事》卷九“高宗幸张府节次略”记清河郡王张俊进奉的诸多宝器中亦有“玉狮蛮乐仙带一条”[216]。

元明时期，狮蛮带仍多袭用，而于其时的戏曲、小说中最为习见。但凡武将的装束，内中常有狮蛮带。狮蛮带在元明戏曲、小说中的例子，方龄贵举例已夥，不烦赘述[217]。要之，《赵氏孤儿》《三国演义》《封神演义》《水浒传》《西游记》等元明戏曲、小说中无不有狮蛮带。诸书所见，狮蛮带又作狮蛮宝带、狮蛮金带、狮蛮丝绣带、八宝狮蛮带、嵌宝狮蛮带、玲珑狮蛮带、碧钉就叠胜狮蛮带、狮蛮锦带等。戏曲、小说之外，官私文献中亦多见有狮蛮带。《明史·舆服志》记乐舞生冠服，其中文舞舞士有东夷、西戎、南蛮、北翟（狄）各四人，“南蛮四人”的装束中即有“泥金狮蛮带”[218]。而狮蛮带亦属宝重之物，殆非常人所用。郎瑛《七修类稿》卷十三《国事类》“刘朱货财”条记抄没刘瑾的家产各类金银宝货甚众，内有“玉带四千一百六十二束”，而狮蛮带独有二束而已[219]。《万历野获编》卷二十一“秘方见幸”条记陶仲文得幸明世宗，屡屡受赐锦衣玉带，受赐诸物中有“狮蛮玉带五六围”[220]，狮蛮玉带多至五六围，亦可见陶仲文之得宠。

又《金瓶梅词话》第五十五回写西门庆为攀附蔡京而送其寿礼，内中亦有“狮蛮玉带一围”[221]。

“狮蛮”之语，见于《东京梦华录》。其书卷八“重阳”条载“前一二日，各以粉面蒸糕遗送，上插剪彩小旗，掺钉果实，如石榴子、栗子黄、银杏、松子肉之类。又以粉作狮子蛮王之状，置于糕上，谓之狮蛮”[222]。孟元老所记亦见于《梦粱录》《武林旧事》[223]。狮蛮之本义，方龄贵颇以孟元老所记作为糕点之属的狮蛮与狮蛮带之狮蛮不过用字偶同而已，怀疑其别有所本。其据《元人杂剧勾沉》附录所收《唐三藏西天取经》中狮蛮带、狮蛮国、闼狮蛮并见的例子，遂谓“狮蛮带”之“狮蛮”实为“闼狮蛮”之省。闼狮蛮在当时又有答失蛮、达失蛮、达识蛮、大石马等异译，乃是波斯语 danishmandi 的对音，本义为伊斯兰教教士，但往往被误指一般回回人[224]。方龄贵并以狮蛮带或与当时回回人的装束有关，又云“但到底是怎样的一种带子……有待于识者去考求了”[225]。孙机据南京太平门外板仓村明墓出土的狮蛮带实物，指出“这套带具虽为明代物，但应与宋之狮蛮相去不远”[226]，又谓“狮蛮带和回回人的装束无关，狮蛮带和闼狮蛮只不过是用字偶同而已”，认为方龄贵之说“未免有增字解经之嫌”[227]。孟元老所记饰以狮子蛮王的糕点，金盈之《醉翁谈录》亦有类似记载，唯于狮子蛮王较孟元老所记为详。其书卷四《京城风俗记》“九月”条载“重阳以酒果糕等送诸女家或遗亲识，其上插菊花，散石榴子、栗黄。或插小红旗，长二三尺，又以泥为文殊菩萨骑狮子像，蛮人牵之，以置糕上”[228]。伊永文笺注《东京梦华录》引金盈之《醉翁谈录》，谓狮蛮形象“其实颇易知”，“此形象甚确也”，末了并云“狮蛮为异域之来未尝不可也”[229]。

关于狮蛮，又有醉拂菻弄狮子一说。沈从文《中国古代服饰研究》一一四“宋太祖赵匡胤像”条提及宋人带制，“文官束身衣带分等级更多，以特别赐予的‘紫云镂金带’最贵重，上刻‘醉拂菻弄狮子’。据宋人笔记称，透空雕三层花纹人狮均能活动。北宋时，曾赠送群臣三四条，后均收回（一般金带版上刻，通称‘师蛮’，内容即‘醉拂菻弄狮子’）”[230]。沈从文所称之宋人笔记，实即《铁围山丛谈》，其书卷六记宋初金带精巧[231]，《愧郯录》卷十二引此而文字稍异。书谓：

> 太宗时得巧匠，因亲督视于紫云楼下，造金带，得三十条，匠者为之神耗而死。于是独以一赐曹武穆（惠）彬，其一太宗自御，之后随入熙陵。而曹武穆所赐带，即莫测何往也。余二十八条，特命贮之库，号镇库带焉。后人第徒传其名，而宗戚群珰间一有服金带异花精致者，人往往辄指目此紫云楼带，其实非也，故吾迄不得一识之。自贮镇库带后，廑历百五十年所，及敌骑向阙，太上皇狩丹阳，因尽挈镇库带以往。而一时从行者，有若童贯、伯氏诸贵，遂皆赐紫云楼金带矣。后事甫平，太上皇归宫阙，于是靖康皇帝复命追还之库。吾在万里外，独尝闻诸，然又不得一识也。中兴之十三祀，有客来自海外，忽出紫云楼带，止以四銙，出视吾。盖敌骑再入，适纷纭，时所追还弗及者。其金紫磨也，光艳溢目，异常金。

又其文作醉拂菻。人皆突起，长不及寸，眉目宛若生动，虽吴道子画所弗及。若其华纹，则又六七级，层层为之，镂篆之精，其微细之象，殆入于鬼神而不可名。且往时诸带方胯不若此带，乃独大至十二稻。是在往时为穷极巨宝，不觉为之再拜太息，我祖宗规模，虽一带犹贻厥后世，必无以加也。[232]

文后岳珂又云“则是金带诸种之外，乘與大臣又有通服拂菻带之制”[233]。“其文作醉拂菻”之带具，当即拂菻带。宋代狮子与蛮人同时入诸彩画，又称拂菻。李诫《营造法式》卷十二述雕作制度，“混作”条谓“雕混作之制有八品：……四曰拂菻”，“拂菻”二字后以双行小字注云“蕃王夷人之类同。手内牵拽走兽，或执旌旗矛戟之属”[234]。同书卷十四专述彩画作制度，“五彩遍装”条谓“走兽之类有四品：一曰师子，二曰天马，三羜羊，四曰白象”，文后以双行小字注云“其骑跨牵拽走兽人物有三品：一曰拂菻，二曰獠蛮，三曰化生，若天马、仙鹿、羜羊亦可用真人等骑跨”[235]。则拂菻正是蕃王夷人牵拽走兽之状，而其所牵拽的走兽则为狮子。《营造法式》卷三十二所附雕作制度图样、卷三十三彩画作制度图样中的拂菻（图 3-28），正作“蕃王夷人”牵拽狮子之状[236]。蕃王夷人可笼统称之为蛮王蛮人，蕃王夷人牵拽狮子之状固为狮子蛮王亦即狮蛮。拂菻带或即狮蛮带，孙机《中国古代的带具》一文即谓“唐代已有‘紫拂林带’，所以宋代带具上的某些人物纹或系沿袭唐制”[237]，文后述及狮蛮纹，

图 3–28　拂菻图　出自清初影宋本《营造法式》

其意盖以宋代狮蛮乃是袭自唐代拂菻。蛮人牵拽狮子的图像，唐代已见。西安碑林博物馆所藏《石台孝经》台基最上一层即线刻有两幅人物狮子图，皆作蛮人牵拽狮子之状。《石台孝经》立于天宝四载（745），早于《石台孝经》的武惠妃石椁东壁南侧亦线刻有蛮人牵拽狮子的图像[238]。延至辽代，蛮人牵拽狮子的装饰亦不乏多见。内蒙古奈曼旗陈国公主墓曾出有琥珀佩饰一件，正面刻的正是狮子蛮人[239]；巴林右旗辽庆州白塔塔身上浮雕亦可见狮子蛮人；内蒙古宁城县榆树林子乡小刘仗子村出土的八角形三彩洗，其八面外壁浮雕也都作狮子蛮人形象[240]。

便　服

明初以来诸臣的燕居之服，与帝王所穿大体相类，为小帽、䙆𧝓、绦环（钩）。《謇斋琐缀录》卷二载：“永乐间，禁中凡端午、重九时节游赏，如剪柳诸乐事，翰林儒臣皆小帽、䙆𧝓，侍从以观。”[241]同书卷八亦载：“成化间，太监汪直用事，朝绅谄附，无所不至。其巡边也，所在都御史皆铠甲戎装，将迎至二三百里，望尘跪伏，俟马过乃兴。及驻馆，则易小帽、曳𧝓，趋走唯诺，叩首半跪，一如仆隶，揖拜之礼，一切不行。”[242]《謇斋琐缀录》的作者尹直还在书中自道“其余燕居，则冠小帽或东坡学士巾，而多服曳𧝓”[243]。何良俊《四友斋丛说》卷六记正德末年江彬用事，时寇天叙以府丞署理应天府尹，“每日带小帽穿一撒坐堂”应对江彬需索。对江

图 3-29　**裀檵**　王志远墓出土　南京市博物馆藏

彬所派之人，则告其“南京百姓穷，仓库又没钱粮，无可措办。府丞所以只穿小衣坐衙，专待拿耳”[244]。一撒，为裀檵别称，又作曳撒、袘檵、䄡檵、倚檵（图 3-29）。寇天叙带小帽穿一撒以待罪，正因其为便服。《识小录》则谓“自世爵品官至于生儒耆老吏典，皆有本等服色。军校胥皂亦有衣帽之制。其品官之舍余与庶人不充胥役，无公私过犯者，皆纻丝圆顶帽，衣倚檵音撒，其制方领右硬衬摆头。青条（绦），皂皮靴。荐先于寝及有宾嘉之礼则服之”[245]。据此，则小帽、裀檵、绦环（钩）此一装束又不仅限于品官。

成化年间，燕居之服又有马尾裙的流行。马尾裙又称发裙，其制“以马尾织成，系于衬衣之内。体肥者一裙，瘦削者或二三，使外衣之张，俨若一伞”[246]，“大抵服者下体虚奓，取观美耳”[247]。马尾裙，产自朝鲜，后来流入京师，时人买此穿用,但尚未有织造之人。最初穿着马尾裙的只有富商、贵公子、歌妓而已，而后京中武官亦多穿用。穿用之人既多，于是京师才有织造、贩卖之人，风气传开，无论贵贱，穿者日众。成化末年，京中的这股风气终于传给了朝中大臣。陆容《菽园杂记》卷十载：“阁老万公安冬夏不脱，宗伯周公洪谟重服二腰，年幼侯、伯、驸马至有以弓弦贯其齐者。大臣不服者，惟黎吏侍淳一人而已。”[248]《万历野获编》补遗卷四“大臣异服”亦载“其始阁臣万安服之，既而六卿张悦辈俱效之，独礼部尚书周洪谟至重服二腰，尤为怪事”[249]。马尾裙虽是起自民间，但其“下体虚奓”的穿着效果或许还曾影响内廷，或者说正与宫中的崇尚相合拍。《明宪宗元宵行乐图》所见,成化末年宫中女子穿着之裙,大多蓬松外张,“俨若一伞”。但马尾裙本非常制,多为士林所不容,以其为服妖。沈德符谈到此事语多激昂，称“万眉州亦何足责，如洪谟素以理学自命，哆口谈天下大事，服之不衷，下僚且不可，况司风化重寄，何以示四方？虽遭弹射，直至弘治初元始去位，亦腼颜甚矣。似此服妖，与雉头裘、集翠裘何异”[250]。

弘治初年，马尾裙的流行竟致营操官马被人偷拔鬃尾。事关军国大计，以致给事建言禁革。何孟春《余冬序录》卷二十五载：“弘治初，一给事建言处置军国事，一条云‘京中士人，多好着马尾衬裙，营操官马因此被人偷拔鬉尾，马拔尾落膘，不无有误军国大计，乞要禁革’。此事春少时亲所闻见。”[251]偷拔官马鬃尾之事，明初亦尝有之，唯以马尾制帽，无关衬裙[252]。又其时监察御史汤鼐上疏弹劾万安、张悦、周洪谟等人，《明孝宗实录》载其奏疏，谓：“我太祖高皇帝钦定《大诰》《大明律令》《稽古定制》《教民榜〔文〕》《马政条例》等书，又敕礼部疏其节要定为条例榜谕天下，而承平日久，法玩弊滋，风宪不能申明，有司不知遵守，以致政教废弛、风俗败坏，甚至皇上新布诏条亦未闻有举而行之者。请申明旧制，有仍前玩视者罪之。礼部尚书周洪谟治家无法，党附权臣，方其盛时曲为佞谀，及其失势显奏诋排；右侍郎倪岳急于功名，昵近权要，太监黄赐母丧，衰服送葬，徒步柩前；左侍郎张悦前为佥都御史身服马尾衬裙，以表式百僚之人，为市井浮华之饰；南京兵部尚书马文升身任兵曹，连姻武职，奉命出镇，纵子奢淫；少傅刘吉与万安、尹直同一奸贪，直、安斥去而吉与丘濬进官，恬然受之，不以为异。请大明黜陟，以示劝惩。”疏入，明孝宗的反应是“申明旧典事，其令所司举行。今后有用马尾服饰者，令锦衣卫缉捕。余皆泛言，不允”[253]。至此，马尾裙始有禁例。

《万历野获编》卷十九称引汤鼐奏疏，后谓：“按汤鼐此疏，弹阁部大僚凡六人，若刘博野固不足言，如周文安、倪文毅、马端肃、丘文庄俱一代伟人，何至轻易暴殄？张悦生平不可知，是时言官方荐为冢宰，竟亦其时人望也。”[254]阁部大僚、其时人望，竞穿马尾裙，亦可见成化末年风气之盛。弘治初年，马尾裙虽遭禁止，但京师之外，后世似仍有其踪迹。姚旅《露书》卷八载：“莆嘉靖间，男子初娶妇，必织马尾为裙，以衷衣服，贫者不得此为耻，诚为怪俗。”[255]《谷山笔麈》卷十五《杂闻》载：“尝闻里中长老传，数十年前，里俗以氂为裙，着长衣下，令其蓬蓬张起，以为美观。即无氅裙，至系竹圈衬之，殊为可笑。”于慎行将其追溯至新莽时期，谓“及读王莽传，莽好以氂毛装楮衣中，令其张起。乃知古亦有之”[256]。至万历年间，沈德符称“今中国已绝无之”，但言“向在都见高丽陪臣出馆，袍带之下摺四张，蓬然可笑，意其尚服此裙耶”[257]。又据于慎行所载，“隆庆初年，见朝鲜入贡使者，自带以下，拥肿如瓮，蒲伏而行，想亦有氅衣在下。比数年来，直窄衣下短，如中国服，不张起矣”。

中朝士人之外，明末曾入北京的朝鲜使臣李睟光，在论及风行一时的马尾裙时，亦有一番论说。其《芝峰类说》卷十九《服用部》“衣服”载：“稗史曰：马尾裙，始于朝鲜，流入京师，无贵贱，服者日盛。成化年间，朝官皆服之。此服妖也，弘治初始有禁例云。此即我国所谓鬃裙也。祖宗朝争尚此服，而今则绝无，亦出于一时好尚矣。”[258]据此，知马尾裙即朝鲜鬃裙，明末于朝鲜亦不可见。

嘉靖七年以后，群臣的燕居之服又有忠静冠服。嘉靖七年，在制定皇帝燕弁冠服之际，张璁上奏，谓“燕居之服，缘未有明制，诡异之徒竞为奇服以乱典章。乞更如古玄端，别为简易之制，以昭布天下，使贵贱有等”[259]。明世宗阅后认为“比年以来，衣服诡异，虽达官显士未免沦俗，与市井同。走卒役厮乃敢滥服，与儒流并上下无所辨，民志何由定乎”[260]，因而君臣经过几番讨论议定忠静冠服[261]。群臣燕居冠服冠以“忠静”之名，意在“进思尽忠、退思补过”[262]。张璁则在《忠静冠服图说》中解释取名“忠静”之由，谓：“朱子曰尽己为忠，周子曰无欲故静，惟忠故能体坤道之静，而含章以从王事；不忠故不能体坤道之静，而逞私以偾王事。此善恶邪正所由分也。是故有是德者，冠是冠、服是服，思其称也。诗曰‘彼其之子，邦之司直’。无是德者，冠是冠、服是服，赧然愧矣。诗曰‘彼其之子，不称其服’。”[263]

忠静冠服的着用，制定之初，“在京许七品以上官及八品以下翰林院、国子监、行人司，在外许方面官及各府堂官、州县正官、儒学教官服之。武官止都督以上许服。其余一概不许滥服”[264]。后因光泽王朱宠瀼奏请，王府将军、中尉及长史、审理、纪善、教授、伴读，俱以品官之制服之。仪宾虽有品级，但非儒流，不得概服[265]。忠静冠服完整的一套，由忠静冠、忠静服、深衣、素带、袜、履等组成。忠静冠，冠匡如制，外敷乌纱，后列两山。冠顶作方形，冠上以所饰金线为品差，三品以上中间微起三梁，各压以金线，边以金缘之；四品以下不许压以金线三道，边以浅色线缘之[266]。忠静服，色用深青，以纻丝、纱、罗为之，三品以上用云，四品以下用素，边缘以蓝青。前后饰以本等花样补子。忠静服之内衬以深衣，用玉色。素带，如大带，青表，绿缘边并里。白袜。素履，色用青，绿絛结[267]。忠静冠服实物，早年苏州王锡爵墓曾有出土。该墓所出忠静冠（图 3–30），通体敷以黑素剪绒，此剪绒为目前所知国内所产起绒织物的较早实例[268]。冠上施梁五道且压以金线，金线多已脱落。冠体下部的边也压以两道金线，冠山上且贴以金箔，金箔亦多脱落。

其忠静服（图 3–31），因年久褪色已呈土黄色，其领袖

图 3–30　忠静冠　苏州博物馆藏

图 3–31　忠静服　苏州博物馆藏

等处皆以提花缎镶边，衣身胸背处各饰斗牛补子一方。忠静服腰间还系有素带一条，制如大带，虽已褪色，但仍可见缘边的颜色与素带主体有别。万历二十一年，因万寿圣节大学士王锡爵曾受赐“彩段四表里，内斗牛胸背二表里”[269]，其墓中随葬的忠静服或即采用受赐的面料制成。墓中另出有云头如意纹布底缎面鞋一双，亦当与忠静服搭配穿着。从考古出土实物及存世画像来看，忠静冠服创制之后流行较广。但即便在创制之后，小帽、衪衞、绦环（钩）这类燕居之服仍并存不废。《天水冰山录》载录抄没严嵩家的帽顶、绦环、绦钩甚夥。又高士奇《金鳌退食笔记》记明世宗晚年赐赉直宿无逸殿的勋辅大臣诸般服玩，其中亦有金嵌宝石斗牛绦环[270]。当时这类帽顶与带具或仍当与衪衞搭配使用。《觚不觚录》亦载万历年间“迩年以来忽谓程子衣、道袍皆过简，而士大夫宴会必衣曳撒”[271]。王夫子述及衪衞时则称“万历中年以后，人趋苟简，此制乃亡”[272]。

明末，诸臣燕居之服似又有一式，为巾、蟒衣、绦带（以绦钩、绦环约束）的搭配。山东博物馆藏的《邢玠行乐图》和故宫博物院藏的《唐通像》皆为此类装束（图 3–32），唯两者所戴之巾不同、所佩带具有别而已。前者戴华阳巾，后者戴结巾，前者系绦钩，后者系绦环。文武官员公退之余燕居冠服的式样除上述三式之外，明代中后期以来当即各式巾帽与程子衣、直身、直裰、道袍等的搭配，这一式样大体与士人所服无异，在当时最为流行。对于衪衞、程子衣、道袍的区别，王世贞称“袴褶，戎服也，其短袖或无袖而衣中断，

图 3-32　唐通像　故宫博物院藏

其下有横折而下复竖折之。若袖长则为曳撒，腰中间断以一线道横之则谓之程子衣，无线道者则谓之道袍，又曰直掇”。王世贞同时指出，“此三者燕居之所常用也”[273]。道袍，亦名道服。《舜水朱氏谈绮》卷上图绘道服制式（图 3–33），详述其裁剪之式，“外襟式”一图于衣摆处特加说明，称“此三片幅上头斜缀连要中，里边至脊中”，其制正与道袍相合。图后且谓“黄、红已上二种国禁，黑、玄色、真青已上三种色不用。月白、翠蓝、天蓝、牙色、松花色、酱色、羊绒色、葱白已上色八种可用。镶边必用石青，别无他色可用。花绸、素绸、绉纱、绫、绫机绸、段子、机纱、漏地纱、秋罗、水纬罗已上十种皆可做。大凡镶边要相称”，对其用色、用料详有说明[274]。其时便服，尚有披风。《舜水朱氏谈绮》卷上有其图式，于衣衽处注曰“衽边前后分开而不相属”，图旁且谓“造衣帛及色与道服同，但披风对衿而无镶边”，又云“膺有纽扣，用玉作花样，或用小带亦可”[275]。

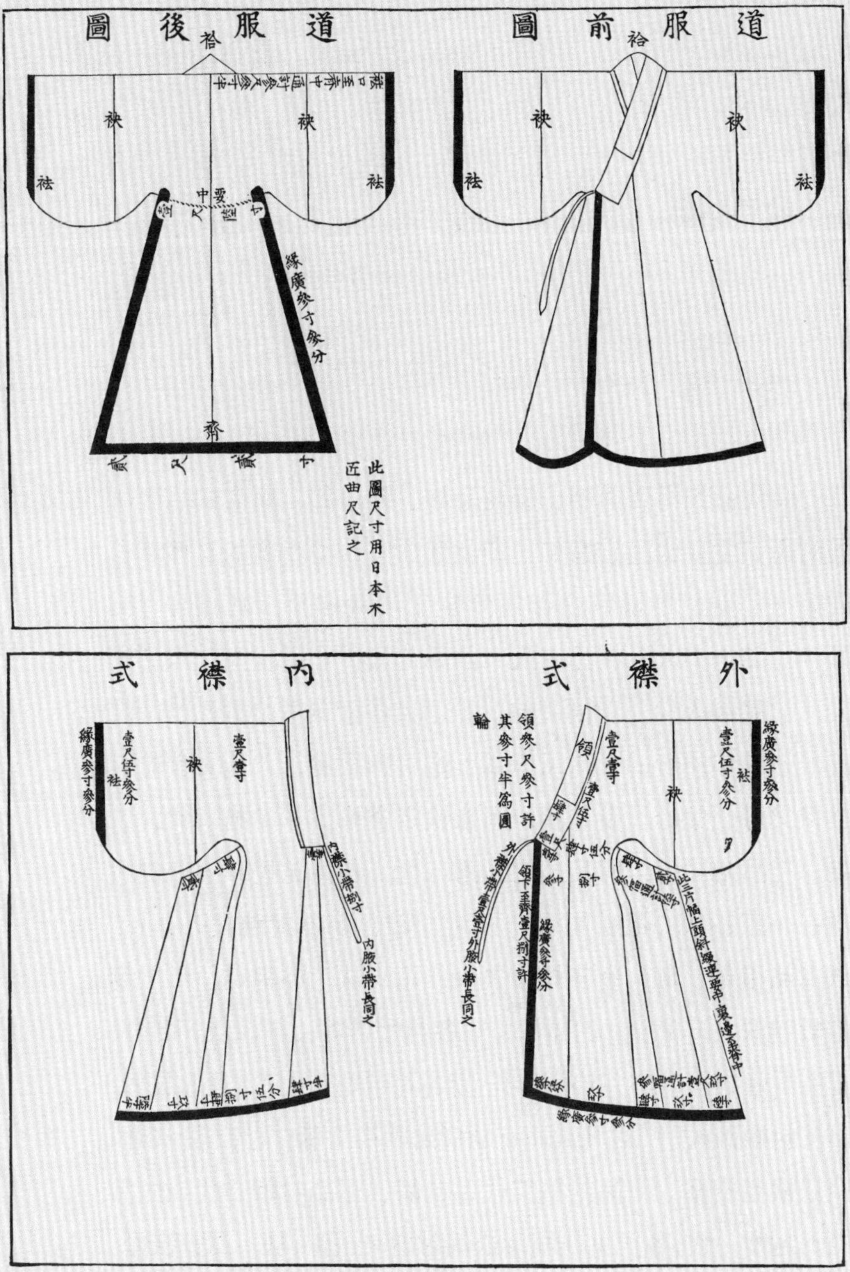

道服後圖　　道服前圖

此圖尺寸用日本木匠曲尺記之

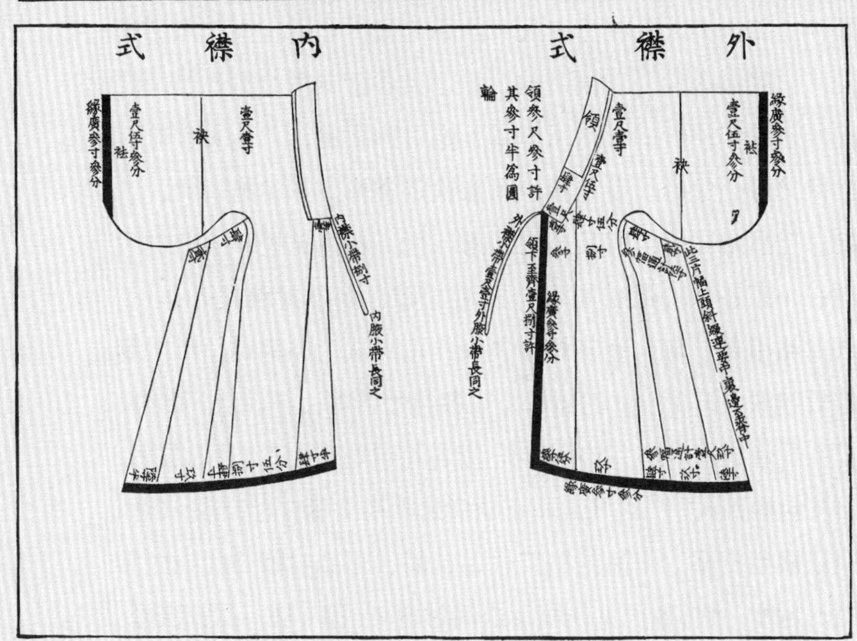

图 3-33　道服图式　出自《舜水朱氏谈绮》

命妇冠服

礼 服

明代命妇沿袭前朝，分内命妇、外命妇，而命妇冠服所指的命妇主要为品官命妇，即朝廷命官获得封赠的女性尊长或妻子。明代的品官命妇制度定于洪武四年，其封号“一品、二品为夫人，三品淑人，四品德人，五品宜人，六品安人，七品孺人。公、侯、伯、子、男各随其夫之爵”[276]。洪武二十三年颁行的《诸司职掌》定封赠之制，“凡文官应封赠祖父母、父母、妻室者，照依钦定资格。一品赠三代，二品、三品赠二代，四品至七品赠一代，各照见授职事依例封赠……正、从一品曾祖母、祖母、母、妻各封赠夫人，正、从二品祖母、母、妻各封赠夫人，正、从三品祖母、母、妻各封赠淑人，正、从四品母、妻各封赠恭人，正、从五品母、妻各封赠宜人，正、从六品母、妻各封赠安人，正、从七品母、妻各封赠孺人”[277]，“凡武职有功应封赠祖父母、父母、妻室者，照依钦定资格。一品封赠三代，二品、三品封赠二代，四品以下封赠一代，各照见任职事依例封赠……正、从一品曾祖母、祖母、母、妻各封赠夫人，正、从二品祖母、母、妻各封赠夫人，正、从三品祖母、母、妻各封赠淑人，正、从四品母、妻各封赠恭人，正、从五品母、妻各封赠宜人，正、从六品母、妻各封赠安人”[278]。明代命妇礼服初定于洪武元年[279]，四年更定[280]，五年又定[281]，二十四年改定[282]。定制后的命妇礼服，其穿用的场合为“入内朝见君后、在家见舅姑并夫及祭祀”[283]，此后未作改动。洪武元年制度，命妇冠服尚用翟衣，至洪武五年革去不用，始用大衫、霞帔。

明代命妇完整的一套礼服由翟冠、大衫、霞帔、褙子、笏、袜、舄等组成。此一套礼服的完整组成，见于《大明会典》。《大明会典》卷六十一“冠服”详细规定了命妇冠服。《大明会典》之外，《明实录》更是对明初命妇冠服制度作了巨细无遗的载录。天顺年间，明宪宗又对奉国将军、镇国中尉、辅国中尉、奉国中尉并将军、中尉妻及县君、乡君冠服作了规定。《明宪宗实录》载：

> 奉国将军妻封淑人……冠服一副，内珠翠四翟冠一，大红素纻丝夹大衫一，深青素纻丝彩绣圈金孔雀夹褙子一，青素线罗彩绣圈金孔雀夹霞帔一副、抹金银钑花坠子一；镇国中尉妻封恭人……冠服一副，内珠翠四翟冠一，大红素纻丝夹大衫一，深青素纻丝彩绣圈金孔雀夹褙子一，青素线罗彩绣圈金孔雀夹霞帔一副、抹金银钑花坠子一；辅国中尉妻封宜人……冠服一副，内珠翠三翟冠一，大红素纻丝夹大衫一，深青素纻丝彩绣圈金鸳鸯夹褙子一，深青素纻丝彩绣圈金鸳鸯夹霞帔一副、钑花银坠子一；

> 奉国中尉妻封安人……冠服一副，内珠翠三翟冠一，丹矾红素纻丝夹大衫一，深青素纻丝彩绣圈金练鹊夹褙子一，青素线罗彩绣圈金练鹊夹霞帔一副、钑花银坠子一；县君……冠服一副，内珠翠三翟冠一，大红素纻丝夹大衫一，深青素纻丝彩绣圈金鸳鸯夹褙子一，青素线罗彩绣圈金鸳鸯夹霞帔一副、抹金银钑花坠子一……乡君……冠服一副，内珠翠三翟冠一，丹矾红素纻丝夹大衫一，深青素纻丝彩绣圈金练鹊夹褙子一，青素线罗彩绣圈金练鹊夹霞帔一副、抹金银坠子一。[284]

明代命妇死后，往往以礼服随葬。洪武五年六月二十一日，诏定官民婚丧仪物，“敛衣……命妇大衫、褙子一袭，常服十袭”[285]。考古发掘所见，明代随葬有命妇礼服的墓葬有北京南苑苇子坑明墓，江苏南京徐俌夫妇墓、常州和平村明墓，上海顾从礼家族墓，甘肃兰州戴廷仁夫妇墓、彭泽夫妇墓等。

翟　冠　为洪武二十四年所采用，并一直行用至明朝灭亡。二十四年之前，或依唐宋制度（元年），或用山松特髻，首饰则金玉珠翠银等有别（四年），用山松特髻、小珠庆云冠（五年）。二十四年始用翟冠，有金银事件、珠翟、珠牡丹（月桂）开头、珠半开、翠云、翠牡丹（月桂）叶、翠口圈、金宝钿花、金（抹金银）翟等。明代命妇翟冠实物，考古发掘所见，多已残损。徐俌夫人朱氏翟冠，虽有散乱，但保存较为完好。戴廷仁夫人柴氏翟冠，出土时已残，简报中只称尚有珍珠等物。李新斋夫人程氏翟冠一顶，存金事件并些许点翠[286]。上

图 3–34　金翟　出自《明清金银首饰》

海顾氏家族墓翟冠，保存较为完好。周子义夫人赵氏翟冠，尚存残迹，冠上有鎏金饰花朵，中嵌红色宝石[287]。彭泽夫人吴氏翟冠，保存尚好，饰有五翟，翟身翟尾有小珠串缀，下衬翠云一周，冠前下部正中有一圆形金饰，边作火焰形，中间用细金丝盘成小蝶，花朵镶有宝石多粒。冠后各式金银簪钗甚多。

明代命妇下葬，随葬翟冠甚为普遍，但保存下来的无多。据墓中所出金银翟、金簪等物，可知最初有翟冠随葬。万贵夫人金翟一对（图 3–34），簪脚阴刻铭文“银作局永乐二十二年十月造九成色金一两二钱五分外焊五厘”[288]。李伟夫人王氏金凤一对，凤首用金片錾刻而成，凤身累丝作，脚踏如意祥云；喙衔珠结，出土时已脱落。赵炳然夫人金翟一对，翟鸟头嵌宝石，两翼伸展，脚踏祥云。诸多明墓中与金翟伴出的还有金簪，其式样繁多，亦于翟冠上插戴。考古发掘所见间有金宝钿花，陆深家族墓所出18件梅花形金镶宝石花饰、彭泽墓中所出23件花朵状小金帽饰，当即翟冠口圈上之金宝钿花。翟冠之上多装饰有珍珠，故又称为“珠冠”。考古发掘所见翟冠，其上多有珍珠，徐俌夫人朱氏翟冠用珠数百颗，戴廷仁夫人翟冠用铜丝穿珍珠及玛瑙珠扭织而成，共用白、绿二色料珠2689颗。

大　衫　明代大衫，又称大袖衣、大袖衫。洪武元年定命妇礼服用翟衣，至四年始改用大袖衣，其品级以衣上的花样为等第。五年，更定命妇冠服，大袖衫用真红色，一品至五品纻丝、绫、罗、纱随用，六品至九品绫、罗、绸、绢随用，未及所用花样，其上应已不用花样区分等第。二十四年，重申五年制度。同时，对大衫的形制、尺寸等作了详细的规定，“大袖衫，领阔三寸，两领直下一尺间缀纽子三。前身长四尺一寸二分，后身长五尺一寸，内九寸八分行则折起，末缀纽子二，纽在掩纽之下，拜则放之。袖长三尺二寸二分，根阔一尺，口阔三尺五分，落折一尺一寸五分。掩纽二，就用衫料，连尖长二寸七分、阔二寸五分，各于领下一尺六寸九分处缀之。于掩下各缀纽门一，以纽住折起后身之余者。兜子亦用衫料，两块斜裁，上尖下平，连尖长一尺六寸三分，每块下平处各阔一尺五分，缝合于领下一尺七分处缀之。上缀尖皆缝合，以藏霞帔后垂之末者”[289]。

明代命妇大衫之制，同后妃大衫一样，也是袭用宋制。《宋史·舆服志》记后妃常服中有大袖、霞帔、玉坠子，且谓“盖与臣下不异”。宋代大袖，也曾沿用至元代。陶宗仪《南村辍耕录》卷十一载：“国朝妇人礼服，达靼曰袍，汉人曰团衫，南人曰大衣，无贵贱皆如之。服章但有金素之别耳，惟处子则不得衣焉。”[290]南人指最后并入元朝版图的南宋之人，作为礼服的大衣，亦即大袖。宋代命妇大袖，典制未详，但有诸多实物出土。江西德安周氏墓[291]、福建福州黄昇墓[292]、江苏高淳花山宋墓等处均有大袖衫出土[293]，黄昇墓所出且多达5件（图3–35）。这些大袖衫形制大体一致，均作对襟、大袖，领襟、衣袖等处加以缘饰，衣身后片缀以三角形的饰件（兜子），材质则以纱、罗为主。江苏高淳花山宋墓所出大袖衫衣领两侧分别缀有纽子两个，前襟左右下摆也分别缀有纽子两个，以作结系霞帔之用。据此类宋代大袖衫实物，《大明会典》所载之明代大衫几与宋代无异。考古发掘资料所见，明代命妇大衫出土极少，目前所知仅见于江苏常州和平村明墓。常州和平村明墓所出大衫，作对襟、大袖，领襟、袖口及下摆等处均加缘饰，共出的尚有霞帔和坠子。明代命妇礼服虽为大衫、霞帔等的搭配，但存世的明代命妇容像绝大多数都是头戴翟冠、身着圆领（图3–36），或云肩通袖膝襕式圆领袍或缀补圆领袍，间亦披挂霞帔，身着大衫的绝少。综合大衫实物出土绝少及图像资料少见的情况，推测明代中后期命

图 3-35　大袖衫　福建博物院藏

图 3–36　六十四代衍圣公侧室张夫人像　孔子博物馆藏

妇大衫或已不用。

霞　帔　霞帔之制，洪武四年始见采用且以其上花样为等第，一品、二品用金珠翠妆饰，三品珠翠，四品翠，五品、六品、七品生色画绡起花，八品、九品生色画绡。坠子，一品玉，二品、三品、四品金，五品、六品、七品镀金银，八品、九品银。五年又定，霞帔、褙子俱用深青色，纻丝、绫、罗、纱随用。一品、二品施蹙金绣云霞翟纹，三品、四品蹙金云霞孔雀纹，五品绣云霞鸳鸯纹，六品、七品绣云霞练鹊纹，八品、九品绣缠枝花。坠子一品至四品钑花金坠子，五品镀金银钑花坠子，六品至九品钑花银坠子。二十四年，重申五年制度。同时，对霞帔的形制、尺寸等作了详细的规定，“霞帔二条，各长五尺七寸，阔三寸二分。各绣禽七，随品级用，前四后三各绣。临末左右取尖长二寸七分，前后分垂，横缀青罗襻子，牵联并之。前垂三尺三寸五分，尖缀坠子一。后垂二尺三寸五分，临末插兜子内藏之。坠子，中钑花禽一，四面云霞文，禽如霞帔，随品级用”[294]。坠子的作用，在于披挂霞帔时使其平整。

明代霞帔、坠子之制，同样是袭用宋制[295]。宋代霞帔、坠子，未有明确的制度规定，所以考古发掘所见多不统一。江西德安周氏墓、福建福州黄昇墓、江苏高淳花山宋墓均有霞帔出土，且霞帔出土时均缀有坠子。江西德安周氏墓所出霞帔以素罗制成，江苏高淳花山宋墓所出以花罗制成，福州黄昇墓所出两件则均于素罗地上绣花。江西德安周氏墓、福建福州黄昇墓所出霞帔每件均为两条，一端齐平一端尖斜，前者内侧有襻条结系，后者“带中部内侧用小丝带缝缀牵连”。江苏高

图 3–37　镂空鸳鸯戏水金帔坠　江西省博物馆藏

淳花山宋墓所出霞帔形制不详，但霞帔上亦有襻条与衣领上纽子扣合。霞帔易朽，出土较少，坠子因属金玉材质，考古所见甚多，孙机于《霞帔坠子》一文中举例已夥。宋代规制未备，所以坠子或作圆盒形，或作圆形，或作鸡心形，形态多样且纹饰纷繁（图 3–37），且多用丝线缝缀于霞帔。至明代，坠子的形制遂统一为鸡心形，其上端且附有钩圈以便挂于霞帔。

明代中后期，霞帔渐显宽大，末端各呈三角形，甚至不相连属。霞帔的这一变化，连带帔坠也随之而变。帔坠不仅在形制上突破鸡心形，且在数量上多有增益，以保持霞帔披挂时能够悬垂[296]。这类异形的帔坠，考古发掘所见为数不少。上海御医顾东川墓内，其妻霞帔腰部和下摆处各挂一件帔坠，腰部银鎏金镶白玉帔坠作鸡心形，下摆处木嵌玉宝石帔坠作六边形，霞帔下部边沿且缀有 7 件银瓜果六边形饰件。上海陆深、陆楫父子夫妇墓中出有压花镂孔银香熏、挂饰数件，内有鸡心形，另有六边形与椭圆形，察其图版当即帔坠。上海陈所蕴墓出有其妻的霞帔饰件一套 4 件，内两件近似鸡心形而略圆，两件顶部作三叉形，其下悬挂各式形状的饰件[297]。浙江吴麟墓中出土有银铃 10 件，大小、形制相同，其状与顾东川墓中所出者相类，当亦帔坠之属。出土的实物之外，明代命妇容像中亦可见后期帔坠。美国普林斯顿大学艺术博物馆所藏一明代命妇容像（图 3–38），其头戴翟冠，身穿真红大袖衫、大红胸背仙鹤褙子，外披云鹤纹霞帔，霞帔的底端正中即为一六边形帔坠，两侧缀有大小不一的 10 件帔坠。巧合的是，此容像所见的帔坠，就其外观而言，几与顾东川墓、吴麟墓所出者无异。明代容像所见，邢玠夫人、赵秉志母、赵秉忠妻诸人所披霞帔，其帔坠形制既异、数量也多。参照邢玠夫人像，可知吴麟墓所出双菱形、菱形、十字形、X 形、圆形、元宝形、蝶形、品字形鎏金银挂饰，实亦霞帔末端的挂饰。吴麟墓中出有其妻方氏的鎏金银翟、革带、玉禁步等，原先正亦应有霞帔入葬。

笏　洪武二十四年定命妇礼服用笏，“笏，以象牙为之，圆首方脚，长六寸四分，阔一寸五分，厚一分五厘”[298]。明代命妇容像，持笏者甚少，唯岐阳王世家容像中所见颇多。二世岐阳王夫人（图 3–39），及四世至十一世淮阴侯夫人，均着礼服，手持象笏。

图 3-38　佚名女像轴　美国普林斯顿大学艺术博物馆

图 3-39　曹国夫人毕氏像　中国国家博物馆藏

常　服

明代命妇常服，史志言之甚简，只道及洪武二十四年所定命妇常服，“用颜色圆领衫”[299]。至于常服的组成及其穿用的场合，概付阙如，与史志详述命妇礼服的情形颇不相称。寻绎史料，可知明代命妇常服制度初定于洪武四年。

洪武四年，定外命妇朝服、常服之制，“以珠翠角冠、金珠花钗、阔袖、杂色缘襈为燕居之服”，“首饰一品、二品用金玉珠翠；三品、四品用金珠翠；五品用金翠；六品以下用金镀银，间用珠”[300]。五年更定，“一品命妇……常服用珠翠庆云冠，珠翠翟三，金翟一，口衔珠结，鬓边珠翠花二，小珠翠梳一双，金云头连三钗一，金压鬓双头钗二，金脑梳一，金簪二，金脚珠翠佛面环一双，镯、钏皆用金。长袄、长裙，各色纻丝、绫、罗、纱随用。长袄缘襈，或紫或绿，上施蹙金绣云霞翟文，看带或红绿紫，上施蹙金绣云霞翟文；长裙横竖襕，金绣缠枝花文。二品……常服亦与一品同。三品……常服冠上珠翠孔雀三，金孔雀二，口衔珠结。长袄缘襈，看带或紫或绿，并绣云霞孔雀文；长裙横竖襕，并绣缠枝花文，余同二品。四品……常服亦与三品同。五品……常服冠上小珠翠鸳鸯三，镀金银鸳鸯二，挑珠牌，鬓边小珠翠花二朵，镀金银云头连三钗一，梳一，镀金银压鬓双头钗二，镀金银簪二，银脚珠翠佛面环一双，镯、钏皆用银镀金。长袄缘襈绣云霞鸳鸯文，长裙横竖襕绣缠枝花文，余同四品。六品……常服冠上镀金银练鹊三，又镀金银练鹊二，挑小珠牌，镯、钏皆用银。长袄缘襈，看带或紫或绿，绣云霞练鹊文；长裙横竖襕，绣缠枝花文，余同五品。七品礼服常服俱同六品。其八品、九品……常服亦用小珠庆云冠，银间镀金银练鹊三，又银间镀金练鹊二，挑小珠牌，银间镀金云头连三钗一，银间镀金压鬓双头钗二，银间镀金脑梳一，银间镀金簪二。长袄缘襈，看带，并绣缠枝花，余同七品……品官次妻许用本品珠翠庆云冠、褙子为礼服，销金阔领长袄、长裙为常服"[301]。

同年，又定命妇圆衫之制，"以红罗为之，绣重雉为等。第一品九等，二品八等，三品七等，四品六等，五品五等，六品四等，七品三等，其余不用绣雉"[302]。十八年，颁命妇翠云冠制于天下，"其制饰以珠翠。前用珠菊花三，珠菊蕊二，翠叶二十七，叶上翠云五，云上用大珠五；后用珠菊花一，珠菊蕊三，翠叶一十四，两旁插金翟，口衔珠结一双。金翟唯公、侯、一品、二品命妇用之，三品、四品则用金孔雀，五品用银鸳鸯，六品、七品用银练鹊，俱镀以金，衔珠结一双，八品、九品用银练鹊，以金间抹之，衔小珠挑牌一双"[303]。二十四年，诏六部、都察院同翰林院诸儒臣，参考历代礼制，更定冠服、居室、器用制度，其命妇冠服"入内朝见君后、在家见舅姑并夫及祭祀许用冠服，余皆常服。其常服用颜色圆领衫，不得仍用胡服"[304]。明代命妇常服的具体组成，于文献虽难稽考，但对照品官常服，推测应该也用胸背补子及革带，且有等级差别。从存世的明代命妇容像来看（图 3–40），命妇常服也用翟冠。

图 3-40 佚名女像轴 故宫博物院藏

便　服

明代命妇便服，制度未作规定，但大抵与一般妇人无甚差别，基本以襦、袄、衫为上装而以裙为下装。襦、袄、衫多为短衣，或亦作长衣，但总体以上襦（袄、衫）下裙两截穿衣为多。弘治初年，朝鲜人崔溥所见，“（江南）妇女所服皆左衽……江北服饰大概与江南一般,但江北好着短窄白衣，贫匮悬鹑者十居三四。妇女首饰亦圆而尖，如鸡喙然。自沧州以北，女服之衽，或左或右，至通州以后，皆右衽。山海关以东，其人皆粗鄙，衣冠蓝缕。海州、辽东等处人，半是中国，半是我国，半是女真。石门岭以南至鸭绿江，都是我国人移住者，其冠裳、语音及女首饰，类与我国同”[305]。崔溥所记，江南江北妇女衣服多为左衽，而沧州以北则左衽、右衽互见，通州以北则皆右衽。左衽原是“胡俗”，明太祖立国之初即下令革除，但弘治年间仍多左衽，可见风俗移易往往不因行政命令而转向。验诸存世的明代容像，当时妇人衣服左衽者所在多有（图 3-41）。

嘉靖年间，妇人左衽或仍属常见，河南登封卢店嘉靖年间的墓葬中，其壁画上的女子衣着还可见有左衽[306]。明代中后期，风俗多变，妇女服饰成为最具变化的一道风景。《旧京遗事》载：“南方女子纤轻腻秀，风来欲吹而弓足难摇，举体便嫌厚重。北方端丽旖旎，故有内家之容，而玉软钩香，上势嫌迟下体迟，有掌中可舞之态。若如粗浊妇人，举足直着鞡鞋，则亦与男子无异。至于市门所售之凤头靴，以御祁寒，

图 3-41　处士遂斋翁配雒孺人遗像　瑞典斯德哥尔摩东方博物馆藏

不过春笋长大，虽有靴名，而双行愈增其美也。"[307]崇祯《松江府志》述服饰之变，称"男子广袖，垂大带与身等，组织花纹，新异如雪梅、水田凡数十种。女子衫袖如男子，衣领缘用绣帊，如莲叶之半覆于肩，曰围肩，间缀以金珠。裙用彩绣，志称挑线织金，争丑之以为拙陋。然贫家男女，形鹄衣鹑，田巷相望，得求败缊，亦为奇温，使人悯恻"[308]。

明末妇人之穿着,《金瓶梅词话》一书着墨甚多,极为生动,颇能描摹世风。如《金瓶梅词话》第十四回写西门庆妻妾的穿着打扮，称："潘金莲上穿丁香色潞绸雁衔芦花样对襟袄儿，白绫竖领，妆花眉子，溜金蜂赶菊纽扣儿；下着一尺宽海马潮云羊皮金沿边挑线裙子，大红段子白绫高底鞋，妆花膝裤。青宝石坠子，珠子箍，与孟玉楼一样打扮。惟月娘是大红段子袄，青素绫披袄，沙绿绸裙。头上带着䯼髻、貂鼠卧兔儿，玉楼在席上看见金莲艳抹浓妆，鬓嘴边撇着一根金寿字簪儿。"[309]同书第六十七回写潘金莲之穿着打扮，谓："上穿黑青回纹锦对衿衫儿，泥金眉子，一溜攃五道金三川纽扣儿。下着纱裙，内衬潞绸裙，羊皮金滚边，面前垂一双合欢鲛绡鸂鶒带。下边尖尖趫趫，锦红膝裤下显一对金莲。头上宝髻云鬟，打扮如粉妆玉琢，耳边带着青宝石坠子。"[310]书中所述，正为当时妇人穿着打扮的真实写照。其时妇人的衣物，主要为袄、衫，衣身或短或长，领式或为方领，或为交领，或为对襟。袄、衫之外，另有比甲、披风等。《三才图会》对妇人衣物中的褙子、半臂、衫、袄子等均有绘图并加解说。圆领的袍儿，则较为正式，不在便服之列。袄、衫之上，往

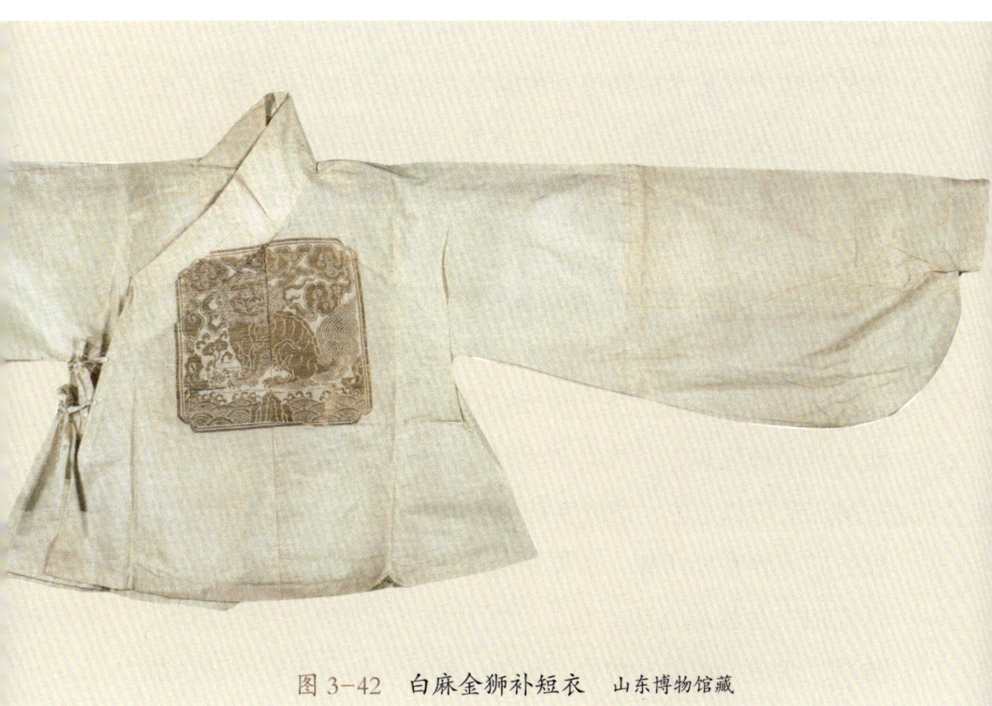
图 3-42　白麻金狮补短衣　山东博物馆藏

往或织金或刺绣，作出云肩通袖襕，其内饰以花鸟鸾凤等物。云肩通袖襕外，因其时趋向奢侈，又有补子的装饰。补子原为命妇常服所用，明末于制度多有突破，便服上也往往缀以补子（图 3-42）。《金瓶梅词话》所见，缀有补子的便服有翠蓝麒麟补子妆花纱衫（第七回）、丁香色南京云绸搽的五彩纳纱喜相逢天圆地方补子对衿衫儿（第三十四回）、大红段子遍地金通袖麒麟补子袄儿（第四十回）、沉香色妆花补子遍地锦罗袄儿（第四十回）、沉香色遍地妆花补子袄儿（第七十五回）。这类缀有补子的便服，孔府旧藏衣物中存世较多，明墓中亦屡屡有所出土，而容像中也不乏其例。补子的施用，原先乃是单用飞禽或走兽，明末则有飞禽走兽混用的情形，普林斯顿大学艺术博物馆所藏题为“元王若水夫人玉像真迹”的明代妇人容像（图 3–43），其补子即将凤凰和麒麟混用。

妇人袄、衫之上，往往缀有纽扣。纽扣，或作纽扣，《说文解字·糸部》释“纽”，云“系也。一曰结而可解”，本义为用以结束的系带，后指襻扣的襻条，进而指纽扣本身。纽扣的使用，在唐代即已普遍，到了元代大概已出现金属扣，逮及明代则已金、银、玉、铜、琥珀等无所不用。《天水冰山录》即记有多种纽扣，且注有其重量。杂样首饰中有金厢宝石扣一副、金纽扣三个，银嵌宝首饰等项中有乌银纽扣五十六副、银各样零碎簪环纽扣，玉器中有玉纽扣子一十二个，珍珠宝石琥珀中有琥珀纽扣一包。后续抄没的续追项下有“珍玩、珊瑚、琥珀、水晶、数珠、纽扣、琴足、杯盘吉利，并古雕漆鱼石斗象拍等件，共七十五件”[311]。《金瓶梅词话》第二回写西门庆初见潘金莲时潘的打扮，“抹胸儿重重纽扣”[312]；同书第十四回写潘金莲的对襟竖领袄上就装饰有“溜金蜂赶菊纽扣儿”[313]；第六十四回写被书童拐走的物品中也有“书礼银子，挑牙纽扣之类”[314]；第六十七回写潘金莲的装束也是对襟衫上“五道金三川纽扣儿”[315]。当时女子的衣物之上普遍饰以纽扣，男子衣物如披风等间亦用之。《新订解人颐广集》卷四《博趣集》“笔谈雅谑”载：“解缙见女人衣衫上用九重纽扣，作诗戏之曰：‘一幅绫绡剪素罗，美人体态胜姮娥。春心若肯牢关锁，纽扣何须用许多。’”[316] 考古发掘所见，纽扣的实物很多。上自后妃，下至庶人之妻，各种

图 3-43　托名为王若水夫人的明代女像轴　普林斯顿大学艺术博物馆

图 3–44 嵌宝石花蝶形金纽扣
首都博物馆藏

材质、各类装饰的纽扣皆有出土（图 3–44）。

其时纽扣所用材质，又有高下之别，《舜水朱氏谈绮》卷下《衣服》“纽扣”条载：“飞鹤亦可作扣，然稍僭矣。作扣，玉为上，琥珀次之，然脆而不坚。玛瑙又次之。亦有以黄金为扣嵌物于内者，虽华美，然非大人丈夫之服也。”[317] 考古发掘实物所见，明代纽扣的样式计有子母扣、球形扣、机制币扣等，而其装饰主要为蜂赶菊、蝶恋花，间有化生童子、绵阳太子等，灵芝、祥云、福寿、卍字亦属常见。纽扣扣合需将纽子和襻条或钮子与钮门互搭，进而又引申出相悦的男女互为倚靠的意义。冯梦龙辑《挂枝儿》咏部第八卷有《纽扣》一首，云：“纽扣儿，凑就的姻缘好。你搭上我，我搭上你，两下搂得坚牢，生成一对相依靠。系定同心结，绾下刎颈交。

一会儿分开也，一会儿又拢了。”[318]

上装多为袄、衫，下装则主要是裙。明初风俗俭朴，便服所用裙上不施襴，其后风俗趋奢，裙上普遍加襴。《天水冰山录》记抄没的严嵩家裙料甚多，其中多数当属襴裙，从此抄家清单中可知裙襴多作璎珞纹。《金瓶梅词话》一书述及妇人裙式亦多，内中多有襴裙。如白纱挑线镶边裙（第十三回）、一尺宽海马潮云羊皮金沿边挑线裙子（第十四回）、白碾光绢挑线裙儿（第十九回）、金枝线叶沙绿百花裙（第二十回）、密合色纱挑线穿花凤缕金拖泥裙子（第二十七回）、白碾光绢一尺宽攀枝耍娃娃挑线拖泥裙子（第三十四回）、大红金枝绿叶百花拖泥裙（第四十回）、白碾光五色线挑的宽襴裙子（第四十五回）、玉色线掐羊皮挑的金油鹅黄银条纱裙子（第五十二回）、鹅黄杭绢点翠缕金裙（第六十八回）、大红宫锦宽襴裙子（第六十九回）、玉色绫宽襴裙（第七十八回）、翠蓝缕金宽襴裙子（第八十九回）、翠蓝段子织金拖泥裙（第九十六回）、紫丁香色遍地金裙（第九十六回），这类应当都属襴裙。据《金瓶梅词话》，当时裙襴的装饰十分繁丽，或用刺绣（挑线），或用缕金，或用织金，或用点翠，材料和纹样也富丽非常。

《阅世编》曾追忆明末之裙，谓“裳服，俗谓之裙。旧制，色亦不一，或用浅色，或用素白，或用刺绣，织以羊皮金，缉于下缝，总与衣衫相称而止。崇祯初，专用素白，即绣亦只下边一二寸，至于体惟六幅，其来已久。古时所谓‘裙拖六幅湘江水’是也。明末始用八幅，腰间细褶数十，行动如水纹，不无美秀，而下边用大红一线，上或绣画二三寸，数年以来，始用浅色画裙。有十幅者，腰间每褶各用一色，色皆淡雅，前后正幅，轻描细绘，风动色如月华，飘飏绚烂，因以为名。然而守礼之家，亦不甚效之”[319]，亦颇能与《金瓶梅词话》对读。文献的记述，正亦不乏实物的验证。孔府旧藏衣物中，不少裙子即有金线拖边，装饰则或富丽或清雅（图 3–45）。考古发掘所见，裙子实物出土甚多，其裙襕往往作璎珞、鸾凤等纹样，与文献记载颇为一致，有的且能与文献对应。韩国果川李执一妻韩氏墓曾出有葡萄童子纹缎织金襕裙一条（图 3–46），裙襕的纹样正是《金瓶梅词话》所说的“攀枝耍娃娃”。韩氏为朝鲜中宗之女懿惠公主的孙女，此裙或出自明朝。

裙子之内，又有膝裤。何孟春《余冬序录》卷四十七载：“男子跪用护膝，冬寒亦用护膝，驿马远行用护臁。若膝裤，缚膝下裤脚上，今日妇女下体之饰。”[320]《金瓶梅词话》一书写妇人穿裙往往写及膝裤。如第二回写西门庆第一次见潘金莲时潘的穿着，说“衬湘裙碾绢绫纱”“裤腿儿脏头垂下”“红纱膝裤扣莺花”[321]。同书第二十四回写宋惠莲掀裙与玉楼看，“看见他穿着两双红鞋在脚上，用纱绿线带儿扎着裤腿”[322]。第二十五回写宋惠莲打秋千，被一阵风过来，把他裙子刮起，“里边露见大红潞绸裤儿，扎着脏头纱绿裤腿儿，好五色纳纱护膝，银红线带儿”[323]。第二十七回以西门庆之眼写李瓶儿的穿着，称“纱裙内罩着大红纱裤儿，日影中玲珑剔透，露着玉骨冰肌”[324]。第六十七回写潘金莲穿着，也是纱裙“内

图 3-45　葱绿地妆花纱蟒裙　孔子博物馆藏

图 3-46　葡萄童子纹缎织金襕裙　韩国檀国大学石宙善纪念博物馆藏

衬潞绸裙，羊皮金滚边，面前垂一双合欢鲛绡鸂鶒带，下边尖尖趫趫，锦红膝裤”[325]。第六十八回写郑爱月穿着，道是“烟里火回纹锦对衿袄儿，鹅黄杭绢点翠缕金裙，妆花膝裤，大红凤嘴鞋儿”[326]。以上所举，均为裙子、膝裤配穿的例子，同时也有例外。《金瓶梅词话》第二十六回就特记了一笔，说宋惠莲“夏月常不穿裤儿，只单吊着两条裙子”[327]。膝裤虽是裙内穿着，但也非常讲究。《云间据目抄》卷二《记风俗》载：“梅条裙拖、膝裤拖初尚刻丝，又尚本色，尚画，尚插绣，尚推纱，近又尚大红绿绣，如藕莲裙之类。”[328]叶梦珠也有类似记载，其《阅世编》称“膝袜，旧施于膝下，下垂没履。长幅与男袜等，或彩镶，或绣画，或纯素，甚而或装金珠翡翠，饰虽不一，而体制则同也”，后云“崇祯十年以后，制尚短小，仅施于胫上，而下及于履。冬月，膝下或别以绵幅裹之，或长其裤以及之。考其改制之始，原为下施可以掩足，丰趺者可以藏拙也。今概用之纤履弓鞋之上，何哉？绣画洒线与昔同，而轻浅雅淡，今为过之”[329]。

明末妇人衣物所用的材料，除纻丝、纱、罗之外，又有潞绸。潞绸因其产自山西潞安，故名。顺治《潞安府志》卷一“物产”载：“上党居万山之中，商贾罕至，且土瘠民贫，所产无几，其奔走什一者，独铁与绸耳。”[330]明朝末年，潞绸的织造盛极一时。顺治《潞安府志》卷一“物产”云：“至于绸，在昔殷盛时，其登机鸣杼者，奚啻数千家。彼时物力全盛，海内殷富，贡篚互市外，舟车辐辏者转输于省直，流行于外夷，号称利薮。其机则九千余张，分为六班七十二号，即间有尺符征取，如捐碎壁于宝山，分零几于瑶海，易易耳。”[331]乾隆《潞安府志》卷九“田赋”也称“明季长治、高平、潞州卫三处共有绸机一万三千余张”[332]。其时潞绸有大、小两种规格，有天青、石青、沙蓝、月白、酱色、油绿、真紫、黑色、红青、黄色、红色、绿色、秋色、艾子色等颜色[333]。

织造的兴盛，进而带动岁派的增加。万历之前，山西的岁派原先“止有绫绢各五百匹，闰月共加八十六匹耳”。万历以来坐派渐多，“万历三年，坐派山西黄绸二千八百四十匹，用银一万九千三百三十四两。十年，坐派黄绸四千七百三十匹，用银二万四千六百七十余两。十五年，坐派黄绸二千四百三十匹，用银一万二千余两。十八年，坐派黄绸五千匹，用银二万八千六十两”[334]。而当年坐派的潞绸，其实物经考古发掘亦间有发现。定陵编号为D65的大红闪真紫细花潞绸，其腰封所题墨书为“大红闪真紫细花……巡抚山西都察院右副都御史陈所学、巡抚山西监察御史……官”，匹料一端所题墨书为“大红闪真紫细花潞绸壹匹。巡抚山西都察院右副都御史陈所学，山西布政司分管冀南道布政司左参政阎调羹，总理官本府通判黄道□，辨验官、督造提调官山西布政使司左布政使张我续，经造掌印官潞安府知府杨检，监造掌印官长治县知县方有度，巡按山西监察御史，山西按察司分巡冀南道布政司右参政兼按察司佥事阎溥。长伍丈六尺，阔贰尺贰寸伍分。机户辛守太”（图3–47）。题有墨书处自上而下盖有阳文朱色印记三个，上边最大，中间次之，下边最小。字迹模糊，无法辨认，研究人员认为可能是陕西布政

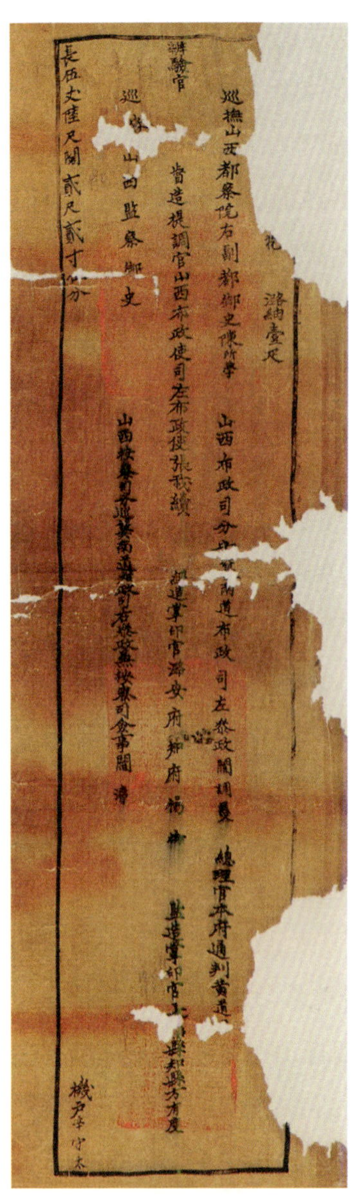

图 3-47　潞绸上墨书

出自《定陵出土文物图典》

使司、潞安府、长治县三级官印。

“西北之机，潞最工”[335]，大规模的发展，使“士庶皆得为衣”[336]，又因当时商品经济繁荣，兼以山西商人足迹遍天下，终致“潞绸遍宇内”的空前盛况。潞绸作为衣服料子使用，明末小说频有写及。《金瓶梅词话》所见，计有大红潞绸对襟袄儿（第二十一回）、红潞绸裤儿（第二十三回）、鹦哥绿潞绸（第三十四回）、红绿潞绸（第三十七回）、青潞绸衲脸小履鞋（第三十九回）、紫潞绸袄儿（第四十二回）、纱绿潞绸子鞋面（第五十八回）、潞绸裙（第六十七回）、纱绿潞绸裙（第六十八回）、蓝潞绸绵裤儿（第七十四回）、沙绿潞绸白绫高底鞋儿（第七十八回）。《醒世姻缘传》所见，计有酱色潞绸小绵坎肩（第十四回）、油绿潞绸银包（第二十三回）、红潞绸（第四十九回）、明油绿对襟潞绸夹袄（第五十四回）、沙蓝潞绸羊皮金云头鞋儿（第七十一回）、扬缎潞绸袄子（第七十三回）、高底砂绿潞绸鞋儿（第七十五回）、鹦哥绿潞绸棉袄（第七十九回）。《金瓶梅词话》所写故事的发生地，一般认为是在山东临清，小说所见，亦可见潞绸在晋省之外的流行。

衣物之外，女子穿着打扮往往还有首饰作为装饰。有明一代，仕宦之家的金银首饰多以宝石镶嵌。明初功臣、勋臣外戚及普通官员等众多墓葬中多有宝石镶嵌的首饰出土，如徐达家族、沐英家族及李伟夫妇，因其为勋臣贵戚，墓中出土嵌有宝石的首饰尤多且精。其中沐氏家族世守云南，而云南为明代宝石出产之地，其墓中随葬的金银器物多嵌有宝石，更无足为怪。明代中后期，则不惟勋臣贵戚、仕宦之家，即便是一般富户，金银首饰也往往用宝石加以镶嵌。明代中后期，时人对宝石已有非常精准的认知。当时的很多书籍都专门谈及宝石，且对其种类、品质、产地等了如指掌。谷泰《博物要览》卷十记宝石种类、产地甚详，内中红宝石八种：避者达、映水、昔剌泥、伊泥剌、兀伊剌、罕赖剌、羊血、石榴，黄宝石五种：黄亚姑、黄剌姑、黄伊思、鹅儿、腊酒，绿宝石三种：助把、助木、撒尼，紫宝石六种：你伊、马思艮底、尼兰助把、茄苞、披遐西、相袍，青宝石五种：青亚姑、鸦鹘青、螺丝、天云、青水，白宝石二种：白亚姑、羊眼睛，猫儿眼睛宝石二种：猫儿眼睛、卵子[337]。

时人对宝石的品质、等次也有精当的了解，张应文《清秘藏》卷上“论珠宝”即载：“金刚钻状似紫石英，可以刻玉，锤之以铁而不伤铁，乃自损。第有南钻北钻之分，南钻堪用，北者不堪。色以酒黄为贵，豆青色、湖水色、紫色者次之。猫睛亦以酒黄色为贵，豆青色、湖水色、蜻蜓头色、黑色者次之。真者有‘上一线下一片’之目，上一线者，中含活光一缕也，下一片云者，底色若铺银也。助把避色暗深绿，祖母绿，一名助水绿，色明绿，俱内有蜻蜓翅光耀者为真。桃花剌，色淡红而极娇。红亚姑，色如桃花剌而上有白水。避者达色深红，石薄方娇。鸦鹘青，一名青亚姑，色深青，你蓝，色浅青而微明亮。种种宝石俱以质如秋水者为贵，微有纤毫石质未融者次之。”[338] 田艺蘅《留青日札》卷二十三“猫睛、祖母禄”条亦载：“猫睛，名猫儿睛，一线中横，四面活光，轮转照人。次者名走水石，无光。祖母禄本绿宝石，上者名助把避，深暗绿色；中者名助木剌，明绿色；下者名撒卜泥，浅绿色。带石者，皆出回回山坑中。”[339]

《天工开物》所载，也颇可反映明末之人对宝石的认知。该书卷下《珠玉》载：“石大者如碗，中者如拳，小者如豆，总不晓其中何等色。付与琢工鑢错解开，然后知其为何等色也。属红黄种类者为猫精、靺鞨、芽星、汉砂、琥珀、木难、酒黄喇子。猫精，黄而微带红；琥珀最贵者名曰瑿，音依，此值黄金五倍价，红而微带黑，然昼见则黑，灯光下则红甚也；木难，纯黄色；喇子，纯红。前代何妄人于松树注茯苓，又注琥珀，可笑也。属青绿种类者为瑟瑟珠、珇琈绿、鸦鹘

图 3-48　**入井采宝之图**　出自《天工开物》

石、空青之类。空青既取内质，其膜升打为曾青。至玫瑰一种，如黄豆绿豆大者，则红、碧、青、黄数色皆具。宝石有玫瑰，如珠之有玑也，星汉砂以上犹有煮海金丹，此等皆西番产。”[340]文后并详细开载诸多宝石的作伪之法，且附有入井采宝之图（图 3-48）。

关于宝石的产地，明初较多采买自西洋、回回，明代中后期似以云南所产为主。蒋一葵《长安客话》卷二载“祖母绿即元人所谓助不剌也。出回回地面，其色深绿，其价极贵，而大者尤罕得”，又称“猫睛石出细兰国，光色一如睛，佳者瞳子随时变换，大如指面，值千金，如钱无价”[341]。《广志绎》卷五《西南诸省》载：“琥珀、宝石旧出猛广井中，今宝井为缅所得，滇人采取为难，而入滇者必欲得之，大为永昌之累。”[342]《天工开物》卷下《珠玉》载：“凡宝石皆出井中，西番诸域最盛，中国惟出云南金齿卫与丽江两处。”[343]明代的宫廷，对宝石极有热情，影响及于近臣。《长安客话》卷二载“闻成化间宫里以银数千两买得重四五两者一块，以为希世之宝。近籍阉奴钱宁私藏，乃有祖母绿佛一座，重至数斤，盖内帑所无”[344]。《留青日札》卷二十三“猫睛、祖母禄”条亦载：“正德、嘉靖以来，抄没刘瑾、江彬、严嵩辈，此宝最奇且多。隆庆四年，户部进上金两事，内猫睛、祖母绿等项一万八千四百颗。”[345]上有所好，下必甚焉，风气相扇，民间耗用宝石亦多。《五杂组》卷十二《物部四》即载“今世之所宝者，有猫儿眼、祖母绿、颠不剌、蜜腊、金鸦鹘石、蜡子等类，然皆镶嵌首饰之用”[346]，其后又云“又有富家老妾沈氏所戴簪头，乃猫儿眼”[347]。钱希言《戏瑕》卷二“红鞡鞨”条亦载：“近见注本草者云：《山海经》所称采石，即宝石也。碧者，唐人谓之瑟瑟。红者，宋人谓之鞡鞨。今通呼为宝石，以镶首饰器物。”[348]据此可见明人所用宝石名目之繁、镶嵌风气之盛。

内使冠服

明朝沿袭前代制度，亦用宦官。吴元年，尚未称帝的吴王朱元璋置内使监，下设监令、监丞、奉御、内使、典簿，置皇门官，下设皇门使、副使。后又改置内使监、御用监，各设监令、监丞、奉御、典簿；皇门官、春宫门官设门正、门副；御马司，设司正、司副。其时并设有尚宝、尚冠、尚衣、尚佩、尚履、尚药、纪事等[349]。同年，吴王朱元璋定内使冠服制度，“凡内使，冠用乌纱描金曲角帽，衣用胸背花团领窄袖衫，乌角束带”[350]。《明宫冠服仪仗图》记内使冠服同此，唯增“各官火者服，则与庶人同”一句[351]，然其图式题以“胸背花盘领大袖衫”字样[352]，与文不符，亦与《明实录》《大明集礼》作“窄袖衫”有异。洪武三年，改定内使品秩。同时，明太祖认为“凡内使监未有职名者，当别制帽以别监官”，重定内使服色，“内使监官，凡遇朝会照依品级具朝服、公服行礼，其常服葵花胸背团领衫，不拘颜色，乌纱帽，犀角带。其内使无品从者，常服团领衫，无胸背花，不拘颜色，乌角束带，乌纱帽垂软带。年十五以下者，惟戴乌纱小顶帽”[353]。

洪武十九年，又有休仪三山帽、内使帽的创制，这类中官帽据传原是高丽国王所戴。《古今事物考》卷六“中官帽”

条载："国朝初，以圆帽为太平帽，至洪武十九年始创制其样。休仪三山之帽，用纱裹之，增方带二条于后，无官者顶后垂方纱一幅，曰内使帽。是帽原于高丽未服，高庙遣一细作瞷其王之冠，制而为之，遂命内侍皆冠之。因使者谓曰：汝主之冠与朕此内臣同，今此曹日供使令之役于朕，而汝主乃欲崛强不服朕耶？使者归言之，遂降。"[354]《七修类稿》卷二十三《辩证类》"内官冠帽"条亦载："今太监之冠帽，即高丽王之制也。闻国初高丽未服，太祖令内侍戴之，而给使令于高丽使者之前。使归，举国降。"[355]

立国之初，鉴于历代宦官之乱，明太祖对宦官管束较严。《明史·宦官传》载："明太祖既定江左，鉴前代之失，置宦者不及百人。迨末年颁《祖训》，乃定为十有二监及各司局，稍称备员矣。然定制，不得兼外臣文武衔，不得御外臣冠服，官无过四品，月米一石，衣食于内庭。尝镌铁牌置宫门曰：内臣不得干预政事，预者斩。"[356]其后宦官机构不断增多，至有十二监、四司、八局，总称二十四衙门[357]。此外又有内府供用库、司钥库、内承运库等处。明太祖以后，宦官势力渐有抬头，其冠帽服饰也多逸出制度。明末宦官服饰，亦见于外国使臣笔下。曾出使明朝的朝鲜陪臣赵宪，在归国后向其国王递上八条奏疏，一为"贵贱衣冠之制"，盛赞明朝章服的贵贱有等，倡议朝鲜仿而行之。此八条奏疏及其后所上十六条奏疏，后编为《东还封事》，冠服部分原先绘有插图，今已不存，只留文字。书中道及"宦者之巾，竹结布裹，形如帽子。有职者有檐，自顶后上起，高于帽一寸，形如立

图 3-49　《宪宗调禽图》（局部）
中国国家博物馆藏

瓦然。无职者止着帽子，但以布自前裹之，垂其余于顶后，长几半尺。所服之衣，或穿蟒龙帖里，或穿衣撒直领，前如帖里，后如直领，其长俱至于踝。带用细绦儿。虽侍立于榻前者，止服此衣。禄薄之宦，亦所易备者也”[358]。

《明史·舆服志》引《大政记》曰：“永乐以后，宦官在帝左右必蟒服，制如曳撒，绣蟒于左右，系以鸾带，此燕闲之服也。次则飞鱼，惟入侍用之。贵而用事者赐蟒，文武一品官所不易得也。单蟒面皆斜向，坐蟒则面正向，尤贵。亦有膝襕者，亦如曳撒，上有蟒补，当膝处横织细云蟒，盖南郊及山陵扈从，便于乘马也。”[359]从存世的明代图像资料看，明初内使服饰尚为简素，《宪宗调禽图》及题为《宣宗行乐图》的图上所见只作素色（图3-49）。至宪宗时似已趋于僭奢，《明宪宗元宵行乐图》所见，衶襒或作云肩通袖膝襕式，所饰花样为麒麟、仙鹤等，贴里或缀胸背。至明末，僭越、奢侈之风更盛。明末《出警入跸图》所见，当时宦官无不衣着鲜丽，蟒龙、斗牛、飞鱼、麒麟等已无所不用（图3-50）。明末的情形，正有文献予以验证。明末宦官刘若愚所著《酌中志》，专列《内臣佩服纪略》一卷，对明末宦官服饰有详细述及[360]。

其冠帽，有朝冠，“冠七梁或五梁。旧制，只有司礼监掌印，于祭中霤之神之夜，服此祭之。自逆贤擅政，加至九梁。凡遇先帝圣节、年节、冬至节，王体乾起至牌子止，俱朝服朝冠，于乾清宫大殿或丹陛上服之”[361]；官帽，“以竹丝作胎，真青绉纱蒙之，自奉御至太监皆戴之，俗所谓刚叉帽也”；平巾，“以竹丝作胎，真青罗蒙之，长随、内使、小火者戴之。制如官帽，而无后山，然有罗一幅垂于后，长尺余，俗所谓纱锅片也”；束发冠，“其制如戏子所戴者，用金累丝造，上嵌睛绿珠石……四爪蟒龙，在上蟠绕。下加额子一件，亦如戏子所戴，左右插长雉羽焉”；唐朝帽，“如画上绵羊太子所戴者。貂鼠皮为之，凡冬月随驾出猎带之，耳不寒”；烟墩帽，“冬则天鹅绒或纻绉纱，夏则马尾所结成者。上缀金蟒珠石，其式如大帽，直檐而顶稍细”；长者巾，“制如东坡巾，而后垂两方叶，如程子巾式”；长者冠，“凡内臣高年之人，亦有戴者。或金线黑线缘镶，然不敢缀云龙也”；雨帽，“如方巾，周围加檐三寸许，亦有竹胎绢糊、黑油漆如高丽帽式者”。皇城内，除官帽、平巾之外，即戴圆帽。冬夏所用材料有别，冬天用罗、纻，夏天则用马尾、牛尾、

图 3-50　《出警入跸图》（局部）　台北"故宫博物院"藏

人发。有极细者，一顶可值五六两或七八两、十余两，名曰爪拉或爪喇。其他另有忠靖冠、六合巾、九华巾、晋巾等。冠帽之上，亦往往有所装饰。如铎针，“所谓铎针者，单一枚，有锌居官帽中央者是也”，“金、银、珠、翠、珊瑚皆可为之”；枝个，“但减小偏向成对耳”；桃杖，“而珍珠、珊瑚，自锌端下垂，或间以宝石、金方胜、卍字耳，下有垂脚”。铎针、枝个、桃杖的装饰都因岁时节庆而异，“年节则大吉葫芦、万年吉庆；元宵则灯笼，端午则天师，中秋则月兔，颁历则宝历万年……冬至则阳生，绵羊引子、梅花。重阳则菊花。遇万寿圣节，则万万寿、洪福齐天之类……凡遇诞生、婚礼及尊上徽号、册封大典，皆万万喜”。此外，还有披肩，“貂鼠制一圆圈，高六七寸不等，大如帽。两傍各制貂皮二长方，毛向里，至耳即用钩带斜挂于官帽之后山子上”；暖耳，“其制用元色素纻作一圆箍，二寸高，两傍缀貂皮，长方如披肩”。

其服饰，有贴里，“其制如外廷之褦褶”，红者缀本等补子，青者原不缀补，后亦缀补；䙆襒，“其制后襟不断，而两傍有摆，前襟两截，而下有马面褶往两旁起”，红者缀本等补子，青者则否；圆领衬摆，“与外廷同”，所缀补子又有坐蟒补、斗牛补、麒麟补、狮子补、鹦哥补、杂禽补等；直身，“制与道袍相同，惟有摆在外”，只有天青、黑绿、元青，不用大红，缀本等补子；道袍，“如外廷道袍之制，惟加子领耳”，间有缀补；氅衣，“有如道袍袖者，近年陋制也。旧制原不缝袖，故名曰氅也”，彩素不拘；大褶，“前后或三十六、三十八不等”，间有缀补；顺褶，“如贴里之制。而褶之上不穿细纹，俗为马牙褶，如外廷之褷褶也”，间有缀补；罩甲，“穿窄袖戎衣之上，加此，束小带，皆戎服也”；雨衣，“用玉色、深蓝、官绿杭绸或好绢，油为之”。各式衣物的搭配，又有所谓的“二色衣”，其为近御之人所穿。二色衣的妙处，刘若愚也记之甚明，“如夏则以葛布为上身，以深蓝或玉色纱作下褶，并按两袖各数寸，又缘子领寸许。一则露白色，一则省费惜福，以便拆浣”。又按旧制，内廷穿着的衣服材质因岁时而异，纻丝、纱、罗等的穿用有其相应的时节，而其服色也有相应的场合。

其佩带，有牙牌，“象牙制造”，“其制有云尖，下方微阔而上圆，可重六七两不等”；乌木牌，“其制荷叶头，圆径二寸许”；牌穗，“其制用象牙或牛骨作管，青绿线结宝盖三层，圆可径二寸，下垂红线，长八寸许，内悬牙牌或乌木牌，上有提系青绦”；抹布，“是素纻丝或绫染黄，长五尺，阔三寸，双层方角，如大带子之式而无穗”；扁辫，“用不堪紫色绒或青绿色，织如大带子，微松软耳。长可丈余不等，阔可三四寸”；束带，不同等级有角带、金镶玳瑁带或犀带、玉带，而玉带“冬则光素，夏则玲珑，三月、九月则顶妆玉带也”。牙牌、乌木牌两者均有刻字，上带提系青绦。牌穗的提系，则“大可二寸许，不过铜、银、玉等为之，上有钩”。

煌煌大明　卷之四

士庶及妻服飾

附生員巾服

考古概况

士庶是各个时代社会上的主体人群，其墓葬应为数最多。但因其社会层次较低，就出土器物而言，远较帝王后妃、达官显贵为少。出土器物中与冠帽服饰相关的，为数更少。据可见的考古发掘材料，出有冠帽服饰的明代士庶阶层墓葬，主要发现于江苏。上海、浙江、安徽、江西及湖北、四川、贵州等地也有不少发现。明代士庶墓葬的出土物中，有一类较具特色，此即随葬衣物疏与作为明器的小型衣物。因士庶是社会最为广大的阶层，其墓中的这类随葬物品保留的概率较大。从明代考古的情况分析，或可推测当时上自帝王，中迄品官，下至士庶，其墓中多有衣物疏或冥衣随葬。帝王的例子，见于明初鲁荒王墓、郢靖王墓，两座亲王墓中都有作为明器的衣物出土，且为最高等级的冕服；明末墓主疑为益藩罗川端懿王的墓葬，虽无冥衣出土，但其墓中出土的典服清单无疑具有衣物疏的性质，且亦可知有冕服随葬。衣物疏通常为纸质，冥衣则多为纺织品，均不易保存，想必三座墓中当初或都有随葬。三座亲郡王墓，年代几乎跨越整个明代，透过墓中出土的遗物，大抵可窥知明代帝王葬俗中某些不大为人所知的细节。品官的例子，见于广西参政夏浚墓，此墓出有衣物疏和实用的衣物，未见冥衣[1]。士庶的例子，则见于陆氏家族墓、周氏家族墓。陆氏家族墓中的1号、2号墓，周氏家族墓中的3号墓均有衣物疏和实用的衣物出土，陆氏家族2号墓且有作为明器的小型衣物出土。此仅就随葬器物中有冠服相关的述其大概。

江　苏

常　州　霍家村明墓。2007年霍家村桂花园工地施工时发现，常州博物馆随即对其进行发掘。墓为夫妇合葬墓，出土各类器物124件（套）。男性墓主棺内出有束发冠1顶，金箔4片。女性墓主棺内出有梵文金分心1件，嵌宝石银挑心1件及梅花头银发簪1对等物。墓中未见表明墓主身份的信息，但从出土器物看似为处士[2]。

怀德南路明墓。2005年6月17日常州怀德南路某建筑工地发现，常州博物馆随即对其进行发掘。两座墓均遭不同程度破坏，原为夫妇合葬墓。一号墓主以白色棉布包裹，身下垫棉被，头插鎏金发簪，身穿8件衣物，胸前至脚上放置8件折叠整齐的衣物，脚穿靴子。墓葬因遭施工破坏，未能发现墓主相关的信息，据随葬物品推测是明代中期当地的乡绅[3]。

江　阴　陆氏家族墓。位于陆桥镇王家典当村东北，共有4座墓葬，2座早年被盗。1988年，江阴市文物管理委员会对剩下的2座作了发掘。经清理，1号墓墓主为陆勋，其尸体保存完好，头裹头巾，身穿各式衣物，脚穿靴袜。墓中出有衣物疏1份，上书：

今具随身衣物等帐：白宁（纻）丝鞋一双，白罗袜一双，蓝青丝绸裤子一条，蓝青宁丝裙一条，白丝绸汗衫一令（领），黑墨绿宁丝绵袄一令，青宁丝夹袄一令，白宁丝大裥一令，白绦一条，香袋一个，内珠子柒颗，包头一个，头巾一顶，过河挎（袴）一条。口含珠柒颗，包袱内砖褐布衫一令，白三梭大裥一令，白三梭夹裤一腰，白三梭腰裙一条，毛巾一条，白三梭汗衫一令，棺木内眠褥一条，红宁丝被一条，白布一令，浴裙一条，白席一令，梳头袋一个，内有银斡耳一条、木梳一个、篦箕一个、篦箕一个、镜子一面、刷牙一个，冥器一付。永乐二十一年八月二十一日□

衣物疏上的器物，大多数都能与墓中出土实物对应。2号墓墓主为陆勋之嫂、陆伯旸之妻瞿氏，其尸体已朽，随葬的衣物也已无存，仅存极少作为明器的小型衣物。墓中同样出有衣物疏1份，上书：

今具随身衣物等帐：口含珠七颗，白罗绣花鞋子一双，蓝青团花苎丝膝裤一双，大红素苎丝绵裤一腰，玉红团花苎丝绵裙一条，大红素苎丝主腰一条，白丝绸汗衫一领，翠蓝素苎丝夹袄一领，白罗背子一领，白罗袜一双，白

> 丝绸裩一腰，蓝青团花苎丝衬夹裙一条，大红素苎丝小绵袄一领，玉红团花苎丝大绵袄一领，青素苎丝长袄子一领，蓝罗束带一条，白苎丝绣香袋一个，内有延生箓一道并帖一道、忏三官牒一道、寿生牒三道，金银珠七粒，纱罗指押香七十二块，白生绢过河裩一腰，绵布浴裙一条，花苎布毛巾一条，绵布脚布一条，红苎丝褥子一条，蓝苎丝褥子一条，白席一令（领），头上首饰，珠钗一只，珠挑一个，珠梳一个，四珠环一双，银剔子一只，水磨样，银斡耳一只，实银簪一只，衣包二个，红绸袱二条，白绵布衬衣一腰，青绵裙一条，蓝苎丝夹袄一领，绿苎丝夹裙一条，青绸单裙一条，蓝青丝绸夹袄一领，绿罗袄一领，青罗裙一条，洗白布衫一领，青葵纱裙一条，福州生布衫一领，福州生布裙一条，白绵布衫二领，内大袖一领，内小袖一领，白绵布袜膏一条，冥器鉴桩一付，面架一个，鉎子一把，茶壶一个，脚桶一个，托子二个，碗二只，筯瓶一个，柤斗一个，马桶，灯台一个，校椅一把，木梳一个，卓（桌）面一卓（桌），五事者计一十五件，红苎丝盖被一条，帽兜一个，青苎丝兜耳一个，上有珠，红绸花，箱一条，永乐二十二年八月 日 具

衣物虽已无存，金银首饰尚在。陆勋墓志盖上阴刻篆书“故处士陆仲庸之墓”，洪武五年生，永乐二十一年卒，洪熙元年下葬。瞿氏洪武七年生，永乐二十二年卒，洪熙元年下葬。墓地西边陆景文墓及其东南的陆景文四子墓于20世纪50年

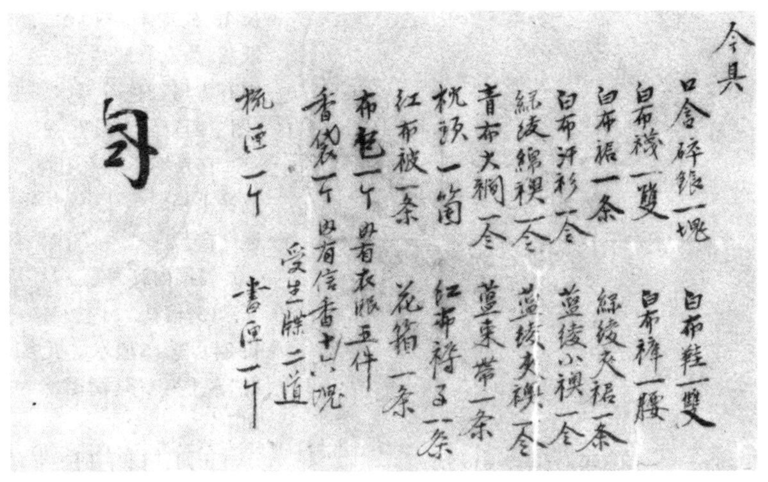
今具
口含碎银一块
白布袜一双　白布鞋一双
白布裙一条　白布裤一腰
白布汗衫一令　绿绫夹裙一条
绿绫绵袄一令　蓝绫小袄一令
青布大裥一令　蓝绫夹袄一令
枕头一个　蓝束带一条
红布被一条　红布褥子一条
布包一个　内有衣服五件　花箱一条
香袋一个　内有信香十六块
受生牒二道
梳匣一个　书匣一个

图 4-1　衣物疏　出自《江苏江阴叶家宕明墓发掘简报》

代中期被挖掘，具体信息未详[4]。

周氏家族墓。2008 年 8 月江阴叶家宕村长文河南岸发现，当地博物馆随即对其进行发掘。墓葬共 7 座，唯有 3 号墓保存完好。经清理，3 号墓出有各类器物 37 件，内织物 13 件，包括衣裤、裙、袜，及蝶赶菊银扣等。墓中且出有衣物疏 1 件（图 4-1），上书：

> 今具：口含碎银一块，白布鞋一双，白布袜一双，白布裤一腰，白布裙一条，绿绫夹裙一条，白布汗衫一令，蓝绫小袄一令，绿绫绵袄一令，蓝绫夹袄一令，青布大裥一令，蓝束带一条，枕头一个，红布褥子一条，红布被一条，花箱一条，布包一个，内有衣服五件，香袋一个，内有信香十六块、受生牒二道，梳匣一个，书匣一个。

墓中未发现纪年文字，但据出土器物，考古人员推测墓葬年代在明早期。《泾里志》载“周坟，位于镇南一里许，系明大学士周延儒祖墓也”，又据墓中所出信札等信息，推测3号墓墓主为周溥[5]。

泰　州　刘鉴家族墓。2002年4月发现2座墓葬，据出土墓志，知为义宰刘鉴及妻田氏，刘鉴长子刘济及妻储氏的合葬墓。经清理，刘鉴棺中出有方巾、纱巾（疑为网巾）、深衣、花缎长衫、素绸长衫、花绸夹袍、贴里、汗衫、裙、裤、靴、袜等物。田氏棺中出有包巾、素绸夹袍、棉布长衫、缀有麒麟补子的短衫、花缎袄、棉袄、花缎裙、膝裤等物。储氏棺中出有包巾、花缎单衫、胸背獬豸圆领（简报称为麒麟）、缀有麒麟补子的夹袍、缀有麒麟补子的短袄、裙、膝裤、鞋等物[6]。早在1988年，工人于农田取土时发现刘鉴之子刘湘及妻丘氏合葬墓。男女墓主尸体均已腐烂，但衣服尚存。经清理，墓中出有文物66件。内有各式簪子、金观世音分心。刘湘衣物有深衣、贴里、裙、幅巾、素缎四方巾、靴袜等。丘氏衣物有织金胸背狮子圆领、织金胸背麒麟交领短衫及各式袄、裙等[7]。刘鉴，以捐粮得授义宰，正德十五年卒，嘉靖二年下葬，田氏嘉靖三年卒，同年下葬。刘济，鲁府引礼舍人，嘉靖十六年卒，十八年下葬，储氏嘉靖十一年卒，十二年下葬。刘湘，生前未有功名，弘治八年生，嘉靖二十二年卒。

淮　安　王镇夫妇墓。1982年淮安县闸口村村民在整地时发现，当地博物馆随即对其进行发掘。墓为夫妇合葬墓，葬有王镇及妻刘氏。经清理，王镇随葬衣物保存完好，棺内出有包括贴里在内的衣物 14 件，鞋袜 3 双。王镇，永乐二十二年生，弘治八年卒，天顺、成化年间屡出粟赈荒，有司授以义官，不受[8]。

上　海

朱守城夫妇墓。1966 年公社生产队平整土地时发现，当地文物管理部门随即对其进行发掘。墓葬一穴三棺，葬朱守城、杨氏及一不知姓氏的女性。经清理，墓中出有各类器物 100 余件，内银簪、玉簪、耳环、发饰、帽饰等 52 件[9]。

江　西

新余明墓。1996 年发现，当地博物馆随即上报江西省文物局，由江西省考古队、上海自然博物馆、新余市博物馆对 2 座墓葬作了发掘。经清理，墓中出有各类衣物 117 件，内有襕衫等[10]。

湖　北

祈湾村明墓。1976 年潜江刁市祈湾村村民在兴修水利时发现，当地文博单位随即对其进行发掘。经清理，知墓主为欧阳处士。墓中出有玉手镯、玉绦钩、金簪、衣服、布鞋等[11]。

张懋夫妇墓。位于广济县城（今武穴市）西北约 2 公里的挂玉山嘴，1983 年 2 月初，红旗公社下官大队砖瓦厂在制砖取土时发现，当地文保部门随即对其进行发掘。经清理，出有各类文物 60 余件，内有幅巾、网巾、深衣、贴里等衣物。张懋，正统二年生，弘治六年，张懋响应朝廷号召积极赈济灾民，受朝廷嘉奖授为义宰，正德十四年卒，次年与妻子何氏合葬[12]。

四　川

巴中明墓。1983 年 11 月因村民烧砖取土时发现，巴中县文管所随即上报上级文物部门对其进行发掘。经清理，墓主男性，着衣 5 件，头戴巾帽，足穿鞋袜，遗体两侧置有随葬衣物 14 件。墓中未见表明墓主身份的信息，唯据随葬器物知为嘉靖年间或以后的墓葬[13]。

贵　州

惠水明墓。1983 年 3 月贵州省博物馆在惠水县城关发掘。经清理，该墓出有纺织品共计 22 件，计有巾帽、衣、裤、裙、靴、袜、绑腿、护膝等。衣物之中，一件交领袍缀有鹭鸶补子（原简报称为鸂鶒）。墓中并无墓志出土，但从出土的万历历书上之记事可知墓主为刘姓，属地主兼工商业者，并无官称[14]。

士庶及妻服饰

士庶即士人与庶民，士人亦即读书人，乃是四民之首，庶民则是一般的平民百姓。明代士庶服饰[15]，明初制定，在规定了如何穿戴的同时，多为一些禁令。明朝立国之初，明太祖即深感中国之制多为胡俗所变易，“士庶咸辫发椎髻，深檐胡帽，衣服则为袴褶窄袖及辫线腰褶；妇女衣窄袖短衣，下服裙裳。无复中国衣冠之旧”[16]。洪武元年二月，明太祖“悉命复衣冠如唐制。士民皆束发于顶。官则乌纱帽、圆领袍、束带、黑靴，士庶则服四带巾、杂色盘领衣，不得用黄玄；乐工冠青万字顶巾，系红绿帛带；士庶妻首饰许用银镀金，耳环用金珠，钏镯用银，服浅色团衫，用纻丝绫罗绸绢；其乐妓则戴明角冠、皂褙子，不许与庶民妻同，不得服两截胡衣。其辫发椎髻、胡服、胡语、胡姓，一切禁止”[17]。明太祖的此番措施，奠定了明朝服饰制度的基调。史官于此不无感慨赞叹，称“斟酌损益，皆断自圣心，于是百有余年胡俗悉复中国之旧矣”[18]。

三年二月，因元年所定士庶四带巾有欠完善，又命制四方平定巾颁行天下，“令士人吏民咸如式制服之”[19]。至于皂隶伶人，则如元年制度，以示区别。三年八月，鉴于“闾里之民服食居处与公卿无异，而奴仆贱隶往往肆侈于乡曲，贵贱无等，僭礼败度”，定“庶民房舍不过三间，不得用斗栱、彩色。其男女衣服并不得用金绣、锦、绮、纻丝、绫、罗，止用绸、绢、素纱；首饰、钏镯不得用金、玉、珠翠，止用银；靴不得裁制花样、金线装饰”[20]。五年五月，民间妇女首饰衣服尚循旧习，未遵制度，下诏令中书颁示定制，务复古典[21]。五年十月，庶民妻衣服首饰俱有等第，而在室女子尚无制度。特定女子未出嫁之前，其服饰皆作三小髻、金钗珠头髻、窄袖褙子[22]。经明初的一系列举措，官民服用皆有定式，但颁行未久，官民即渐生奢侈，逾越定制。礼部恐习以成风，有乖上下之分，于是上奏申禁、补充。定“凡服色，职官一品、二品用杂色文绮、绫、罗、彩绣，帽顶、帽珠用玉；三品至五品用杂色文绮、绫、罗，帽顶用金，帽珠除玉外随所用；六品至九品用杂色文绮、绫、罗，帽顶用银，帽珠玛瑙、水晶、香木；庶民用绸、绢、纱、布，巾环不得用金、玉、玛瑙、珊瑚、琥珀；掾吏、令史、书吏、宣使、奏差凡未入流品者，并同庶民，帽不用顶，帽珠许用水晶、香木；校尉只孙、束带、幞头、靴鞋；刻期雕刻杂花、象牙、绦环外，余同庶民”。同时，重申禁令，“其官员纱帽、束带，命妇冠服及民间男女之服，悉如旧制。违者罪之”[23]。

十五年六月，“诏礼部申明礼制。凡官民人等服饰，不得用玄、黄、紫色”[24]。二十二年十二月，严巾帽之禁，“官下舍人并儒生、吏员、民人常戴本等头巾，乡村农夫许戴斗笠、蒲笠，出入市井不禁，不亲农业者不许”[25]。二十三年三月，申定官民服饰，“文官衣长，自领至裔，去地一寸，袖长过手，复回至肘，袖桩广一尺，袖口九寸。公、侯、驸马与文职同，耆民、儒士、生员，制同文职，惟袖过手复回，不及肘三寸。庶民衣长去地五寸，袖长过手六寸，袖桩广一尺，袖口五寸”[26]。靴禁颁行以来，富商大贾、奸民猾胥、末技贱工及军中无赖少年，多有置其不顾，“恣为淫巧，裁制花样，嵌以金线蓝条，蔑敦朴之风，乱贵贱之等”。至二十五年七月，申明靴禁，定“唯文武百官并同籍父兄伯叔、弟侄、子婿及儒士、生员、吏典、知印、承差、钦天监天文生、太医院医士、瑜伽僧、正一道士、将军、散骑舍人、带刀之人、正伍马军并马军总小旗、教读大诰师生许穿靴，然不许用红扇面、黑下桩，与内官、内使靴同。其北平、山西、山东、陕西、河南并直隶、徐州地寒，人民许穿牛皮直缝靴。校尉力士遇上直，乐工当承应许穿，出外不许。其庶民、商贾、技艺、步军及军下余丁、管步军总小旗、官下家人、火者、皂隶、伴当、在外医卜、阴阳人，皆不许，止许穿皮扎𩌦”[27]。二十八年十一月，《礼制集要》书成，其书以官民服舍、器用等第编类而成，至此颁布中外，申明禁制，使各遵守[28]。明太祖的制作，意在上下有等，贵贱有差。通过洪武年间的这一番制定，明代士庶服饰的式样、等第得以确立。而从中又明显可见提倡节俭、反对奢华及重农抑商的倾向。

制度已定，但在施行的过程中往往不能全然遵行，所以洪武以降，多有对已行制度的强调、申禁。永乐三年，礼部进冕服、卤簿、仪仗图，《洪武礼制》《礼仪定式》《礼制集要》《稽古定制》等书，永乐帝认为“祖宗成宪不可改更”，“即命颁之所司，永为仪式”[29]。四年，以京师军民“多戴圆帽赣头，非本等巾服，乖于礼制”，命礼部申明民间巾服之制[30]。七年，谕行在礼部臣“朝廷立法五十余年，服式器皿皆有定制。比来臣民，数有以越礼僭分罹刑宪者，此谕教未至也。即以旧定官民冠服、器皿制度绘为书册，颁示中外及诸色工匠，俾知遵守”[31]。正统七年，礼部尚书胡濙等奏山东左参政沈固、山东右参政刘琏所言，称“中外官舍军民戴帽、穿衣习尚胡制，语言、跪拜习学胡俗，垂缨插翎，尖顶秃袖，以中国之人效犬戎之俗”，都察院出榜，让巡按监察御史严禁[32]。十二年，“闻有僭用织绣蟒龙、飞鱼、斗牛及违禁花样者”，命此后如果仍有僭用“工匠处斩，家口发充边军，服用之人亦重罪不宥”[33]。十四年，以巡抚大同宣府右副都御史罗亨信奏言，敕礼部都察院申明禁约，不许僭用违式花样及服秃袖衣、外夷尖顶狐帽[34]。天顺元年，以教坊司乐工妇女“僭服异色花样纱、罗、绫、段等衣，内衬大红织金，及戴金、玉、宝石首饰、珠环之类，街市往来，坐轿乘马”，敕所司出榜禁革，违者治罪[35]。二年，“禁官民人等衣服不得用蟒龙、飞鱼、斗牛、大鹏、狮子、四宝相花、大西番莲、大云花样，及姜黄、柳黄、明黄、玄色、绿等衣服”[36]。

成化六年，京城内外风俗尚侈，不拘贵贱，概用织金、宝石，服饰僭拟无度，“申明旧制，备榜禁约”[37]。正德元年五月，“禁官员人等毋得僭用玄、黄、紫三色，民庶之卑贱者毋得衣纱、罗、纻丝[38]。元年六月，尚书张升、都御史张敷华上十三事，内云

“一、旧制庶民男女衣服不得僭用金绣，首饰、耳环各用□一事。近来愈加僭侈，自今遵永乐间例，军民、僧道常服禁用纻丝、绫、罗、纱、锦、彩绣；妇女衣服、帐幔禁用浑金，首饰镯钏禁用宝石；娼妓禁用金首饰、银镯钏。违者罪其家长与夫，并制造工匠”，“一、古礼士不衣狐白，况凡民乎？今后贩吏仆妇女娼优皆不许辄服貂裘”，“一、军民妇女近来用珠结盖额，谬称缨络，或缀衣缘履。官员之家结成补子，甚违法制。自今敢有犯者，罪坐其夫，违禁之物入官”。疏上，“出榜申禁，仍有故违者，所司缉捕究治”[39]。

以上所列，仅就《明实录》所见举其大概。《明实录》之外，服饰相关禁例，还多见于《皇明条法事类纂》。《皇明条法事类纂》所收文书，上起英宗正统朝，下迄世宗嘉靖朝，正统、嘉靖两朝收录文书各一件，所以《皇明条法事类纂》收录服饰相关的禁例多属成化、弘治两朝[40]。此外，《大明令》《大明律》《大明会典》《礼部志稿》等著述中亦多记录各项禁例。《大明令》为洪武元年颁布，其中礼令“服色等第”条规定：“庶民男女衣服，并不得僭用金绣，许用纻丝、绫、罗、绸、绢、素纱，金首饰一件，金耳环一对，余止用银翠。帽顶、帽珠，并不得用金玉、珊瑚、琥珀，靴不得制造花样、金线妆饰。”[41]同是洪武年间颁布的《大明律》亦专列“服舍违式”一条，但其律文较简。万历年间，加以补定，附以集解、条例，编纂成书《大明律集解附例》，律文较明初多有细化。该书卷十二“服舍违式”条载：

凡官民房舍、车服、器物之类，各有等第，若违式僭用，有官者杖一百，罢职不叙；无官者笞五十，罪坐家长，工匠并笞五十。若僭用违禁龙凤文者，官民各杖一百，徒三年；工匠杖一百，连当房家小起发赴京籍充局匠。违禁之物并入官。

……

一、各王府郡主仪宾该钑花金带、胸背狮子；县主仪宾钑花金带，郡君仪宾光素金带，胸背俱虎豹；县君仪宾钑花银带，乡君仪宾光素银带，胸背俱彪。故违僭用者，革去冠带，戴平头巾，于本处儒学读书习礼，三年方许复职。

……

一、军民僧道人等服饰器用，俱有旧制。若常服僭用锦、绮、纻丝、绫、罗、彩绣，器物用戗金、描金，酒器纯用金银，及将大红销金制为帐幔、被褥之类，妇女僭用金绣闪色衣服、金宝首饰镯钏，及用珍珠缘缀衣履并结成补子、盖额、缨络等件，娼妓僭用金首饰镯钏者，事发，各问以应得之罪，服饰器用等物并追入官。

一、官吏军民人等但有僭用玄、黄、紫三色，及蟒龙、飞鱼、斗牛，器皿僭用朱、红、黄颜色，及亲王法物者，俱比照僭用龙凤文律拟断，服饰器物追收入官。[42]

禁制虽严，但每每重申禁令的同时亦表明仍多有犯禁之事。到了明代中后期，社会生产发达，商品经济繁荣，商人、市民阶层崛起，兼以阳明心学的流行，思想得以解放，社会风气由俭趋奢，衣着服饰上逾越礼制的现象日益多见。正德以降，风气愈变，衣着服饰上的各种风潮风起云涌，流风相扇，炫人耳目。此一情形，在当时的地方志中不胜枚举，正可见风气之流行与普遍。

正德《松江府志》卷四《风俗》回顾以往的服饰，谓“入国朝来一变而为俭朴。天顺、景泰以前，男子窄袖、短躬衫，裾幅甚狭，虽士人亦然。妇女平髻、宽衫，制甚朴古，婚会以大衣，俗谓长袄子，领袖缘以圈金或挑线为上饰，其彩绣织金之类，非仕宦家绝不敢用”，但“成化来渐侈靡，近岁益甚”[43]。到了万历时期，松江地区的服饰益趋奢靡，好异求新，益发多变。

崇祯《松江府志》卷七《风俗》专列冠髻之变、服饰之变、组绣之变、布缕之变、染色之变等条目，详述当地的服饰风尚之流变[44]。松江一地风俗之转移，亦颇可与《云间据目抄》所载内容参看。其书卷二《记风俗》开首即谓“风俗自淳而趋于薄也，犹江河之走下而不可返也，自古慨之矣。吾松素称奢淫黠傲之俗，已无还淳挽朴之机。兼以嘉隆以来，豪门贵室，导奢导淫，博带儒冠，长奸长傲。日有奇闻叠出，岁多新事百端。牧竖村翁，竞为硕鼠；田姑野媪，悉恋妖狐。伦教荡然，纲常已矣。居间捉笔，且噱且嗔”[45]。文后且详述男子巾帽、衣服，妇人头髻、衣饰，以及鞋袜等的流行变化。

嘉靖《太康县志》述及历朝服饰风尚流变亦详，称“国初时，衣衫褶前七后八；弘治间，上长下短，褶多；正德初，上短、下长三分之一，士夫多中停。冠则平顶，高尺余，士夫不减八九寸；嘉靖初，上长下短，似弘治时。市井少年，帽尖长，俗云边鼓帽。弘治间，妇女衣衫仅掩裙腰，富者用罗缎纱绢织金彩通袖，裙用金彩膝襴，髻高寸余；正德间，衣衫渐大，裙褶渐多，衫唯用金彩补子，髻渐高；嘉靖初，衣衫大至膝，裙短褶少，髻高如官帽，皆铁丝胎，高六七寸，口周尺二三寸余”[46]。从中可知时代愈后风俗愈奢，正德、嘉靖年间发髻、官帽高耸。

嘉靖《太平县志》卷二《舆地志下》“风俗”忆及往昔军民人等遵礼守法，无敢犯禁，谓“国初新罹兵革，人少地空旷，上田率不过亩一金，是时惩元季政偷，法尚严密，百姓或奢侈逾度犯科条，辄籍没其家，人罔敢虎步行。丈夫力耕稼，给徭役，衣不过细布土缣。仕非达官员，领不得辄用纻丝；女子勤纺绩蚕桑，衣服视丈夫子，士人之妻，非受封，不得长衫束带”，然而“至宣德正统间，稍稍盛，此后法网亦渐疏阔”[47]。法网疏阔、越礼犯分之原因，士大夫往往归于工贾。

万历《新修余姚县志》卷五《风俗》称“四乡小民多勤稼穑事，工贾执技艺而无游惰，食粗衣恶，仅以卒岁。邑井则户无贵贱，率方巾长服，近且趋奇炫诡，巾必骇众而饰以玉，服必耀俗而缘以彩，昔所谓唐巾鹤氅之类，又其庸庸者矣。至于妇女服饰，岁变月新，务穷珍异，诚不知其所终也”[48]。

万历《江都县志》卷七《提封志》“谣俗”亦谓“其在今日，则大有不然者，盖以四方商贾陈椽其间，易操什一起富。

富者辄饰宫室、蓄姬媵、盛仆御，饮食佩服与王者埒。又输赀为美官，结纳当涂，出入舆马都甚。妇人无事，居恒修冶容，斗巧妆，镂金玉为首饰，杂以明珠翠羽，被服绮绣，袒衣皆纯采，其侈丽极矣，此皆什九商贾之家，闾右轻薄子弟率起效之”[49]。

地方志之外，明末世风亦见于私人记述。《松窗梦语》卷七《风俗纪》忆及往昔，称“国朝士女服饰皆有定制，洪武时律令严明，人遵画一之法。代变风移，人皆志于尊崇富侈，不复知有明禁，群相蹈之。如翡翠珠冠，龙凤服饰，惟皇后、王妃始得为服。命妇礼冠四品以上用金事件，五品以下用抹金银事件；衣大袖衫，五品以上用纻丝绫罗，六品以下用绫罗缎绢。皆有限制”。然风俗日偷，“今男子服锦绮，女子饰金珠，是皆僭拟无涯，逾国家之禁者也”[50]。当时世人忆及前后风俗之易，多有不胜今昔之慨。徐曾唯于万历二十五年作《援古证今》长文，内中专记余姚风俗变迁，分援古、证今两部分，援古述正德初淳朴俭素情形，证今则记嘉靖年间的奢靡风俗。证今部分载：

想嘉靖年来奢华日渐，予髫龀时见家间有锦绣罗绮之哀服，金银珍珠器饰矣。妇女虽备金饰髻，惟皂纱为之，未尝有他者。嘉靖已亥，祖母制一银丝髻，乃初创之时仅见之物，越十年，渐有至于金丝者，丙辰丁巳间，竟以金银打造，而不尚丝矣，制样惟员。迨隆庆末有制三梁者，随有五梁、七梁矣。今易以藤胎裹金，体轻价省，至于求乞之妇、贱艺之妻、奴婢离主而居，媪姬秽行而淫者皆三五云冠，城市乡村，海隅山谷，在在皆然。且有无一缗之产，而制服数缗之衣，识者为其赧颜，而彼则悻悻自欣，良不自忖，深可为怪。矧今之进士一第，即制衣二三百两，异途一选，亦制衣五七十金，仓场等卑职无一不制绯袍者，较之先公位列郎署未有其一，时虽今昔之殊，而事实颠倒之讹耳。辛亥前后间，士庶冬袜皆斜纹等布，以棉为之而御寒，间有羊毛白袜者，才十之二三。甲寅，邑令存参李公命坊长办应绒袜，京师仅有，而此中绝鲜，江之南北巨卿仕宦家遍户之竟无一觅，比傅封君者之釜阳子任，方回边一携归，高值购之，□而献珍罕，若此后数年，殆遍宇内。其履则双云为华矣。己卯，予卅，至金陵得挽云素纻履归，人以为异。甫一年即有绿镶挽云者。今红紫蓝绿等色，靡不有制。若衙门隶卒、宦室仆妇，无不履者。与先时方舄、琴鞋、布袜，何太殊也。谢尚宝、兰阜公琴鞋至终不易，殊表流俗，其中不知遍于嘉靖何年。予有知时即未见士君子有不戴者，高低金素，随时变换，迩年以来，巾制计几十种，星卜商贾、俗子村夫、艺流博徒辈无不皆然。与当时缙绅戴帽较之，所谓素富贵行乎富贵，素贫贱行乎贫贱，而竟反之矣。且有缀玉、结玉瓶及上有覆以前后响板，云前后五七折叶，不知命为何等名，更以油绿花彭段制之者。乐工戴绿色巾，不知讳忌而甘于自蹈，恬不知耻，良可悲夫。岂不为服之妖乎！[51]

文章且述及交际之耗费、宴会之奢靡，最后徐曾唯感慨道："风俗颓败，一至于斯，追古想今，所以行怀。予庚周甲子见时事相悬，诚隔天壤，天幸多假余年，又见其不知抵于何极，遭此薄世，亦人生之不幸也。"[52]

许敦俅于万历三十八年在其《敬所笔记》中回忆浙江海宁袁花镇地方六十年间的世道变迁，亦多有感慨。其《敬所笔记》"纪世变"载：

> （嘉靖丙寅）当时男子着细简褶子，长至膝下一二寸，今则穿羊尾子，直身长至脚面，绢、纻俱用坚硬。女人下体尚霸之服，上衣胸背花，下衣织金膝襴，裙用夹裙、绵裙，新妇亦以此为聘。今则绢、纻俱软，而夹裙、绵裙细简褶杳然不见矣。女子戴辫梁髻，妇人馒头髻，用四簪向前。今则两簪拖后矣。当初瓦楞帽价值四五两，非富室不戴，今所值一二钱，虽丐者亦用。当时套鞋、蒲鞋俱深面高跟，今则浅面低跟，若欲急走则脱，脱而难行，此又其可笑者也。当时网巾用线，间有鬃者，俱是白顶，老人少发方用懒收网。今少年之人，尽用三四寸阔一条。我二三十岁时，巾帽俱低矮，四五十岁尚高至一官尺者。今又用低矮，此又不知倡自何人。余见京中人回亦多如此，盖不止于一方也……我甲子年入泮学中，朋友皆纱内白布褶，间有一二富贵公子，则穿色衣。今皆色衣，目中已无白布之衣矣。

许敦俅认为“今之奢华皆始于富贵之人。贫贱不能自揣，效而成俗，此非则为鄙陋”。文后，许敦俅对世风颇多无奈且寄意于“有道义者”，谓“有道义者，不囿于习俗，而能砥柱中流，则见识超出于寻常万万矣。大都世俗，前质朴而殷实，今华丽而空虚，所谓俗富民贫非欤？仅仅六十年内滥觞如此之异，竟不知后此又何所纪极也”[53]。由明入清之姚廷遴在其《历年记》中亦颇有篇幅论及明末上海风俗,《历年记·记事拾遗》载：

(崇祯十四、十五年)时尚奢华,宽衣大袖,衣长四尺,袖长二尺，袜皆大统，鞋必浅面。男子十六岁方留发，发长披在肩上，如今时妇女无异。亦梳三把头、泛心头，发少者用鬏益之，甚有发团如冰盘大者，亦如今妇女梳妆一般。插簪带花，将披发捞扎起，即名曰直捞头。二十岁外方冠。更有老童生赶未冠之队者，号曰老扒头。三十岁外始戴帽。未几而鼎革。大清定鼎后，削发打辫，箭衣小袖，深鞋紧袜，幼童俱戴帽，此衣服之一变也。[54]

又载：

至如明季服色,俱有等级。乡绅、举、贡、秀才俱戴巾,百姓戴帽。寒天绒巾、绒帽，夏天鬃巾、鬃帽。又有一等士大夫子弟戴飘飘巾，即前后披一片者，纯阳巾，前后披有盘云者。庶民极富，不许戴巾。今概以貂鼠、骚鼠、狐皮缨帽，不分等级，佣工贱役及现在官员，一体乱戴，并无等级矣。又如衣服之制，载在《会典》。明季现任官府，用云缎为圆领。士大夫在家，亦有穿云缎袍者。公子生员辈，止穿绫绸纱罗。今不论下贱，凡有钱者任其华美，云缎外套，遍地穿矣，此又衣服之一变也。[55]

地方志、私人记述之外，明末的小说也颇多描摹当时的世情。凌濛初《拍案惊奇》卷二写一拥有百万家私的大财主吴大郎，其穿着为"头戴一顶前一片后一片的竹简巾儿，旁缝一对左一块右一块的蜜蜡金儿，身上穿一件细领大袖青绒道袍儿，脚下着一双低跟浅面红绫僧鞋儿"[56]。

冯梦龙《醒世恒言》卷三写卖油郎秦重欲会花魁娘子，先是"将几钱银子，置下镶鞋净袜，新褶了一顶万字头巾。回到家中，把衣服浆洗得干干净净，买几根安息香，熏了又熏"[57]，后又"到典铺里买了一件见成半新不旧的绸衣，穿在身上，到街坊闲走，演习斯文模样"[58]。小贩嫖妓，穿着打扮也是"斯文模样"，其社会思想背景，金木散人《鼓掌绝尘》正说得明白。

《鼓掌绝尘》第八回描摹当时的世情，谓"看来如今风俗，只重衣衫不重人品，比如一个面貌可憎、语言无味的人，身上穿得几件华丽衣服，到人前去，莫要提起说话，便是放出屁来，个个都是敬重的。比如一个技艺出众、本事泼天的主儿，衣冠不甚济楚，走到人前，说得乱坠天花，只当耳边风过"[59]。当时不惟财主、小贩，生员、乐工的穿着也多违礼犯禁而恬然自适。

《醒世姻缘传》第二十六回写道“那些后生们戴出那跷蹊古怪的巾帽，不知是甚么式样，甚么名色。十八九岁一个孩子，戴了一顶翠蓝绉纱嵌金线的云长巾，穿了一领鹅黄纱道袍，大红段猪嘴鞋，有时穿一领高丽纸面红杭绸里子的道袍，那道袍的身倒只打到膝盖上，那两只大袖倒拖在脚面”[60]，又述“那四五个乐工都换了崭新双丝的屯绢圆领，蓝绢衬摆，头上戴了没翼翅的外郎头巾，脚上穿了官长、举人一样的皂靴，腰里系了举贡生员一样的儒绦，巾上簪了黄烁烁的银花，肩上披了血红的花段”[61]。社会的礼仪秩序，似正被社会的底层所紊乱，以致小说的作者也不无感慨地写道“天下的风俗，也只晓得是一定的厚薄，谁知要因时变坏。那薄恶的去处，这是再没有复转淳庞。且是那极敦厚之乡，也就如那淋醋的一般，一淋薄如一淋。这明水镇的地方，若依了数十年先，或者不敢比得唐虞，断亦不亚西周的风景。不料那些前辈的老成渐渐的死去，那忠厚遗风渐渐的浇漓；那些浮薄轻儇的子弟渐渐生将出来，那些刻薄没良心的事体渐渐行将开去；习染成风，惯行成性，那还似旧日的半分明水”[62]。

《醒世姻缘传》第六十七回写长工也穿起了道袍，“到了次年正月初一日，常功想道：‘这有幅子大袖的衣裳，那里见得只许有钱的人穿！那穷人不穿，只因没有。我既有这道袍，那见的穿他不得？’年前集上二十四个钱买了一顶黑色的羊毛毡帽，老婆亲手自做的一双明青布面沙绿丝线锁的云头鞋，将那帽戴在头上，把鞋穿在脚下，身上穿了那艾前

图 4-2　项圣谟《尚友图》　上海博物馆藏

川的紫花布面月白绫吊边的羔皮道袍”[63]。

明末世人于衣着等第上越礼犯分、突破禁制之处，突出表现于慕古、逐新、求异。慕古，则巾帽有晋巾、唐巾，衣装亦有晋装、唐装。《见闻杂记》卷六载：“今天下诸事慕古。衣尚唐段、宋锦，巾尚晋巾、唐巾、东坡巾，砚贵铜雀，墨贵李廷珪，字宗王羲之、褚遂良，画求赵子昂、黄大痴。”[64]

冯梦龙《古今谭概》亦述及时人崇慕古风，该书卷二《怪诞部》“异服”曾记一事，谓“翟耆年好奇，巾服一如唐人，自名唐装。一日往见许彦周。彦周髽髻，着犊鼻裈，蹑高屐出迎。翟愕然。彦周徐曰：‘吾晋装也，公何怪？’只容得你唐装？”[65]。慕古之风一直延续至明亡，现今存世的明末世人画像，其所戴巾帽也多可反映当时的风尚。

上海博物馆所藏项圣谟《尚友图》（图 4-2），其上数人巾服奇异，项圣谟有跋云："项子时年四十，在五老游艺林中。遂相称许，相师相友。题赠多篇，沧桑之余，仅存十一。今惟与鲁竹史往返，四公皆古人矣。因追忆昔时，乃作《尚友图》，各肖其神。其晋巾荔服，一手执卷端、一手若指示而凝眸者，为宗伯董玄宰师。其蓝角巾褐衣，与宗伯并坐一石、展卷而谈者，为眉公陈徵君先生。其唐巾昂坐，以手画腹上作书者，为冏卿李九疑妻伯。其渊明巾如病鹤者，为竹史鲁鲁山。释则秋潭舷公诗禅也。其高角巾素衣，立于松梧之下，一手持卷倚石、一手指点若有所质于二公者，即胥樵项子孔彰也。"此数人，或"晋巾荔服"，或"蓝角巾褐衣"，或"唐巾昂坐"，或"高角巾素衣"，可谓高古之士。逐新，则吴绸、宋锦、云缣、驼褐等无所不用，追逐时样。

余永麟《北窗琐语》载："太祖制民庶章服，黑漆方巾，取四方平静之意；青布直身，取四海永清之意。服此巾服，则人知礼节，此制作之深意也。小帽截子，惟执役厮卒服之。其后民趋于便，虽士庶亦多用之，以衣巾为礼衣，如衢、严等处，虽析薪者亦服此服，尚有淳朴之风。迩来巾有玉壶巾、明道巾、折角巾、东坡巾、阳明巾，衣有小深衣、甘泉衣、阳明衣、琴面衣，带有琵琶带，鞋有云头鞋。妇人有全身披风，全已大袖，风俗大变。故民谣云：'头带半段褋，身穿横裁布。街上唱个喏，清灯明翠幕。'又云：'蝴蝶飞脚下，浮云起妇人。'"[66]

万历《通州志》卷二《风俗》云："今者里中子弟，谓罗绮不足珍，及求远方吴绸、宋锦、云缣、驼褐，价高而美丽者以为衣，下逮袴袜，亦皆纯采。其所制，衣长、裙阔、领宽、腰细折，倏忽变异，号为时样，此所谓服妖也。”[67]

《客座赘语》卷九《服饰》谓：“留都妇女衣饰，在三十年前，犹十余年一变。迩年以来，不及二三岁，而首髻之大小高低，衣袂之宽狭修短，花钿之样式，渲染之颜色，鬒发之饰，履綦之工，无不变易。当其时，众以为妍。及变，而向之所妍，未有见之不掩口者。”[68]

求异，则巾帽衣服，不拘常俗以为炫目。《北窗琐语》载：“穿道衣人，多失礼体。又云：‘一可怪，四方平巾对角戴。二可怪，两只衣袖像布袋。三可怪，纻丝鞋上贴一块。四可怪，白布截子缀绿带。’”[69]

李乐《续见闻杂记》卷十也说：“二十年来，东南郡邑，凡生员读书人家有力者，尽为妇人红紫之服，外披内衣，姑不论也。”[70]

《万历野获编》卷二十三“张幼予”条称其好怪诞以消不平，“晚年弥甚，慕新安人之富而妒之，命所狎群小呼为太朝奉，至衣冠亦改易，身披采绘荷菊之衣，首戴绯巾，每出则儿童聚观以为乐”[71]。该书同卷亦谓“同时吴中有刘子威凤，文苑耆宿也，衣大红深衣，遍绣群鹤及獬豸，服之以谒守土者。盖刘曾为御史，迁外台以归，故不忘绣斧，诸使君以其老名士，亦任之而已。”[72]

《古今谭概》卷二《怪诞部》“异服”载：“进士曹奎作大袖袍。杨衍问曰：‘袖何须此大？’奎曰：‘要盛天下苍生。’衍笑曰：‘盛得一个苍生矣！’”冯梦龙不由得发出感慨："今吾苏遍地曹奎矣。"[73]

明末的好古、逐新、求异之风尤见于冠巾、鞋履，其记载在嘉靖以降可谓俯拾皆是。《见闻杂记》卷二载："嘉靖辛丑、壬寅间，礼部奉旨，严行各省，大禁民间云巾、云履。一时有司视为要务，不敢虚行故事，人知畏惮，未有犯者。不意嘉靖末年，以至隆、万两朝，深衣大带，忠靖、进士等冠，唯意制用，而富贵公子，衣色大类女妆，巾式诡异难状。"[74]

嘉靖《广平府志》卷十六《风俗志》称："巾服渐归俭素，但制裁杂异，屡禁未革。巾有林宗、明道、东坡、玉台，鞋有云头履，衣有深衣，或二十四气，或阳明衣，或十二月，或八卦，或鹤氅。至于忠静巾之制，杂流、武弁、驿递、仓散等官皆僭之，而儒生学子羡其美观，加以金云，名曰凌云巾。"[75]

万历《临汾县志》卷九《艺文志》附有邢云路《请正四礼议》一文，内称："民间亡论贫富贵贱，一岁至十余岁，皆得戴巾，乳臭仆僮袒裼赤脚携薪负米，加巾于首，则何取义也！甫弱冠者，则率皆凌云、忠静，贫者胥竭财为之矣。甚至贱艺术者流，亦得凌云、忠静，而唐、晋之巾，则视为当然。一瞽目卜人也，衣半不遮体，如鹑结，然手摇箕板，头带冠巾，盈衢逵皆然也。冠之僭滥者也，一至是。"[76]

万历《滁阳志》卷五《风俗》谓："男子危冠，其耸或加檐，已而短缩，名边鼓。又或锐颠为莲子，衣长上短下，曰罄垂。又或短上长下，髻则或如螺，已又如笋。甚有如小浮图者，已或又缩而小，皆不知所从。其甚俳优戏剧，相率为胡表帽服，腾逐喧噪，战斗跳踉，居然胡也。然诸荡侈，皆往数十岁事。”[77]

崇祯《内丘县志》卷七《风纪》“冠履”云：“万历初，童子发长犹总角，士子入泮始加网，名曰冠巾。民亦至二十余岁始戴网，皆冠之遗意也……万历初，庶民穿腄靸，秀才穿双脸鞋，非乡先生首戴忠静冠者，不得穿厢边云头履。夫云头履，名曰朝履，俗呼朝鞋，谓朝天子之鞋也。至近日，而门快皂舆，无非云履；星相医卜，无不方巾，又有唐巾、晋巾、东坡巾、乐天巾者。先年，妇人非受封不敢戴梁冠、披红袍，系拖带，今富者皆服之，又或着百花袍，不知创自何人。”[78]

崇祯《嘉兴县志》卷十五《里俗》也说：“巾服器用，士子巾帻，内人笄总，特无定式。初或稍高，高不已而碍檐，已复稍低，低不已而贴额。倏尖倏浑，乍扁乍恢，为晋为唐，为东坡、为乐天、为华阳。靡然趋尚，不知谁为鼓倡而兴，又孰操绳约而一，殆同神化，莫知为之者。”[79]

其时冠巾之制，式样、颜色、材质等倏忽万变，可谓眼花缭乱，风俗侈汰已极。徐咸《西园杂记》卷上载：“巾帽之说，成化以前予幼不及知。弘治间士民所戴春秋罗帽，夏鬃帽、皱纱帽，冬毡帽、纻丝帽，帽俱平顶，如截筒。正德间，帽顶稍收为桃尖样。其鬃帽又有瓦棱者，价甚高。初出时有四五两一顶者，非贵豪人不用。嘉靖初年，士夫间有戴巾者。今虽庶民，亦戴巾矣。有唐巾、程巾、坡巾、华阳巾、和靖巾、玉台巾、诸葛巾、凌云巾、方山巾、阳明巾，制各不同。闾阎之下，大半服之，俗为一变。近御制忠靖冠，为臣下燕居之服，所以明贵贱、别尊卑。三品以上饰以金线，四品以下饰以青线。文职惟朝贵及在外二司官、府州县正官、儒学教官，武职惟都督以上许用，今则武夫、下吏亦概用之，无所忌惮矣。”[80]

《客座赘语》卷一《巾履》云：“南都服饰，在庆、历前犹为朴谨，官戴忠静冠、士戴方巾而已。近年以来，殊形诡制，日异月新。于是士大夫所戴，其名甚夥，有汉巾、晋巾、唐巾、诸葛巾、纯阳巾、东坡巾、阳明巾、九华巾、玉台巾、逍遥巾、纱帽巾、华阳巾、四开巾、勇巾。巾之上或缀以玉结子、玉花瓶，侧缀以二大玉环。而纯阳、九华、逍遥、华阳等巾，前后益两版，风至则飞扬。齐缝皆缘以皮金，其质或以帽罗、纬罗、漆纱，纱之外又有马尾纱、龙鳞纱。其色间有用天青、天蓝者。至以马尾织为巾，又有瓦楞、单丝、双丝之异。于是首服之侈汰，至今极矣。”[81]

范濂以其亲身见闻追溯了上海松江地方巾帽的变化，其所著《云间据目抄》卷二《记风俗》称：“余始为诸生时，见朋辈戴桥梁绒线巾，春元戴金线巾，缙绅戴忠靖巾。自后以为烦，俗易高士巾、素方巾，复变为唐巾、晋巾、汉巾、褊巾。丙戌以来，皆用不唐不晋之巾，两边玉屏花一对，而少年貌美者加犀玉奇簪贯发。鬃巾始于丁卯，以后其制渐高，今又渐盈。纱巾为松江土产志所载者，今又有马尾罗巾、高淳罗巾。而马尾罗者，与骔巾乱真矣。童生用方包巾，自陈继儒出，用两飘带束顶，近年并去之。用吴门直罗头法，而儇儿更觉雅俏。瓦楞鬃帽，在嘉靖初年惟生员始戴，至二十年外则富民用之，然亦仅见一二，价甚腾贵，皆尚罗帽、纻丝帽，故人称丝罗必曰帽段。更有头发织成板而做六板帽，甚大，行不三四年而止。万历以来，不论贫富皆用鬃，价亦甚贱，有四五钱七八钱者，又有朗素密结等名。而安庆人长于修结者，纷纷投入吾松矣。”[82]

崇祯《松江府志》卷七《风俗》述冠髻之变，谓“国初所用巾帽，帽以六瓣合缝，下缀以檐，亦圣祖所制。若曰六合一统云。杨廉夫见圣祖以方巾，谓四方平定巾，商文毅召用自编民，亦以此巾见。今士人已陋唐晋诸制，少年俱纯阳巾，为横折两幅前后覆之。为披巾，止披巾后一幅。又如将巾，以蓝线作小云朵缀其旁,复缘其所披者以蓝。为云巾,前系以玉，作小如意为玉结。制各不一”[83]。

其时巾式，《三才图会》所列有儒巾、诸葛巾、忠靖冠、治五巾、云巾、方巾、东坡巾、唐巾、汉巾、四周巾、纯阳巾、老人巾、将巾、雷巾[84]。《留青日札》卷二十二“巾”条所载，亦有練巾、纶巾、白纶巾、紫纶巾、白帢巾、白氎巾、桐巾、乌匼巾、小乌巾、乌角巾、角巾、折角巾、帑巾、葛巾、幅巾、阔幅巾、大幅巾、踣养巾、珠巾、新罗巾、夹罗巾、鹿巾、谷皮巾、化巾、尖巾、仆射巾、华阳巾、莲花巾、燕巾、云巾、圆头巾、方头巾、平头巾、渔巾、白鹭巾、唐巾、忠义巾、高士巾、凌云巾、玉台巾、两仪巾、飞檐巾、鹖鴟巾、东坡巾、山谷巾、阳明巾、万字巾、凿子巾诸式[85]。

以上诸巾，或因其人为名，如诸葛巾，“此名纶巾，诸葛武侯尝服纶巾，执羽扇，指挥军事，正此巾也。因其人而名之，今鲜服者”[86]。东坡巾，“巾有四墙，外有重墙，比内墙少杀，前后左右各以角相向。着之则角界在两眉间，以老坡所服故名。尝见其画像，至今冠服犹尔”[87]。纯阳巾，“一名乐天巾，颇类汉、唐二巾。顶有寸帛，襞积如竹简，垂之于后。曰纯阳者，以仙名，而乐天则以人名也”[88]，“两傍制玉圈，右缀一玉瓶，可以簪花”[89]。老人巾，“尝见《稗官》云国初始进巾样，高皇以手按之使后，曰：如此却好。遂依样为之。今其制方顶，前仰后俯，惟耆老服之，故名老人巾”[90]。将巾，“以尺帛裹头，又缀片帛于后，其末下垂，俗又谓之扎巾”[91]。

或因其形、装饰为名，如玉台巾，“方而匾者，即四方巾之制小异”[92]。四周巾，“以幅帛为之，从广皆二尺有余，用之裹头，大都燕居之饰。缁黄杂用，非士服也”[93]。两仪巾，“后垂飞叶二扇”[94]。万字巾，“上阔而下狭，形如万字”[95]。云巾，“有梁，左右及后用金线或素线屈曲为云状，制颇类忠靖冠，士人多服之”[96]。凌云巾，“用金线或青绒线盘屈作云状者”[97]，“以绸绢为质，界以蓝线绳，似忠静巾制度”[98]。包玉巾（图 4–3），“用皂绢造之，玉为饰”[99]。

图 4–3　徐渭像　南京博物院藏

或因其意为名，如忠

靖冠，“有梁随品官之大小为多寡，两旁暨后以金线屈曲为文，此卿大夫之章，非士人之服也。嘉靖初更定服色，遂有限制”[100]。方巾，“此即古所谓角巾也。制同云巾，特少云文，相传国初服此，取四方平定之意”[101]。

或因崇慕的朝代为名，如汉巾，“汉时衣服多从古制，未有此巾，疑厌常喜新者之所为，假以汉名耳”[102]，“前折较后，两傍少窄三四分，顶角少方”[103]。唐巾，“软绢纱为之，以带缚于后，垂于两傍，贵贱皆戴之，乃裹发软巾也”[104]，“唐制，四脚，二系脑后，二系领下，服牢不脱。有两带、四带之异，今则二带上系，二带向后下垂也。今之进士巾，亦称唐巾”[105]。

亦有不知何以名之者，如治五巾，“有三梁，其制类古五积巾，俗名缁布冠，其实非也，士人尝服之”[106]。雷巾，“制颇类儒巾，惟脑后缀片帛，更有软带二，此黄冠服也”[107]。凿子巾，“如唐巾而去其带耳”[108]。披云巾，“或段或毡为之，匾巾方顶，后用披肩半幅，内絮以绵，此朧仙所制，为踏雪冲寒之具”[109]。

明末诸多巾帽，不惟有文字的记述，还流行各种图谱。崇祯年间，朱术垧编印有《汝水巾谱》，“载古今巾式凡三十二图，自华阳巾以下十三种”，分别为华阳巾、岌岌冠、切云冠、羲之巾、折角巾、白纶巾、唐巾、纯阳巾、东坡巾、仙桃巾、琴尾巾、四方巾、周子巾、贝叶巾、竹叶巾、三岛蓬莱巾、泰巾、葵巾、象鼻巾、蝉腹巾、朝旭巾、方山巾、玉锁巾、三台柱石冠、悬弧巾、玉盘巾、斗印巾、育珠巾、天柱巾、悬岩巾、如意巾、灵芝巾[110]。是书所载巾式，或采古书，或征画籍，而仿为之，但叙次多舛略。四库馆臣将此书收录《四库全书》时就批评说“如折上巾、葛巾、幅巾，其尺幅形制皆可考见，乃略而不叙。又明制本有软巾诸色及俗尚之凌云等巾，亦俱失于登载。至贝叶巾以下十九种，则无所证据，皆术垧以意创为之耳”[111]。虽然如四库馆臣所说《汝水巾谱》多有缺略，其所登载也未必可靠，不过却也说明明末之人对各样巾冠的关注。

巾谱之外尚有冠谱，顾孟容曾撰《冠谱》一卷，统载历代冠制[112]。此书所登载的冠制，四库馆臣批评“均不见传记，殊为杜撰。又每冠必绘之为图，若亲见其形制者，虚诞尤甚”[113]。据此，《冠谱》也是以图为主要形式。天一阁所藏又有《冠图》一卷，或以为即顾孟容《冠谱》[114]。

当时之人热衷编印巾冠图谱，今日且有流播海外而存于后世者，此亦可见当时风气之一斑。韩国首尔大学奎章阁韩国学研究院藏有《各样巾制》一册。此书编者、刊者、刊年、刊地均不详，但据书中所载各样巾式，可以断定为明末的巾谱。此书计二十二叶，每叶绘巾冠一，右上角题以巾冠之名。计有三才、子昂、九华、羲之、明巾、五岳、三纲五常、阳明、凌云、乐天、子房、东坡、四明、诸葛、儒巾、青云、九思、玉坡、晋巾、宦巾、福叶冠、中靖、登云、梯云、玉台、隐市、两仪、覆云、耋巾、四象、献之、唐巾、太素、太师、纯阳、松江、玉蟾、道衡、浩然、如意、鱼尾、进士、高士、幅巾等名[115]。此书所载各式冠巾，大抵皆为明末之人所习见习知，不像《汝水巾谱》那样无据。

关于各种巾帽的优劣，各有其相应的用处，时人亦多品评。明初朱权好道，意尚幅巾，其称“凡山居有幅巾者，俗谓一字巾，以一幅裹于首，布衲、草屦、长绦是山中幽隐学道之士所用也”[116]。明末雅士文震亨称“唐巾去汉式不远，今所尚披云巾最俗，或自以意为之。幅巾最古，然不便于用”[117]。屠隆称唐巾、纯阳巾为佳，且谓“外此皆非山人所取”[118]。李渔论及戏曲袭用的巾帽，谓“方巾与有带飘巾，同为儒者之服。飘巾儒雅风流，方巾老成持重，以之分别老少，可称得宜”[119]。

平民在服饰制度上的僭越、违禁，士大夫视其为对礼制的破坏，屡屡形诸笔端，加以批评、挞伐。李乐感于世人巾履唯意制用，不遵法度，慨叹“冠服所以章身，匪为饰美，既有旧制，自当遵守。彼治于人者与治人者，独何心哉”[120]，又称“厌常喜新，去朴从艳，天下第一件不好事，此在富贵中人之家且犹不可，况下此而贱役长年，分止衣布食蔬者乎？余乡二三百里内，自丁酉至丁未，若辈皆好穿丝绸、绉纱、湖罗，且色染大类妇人。余每见惊心骇目，必叹曰此乱象也”[121]。顾起元也说“服舍违式，本朝律禁甚明，大明令所著最为严备。今法久就弛，士大夫间有议及申明，不以为迂，则群起而姗之矣，可为太息”[122]。

据前所述，地不分南北、人无论贵贱，明末世人已普遍戴巾。洪文科对此颇为感慨，称“晋汉唐巾，乃先朝儒者之冠。我明兴科甲，监儒兼而用之，数十年前，人心犹古，非真斯文，尽安分焉。渐至业铅椠、赋诗章者戴矣，此犹之可也。迩来大可骇异，一介细民耳，未闻登两榜而入黉宫，一丁不识，骤获资财，不安小帽，巍然峨其冠，翩然大其袖，扬扬平康曲里，此何巾哉？曰银招牌也。至于诸人亦僭用之，曰省钱帽也。一人侥幸科第，宗族姻亲，尽换儒巾，曰荫袭巾也。故谚有'满城文运转，遍地是方巾'之诮。噫！亦太滥矣"！洪文科且建议御史台差出巡巾御史以纠风俗，"独惜此时台中乏人，不然朝廷当差巡巾御史，揽辔中原，遇此辈杖而裂之可也"[123]。

其时风俗，各地互相影响，浇薄的风俗为人所恶，进而乃有谣俗的流行。何良俊谓："松江近日有一谚语，盖指年来风俗之薄，大率起于苏州，波及松江。二郡接壤，习气近也。谚曰：'一清诳，圆头扇骨揩得光浪荡。二清诳，荡口汗巾摺子挡。三清诳，回青碟子无肉放。四清诳，宜兴茶壶藤扎当。五清诳，不出夜钱沿门跄。六清诳，见了小官递帖望。七清诳，剥鸡骨董会摊浪。八清诳，绵绸直裰盖在脚面上。九清诳，不知腔板再学魏良辅唱。十清诳，老兄小弟乱口降。'"有感于"游手好闲之人，百姓之大蠹"，何良俊主张"官府如遇此等，即当枷号示众，尽驱之农"[124]。针对社会风俗的如此变动，余永麟痛心疾首，也慨叹"风俗之坏极矣"[125]。徐咸述及国初风俗淳朴、各有等第，"非仕宦族有恩封者不敢用"，但"今士民之家，遇嫁娶事，必假珠冠袍带以荣。一时乡间富民，必假黄凉伞以拥蔽其妇"。僭乱至此，徐咸认为可笑之极，建议有司严申禁例，革除此陋习[126]。

针对社会上的僭越奢侈、不遵法度，中央和地方官府作出努力，以图挽回浇薄之风。崇祯五年，重申禁令，礼部题准，奉旨通行：

一、凡品官士庶，巾帽上不得用玉结、玉圈、玉插瓶等，非举监生儒，不得戴方巾、唐晋等巾。至吏典衙门人役，止许戴圆帽，不许戴巾及貂鼠帽套。衣服止许着绸、绢、素罗，不得穿云花绫、缎、绒、纱等。

……

一、士子衣服，不许着红、紫等色及龙、凤等纹，袖不得逾钦定一尺五寸，衣长不得曳地，鞋不得用绣花盘金，袜不得用绫绮。又有一种清客山人，假冒监儒公子，身着红绣，腰垂襟佩，袴请相思，假以诗酒淫放，引诱后生，败坏风俗，官司严拿究责。

一、士庶妻妾，并不得用团领衫、洒线宫装等衣，及珠冠珠髻、金宝钗钏等项。近且下及厮舆台隶，挟邪优女，遍染成风，官司并急宜拿禁。

……

一、僧道及尼僧，不许穿着纻丝、绸、绢、纱、罗等衣鞋。

一、官员士庶之家，床榻椅棹，不许用螺钿描金及紫檀、黄檀等。围屏寿轴，概不得用泥金、贴金及洒线织锦。

……

一、民间赛会，用金翠珠玉、罗绮绫锦装饰台阁，悬架空中，布列男女，扮演故事，动费数百金，有司当严行禁止。[127]

地方官在任时，亦多以振扬风纪为职志。吕坤万历二十年出任山西巡抚，为挽风俗重归大雅，在其任内曾发布禁令。此移录全文如下：

为禁奢侈以养财用事。照得风俗俭奢，系小民生死。自万历十二年以来，五谷不登，万民艰苦。或逃移满路，流落他乡；或饿死在沟，暴露尸体；或父母痛哭，杀食儿女；或聚众抢掠，丧命监仓。假使那丰年醉饱风流之余，积布积粮，岂至凶年食糟糠土石之物，冻死饿死？便是富贵之家，敦崇朴素，散其余积，赈济饥民，为子孙留多少阴德，在世间传多少香名？彼争夸满身锦绣，互斗惊眼楼台，鼓乐震心，肥甘厌口，不思一饱一暖之外安用许多？生在足衣足食之家，亦当惜福。况老成安静者，君子之德；夸张炫耀者，儿童之识。由此观之，节俭无非美俗，奢华尽是邪心。但愚顽之辈，千说万说不依；浮诈之徒，好吃好穿不改。若不申明法度，禁约森严，诚恐踵习已成，不肯遽变。夫风俗纪纲，本院之职也；振扬风纪，本院之事也。如有不从，则明罚敕法自有朝廷之三尺，安敢相宽，汝其无悔。

一、织金妆花，本王府仕宦人家品服，以别贵贱。今商贾工农之家一概穿着，已为僭分。又有混戴珠冠及金银鬏髻四围花通袖，刻丝捺纱，挑绣袖口领缘等服，而倡优妆饰金珠满头。至于床门帏帐、浑身衣服，俱用金销。一套销金工价，可买一套衣裳，一年之后不复新鲜，拆洗不能，诚为可惜。又有衙棍市游，绫缎手帕，滥作裙裤；杂色宽带，直与衣齐，甚为可恨。今后庶民之家，富者止许无补绫罗段绢，下三则人户梭布绢绸。凡在省销金匠，除汗巾销金不禁外，敢有于衫裙及书简、箸签、轴帐、帘帏销金，及男女僭分穿着前衣者，乡约举报到官，男子罚谷五十石送边，仍与匠人、裁缝俱重责枷号，其倡妇穿锦绣戴金珠者，乐工重责枷号，衣饰赏给孤老。

一、访得本省妇女，戴金不戴银，有一簪金重一两二钱者。又累丝嵌珠，极其工巧，叠轻拔细，易于损伤。以后下五则人户不许戴金首饰，上四则人户应戴金簪者不许过一钱，仍禁淫巧奇异，改样新兴，如违，升户三则，系罚升者，消乏永不许擦。上户坐重差，仍罚谷赈贫。银匠访拿，重责枷号。

一、二金线梁，便有品级；三镶云履，原是朝靴，俱非未仕者之服，近日不系缙绅，金梁乱戴，而吏承门快，镶履乱穿，甚属僭逾。今后但有仍前滥穿妄戴，及男帽高过八寸，女髻高过五寸，及妇人鬏髻，或比照梁冠式样，或无丧乱戴白色，及不系袍服，女衣过膝三寸者，俱违新题事例，除夫男重责升户外，工匠、裁缝人等枷号革铺，系外来者递解原籍。小儿女辄用金线珠翠作帽为髻者，其家长俱重则枷号，罚谷升户。

……

一、房屋为蔽风雨，雕刻彩花为何？间架自有品级，民间岂得乱盖？至于镀银鞍辔、段绢围裙、捺织座褥、金银器皿，俱非士民之家所宜泛用。违者许诸人告出，升户三则。[128]

网巾

网巾是有明一代成年男子着用最广的束发用具，上自皇帝诸臣，下至贩夫走卒，韬发所用无非网巾（图4-4）[129]。网巾的创制，据明人的记述皆以创自明朝，且与明太祖朱元璋有莫大的关系。刘仕义《新知录摘抄》引敖英《绿云亭杂言》述之颇详，谓："太祖初有天下，一夕微行至神乐观，见一道士于灯下结网巾，问曰：'此何物也？'对曰：'网巾也，用以裹之头上，万发皆齐矣。'太祖去，明日朝罢，有旨召神乐观昨夕结网巾道士以来，至则命为道官，仍命取其网巾至。今遂为定制。盖自元以前无此也。"[130]《古今事物考》卷六"网巾"条载："古无此制，故古今图画人物皆无网，国朝初定天下，改易胡风，乃以丝结网，以束其发，

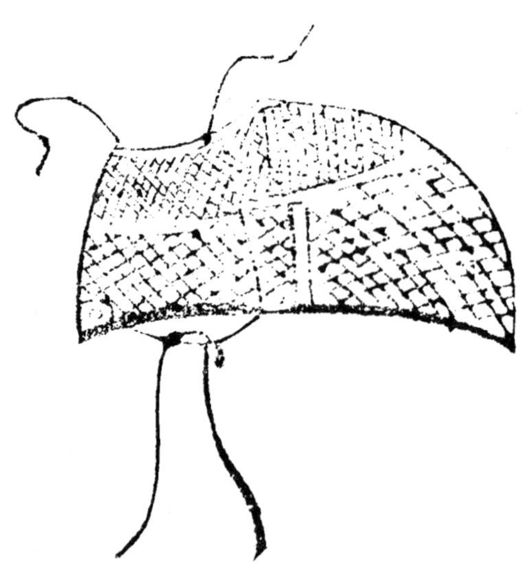

图4-4 网巾图 出自《三才图会》

名曰网巾。”[131]徐充《暖姝由笔》亦言：“国朝创制器物前代所无者，儒巾、襕衫、折扇、围屏、风领、酒盘、四方头巾、网巾、水火炉。”[132]另据明人记载，网巾之制乃有深刻的寓意。《三才图会》谓：“国朝初定天下，改易胡风，乃以丝结网以束其发，名曰网巾，识者有‘法束中原、四方平定’之语。”[133]李介《天香阁随笔》亦云：“网巾之初兴也，以发结就，上有总绳拴紧，名曰一统山河，或名一统天和。至末年，皆以结鬃，浅不过二寸，名曰懒收网。”[134]

明人笔记之外，又有诗歌对网巾的题咏。明初蓝仁存有题咏网巾的诗歌三首，其《赋网巾》云：“白头难掩雪霜踪，纤手穿成络索同。映带暮年微矍铄，遮藏秋色久蓬松。牵丝只讶蛛临户，览镜翻愁鹤在笼。便与黄花相见好，不愁破帽落西风。”其《谢刘兰室见惠网巾而作》二首，一云：“故人于我最相亲，分惠青丝作网巾。镜里形容加束缚，眼中纲目细条陈。少遮白发安垂老，转衬乌纱障俗尘。更与箨冠藜杖称，世间还有葛天民。”一云：“故人念我鬓毛疏，结网裁巾寄敝庐。白雪盈簪收已尽，乌纱着纸画难如。门临寒水频看镜，篱掩秋蓬不用梳。昨日客来应怪问，衰容欲变少年余。”[135]三诗所咏，皆喜青丝网巾能掩其白发耳。

网巾创自明初，明人言之凿凿，不过寻绎史文似又不然，元代或已有之。元人萨都剌《咏物诗》中有《网巾》一首，诗云：“乌纱未解涤尘袢，一网清风两鬓寒。筛影细分云缕滑，棋文斜界墨丝干。不须渔父灯前结，但向诗翁镜里看。头上任渠笼络尽，有时怒发亦冲冠。”[136]然则元代已有网巾[137]，唯

图 4-5　《南都繁会图》（局部）　南京博物院藏

其时使用不广，到明代则无论贵贱成年男子都已着戴了[138]。

明初革除元代的胡服、辫发，男子束发于顶，作为束发之物的网巾即显得切近日用，有着广泛的需求。这一需求进而带动网巾的手工制造，明代甚至出现专门发售网巾的铺户，题为仇英所绘的《南都繁会图》中就见有这样的铺户，上挂幌子写有“网巾发客”“头发老店”字样（图 4-5）。网巾的消费需求巨大，时人也多以制贩网巾作为生业。冯从吾《少墟集》卷十七《朱贫士传》记贫士朱蕴奇家贫甚，“妻子织网巾为生”，“尝之市，途有遗网巾二顶，其子拾之。蕴奇曰：彼之失犹我之失也，使我失此二网，则举家悬罄矣。即命其子追而还之”[139]。《醒世姻缘传》第九十八回写一秀才无力娶妻，与寡母相依度日，“母亲织卖头发网巾。浙江网巾又贱，织得十顶，刚好卖得二钱银子。这十顶网巾，至少也得一个月工夫”[140]。当时有以制贩网巾为生，也有以洗补网巾为业的。《醒世姻缘传》第五十一回写武城县程谟“身长八尺，面大身肥，洗补网巾为业，兼做些鼠窃狗盗的营生，为人甚有义气”[141]。《醒世姻缘传》所说虽是小说家言，但也有其现实的社会背景。

网巾的形制，王逋《蚓庵琐语》述之甚详，且对其着戴的方法乃至式样的演变都有介绍。“其式略似渔网，网口以帛作边，名边子。边子两幅稍后缀二小圈，用金玉或铜锡为之。边子两头各系小绳，交贯于二圈之内，顶束于首，边与眉齐。网颠统加一绳，名曰网带，收约顶发，取一网立而万法齐之义。前高后低，形似虎坐，故总名虎坐网巾……至万历末，民间始以落发、马鬃代丝。旧制，府县系囚有司不时点闸。天启中，因苦仓卒间除网不及，削去网带，止束下网，名懒收网，便除顶也。民或效之，然缙绅端士不屑也。予冠时，犹目懒收网为囚巾，仍用网带。十余年来，天下皆带懒收网，网带之制遂绝。”[142]

明人小说《龙阳逸史》第十回写“网巾鬼”的形象也颇可见当时网巾的形制。小说谓网巾鬼“不像精，不像怪，穿一件百衲衣，系一条青丝带。两根须直竖顶心，一对眼横生脑背”，后又借李山人之口说“那身上的百衲衣正是个网子，青丝带是件网巾边，两条须是付绳儿，一对眼是两个圈子”[143]。据此可知，完整的一顶网巾乃由略似渔网的网子、缘于网口

图 4-6　网巾　出自《张懋夫妇合葬墓》

的边（边子）、边上所系的绳儿及用金玉铜锡做的圈子组成。张懋墓中所出的网巾（图 4-6），网子、边子、圈子、绳儿俱全，正可与文献互为验证。

至于网巾的材质，则有丝、马鬃和头发等，而最便于取材的自然数头发。《金瓶梅词话》第十二回写西门庆为安抚李桂姐，骗取潘金莲"顶上一柳儿好头发"，说是为了"做网巾顶线儿"[144]。可见当时以头发做网巾较为普遍。网巾的行用，需与其他巾帽搭配穿戴。《五杂组》卷十二云："网巾以马鬃或线为之，功虽省，而巾冠不可无矣。北地苦寒，亦有以绢布为网巾者，然无屋终不可见人。"[145]因"巾冠不可无""无屋终不可见人"，所以穿戴网巾之人主要是成年男子，未成年男子不能戴冠，也就无需网巾。《蚓庵琐语》云："男子蓄发未冠之先，未顶网巾，先用边子自前至后紧束首发，名曰边子勒头，余儿时犹及见之，后除矣。”[146]顾炎武《日知录》引《内丘县志》云：“万历初，童子发长犹总角，年二十余始戴网，天启间，则十五六便戴网，不使有总角之仪矣。”[147]

到了明末，网巾因其切近人伦日用又衍生出男女情爱的一层寓意。冯梦龙辑《挂枝儿》卷八《咏部》录有咏网巾、网巾带的时调小曲各一首，描绘的都是男女之情。《网巾》云：“网巾儿，好似我私情样。空聚头，难着肉，休要慌忙。有收有放，但愿常不断。抱头知意重，结发见情长。怕有破绽被人瞧也，帽儿全赖你遮藏俺。”[148]《网巾带》云：“巾带儿，我和你本是丝成就。到晚来不能勾共一头，遇侵晨又恐怕丢着脑背后。还将擎在手，须要挽住头，怎能够结发成双也，天教我坐着圈儿守。”[149]冯梦龙辑《山歌》卷六《咏物》中另有题作《网巾圈》的明代山歌道：“结识私情要像个网巾圈，日夜成双一线牵。两块玉合来原是一块玉，当面分开背后联。”又“结识私情没要像个网巾圈，名色成双儿曾做一连。当初只道顶来头上能恩爱，如今撇我在脑后边”[150]。《挂枝儿》这类时调小曲，“不问南北，不问男女，不问老幼良贱，人人习之，亦人人喜听之。以至刊布成帙，举世传诵，沁入心腑”[151]，咏叹的正是日常生活中习见的物事。《金瓶梅词话》里屡屡提到“网巾圈儿打靠后”，如“不到后来网巾圈儿打靠后”（第五回）、“爹把我网巾圈儿打靠后了，只怕另有个心上人儿了”（第七十九回），正与冯梦龙所辑的时调小曲有异曲同工之妙。至于网巾圈的材质，多为金属，间用玉石、窑器。《金瓶梅词话》所见即有“镀金网巾圈”（第十二回）、

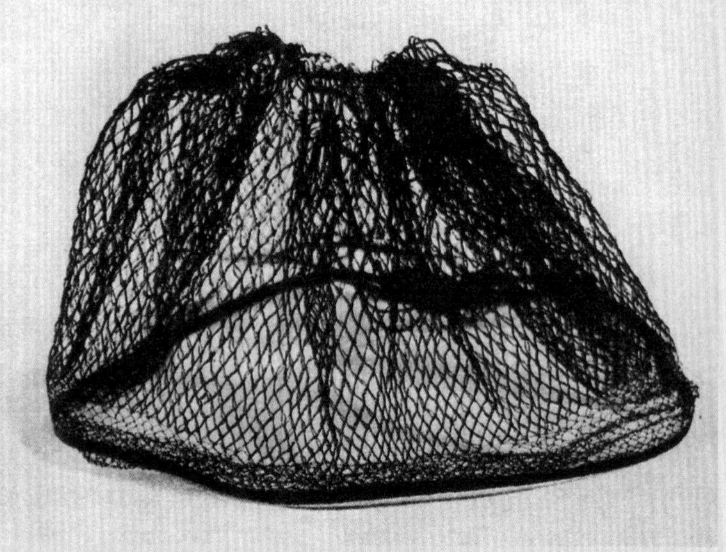

图 4-7　定陵网巾复制件　出自《定陵》

"银网巾圈儿"（第二十八回），山歌《网巾圈》所咏则为玉器。至于窑器，较为少见，但亦有之。张岱《夜航船》卷十二《宝玩部》就载："柴世宗时所进御者，其色碧翠，赛过宝石。得其片屑，以为网圈，即为奇宝。"[152]张岱还另外提到"新为僧道，熬猪油涂网巾痕，数日后即一色"[153]。因贫富、身份等不同，网巾圈所用的材质会有所差别，往往可以藉此判断某人之贫富或身份。《淮城纪事》记载崇祯十七年，农民军波及淮扬，"贼遇人即搜其腰间有物否，又问其何等人，如诡说穷汉，即看网圈，并验其两手，故富贵者必不能隐"[154]。甲申年北京城破，兵部主事金铉投金水河而死，后来"弟鋐辨其尸，验网巾环，得铉首归，合以木身，如礼而殓"[155]。

网巾由丝、马鬃和头发编结而成，所以实物往往不易留存。但历年的明代考古发掘中，仍有网巾出土。明神宗定陵即出有网巾 12 件（图 4-7），其形制、大小基本相同，结系后呈截尖圆锥体，系用生丝编织成网络状。上口穿丝绳相系结，下部以绢制的条带缘边，两端缀有丝绳。每一件网巾拴成一束，下端用丝绳绑住。网巾圈或用金（嵌以宝石），或用宝石。有的网巾上拴有绢条，上带楷书“四月二十六日进献上用缨子顶素网巾一顶，正月二十四日进献上用缨子顶素网巾一顶”等字样。张懋夫妇合葬墓中亦曾出有网巾 1 顶。网巾出土时戴于墓主张懋头上，保存完好，网巾上缀有金质网巾圈 2 个，结系后约略位于耳际偏后。网巾下沿缀边子，脑后开衩，边子两端各系小绳 1 根，小绳穿过网巾圈以作结系。又薛鏊妻孺人陈氏出有布帽 1 顶，帽后开衩，分别系一条棉绳。察其图版，当为网巾，唯不知何以出自女子棺中[156]。考古发掘所见，更多的只是网巾上的圈环。毕宗贤墓曾出金网巾圈 1 对，直径 1.5 厘米，出土时尚由小绳穿系结于网子上。杨青墓出有乌纱帽 1 顶，其内网巾已残，但金网巾圈尚存。此墓另出有玉环 1 对，直径 1.2 厘米，出土时用绳结系夹于纸质文书中，亦当为网巾圈一类。杨如桂墓出有环形饰 2 件，外径 1.3 厘米、内径 1 厘米，重 1.15 克。察其图版（与金簪一起），亦属网巾圈无疑[157]。徐俌墓中出有扁圆形小金饰件 2 个，系于乌纱帽后，亦为网巾圈。山东淄博周村汇龙湖明代墓地 1 号许进墓（铭旌尚存“大夫许”三字，据考，墓主为义民许进），墓主头部出有圆形金耳环 1 件，直径 0.8 厘米，金耳环上尚有纺织品残存，此金耳环亦当为网巾圈（缺失 1 件）。2 号墓墓主头部出有椭圆形金串饰 1 对，长 1.4，宽 1 厘米。3 号墓出有玉串饰 2 对，青色者直径 1 厘米，厚 0.3 厘米，白色者直径0.9，厚0.28厘米[158]。此类玉串饰疑即网巾圈。

网巾行用之广，作为束发之具往往引起明末入华传教士的注意。万历初年入华的西班牙传教士拉达提道："他们因一头长发而骄傲。他们让头发长得长长的，把他盘成一个髻，留在头顶，然后他们给他罩上个发网，中央分开，以保持和固定发型，戴一鬃毛制的帽子。"[159]明末耶稣会士利玛窦在其《利玛窦中国札记》中有一章专记明代中国的服装和风俗，其中提及网巾说"男人有时候用马鬃、人发或有时是铁丝编结的网把头发套上。这是一种像帽子的东西，戴在头顶上，把头发穿过它再编成发髻"[160]。葡萄牙传教士曾德昭也注意到了网巾的存在，"年过十七，他们戴一个马鬃网，像我们的发网，把发全罩在内，不让一根露出来，再加上一顶帽子"[161]。

网巾的行用止于明清易代，清人剃发，所以网巾也就无所施用了[162]。这一历史变化由叶梦珠作了真实记述，"本朝于顺治二年五月，克定江南时，郡邑长吏，犹循前朝之旧，仍服纱帽圆领，升堂视事，士子公服、便服，皆如旧式……故薙发之后，加冠者必仍戴网巾于内，发顶亦大，无辫发者但小帽改用尖顶，士流亦间从之。至三年丙戌春暮，招抚内院大学士亨九洪公承畴刊示严禁云：岂有现为大清臣子而敢故违君父之命，放肆藐玩，莫此为甚。于是各属凛凛奉法，始加钱顶辫发，上去网巾，下不服裙边，衣不装领，暖帽用皮，凉帽用簟，俱上覆红纬，或凉帽覆红缨，一如满洲之制"[163]。清人"入关之初，严禁杀掠，故中原人士无不悦服。及有剃头之举，民皆愤怒，或见我人，泣而言曰：我以何罪，独为此剃头乎”[164]！同样蓄发的朝鲜，其大臣也认为“如此等事，虽似夬断，非收拾人心之道也”[165]。叶梦珠所述尚属温和，实则清初有“留头不留发，留发不留头”之举，其时戴巾则有性命之虞。王家祯《研堂见闻杂记》亦载：“士在明朝多方巾大袖，雍容儒雅。至本朝定鼎，乱离之后，士多戴平头小帽，以自晦匿。而功令严饬，方巾为世大禁，士遂无平顶帽者。虽巨绅孝廉，出与齐民无二，间有惜饩羊遗意，私居偶戴方巾，一夫窥瞷，惨祸立发。”[166]既不蓄发，作为束发之具的网巾自然无所施用。明遗民刘廷銮作有《十二弃诗》，曰网巾、方巾、儒巾、簪、纱帽、襴衫、绦、长衫、官服、裙、网圈、网绳，即有感薙发而作[167]。

主　腰

主腰，或作袿腰[168]，是明代流行的女子贴身穿着的一类衣物，亦即内衣。《留青日札》卷二十“袜胸”条载：“今之袜胸，一名襕裙……袜，女人胁衣也……自后而围向前，故又名合欢襕裙……今襕裙在内有袖者，曰主腰，领襟之缘尚绣蒲桃花，言其花朵朵圆如蒲桃也。”[169]袜胸即抹胸。又秦徵兰《天启宫词》有云：“泻尽琼浆藕叶中，主腰梳洗日轮红。玉簪香粉蒸初熟，藏却珍珠待暖风。”诗后有很长一段自注，内称“又宫眷泻荷叶中露珠，调粉饰面。梳洗时，以刺绣纱绫阔幅束胸腹间，名主腰”[170]。因主腰乃是贴身穿着，属于亵衣，文人雅士较少谈及，目力所及似仅此两条。而民间文学中的山歌、小说则大胆活泼，不讳言之，屡屡有所道及。

冯梦龙《山歌》卷一《私情》四句《骚》，一云“青滴滴个汗衫红主腰，跳板上栏干耍样桥。搭棚水鬓且是妆得恍。仔细看个小阿姐儿再是羊油成块一团骚”[171]。《金瓶梅词话》第七十三回写潘金莲与西门庆在床笫间说话，“妇人叫西门庆：‘达达，你取我的袿腰子，垫在你腰底下。’这西门庆便向床头取过他大红绫抹胸儿，四折迭起，垫着腰”[172]。又同书第七十五回写西门庆与李瓶儿的丫头如意欢爱，“一面解开他穿的玉色绸子对衿袄儿纽扣儿并抹胸儿，露出他白馥馥酥胸”[173]。该回后文又道西门庆怕如意“脱的精赤条条”冻着，“取过他的抹胸儿替他盖着胸膛上”[174]。此后一段对话又颇道及主腰：“（如意）又道：‘这袿腰子，还是娘在时与我的。’西门庆道：‘我的心肝，不打紧处。到明日铺子里拿半个红段子，与你做小衣儿穿，再做双红段子睡鞋儿，穿在脚上，好伏侍我。’老婆道：‘可知好哩！爹与了我，等我闲着做。’”[175]从中可见，袿腰可与抹胸互称，又可称之为“小衣儿”。而《金瓶梅词话》也屡屡述及抹胸，第二十八回写西门庆扶潘金莲到房中，脱去衣物准备交欢，道及“妇人止着红纱抹胸儿”[176]。第二十九回述及睡梦中的潘金莲“赤露玉体，止着红绡抹胸儿”[177]。第六十二回谓李瓶儿死时的衣着也是“身上止着一件红绫抹胸儿”[178]。红色抹胸，似为当时妇人所偏爱，传为仇英所绘的《四季仕女图》（日本大和文华馆藏），夏季一景中，荷塘中有二女子赤身裸体在采莲。岸边一人，上衣已蜕，上身只穿红色主腰，欲下荷塘。右手一人所穿外衣薄罗轻透，贴身所穿也是一件红色主腰。再右一侧，芭蕉树下三人，居中一人也是穿着轻透，着肉穿的还是一件红色主腰。

《金瓶梅词话》之外，又有《醒世姻缘传》颇道及主腰。第九回写计氏悬梁自缢前特意梳洗打扮了一番，谓“紧紧的梳了个头，戴了不多几件簪环戒指，缠得脚手紧紧的；下面穿了新做的银红锦裤，两腰白绣绫裙，着肉穿了一件月白绫机主腰，一件天蓝小袄，一件银红绢袄，一件月白段衫，外面方穿了那件新做的天蓝段大袖衫，将上下一切衣裳鞋脚，用针钱密密层层的缝着”[179]。此处且特意点明主腰乃是“着肉”穿。第七十九回写因十一月的天气丫头小珍珠还穿单衫，狄希陈于心不忍要给棉衣裳，寄姐与其吵架。童奶奶从旁劝解，“别这样没要紧的拌嘴拌舌，夫妻们伤了和气！我还有个旧主腰子，且叫他穿着，另买了布来，慢慢的与他另做不迟”。寄姐不依不饶，“我不依他穿人的旧主腰子！我也不依另做！只是叫他穿我的棉裤棉袄”！后来狄希陈给小珍珠的母亲戴氏银子，叫她做了棉衣送去。戴氏“走到故衣铺内，用四钱五分银买了一件明青布夹袄，三钱二分银买了一条绰蓝布夹裤，四钱八分银称了三斤棉花，四钱五分银买了一匹油绿梭布，四钱八分银买了一匹平机白布，做了一件主腰，一件背搭，夹袄夹裤从新拆洗，絮了棉套”。制作停当，戴氏拿到狄希陈处叫小珍珠从头穿着[180]。

施耐庵《水浒传》也多写及主腰。第二十七回写武松在刺配途中经十字坡，见酒店门前坐着的妇人（孙二娘）的穿着打扮，“露出绿纱衫儿来，头上黄烘烘的插着一头钗环，鬓边插着些野花”。孙二娘起身迎武松与两个公人，武松又注意到孙二娘“下面系一条鲜红生绢裙，搽一脸胭脂铅粉，敞开胸脯，露出桃红纱主腰，上面一色金钮”[181]。第一百〇四回写段三娘与王庆新婚之夜，段三娘“敞出胸膛，解下红主腰儿”[182]，两个搂抱上床，钻入被窝里，共枕欢娱。

洪楩编印的《清平山堂话本》所收《错认尸》写周氏欲与小二“做了夫妻”，“周氏双手把小二抱到床边，挨肩而坐，便将小二扯过，怀中解开主腰儿，交他摸胸前麻团也似白奶”[183]。

当时的尼姑，贴身也穿主腰。《醒世姻缘传》第十回写县令审问两个尼姑，问郭姑子：“你这们一个胖女人，怎么胸前没见有奶？”“郭姑子把手往衫子里边将抹胸往下一扳，突的一声跳出盆大的两只奶，支着那衫子大高的。海会也要去解那抹胸显出奶来与大尹看，大尹道：‘你倒不消。’”[184]

主腰还为当时的男子所穿用。《水浒传》第七十四回写相扑教师任原相扑时“先解了搭膊，除了巾帻，虚笼着蜀锦袄子……脱下锦袄”，其打扮为“头绾一窝穿心红角子，腰系一条绛罗翠袖，三串带儿拴十二个玉蝴蝶牙子扣儿。主腰上排数对金鸳鸯踅褶衬衣”[185]。同书第七十六回写两个行刑刽子的穿戴，云“一个皮主腰干红簇就；一个罗踢串彩色装成。一个双环扑兽创金明，一个头巾畔花枝掩映。一个白纱衫遮笼锦体，一个秃袖半露鸦青”[186]。

主腰虽然在明代普为流行，但追溯其源还在元代。元人杨朝英选集的《朝野新声太平乐府》卷九收有曾瑞卿所作《哨遍》，第二套《麈腰》云：“千古风流旖旎，束纤腰偏称襄王意。翠盘中妃后逞妖娆，舞春风杨柳依依。喜则喜，深兜玉腹，浅露酥胸，拘束得宫腰细。一幅锦或挑或绣，金妆锦砌，翠绕珠围。卧铺绣褥酿春光，睡展香衾暗花溪。粉汗香袭，被底无双，怀中第一。”[187]这里的主腰何以用“麈”而不用“主”，吕叔湘认为“当初大概是有音无字，‘主’和‘麈’都是借用”[188]。

《乐府新编阳春白雪》前集卷三马致远《寿阳曲》亦有句云：“实心儿待，休佐谎话儿猜，不信道为伊曾害。害时节有谁曾见来，瞒不过主腰胸带。”[189]贾仲明《荆楚臣重对玉梳记》第四折《折桂令》正旦唱词“白日里垫鬏髻儿权衬着青丝，到晚来贴主腰儿紧搂在胸前”[190]。

元代主腰的颜色及装饰，据曾瑞卿所作的《哨遍》，多为青红二色，其上绣以花卉禽鸟纹样，且寄寓着男女之间的情思。曾瑞卿曲谓“选二色青红相配，拣四时锦绣希奇。剪行时蜀锦分花萼，针过处吴绫聚绣堆。倒钩着金针刺，刺得丝丝密密，裁得那整整齐齐”，“裓痕儿似剪云，针地儿如布虮，缝成倒凤颠鸾翼。穿花㶉鶒偏斜落，出水鸳鸯颠倒飞，浑绣得繁华异”，又云“青连红，晚霞照楚山，红连青，春云射渭水，玉纤款款当胸系。带儿絟十二白蝶舞，牙子对一双碧翠飞，望得些风流意”[191]。

过去讨论主腰的形制，主要是根据容与堂刻本《水浒传》，二十七回有两插图，孙二娘皆敞开胸脯，露出主腰。吕叔湘

图 4-8 宝宁寺堕胎产亡严寒大暑孤魂众壁画（局部） 出自《宝宁寺明代水陆画》

称“那东西看起来既不象兜肚，也不象抱肚，倒有点象奶罩流行以前的‘小背心’，前面清清楚楚有一溜纽扣。第二幅插图里，除前面的一溜纽扣外，还在上沿画出有三指来宽的横幅绣花”[192]。《金瓶梅词话》第二回写西门庆初见潘金莲，潘也是“抹胸儿重重纽扣”，尽显风流。明代宝宁寺堕胎产亡严寒大暑孤魂众壁画（图 4-8），屋下台阶正中一人，外

图 4-9　主腰　泰州市博物馆藏

面的衣衫敞开，露出主腰，主腰之上也是缀有重重的纽扣，正为《金瓶梅词话》第二回中潘金莲穿着的写照。明代主腰，除文献的记述和图像的表现之外，墓葬考古发掘中亦有实物出土。江苏泰州徐蕃墓中即出有其妻张盘龙的主腰 1 件（图 4-9）。素绸棉主腰为张盘龙第八层衣物，贴身穿着，褪色呈豆黄色，领口略呈圆弧形，两肩处各有一宽布，略如现代女子内衣的肩带，末端呈三角形，凸起的正中各钉系带。腋下左右各有向后突出的布幅，略如现代女子内衣的后比，两块布后背正中处各钉系带三条，功用略如现代女子内衣的勾圈、勾扣，以作扣合之用。此外，江阴陆氏家族墓中陆伯旸妻瞿氏墓所出衣物疏上亦有“大红素苎丝主腰一条”，惜实物无存。

生员巾服

生员指经由童试考入官学的学生，俗称秀才，亦有茂才、博士弟子员、弟子员、庠生等诸多称呼。入州、县学的称邑庠生、县学生，入府学的称郡庠生、府学生，入国学（国子监）的称监生。生员作为四民之首，虽不是官，但获此科名，即为仕进之途的开始，享有一定的权利。明代的选举之法，有学校、科目、荐举、铨选，而“明制，科目为盛，卿相皆由此出，学校则储才以应科目者也。其径由学校通籍者，亦科目之亚也，外此则杂流矣”，“科举必由学校，而学校起家可不由科举。学校有二：曰国学，曰府、州、县学。府、州、县学诸生入国学者，乃可得官，不入者不能得也”[193]。明朝立国之初即重视人才的培养，洪武二年，“令天下郡县并建学校，以作养士类。其府学设教授一员，秩从九品，训导四员、生员四十人；州学设学正一员、训导三员、生员三十人；县学设教谕一员、训导二员、生员二十人”[194]。

学校既设，又有生员服饰的创制。洪武二十三年申定官民服饰，“文官衣长，自领至裔，去地一寸，袖长过手，复回至肘，袖桩广一尺，袖口九寸”，“耆民、儒士、生员制同文职，惟袖过手，复回不及肘三寸”[195]。二十四年，“上以学校为国储材，而士子巾服无异吏胥，宜有以甄别之，命工部制式以进”。明太祖亲自阅视，三易其制，始定生员巾服之制。吕坤《实政录》卷一即称“举世衣冠，往往通用，惟有生员衣冠，皇祖特为留意”[196]。其制，“襕衫，用玉色绢布为之，宽袖皂缘，皂绦，软巾垂带”[197]。对于此生员巾服，后世且衍生出深刻的寓意。吕坤说是“襕衫之制，中用玉色，比德于玉也；外有青边，玄素自闲也；四面攒阑，欲其规言矩行，范围于道义之中而不敢过也。束以青丝，欲其制节谨度，收敛于礼法之内而不敢纵也。绦繐下垂，绦者、条也，心中事事有条理也。团领官服，以官望士，贵之也”[198]。创制之后，“赐国子生襕衫、巾绦”[199]。

或谓明初襕衫之制乃出自马皇后。《夜航船》卷十一《日用部》“衣裳”载：“明朝高皇后见秀才服饰与胥吏同，乃更制儒巾、襕衫，令太祖着之。太祖曰：此真儒者服也。遂颁天下。”[200]陈元龙《格致镜原》卷十四《冠服类》引王达《椒宫旧事》亦云：“后见秀才巾服与胥吏同，乃更制儒巾蓝衫，令上着之，上曰此真儒服也，遂颁天下。”[201]据传明太祖穿过的襕衫，明末还“藏于内府”[202]。襕衫之制，或认为“盖无取于前朝之式”[203]，实亦袭取宋制[204]。《宋史·舆服志》载士庶人服中即有襕衫，且谓“进士及国子生、州县生服之”。其制，“以白细布为之，圆领大袖，下施横襕为裳，腰间有辟积”[205]。宋代襕衫，有见于绘画，如林庭珪、周季常所绘《五百罗汉图轴·应身观音》，观音座前的两人，所穿即为襕衫，领袖衣摆等处均缘以黑边，腰间且束绦带，形

图 4-10　襕衫　周瑀墓出土　镇江博物馆藏

象与明代襕衫并无二致。1975 年，江苏金坛太学生周瑀墓曾出土襕衫 2 件，其一腰间且系大带（图 4-10），这是宋代襕衫实物仅见的例子[206]。

襕衫，明初用玉色，缘以皂色。其后或用蓝色，故又称蓝衫。其图式，见之于《三才图会》（图 4-11）。张自烈《正字通》申集《衣部》“襕”条谓：“明制生员襕衫用蓝绢裾袖，缘以青，谓有襕缘也。俗作褴衫，因色蓝改为蓝衫，皆非本义。”[207]洪熙中，因明仁宗认为青衣比蓝衣好看，监生襕衫又易蓝为青[208]。明末，举人、贡生、监生襕衫又作蓝色，镶以黑色缘饰。其后襕衫又作黑色，举人、贡生用花缎，监生用邓绢，且无缘饰，唯生员照旧式[209]。襕衫颜色虽多变动，但明末似仍有坚持明初制度的。扬州火金墓曾出有襕衫 1 件（图 4-12），襕衫虽已褪色，但仍可见主体原为玉色，领袖衣摆等处皆缘

图 4-11　襕衫图　出自《三才图会》

图 4-12　襕衫　扬州博物馆藏

图 4–13 儒巾 扬州博物馆藏

以皂色。墓主火金，正德九年生，生前为秀才[210]。明末朝鲜陪臣赵宪，亦称“举人之在监者及武学生之参礼于西庭者，俱服儒巾黑圆领。其他学生，中外俱服襕衫，盖玉色而缘以青绢，缘广二寸”[211]。

与襕衫搭配穿着的巾帽为儒巾，儒巾之制或亦袭用宋制。宋代太学生周瑀墓中曾有漆纱幞头与襕衫伴出，按其简报，漆纱幞头“圆顶硬脚，脚用竹条为骨，表里二层纱，表纱涂黑漆以使坚硬……脑后开口系带”[212]。扬州火金墓中，与襕衫伴出的也有儒巾 1 顶（图 4–13），与宋代周瑀墓所出类似，巾后亦有垂带，唯巾类方形。墓主火金虽为嘉靖时人，但其襕衫为明初制式，儒巾亦当反映明初的式样。黄一正《事物绀珠》卷十三《士庶冠类》载“儒巾，国朝仿扑（幞）头制，

图 4-14　生员形象　出自《明状元图考》

设垂带，生儒服"[213]，火金墓所出儒巾即近于幞头。儒巾式样，后期或有变化，明代图像资料所见呈前低后高状、顶部斜平，巾前左右各缀一耳状饰（图 4-14），巾后垂以软带。儒巾，据赵宪所记则又有民字巾之称，"盖形如民字故也"[214]。吕坤亦言明太祖以"四方平定，必须民安"，乃将四方平定巾“前面按一掌作民字样，遂为儒巾”，且称：“朝廷养士，本为安民，以作元服，首重之也。而今儒巾倒过来看隐然是一民字，其两飘带则头角未至峥嵘，羽翼未至展布，欲其柔顺下垂，不敢凌傲之意云。”[215]《三才图会》于儒巾图下谓“古者士衣逢掖之衣，冠章甫之冠。此今之士冠也，凡举人未第者皆服之”[216]。其制，“与纱帽俱以黑绉纱为表，漆藤丝或麻布为里，质坚而轻，取其端重也”[217]，“或竹结而裹以缁布，或糊纸为之而着漆”[218]，“面两折处为凤眼，侧上为云梯，后为壁立万仞”[219]。

儒巾之外，又有大帽。《三才图会》于大帽图下谓“尝见稗官云国初高皇幸学，见诸生班烈日中，因赐遮荫帽，此其制也，今起家科贡者则用之”[220]。大帽之制，叶梦珠亦曾见之，谓“闻举人前辈俱带圆帽，如笠而小，亦以乌纱添里为之”[221]。王夫之谓“大帽有以皂纱蒙漆纱为之而金箔饰顶者，有缠棕及马尾为之者”，并称“举人下第归，亦戴此与地方官酬酢”[222]。大帽不惟生员戴用，文武官员燕居及平常庶人也可戴用，存世明代男子容像及墓葬壁画中多可见及（图 4–15）。石家庄西北郊刘福通墓，墓中壁画所绘墓主肖像，头上所戴即为大帽[223]。

生员于乡试中试，则称举人，第一名称解元。举人于会试中试，则称贡士，第一名称会元。会试后贡士再由皇帝御殿覆试，经由殿试择优取为进士，殿试第一名称状元。举人得中会试之后，服色仍与诸生无异，“乡试榜发，例给青袍易蓝，盖亦所司破格旌厉之耳。入监，则仍服蓝衫而不袍，

图 4-15　明邑庠生杨公讳茂林神像　加拿大皇家安大略博物馆藏

衫无里衣衬摆。既易青袍，则暑月可衣华素。松江举人独衣天青、油绿纻丝袍，非天下之通例也”[224]。得中进士、状元，始有专门的巾服、冠服。进士巾服、状元冠服均为洪武初创制。《大明会典》对其有详细的规定，“进士巾，如今乌纱帽之制。顶微平，展角阔寸余，长五寸许，系以垂带，皂纱为之。深色蓝罗袍，缘以青罗，袖广而不杀。革带，青鞓，饰以黑角，垂挞尾于后。笏，用槐木”[225]。进士巾服于廷试后赴国子监领出，传胪日穿用。上表谢恩后，谒先师孔子、行释菜礼毕，更换常服。进士巾服则仍送国子监交收[226]。《识小录》谓“进士软脚幞头衫带，皆仿唐制，礼部给之。唯榜下服之。既分曹观政，则官帽皂袍角带。庶吉士亦然。皆以未列于品官，无级无俸，则无服色也。唯岁贡廷试后赐七品服色，受教职则仍与未入流同”[227]。状元冠服，“朝冠，二梁。朝服，绯罗为之。圆领，白绢中单，锦绶、蔽膝全。槐笏一把，纱帽一顶，光素银带一条，药玉佩一副，朝靴、毡袜各一双。俱内府制造”[228]。礼部官引至御前时颁赐，上表谢恩当日穿用。得中进士、状元之人，例有赐宴，此宴又称“恩荣宴”。宴上，进士并各官皆簪花一枝。“花剪彩为之，其上有铜牌，钑‘恩荣宴’三字。惟状元所簪花，枝叶皆银，饰以翠羽，其牌用银抹金”[229]。得中进士，实属荣耀之事，所以往往表现于明人宦迹图中。目力所及，《丛兰事迹图》《徐显卿宦迹图》《张瀚宦迹图》均对像主得中进士一节作了描绘（图 4–16），从中可窥进士巾服之一斑，徐显卿、张瀚二图还表现了簪花此一细节。

图 4-16　《丛兰事迹图·金榜登名》　中国国家博物馆藏

注 释

何以研究明代服饰

1 宋濂等撰：《元史》，中华书局，1976年，第1929—1930页。

2 《明太祖实录》卷三十“洪武元年二月壬子”条。

3 杨宾撰：《柳边纪略》，《续修四库全书》第731册，上海古籍出版社，2001年，第418页。

4 傅恒等撰：《御制增订清文鉴》，《景印文渊阁四库全书》第233册，台湾“商务印书馆”，1986年，第6页。原为满文，友人李青芯汉译，慨允使用，谨致谢忱。

5 李莉莎：《“质孙”对明代服饰的影响》，《内蒙古大学学报（哲学社会科学版）》2010年第4期。

6 申忠一著：《申忠一建州见闻录》，林基中主编：《燕行录全集》第8册，东国大学校出版部，2001年，第166页。

7 朴趾源著：《热河日记》，《燕行录全集》第53册，第254页。韩语中“千”“天”二字发音同，“千”字他本作“天”。

8 洪万朝著：《晚退燕槎录》，林基中主编：《燕行录续集》第110册，尚书院，2008年，第185页。

9 王业宏、赵丰：《清入关前朝服考》，《东华大学学报（社会科学版）》

2009 年第 4 期。

10 《明太祖实录》卷二百九“洪武二十四年六月己未”条。

11 《朝鲜世宗实录》卷三“永乐十七年二月庚子”条、《燕山君日记》卷三十一“弘治十一年十二月辛丑”条、《朝鲜英祖实录》卷九十八“乾隆二十六年十二月癸未”条。

12 崔溥漂海至明朝，记明朝御史与其问答，“又曰：你国用何正朔，用何年号？臣曰：一遵大明正朔年号。又曰：今年是何年号？臣曰：弘治元年。又曰：日月不久，何以知之？臣曰：大明初出海上，万邦所照，况我国与大国为一家，贡献不绝，何以不知？又曰：你国冠服，与中国同否？臣曰：凡朝服、公服、深衣、圆领，一遵华服，唯帖里襞积少异”。见崔溥著：《锦南漂海录》，《燕行录全集》第 1 册，第 432—433 页。

13 《朝鲜英祖实录》卷二十五“雍正八年六月辛巳”条。

14 《朝鲜高宗实录》卷二“同治十年三月甲子”条。

15 《朝鲜高宗实录》卷三十六“光武元年 9 月 30 日”条。自大韩帝国乙未年十一月十七日（建阳元年，1896 年 1 月 1 日）起，《朝鲜高宗实录》记事即不用阴历，改用阳历。

16 《朝鲜高宗实录》卷四十“光武四年 3 月 13 日”条。

17 《朝鲜高宗实录》卷四十五“光武九年 3 月 7 日”条。

18 崔德中著：《燕行录》，《燕行录全集》第 40 册，第 96 页。

19 尹凤九撰：《屏溪集》卷十，正祖、纯祖年间木活字版，韩国学中央研究院藏，第 15b 页。

20 《屏溪集》卷十，第 15b 页。

21 李湝著：《燕途纪行》，《燕行录全集》第 22 册，第 153 页。

22 葛兆光：《大明衣冠今何在》，《史学月刊》2005 年第 10 期。

23 《丛兰事迹图》的像主原被误作王琼，后经考订，知为丛兰。见李小波、宋上上：《中国国家博物馆藏〈王琼事迹图册〉像主的再考察》，《中国国家博物馆馆刊》2020 年第 12 期。

24 孙机著：《中国古舆服论丛（增订本）》，文物出版社，2001 年，第 337—488 页。收于《中国古舆服论丛（增订本）》书中的文章多数论及历代服饰，所论为学界信从。

25 扬之水著：《中国古代金银首饰》，故宫出版社，2014 年。

卷之一　服饰文献举要

1 刘向集录：《战国策》，上海古籍出版社，1985 年，第 660 页。

2 《礼记》卷五八《冠义》云：“凡人之所以为人者，礼义也。礼义之始，在于正容体，齐颜色，顺辞令。容体正，颜色齐，辞令顺，而后礼义备。以正君臣，亲父子，和长幼。君臣正，父子亲，长幼和，而后礼义立。故冠而后服备，服备而后容体正，颜色齐，辞令顺。故曰：‘冠者，礼之始也。’”

3 《明世宗实录》卷八十五“嘉靖七年二月丁巳”条记明世宗下礼部的敕谕，内云“朕惟治天下莫大于礼，礼莫明于分。故服之有章，所以辨上下、定民志也”。明人丘濬《大学衍义补》卷九十八“章服之辨”也称“衣服者，身之章，名器之所寓也。君子正其衣冠，则民望而畏之，苟上下同服，则混而无别，何以耸下人之观视哉”。

4 《左传·定公十年》“裔不谋夏，夷不乱华”。孔颖达疏云“中国有礼仪之大故称夏，有服章之美谓之华”。

5 《明太祖实录》卷三十“洪武元年二月壬子”条载：“诏复衣冠如唐制。初，元世祖起自朔漠，以有天下，悉以胡俗变易中国之制。士庶咸辫发椎髻，深檐胡帽，衣服则为袴褶窄袖及辫线腰褶。妇女衣窄袖短衣，下服裙裳，无复中国衣冠之旧。甚者易其姓氏为胡名，习胡语。俗化既久，恬不知怪。上久厌之，至是悉命复衣冠如唐制……其辫发椎髻，胡服、胡语、胡姓，一切禁止。斟酌损益，皆断自圣心，于是百有余年胡俗悉复中国之旧矣。”革除胡服的因由，明太祖曾对高丽使臣偰长寿言及，《高丽史》卷一百三十六载录其原话，谓“赵武灵王胡服骑射，不害其为贤君。我这里当初也只要依原朝样带帽子来，后头寻思了，我既赶出他去了中国，却蹈袭他这些个样子，久后秀才每文书里不好看，以此改了”。原朝即元朝。

6 《明史·礼志》载：“明太祖初定天下，他务未遑，首开礼、乐二局，广征耆儒，分曹究讨。洪武元年命中书省暨翰林院、太常司，定拟祀典。乃历叙沿革之由，酌定郊社宗庙议以进。礼官及诸儒臣又编集郊庙山川等仪，及古帝王祭祀感格可垂鉴戒者，名曰《存心录》。二年诏诸儒臣修礼书。明年告成，赐名《大明集礼》。其书准五礼而益以冠服、车辂、仪仗、卤簿、字学、音乐，凡升降仪节，制度名数，纤悉毕具。又屡敕议礼臣李善长、傅瓛、宋濂、詹同、陶安、刘基、魏观、崔亮、牛谅、陶凯、朱升、乐韶凤、李原名等，编辑成集。且诏郡县举高洁博雅之士徐一夔、梁寅、周子谅、胡行简、刘宗弼、董彝、蔡深、滕公琰至京，同修礼书。”

7 谢大勇曾对现存明代服饰文献按其成书年代作过简要介绍。详见谢大勇：《明代服饰文献举要》，《北京文博文丛》2013 年第 4 期。

8 张廷玉等撰：《明史》，中华书局，1974 年，第 1224 页。又《礼部志稿·纂志凡例》称：“我朝一代之礼，皆繇圣祖创定。即位之初，甫辟乾坤而新日月，亟孜孜三重隆儒引谊，撰著礼书，以昭示轨极。考其时所最先成者曰《大明集礼》，其书取周官吉、凶、军、宾、嘉五礼为纲，而加以冕服、卤簿、仪仗、律乐、字学，且多绘图焉。自后十余年间，则有曰《国朝礼制》，曰《稽古定制》，曰《国朝制作》，曰《大礼要议》，曰《皇明礼制》，曰《礼仪定式》，曰《大明礼制》，曰《洪武礼制》，曰《礼制集要》，曰《礼制节文》，曰《太常集礼》，曰《孝慈录》。其不专于礼而礼政居多者，曰《皇明祖训》，曰《大诰》，曰《大明令》，曰《教民榜文》，曰《诸司职掌》，典礼之盛，彻今古、通幽明、极天地、和上下，优优大哉，不可以加矣！”

9 《大明集礼》的初修与刊布，见赵克生：《〈大明集礼〉的初修与刊布》，《史学史研究》2004 年第 3 期。嘉靖年间的刊行，与最初的版本有所区别，见向辉：《消逝的细节：嘉靖刻本〈大明集礼〉著者与版本考略》，《版本目录学研究》第7辑，北京大学出版社，2016年，第221—240页。

10 徐一夔等撰：《大明集礼》，《中华再造善本》续编，国家图书馆出版社，2014年。

11 张卤辑：《皇明制书》，《续修四库全书》第788册，上海古籍出版社，2002年，第300—338页。

12 《皇明制书》，第339—351页。

13 《皇明制书》，第60—299页。

14 《明太祖实录》卷二百二十六“洪武二十三年三月庚午”条。

15 鞠明库：《〈诸司职掌〉与明代会典的纂修》，《史学史研究》2006年第2期。柏桦、李倩：《论明代〈诸司职掌〉》，《西南大学学报（社会科学版）》2014年第4期。

16 不著撰人：《皇明典礼》，《中华再造善本》续编，国家图书馆出版社，2014年。

17 印鸾章著：《明鉴》，上海书店，1984年，第71页。

18 刘镇伟、王若：《〈皇明典礼〉述略》，《文物》1995年第11期。

19 《明太宗实录》卷十“洪武三十五年七月壬午”条载朱棣祭天祝文开列各项举措，内云“建文年间上书陈言，有干犯之词者，悉皆勿论。所出一应榜文条例，尽皆除毁”。

20 关于此书所载的冠服制度，见拙文《〈皇明典礼〉冠服制度考述》，《文津学志》第11辑，国家图书馆出版社，2018年，第461—473页。

21 《明史》，第1224页。

22 明代会典的编纂，见山根幸夫撰，熊远报译：《明代的会典》，《明史研究论丛》第6辑（中国社会科学院历史所暨明史研究室成立50周年纪念专辑），黄山书社，2004年，第43—55页。鞠明库：《试论明代会典的纂修》，《西南大学学报（社会科学版）》2007年第6期。原瑞琴：《万历〈大明会典〉纂修成书考析》，《历史教学》2009年第24期。原瑞琴：《〈大明会典〉版本考述》，《中国社会科学院研究生院学报》2011 年第 1 期。

23 李东阳等撰:《大明会典》,《中华再造善本》续编,国家图书馆出版社,2014 年。

24 申时行等修,赵用贤等纂:《大明会典》,《续修四库全书》第 789—792 册,上海古籍出版社,2002 年。

25 永瑢等撰:《四库全书总目提要(十六)》,商务印书馆,1939 年,第 22—23 页。

26 林尧俞等纂修,俞汝楫等编撰:《礼部志稿》,《景印文渊阁四库全书》第 597、598 册,台湾"商务印书馆",1986 年。

27 沈德符撰:《万历野获编》,中华书局,1959 年,第 61 页。

28 王鏊撰:《震泽长语》,《丛书集成新编》第 8 册,新文丰出版公司,1985 年,第 688 页。

29 戴立强:《〈明史·舆服志〉正误二十六例》,《辽海文物学刊》1997 年第 1 期。

30 《明太祖实录》卷五十九"洪武三年十二月辛酉"条。

31 《明太祖实录》卷一百六十七"洪武十七年闰十月癸亥"条。

32 《明英宗实录》卷三百二十七"天顺五年四月乙酉"条。

33 方岳贡修,陈继儒纂:崇祯《松江府志》,《日本藏中国罕见地方志丛刊》第 22 册,书目文献出版社,1991 年,第 185—186 页。

34 徐阶等修,林爊等纂:嘉靖《承天大志》,《重庆图书馆藏稀见方志丛刊》第 24 册,民国二十六年钟祥县志局重刻铅印本,国家图书馆出版社,2014 年。《承天大志》校注整理工作委员会校注:《承天大志校注》,中国文史出版社,2018 年。

35 杨士奇编:《文渊阁书目》,《景印文渊阁四库全书》第 675 册,第 118 页。杨士奇正统六年题本,谓各书"自永乐十九年南京取回来,一向于左顺门北廊收贮,未有完整书目,近奉旨移贮于文渊东阁,臣等逐一打点清切,编置字号,写完一本,总名曰《文渊阁书目》"。

36 《明太宗实录》卷四十七"永乐三年冬十月壬午"条载:"礼部进冕服、

卤簿、仪仗图，并《洪武礼制》《礼仪定式》《礼制集要》《稽古定制》等书。上曰：议礼制度，国家大典。前代损益，固宜参考。祖宗成宪，不可改更。即令颁之所司，永为仪式。”

37 孙能传、张萱等撰：《内阁藏书目录》，《续修四库全书》第917册，上海古籍出版社，2002年，第56—57页。清初黄虞稷《千顷堂书目》卷九仪注类所记类同，字稍有异，当即出此。

38 此书书名，《夏鼐日记》中《明代冠服图式》《明代冠服仪仗图》两名并见。2002年，此书以《明宫冠服》一名著录北京市文物局主编的《北京文物精粹大系·古籍善本卷》。2003年，以《中宫冠服》一名著录吴希贤辑汇的《历代珍稀版本经眼图录》。2009年，北京市文物局开始着手古籍整理计划，此书被纳入，2015年以“明宫冠服仪仗图”一名由北京燕山出版社出版。

39 《中东宫冠服》的为人所知，似与黄能馥、陈娟娟《中国服装史》的出版有关，书中多有刊布故宫所藏《明宫冠服仪仗图》复印本的图片。

40 李之檀、陈晓苏、孔繁云：《珍贵的明代服饰资料——〈明宫冠服仪仗图〉整理研究札记》，《艺术设计研究》2014年第1期。北京市文物局图书资料中心编：《明宫冠服仪仗图》，北京燕山出版社，2015年。

41 《大明冠服图》的为人所知，似与谢大勇的文章有关，见谢大勇：《明代服饰文献举要》，《北京文博文丛》2013年第4期。此书书影蒙谢大勇先生惠赐，在此谨致谢忱。

42 《明世宗实录》卷八十五“嘉靖七年二月丁巳”条。

43 同上。

44 不著撰人：《大明律集解附例》，光绪三十四年（1908）重刊本，日本早稻田大学图书馆藏。

45 张孚敬撰：《谕对录》，《四库全书存目丛书》史部第57册，齐鲁书社，1996年。

46 王圻辑：《三才图会》，《四库全书存目丛书》子部第191册，齐鲁书社，1995年。

47 关于书中载录的国王、王世子两套冕服的研究，见拙文《明代朝鲜冕服研究——以〈国朝五礼仪〉为中心》，张伯伟主编：《域外汉籍研究集刊》第 17 辑，中华书局，2018 年，第 123—141 页。

48 朝鲜远游冠服相当于明朝皮弁冠服。高丽末年，有远游冠、绛纱袍之赐，丽鲜易代之后因高丽之旧而用之。正统初年，朝鲜遣使问远游冠服制度，其后请赐皮弁。《朝鲜世宗实录》卷七十八“正统二年八月乙酉”条载：“遣礼曹参判李渲如京师贺圣节，上率王世子及群臣拜表如仪。其赍去事目：一、洪武三年，恭愍王时，蒙赐冕服及远游冠袍。永乐元年，得蒙冕服之赐，而远游冠、绛纱袍不在赐与之数，故本国因高丽之旧而用之耳。第传之年久，体制规模，传讹失真，未知今之见在者合于制度乎？且洪武三年赐冠服咨文冕服条内有佩玉，远游冠条内无佩玉。今之所传远游冠，有一佩玉当蔽膝之前，冲牙用青玉，珩瑀琚璜用白玉，贯珠用燔水精，亦未知杂用青白玉水精合于制度乎？有与无之是非，亦未可知也。又冕服条内有青玉圭，远游冠条内无圭，亦未知以一圭通用乎？冕服，拜上之服，故有圭。远游冠，受朝之服，故不用圭乎？一、今若详得其制度，其所用明珠、翠羽等物，可得于本国者，勿买。本国所无，须买而来。作袍红罗、白罗等物，亦买而来……一、若有佩而必有改造者，造佩之玉，亦买而来。一、郎官若问：殿下服远游冠时，通用冕服圭乎？别用他圭乎？不用圭乎？则答曰：陪臣职微，不得近侍，未能详知。一、殿下服远游冠、绛纱袍时，仍用恭愍王时所赐乎？汝国别造服用乎？则当答曰：陪臣职微，不得近侍，未能详知。一、远游冠妆饰明珠价重，势难毕买，则随后每行次，连续买来亦可……一、高丽恭愍王时，冕服、远游冠袍一时受赐，而冕服有青玉圭，有左右玉佩，远游冠袍无圭与玉佩，无乃以冕服圭、玉佩通用于远游冠袍乎？右条，郎官若曰：远游冠袍，亦有圭与左右佩玉。则当以此质正。一、本国有年代不知、高丽时所传一件远游冠，上附蝉九首，前面三处，饰以七宝，亦有一佩玉当蔽膝之前。冲牙珩瑀琚璜，皆用青玉，贯珠用淡白玉，时虽不用，亦未知合于制度乎？”《朝鲜世宗实录》

卷七十九“正统二年十二月辛巳”条载：“圣节使李渲、通事高用智回自京师，进闻见事件及传录敕书：一、用智等诣礼部，问远游冠服制度，答曰：远游冠服，吾等所未详也。于国初洪武年间礼制未定时，因汉唐之制，用此冠服，今则亲王皆服皮弁。若殿下奏请远游冠，则必赐皮弁矣。”《朝鲜世宗实录》卷七十九“正统二年十二月壬午”条载：“召领议政黄喜、左赞成申概、右赞成李孟畇、左参赞赵启生、右参赞崔士康、礼曹判书权踶、兵曹判书皇甫仁、佥知中枢院事金听、吏曹参议崔致云等，使辛引孙、金墩议事。一礼部云：冠服奏请，则可以蒙赐。且云：远游冠，旧例也，今亲王服皮弁冠。予欲奏请，何如？佥曰：依礼部所言，奏闻而并请服为可。”朝鲜奏请皮弁冠服，明朝最终赐给，但相关文献仍称其为“远游冠、绛纱袍”。《明英宗实录》卷四十五“正统三年八月己未”条载：“赐朝鲜国王李祹冠服。初，太宗皇帝赐本国王九章冕服，惟远游冠、绛纱袍未赐。至是祹遣弟祉奏请，上命行在礼部制乌纱远游冠、玄圭、绛纱袍、玉佩、赤舄及常时视事冠服予之。”严从简《殊域周咨录》卷一“朝鲜”载：“英宗睿皇帝正统初年，赐国王远游冠、绛纱袍、翼善冠、龙衮、玉带。”正统年间赐给朝鲜之远游冠服即皮弁冠服。

49 申叔舟编：《国朝五礼仪》，成宗五年（1474）木版本，奎章阁韩国学研究院藏。

50 《朝鲜高宗实录》卷七“同治九年十二月己巳”条载：“初八日，进讲讫，教曰：《五礼便考》校正之役，何当告竣乎？讲官金世均曰：自奉圣教，诸堂惶懔洞属，期于速就矣。教曰：其册规例何如？世均曰：五礼即吉、凶、军、宾、嘉，而我国朝礼节，始成于《五礼仪》，而继有《续五礼仪》。粤在正庙朝，命礼曹参议柳义养纂辑《春官通考》，积年成就，卷帙浩多，而礼曹只有初本一帙矣。丰恩府院君以礼判始为新誊一本，而此书有故实图式仪注。又有《五礼通编》，是则惟有图说仪注。今兹《五礼便考》，参订诸书而校正也。正庙朝以后，多有添入，期欲至简且该。而故实则有纲有目，至于图说则添入亦多。故仿诗书图说之规，每张不拘其数而图画矣。”

51 柳义养编：《春官通考》，正祖十二年（1788）笔写本，奎章阁韩国学研究院藏。

52 韩永愚著，金宰民、孟春玲译：《朝鲜王朝仪轨》，浙江大学出版社，2012 年。

53 掌礼院编：《大韩礼典》，光武元年（1897）以后写本，韩国学中央研究院藏。

54 朴洪甲：《〈朝鲜王朝实录〉的意义及编纂方式》，《高丽亚娜》2008 秋季号。孙卫国：《〈明实录〉与〈李朝实录〉之比较研究》，《求是学刊》2005 年第 2 期。

55 《朝鲜英祖实录》卷六十五“乾隆十二年二月丙寅”条。类似记载亦见于成海应《兰室谭丛》，该书冕服图式谓“尚方旧有冕服图，乃皇朝所颁。而冕服组绶佩带，皆贸之燕，多不中式。英宗中，命礼官及尚方诸臣一依图式，定冕服制”。

56 《朝鲜成宗实录》卷一百五十六“成化十九年七月壬辰”条载：“前夕，天使宿于洪济院，是日将入京。上素服、素仪仗，率百官至慕华馆，改服，具翼善冠、衮龙袍，百官时服迎敕。上先诣景福宫，受敕并如仪。敕曰：朕惟有爵土者，莫不为长世之图，立嫡长者，所以系群情之望，古今然也。得奏，举国臣民旅庭请命，欲立王子某为世子，王不敢颛，贡使以闻，朕览之，特加俞允。乃命太监郑同为正使，金兴为副使，赍敕并纻彩、纱罗等件，封讳为朝鲜国王世子，其合用冠服，王国自制……计赏朝鲜国王世子讳纻彩织金狮子胸背大红一匹、柏枝绿一匹、素青一匹、绿一匹、罗织金狮子胸背大红一匹、黑绿一匹、素柳青一匹、亮绿一匹、纱织金麒麟胸背大红一匹、织金福青一匹、素柏枝绿青一匹、绢蓝二匹、青一匹、红一匹、绿二匹。上既受敕，以素服、翼善冠升殿，见使臣行私礼。上使郑同、副使金兴再拜叩头，因谢赠赐之多、馆待之勤。上曰：今日皇恩至重，亦由两大人之庇也，将何报之？郑同曰：封世子之礼，礼部考旧例，永乐五六年间，本国世子朝见，皇帝乃脱所御红袍以赐之，又赐衣一袭。凡亲王请封世子，则赐九旒冠、六表里并印，例也。皇帝以为若依亲王之例赐冠服，则恐乖先王时例，宜加一倍。特赐十二表里，令王国自制冠服，皇恩至大矣。上曰：朝廷怜我小邦，厚赐表里，又有王国自制之命。此皆分外圣恩，而亦是大人之力也。”

57 《朝鲜高宗实录》卷十“同治十二年八月乙巳”条载：“进讲讫，教曰：《五礼便考图式》今才出草，第为考阅也。仍命下册子五卷。讲官金世均跪受。教曰：此是《五礼仪》《续五礼仪》《五礼便考》诸册中参考者。而又有古图式一本，藏在内府，摹画一依此本，图说多有文意未畅处。且内殿服色，异于外殿，有难详言。故不得不有以俗称书之者矣。世均曰：图说中书以俗称，恐不得不然矣。教曰：古图年久蠹伤，难为考证。而第无军服之图，似是正庙朝以前所图者也。”

58 안보연、유지은：「적의본 신자료 소개」，국립고궁박물관 편：『고궁문화』제 5 호 ,2012 년 ,127-164; 국립고궁박물관 편：『고궁문화』제 4 호 , 국립고궁박물관 ,2011 년 .

59 《明太宗实录》卷十二“洪武三十五年九月丁亥”条。

60 《明太宗实录》卷二十二“永乐元年八月癸丑”条。

61 《明太宗实录》卷二十三“永乐元年九月庚寅”条。

62 《明太宗实录》卷二十四“永乐元年十月乙卯”条。

63 《明太宗实录》卷四十八“永乐三年十一月辛丑”条。《明史·日本传》在述及此次冕服赐给之后，还提及永乐四年六月曾赐日本国王冕服，似有讹误。使者潘赐，其时职位《明实录》《明史》皆作鸿胪寺少卿，黄眉云考为行人，见黄眉云著：《明史考证》第 8 册，中华书局，1986 年，第 2542 页。

64 《明神宗实录》卷二百八十一“万历二十三年正月庚辰”条。当时与丰臣秀吉一同受赐明朝冠服的还有诸多大名。《明神宗实录》卷二百八十一“万历二十三年正月乙酉”条载：“兵部石星题：关白具表乞封，上特准封为日本国王。查隆庆年间初封顺义王旧例，其头目效顺者授以龙虎将军等职，朵颜三卫头目见各授都督等官。今平秀吉既受皇上锡封，则行长诸人即为天朝臣子，恭候旨下，将丰臣行长、丰臣秀家、丰臣长盛、丰臣三成、丰臣吉继、丰臣家康、丰臣辉元、丰臣秀保各授都督佥事，小西飞间关万里纳款，仍应加赏赉以旌其劳，其日本禅师僧玄苏应给衣帽等项，本部俱于京营犒赏银内酌给。奉旨：如议行。”米泽上杉神社旧藏遗物中有上杉景胜受赐冠服，万历二十三年二月，明朝授上杉景胜都督同知衔并赐冠服。据此可知，《明神宗实录》所记授予都督佥事的诸人应当皆有冠服之赐。

65 河上繁樹：「豊臣秀吉の日本國王冊封に關する冠服について－妙法院伝來の明代官服－」，『學叢』第二十號，京都國立博物館，1999 年，第 77 頁。

66 真靜撰，吳景文著，岡本豐彥畫：《豐公遺寶圖略》，青山文庫天保三年（1832）刊本，日本國立國會圖書館藏。

67 韩国学人撰有专文研究这批服饰，亦以其为朝鲜宣祖朝王室服饰。见朴聖實：「豊公遺寶圖略 에 나타난 宣祖朝 王室服飾」，『韓國服飾』12 輯，檀國大學石宙善紀念博物館，1994 年，第 105—117 頁。장인우：「풍공유보도략（豊公遺寶圖略）의 복식사적 의미」，『복식』，v.59, no.10, 2009 년，pp.124-136.

68 京都國立博物館編：『特別展覧會：妙法院と三十三間堂』，日本経済新聞社，1999 年。河上繁樹：「豊臣秀吉の日本國王冊封に關する冠服について－妙法院伝來の明代官服－」，『學叢』第二十號，京都國立博物館，1999 年，第 75—96 頁。

69 《明太祖实录》卷二百五十六“洪武三十一年三月癸亥”条。

70 同上。

71 蔡铎、蔡应祥、郑士纶、程顺则、蔡用弼等编：《历代宝案》，开明书局，1972 年。

72 琉球新報社編：『尚家継承琉球王朝文化遺産』，琉球新報社，1993 年。

卷之二　帝王后妃冠服

1 张显清:《吴晗与明定陵的发掘》,《科学中国人》2002年第9期。方竟成:《吴晗发掘明陵信件考》,《北京观察》2002年第12期。

2 《明史》,第295页。

3 长陵发掘委员会工作队:《定陵试掘简报》,《考古》1958年第7期。长陵发掘委员会工作队:《定陵试掘简报(续)》,《考古通讯》1959年第7期。中国社会科学院考古研究所、定陵博物馆、北京市文物工作队编:《定陵》,文物出版社,1990年。

4 《明英宗实录》卷三百六十一“天顺八年正月己巳”条载:“上大渐,召皇太子及太监牛玉、傅恭、裴当、黄顺、周善至榻前,谕之曰:自古人生必有死,今朕病已深,傥言有不讳,东宫速择吉日即皇帝位,过百日成婚。皇后钱氏名位素定,当尽孝养以终天年。德王等王俱与善地,俾之国。殉葬非古礼,仁者所不忍,众妃不要殉葬。敛时须沐浴洁净,棺内装用袍服、系腰绦环,皇后同东宫自选,带皮鞓者易以绦鞓,衣服不须多,纵多亦无用。择好地建陵寝,皇后他日寿终宜合葬,惠妃亦须迁来,以后诸妃次第祔葬,此言俱要遵行,毋违!”《大明会典》卷九十“陵坟等祀　陵寝”亦载:“孝陵四十妃嫔,惟二妃葬陵之东西,余俱从葬。长陵十六妃,俱从葬。献陵七妃,三葬金山,余俱从葬。景陵八妃,一葬金山,余俱从葬。裕陵以后妃无从葬者。”相关记述并见《廿二史札记》卷三十二“明宫人殉葬之制”条,赵翼著,王树民校证:《廿二史札记校证(订补本)》,中华书局,1984年,第753页。

5 刘精义、鲁琪:《明代妃嫔陵园及圹志》,《故宫博物院院刊》1980年第2期。王岩、王秀玲:《明十三陵的陪葬墓——兼论东西二井陪葬墓的墓主人》,《考古》1986年第6期。

6 顾炎武撰:《昌平山水记》,《顾炎武全集》第4册,上海古籍出版社,2011年,第606—607页。

7 《大明会典》卷九十“陵坟等祀　陵寝”载:“裕陵十八妃,一葬绵山,余俱金山。茂陵十四妃，一葬陵之西南，余俱金山。康陵一妃葬金山。显陵一妃葬金山。永陵三十妃、二十六嫔，惟五妃葬天寿山之袄儿峪，余俱金山。昭陵诸妃葬金山。”

8 蒋一葵著：《长安客话》，北京古籍出版社，1982 年，第 86 页。

9 谈迁撰，汪北平点校：《北游录》，中华书局，1960 年，第 75—76 页。类似文字又见于同书“游西山记”，书谓“明怀献、悼恭、哀冲、庄敬、宪怀、献怀故太子七，卫、许、忻、申、蔚、岳、景、颍、戚、蓟、均、靖、郊、简、怀、悼故王十七，殇主二十六，仁庙妃三，宣庙妃一，英庙妃□，宪庙妃十二，并葬金山。衺于北道，丹碧倾圮，榛翳填塞，游魂天绝，块然无知”。

10 魏源著：《魏源集》下册，中华书局，1976 年，第 828—829 页。

11 刘精义、鲁琪：《明代妃嫔陵园及圹志》，《故宫博物院院刊》1980 年第 2 期。

12 考古研究所通讯组：《北京西郊董四墓村明墓发掘记——第一号墓》，《科学通报》1951 年第 12 期。考古研究所通讯组：《北京西郊董四墓村明墓发掘记——第一号墓》，《文物参考资料》1952 年第 2 期。

13 中国科学院考古研究所京郊发掘团通讯组：《北京董四墓村明墓发掘续记——第二号墓》，《文物参考资料》1952 年第 2 期。

14 《廿二史札记》卷三十二“明祖行事多仿汉高”条，《廿二史札记校证（订补本）》，第 737 页。

15 《明太祖实录》卷四一“洪武二年四月乙亥”条载：“诏中书编《祖训录》，定封建诸王、国邑及官属之制。”

16 《明太祖实录》卷五十一“洪武三年四月辛酉”条。

17 《明史》，第 3557 页。

18 明代分封宗藩制度的利弊，见赵翼《廿二史札记》卷三十二“明分封宗藩之制”条，《廿二史札记校证（订补本）》，第 746—749 页。

19 《明史》，第 3575 页。

20 山东省博物馆：《发掘明朱檀墓纪实》，《文物》1972 年第 5 期。山东博物馆、山东省文物考古研究所编：《鲁荒王墓》，文物出版社，2014年。

21 济南市文化局文物处、长清县文物管理所：《山东长清县明德王墓群发掘简报》，《考古学集刊》第11集，中国大百科全书出版社，1997年，第221—241页。

22 陈文华：《江西新建明朱权墓发掘》，《考古》1962年第4期。江西省博物馆、南城县博物馆、新建县博物馆、南昌市博物馆编：《江西明代藩王墓》，文物出版社，2010年，第5—14页。许智范：《厚葬竞奢华　金玉夸豪富——明代藩王及其家族墓》，李玉英主编：《故园寻踪——考古大发现》，江西人民出版社，2011年，第223—237页。

23 《江西明代藩王墓》，第6页。

24 《江西明代藩王墓》，第15—16页。

25 江西省文物考古研究所:《南昌明代宁靖王夫人吴氏墓发掘简报》,《文物》2003年第2期。徐长青：《盛妆出土的大明王妃——宁靖王妃吴氏墓》，《故园寻踪——考古大发现》，第238—250页。

26 徐兴万、余家栋、刘林：《明乐安昭定王墓清理记实》，《南方文物》1993年第3期。《江西明代藩王墓》，第18—22页。

27 《江西明代藩王墓》，第24—26页。

28 郭远谓：《南昌明宁康王次妃冯氏墓》，《考古》1964年第4期。《江西明代藩王墓》，第26—27页。

29 《江西明代藩王墓》，第27—29页。

30 何莉：《江西南昌市出土明代阌乡县君朱氏墓》，《南方文物》2013年第4期。

31 江西南昌市博物馆:《江西南昌市江联小区明墓发掘简报》,《南方文物》2013年第4期。

32 《江西明代藩王墓》，第55—59页。

33 许智范：《厚葬竞奢华　金玉夸豪富——明代藩王及其家族墓》，《故园寻踪——考古大发现》，第223—237页。

34 陈文华：《明益王朱祐槟墓发掘简报》，《文物工作资料》1973 年第 2 期。江西省博物馆：《江西南城明益王朱祐槟墓发掘报告》，《文物》1973 年第 3 期。《江西明代藩王墓》，第 63—86 页。

35 江西省文物管理委员会：《江西南城明益庄王墓出土文物》，《文物》1959 年第 1 期。《江西明代藩王墓》，第 86—131 页。

36 《江西明代藩王墓》，第 131—133 页。

37 江西省历史博物馆、南城县文物陈列室：《南城明益宣王夫妇合葬墓》，《江西历史文物》1980 年第 3 期。江西省文物工作队：《江西南城明益宣王朱翊鈏夫妇合葬墓》，《文物》1982 年第 8 期。《江西明代藩王墓》，第 133—148 页。

38 薛尧：《南城县株良发现明代王墓》，《文物工作资料》1964 年第 2 期。薛尧：《江西南城明墓出土文物》，《考古》1965 年第 6 期。《江西明代藩王墓》，第 152—155 页。

39 江西省文物工作队、南城县文物陈列室：《南城县明益定王朱由木墓发掘记实》，《江西历史文物》1982 年第 4 期。江西省文物工作队：《江西南城明益定王朱由木墓发掘简报》，《文物》1983 年第 2 期。《江西明代藩王墓》，第 156—163 页。

40 《江西明代藩王墓》，第 149—150 页。

41 《江西明代藩王墓》，第 155—156 页。

42 湖北省文物考古研究所、武汉市文物考古研究所、武汉市江夏区博物馆：《武昌龙泉山明代楚昭王墓发掘简报》，《文物》2003 年第 2 期。

43 武汉市文物考古研究所、武汉市江夏区博物馆：《武汉江夏二妃山明景陵王朱孟炤夫妻墓发掘简报》，《江汉考古》2010 年第 2 期。

44 武汉市文物考古研究所：《武汉市明通城王朱英炌家族墓地发掘简报》，《江汉考古》2014 年第 6 期。

45 荆州博物馆：《湖北荆州明湘献王墓发掘简报》，《文物》2009 年第 4 期。

46 荆州地区博物馆、江陵县文物局：《江陵八岭山明代辽简王墓发掘简报》，《考古》1995 年第 8 期。

47 院文清、周代玮、龙永芳:《湖北省钟祥市明代郢靖王墓发掘收获重大》,《江汉考古》2007年第3期。湖北省文物考古研究所、荆门市博物馆、钟祥市博物馆编著:《郢靖王墓》,文物出版社,2016年。

48 襄樊市考古队、谷城县博物馆、南漳县博物馆:《明襄阳王墓调查》,《江汉考古》1999年第4期。王先福、王洪兴:《明代襄藩王室墓葬的发现与研究(上)》,《湖北文理学院学报》2012年第9期。王先福、王洪兴:《明代襄藩王室墓葬的发现与研究(下)》,《湖北文理学院学报》2012年第10期。

49 小屯:《刘娘井明墓的清理》,《文物参考资料》1958年第5期。

50 蕲春县博物馆:《蕲春县西河驿石粉厂明墓清理简报》,《江汉考古》1992年第1期。

51 湖北省文物考古研究所、荆门市博物馆、钟祥市博物馆:《湖北钟祥明代梁庄王墓发掘简报》,《文物》2003年第5期。湖北省文物考古研究所、钟祥市博物馆编著:《梁庄王墓》,文物出版社,2007年。

52 薛登、方全明:《明蜀王和明蜀王陵》,《四川文物》2000年第5期。关于蜀王陵最近的考古试掘为2012年,见成都文物考古研究所、双流县文物管理所:《双流县黄龙溪镇明蜀藩王墓调查与试掘报告》,《成都考古发现(2011)》,科学出版社,2013年,第521—561页。

53 中国社会科学院考古研究所、四川省博物馆、成都明墓发掘队:《成都凤凰山明墓》,《考古》1978年第5期。

54 成都市文物考古研究所:《成都明代蜀僖王陵发掘简报》,《文物》2002年第4期。

55 薛登、方全明:《明蜀王和明蜀王陵》,《四川文物》2000年第5期。成都市文物考古研究所:《明蜀定王次妃王氏墓》,《成都考古发现(1999)》,科学出版社,2001年,第295—314页。

56 成都文物考古研究所:《成都市三圣乡明蜀"怀王"墓》,《成都考古发现(2005)》,科学出版社,2007年,第382—428页。

57 薛登、方全明:《明蜀王和明蜀王陵》,《四川文物》2000年第5期。

58 谢涛：《成都市潘家沟村明蜀王、王妃墓》，中国考古学会编：《中国考古学年鉴（1998）》，文物出版社，2000 年，第 224—225 页。

59 施连山：《明肃王墓考略》，《西北史地》1997 年第 4 期。林健：《甘肃省博物馆藏明肃王家族墓志考略》，《陇右文博》2002 年第 1 期。

60 刘毅：《甘肃榆中明肃庄王陵墓调查》，《中原文物》2012 年第 3 期。

61 甘肃省博物馆：《兰州市上西园明墓清理简报》，《考古》1960 年第 3 期。

62 朱亦梅：《兰州晏家坪明肃藩系延长王墓葬发掘记》，《东方收藏》2012 年第 5 期。

63 方晖：《安徽歙县明代贵夫人墓》，《中原文物》2003 年第 4 期。王卫东：《馆藏明代玉器三题》，《文物鉴定与鉴赏》2012 年第 10 期。

64 刘若愚著：《酌中志》，北京古籍出版社，1994 年，第 102 页。

65 《大明会典》，第 177 页。

66 建文二年，皇太孙、皇曾孙、王世孙、郡王世子亦有冕服，但为时甚短。

67 《大学衍义补》卷九十八“章服之辨”谓“先儒谓冕服之名皆取章首为义，衮冕九章以龙为首，龙首卷然，故以衮为名，其衣五章、裳四章；鷩冕七章，华虫为首，华虫即鷩雉也，其衣三章、裳四章；毳冕五章，虎蜼为首，虎蜼毛浅，毳是乱毛，故以毳为名，其衣三章、裳二章。此是周时五等之爵及其孤、卿、大夫、士朝祭之冕服，各有章数如此。今世古制不行，所谓朝祭之服无复有章数矣”。其后又称“古者之冠，自天子而下至于大夫皆谓之冕，后世惟天子得谓之冕焉。夫古者冕服之制上下同用之，但有命数等差尔，后世则有不然者，姑存古制以示后世，使后有作者因今之制、用古之意，庶几有以为复古之渐”。《明太祖实录》卷六十五“洪武四年五月癸酉”条载：“先是，上以古者天子、诸侯服衮冕，故后与夫人亦服袆翟，今群臣既以梁冠、绛衣为朝服，而不敢用冕，则外命妇亦不当服翟衣以朝。”可见洪武四年五月二十二日以后文武群臣皆已不用冕服。

68 《明史》，第 1223 页。

69 五冕亦即六冕，为大裘冕、衮冕、鷩冕、毳冕、絺冕、玄冕。《周礼·春官·司服》载“掌王之吉凶衣服，辨其名物，与其用事。王之吉服，祀昊天上帝，则服大裘而冕，祀五帝亦如之；享先王则衮冕；享先公、飨射则鷩冕；祀四望山川则毳冕；祭社稷五祀则絺冕；祭群小祀则玄冕”。《周礼·夏官·弁师》“掌王之五冕，皆玄冕朱里延纽”，郑玄注云“冕服有六，而言五冕者，大裘之冕盖无旒，不联数也”。

70 《明太祖实录》卷三十“洪武元年二月戊辰”条载：“翰林学士陶安等奏：古者天子五冕，祭天地、宗庙、社稷、诸神各有所用，请制之。上曰：五冕礼太繁，今祭天地、宗庙则服衮冕，社稷等祀则服通天冠、绛纱袍，余不用。”

71 《明太祖实录》卷三十六“洪武元年十一月甲子”条。《大明会典》未载洪武元年制度，且将洪武二十四年制度误为洪武二十六年，《明史·舆服志》沿其讹误，见戴立强：《〈明史·舆服志〉正误二十六例》，《辽海文物学刊》1997年第1期。

72 《明太祖实录》卷一百五十五“洪武十六年七月戊午”条。

73 王世子冕服制度，《明太祖实录》卷一百九十七“洪武二十二年九月戊寅”条载：“诏定王世子冠服礼仪。冕服各七章，冕缫七就，前后各七旒，旒七玉，缫玉皆朱、白、苍三采。衣青质，以火、宗彝、华虫为文。裳纁色，藻、米、黼、黻为文。佩用白玉，而玄组绶用紫质，紫、黄、赤为采，双白玉环。舄、韨皆赤色。素中单，青领襈。圭长七寸，阔三寸，厚半寸，剡上左右各半寸。凡遇天寿圣节、皇太子千秋节并正旦、冬至、进贺表笺、告天、祝寿，世子冕服随班行礼，其父王生日及诸节庆贺则于宫内行礼。”

74 《明太祖实录》卷二百九“洪武二十四年六月己未”条载：“诏六部、都察院同翰林院诸儒臣参考历代礼制，更定冠服、居室、器用制度。于是群臣集国初以来礼制，斟酌损益，更定以闻。其冠服皇帝、皇太子、亲王冕服仍旧制，但章服画衣、绣裳、蔽膝皆易以织文，世子冠服则衮冕七章，青纩充耳，金簪导，圭易以九寸。”

75 建文制度，皇太孙、皇曾孙、王世孙、郡王世子均有冕服，与洪武、永乐、嘉靖制度不同。《皇明典礼》，第 5a—7a 页。

76 《明世宗实录》卷一百一“嘉靖八年五月庚子”条。

77 《朝鲜太宗实录》卷六“永乐元年十月辛未”条。

78 《朝鲜文宗实录》卷一“景泰元年五月庚申”条。

79 《朝鲜世宗实录》卷一百十三“正统十一年八月壬戌”条。

80 《朝鲜太宗实录》卷三“建文四年二月己卯”条载：“帝遣鸿胪寺行人潘文奎来，锡王冕服。结山棚备傩礼，上率群臣迎于郊，至阙受敕书冕服，出服冕服行礼。其敕书曰：敕朝鲜国王李讳：日者陪臣来朝，屡以冕服为请，事下有司，稽诸古制，以为四夷之国，虽大曰子。且朝鲜本郡王爵，宜赐以五章或七章服。朕惟《春秋》之义，远人能自进于中国则中国之。今朝鲜固远郡也，而能自进于礼义，不得待以子男礼，且其地逖在海外，非恃中国之宠数，则无以令其臣民。兹特命赐以亲王九章之服，遣使者往谕朕意。呜呼！朕之于王，显宠表饰，无异吾骨肉，所以示亲爱也。王其笃慎忠孝，保乃宠命，世为东藩，以补华夏，称朕意焉。”

81 《承天大志校注》，第 320 页。此段文字，不见于民国二十六年钟祥县志局重刻铅印本《承天大志》。

82 《明世宗实录》卷二百十九“嘉靖十七年十二月乙巳”条。

83 《承天大志校注》，第 323 页。嘉靖《承天大志》，第 58b—59a 页。

84 郑玄注，贾公彦疏，陆德明音义：《周礼注疏》，《景印文渊阁四库全书》第 90 册，第 580 页。

85 《宋史 · 舆服志》载神宗元丰四年（1081）详定郊庙奉祀礼文，群臣参议大裘之制，曾谓“大裘冕无旒……前圜后方，前低寸二分”。又载政和议礼局更上皇帝冕服之制，冕版“前高八寸五分，后高九寸五分”，中兴仍旧制“前低一寸二分”。

86 郑麟趾撰：《高丽史》，《四库全书存目丛书》史部第 160 册，齐鲁书社，1996 年，716 页。

87 吾丘衍撰：《闲居录》，《丛书集成新编》第 87 册，第 324 页。

88 孙机：《步摇·布摇冠·摇叶饰片》，孙机著：《中国圣火——中国古文物与东西文化交流中的若干问题》，辽宁教育出版社，1996 年，第 96 页。

89 崔圭顺著：《中国历代帝王冕服研究》，东华大学出版社，2007 年，第 170—171 页。

90 报告中一根未提及颜色，一根提及颜色为青，但据图版，玉衡皆为白色。

91 《明世宗实录》卷一百一“嘉靖八年五月庚子”条。

92 《大明会典》，第 233 页。

93 左侧因衣领交叠被遮盖，但右侧衣领上有黻纹五，《国朝五礼仪》载国王中单“绘黻十一于领”。

94 《三才图会》衣服于“非帷裳图”下谓“凡裳前三幅后四幅，象阴阳也。非帷裳则斜裁倒合腰半，下齐倍腰，无襞积而有杀缝也”。

95 《三才图会》衣服于“帷裳图”下谓“帷裳是礼服，取其方正，故用正幅。如帷帐，即今之腰裙也。襞是折，积是叠，即今之所谓裙杀”。

96 《中国历代帝王冕服研究》，第 192 页。

97 郑玄注，孔颖达疏，陆德明音义：《礼记注疏》，《景印文渊阁四库全书》第 115 册，第 609 页。

98 《朝鲜英祖实录》卷六十五“乾隆十二年二月己巳”条。

99 《中国历代帝王冕服研究》，第 253 页。

100 《中国历代帝王冕服研究》，第 219—220 页。

101 《周礼注疏》，第 156 页。

102 高濂著，赵立勋、阙再忠等校注：《遵生八笺校注》，人民卫生出版社，1994 年，第 258 页。

103 《明世宗实录》卷一百一“嘉靖八年五月庚子”条。《礼部志稿》卷六十三《冕服备考》“衮冕祭服”亦载：“嘉靖六年四月，内大学士杨题为祭服事。题称奉敕内阁：朕惟斋明盛服以供祭祀，国之重典，而祭服乃章之重焉。今衮冕之服，祭服也，被之以祀天享祖，其所关岂小小哉？”

104 《朝鲜中宗实录》卷七十三“嘉靖十一年十月甲申”条。
105 脱脱等撰：《宋史》，中华书局，1977年，第3530页。
106 《宋史》，第3534页。
107 《宋史》，第3550页。
108 《谕对录》，第191—192页。
109 《承政院日记》五十八册“乾隆十六年四月辛未”条。
110 恽敬撰:《大云山房十二章图说》,《丛书集成新编》第48册,第14页。
111 孔安国传，孔颖达疏，陆德明音义：《尚书注疏》，《景印文渊阁四库全书》第54册，第100页。
112 左丘明传，杜预注，孔颖达疏，陆德明音义：《春秋左传注疏》，《景印文渊阁四库全书》第143册，第116—121页。
113 《周礼注疏》，第388页。
114 《礼记注疏》，第13—14页。
115 《尚书注疏》，第102页。
116 王泾撰：《大唐郊祀录》,《续修四库全书》第821册,上海古籍出版社,2002年，第290页。
117 聂崇义撰：《三礼图集注》，《景印文渊阁四库全书》第129册，第6—7页。
118 《三礼图集注》，第8页。
119 蔡沉撰：《书经集传》，《景印文渊阁四库全书》第58册，第21页。
120 建文二年，皇太孙、皇曾孙、王世孙、郡王世子亦有皮弁冠服，但为时甚短，永乐初革除。
121 《明太祖实录》卷三十六“洪武元年十一月甲子”条。
122 《明太祖实录》卷二百九“洪武二十四年六月己未”条载：“上以百官侍朝皆公服，而己独便服，非所以示表仪，于是又命礼部仿古制为皮弁、绛袍、玄圭以临群臣。东宫听政亦如之。”《大明会典》未载洪武元年制度，且将洪武二十四年制度误为洪武二十六年，《明史·舆服志》沿其讹误，见戴立强：《〈明史·舆服志〉正误二十六例》，

《辽海文物学刊》1997 年第 1 期。

123 《皇明典礼》，第 5b—7b 页。建文制度，皇太孙、皇曾孙、王世孙、郡王世子均有皮弁冠服，与洪武、永乐、嘉靖制度不同。

124 《历代宝案》，第 15 页。

125 《承天大志校注》，第 323 页。嘉靖《承天大志》，第 59a—59b 页。

126 任大椿撰：《弁服释例》，《续修四库全书》第 109 册，上海古籍出版社，2002 年，第 139—167 页。

127 郑玄注，贾公彦疏，陆德明音义：《仪礼注疏》，《景印文渊阁四库全书》第 102 册，第 23 页。

128 《周礼注疏》，第 582 页。

129 魏徵等撰：《隋书》，中华书局，1973 年，第 266 页。

130 杜佑撰，王文锦、王永兴、刘俊文、徐庭云、谢方点校：《通典》，中华书局，1988 年，第 1617 页。

131 关于皮弁，孙机《进贤冠与武弁大冠》一文多有涉及，见《中国古舆服论丛（增订本）》，第 168—169 页。

132 《承天大志校注》，第 323 页。

133 《豐公遺寶圖略》下，第 23b 頁。

134 《豐公遺寶圖略》下，第 24a 頁。

135 《豐公遺寶圖略》下，第 16a 頁。

136 《明太祖实录》卷三十六“洪武元年十一月甲子”条。《大明会典》误将皇帝常服的制定时间置于洪武三年，而皇太子常服制定则为洪武元年无误。

137 《皇明典礼》，第 5b—7b 页。建文制度，皇太孙、皇曾孙、王世孙、郡王世子均有常服，与洪武、永乐、嘉靖制度不同。

138 《大明会典》，第 205—230 页。

139 《朝鲜世宗实录》卷一百三“正统九年三月丙子”条。

140 《朝鲜世宗实录》卷一百三十四所附《五礼》凶礼仪式“袭”条。

141 《承天大志校注》，第 320 页。

142 《承天大志校注》，第 323 页。嘉靖《承天大志》，第 59b—61a 页。

143 《明英宗实录》卷十九“正统元年闰六月壬午”条。

144 杨丽丽：《一位明代翰林官员的工作履历——〈徐显卿宦迹图〉图像简析》，《故宫博物院院刊》2005 年第 4 期。朱鸿：《〈徐显卿宦迹图〉研究》，《故宫博物院院刊》2011 年第 2 期。

145 李睟光《芝峰类说》卷十九《服用部》“朝章”载：“中朝国忌日，官司不废坐，但不坐堂。官员着无纹黑段团领，去胸背，谓之素服。”

146 陈铎撰，汪廷讷订：《坐隐先生精订滑稽余韵》，《续修四库全书》第 1738 册，上海古籍出版社，2002 年，第 409 页。

147 《明仁宗实录》卷一“永乐二十二年八月甲子”条。

148 王三聘辑：《古今事物考》，《丛书集成新编》第 39 册，第 405 页。

149 王夫之著：《识小录》，《船山全书》第 12 册，岳麓书社，1992 年，第 605 页。

150 赵丰：《蒙元龙袍的类型及地位》，《文物》2006 年第 8 期。

151 重庆市博物馆：《四川重庆明玉珍墓》，《考古》1986 年第 9 期。重庆市博物馆：《重庆明玉珍墓（叡陵）发掘报告》，《明玉珍及其墓葬研究》，重庆地方史资料组，1982 年，第 1—35 页。

152 周锡保著：《中国古代服饰史》，中国戏剧出版社，1984 年，第 386 页。

153 上海市戏曲学校中国服装史研究组编：《中国历代服饰》，学林出版社，1984 年，第 233 页。

154 胡汉生：《试论明代袍式衮服的性质及服用场合》，《北京文博》2001 年第 1 期。

155 《明英宗实录》卷二百八十七“天顺二年二月庚戌”条。

156 李东阳《燕对录》载：“（弘治十七年）八月二十五日……（上）又曰：‘昨令礼部禁服色，今可传旨与郑旺、赵鉴严加缉访，内府令郑旺缉访。’盖近来风俗奢僭不可不治耳。臣健等复奏曰：‘内府亦缉访最是。’上曰：‘在外文职官读书明理，犹不敢僭为，内官不知道理，尤多僭妄。’皆对曰：‘诚如圣谕。但臣等不知内府该禁花样。’

上历数其应用花样甚详，且曰：‘若蟒龙、飞鱼、斗牛皆不许用，亦不许私织。间有赐者，或久而损坏，亦自织用，均为不可。’又曰：‘玄黄、紫皂乃是正禁，若柳黄、明黄、姜黄等色，皆须禁之。’又曰：‘玄色可禁，黑绿乃人间常服，不必禁。乃内府人不许用耳。’皆诺而退。二十六日复召……上又曰：‘昨所言服色事，须写敕与郑旺、赵鉴，缘旺等原敕不曾该载此事，故须特降一敕耳。’皆应曰：‘诺。’上曰：‘昨旨内有玄色、黑绿，黑绿与青皆人间常用之服，不必禁之。’臣迁对曰：‘乃玄色样黑绿耳。’上又曰：‘黑绿常服，禁之亦难，正不须说及也。’皆诺而退。”黑绿虽然弛禁，但仍应该是常服服色。《燕对录》及《明英宗实录》禁令所提及的蟒龙、飞鱼、斗牛等胸背，其时皆用于常服，故所提到的禁色当属常服服色。

157 宋起凤著：《稗说》，《明史资料丛刊》第 2 辑，江苏人民出版社，1982 年，第 120—121 页。《稗说》成书于康熙十二年亦即 1673 年。崇祯初年，宋起凤之父与太监马云程友善，其自述“先公常携予出入禁宛中，得历观前朝后市诸胜”。本书虽是宋起凤晚年弃官之后所作，但其记录的北京见闻多真实可据。

158 《朝鲜成宗实录》卷一百十七“成化十六年五月庚辰”条。

159 建文制度，帝王常服用红鞓束带。

160 隋树森编：《全元散曲》，中华书局，1964 年，第 1346 页。

161 不著撰人：《天水冰山录》，《丛书集成新编》第 48 册，第 452—454 页。

162 郑光主编：《原本老乞大：解题 · 原文 · 原本影印 · 索引》，外语教学与研究出版社，2002 年，第 61 页。

163 《酌中志》，第 174 页。

164 《谕对录》卷四精考燕居冠服式载嘉靖七年正月二十二日明世宗降谕张孚敬，谕旨中谓“朕因圣祖服制，虽有常服之制，见今为朝堂所用，非燕私可服。其燕服不过爪刺、曳撒、绦环而已”。杨一清《密谕录》卷三论燕居冠服奏对中亦称“且以天子燕居而冠用找刺，衣用曳撒”。找刺即爪刺。

165 《明仁宗实录》卷一“永乐二十二年八月甲子”条。

166 尹直撰：《謇斋琐缀录》，《四库全书存目丛书》子部第 239 册，齐鲁书社，1995 年，第 415 页。东宫燕居之服似与皇帝无异，尹直撰《謇斋琐缀录》卷一翰林故事另载“讲毕退食后，东宫乃易衪襒，金镶宝石或玉钩绦”。焦竑《玉堂丛语》卷三“宠遇”条载“天顺改元，薛瑄入内阁。一日，上方小帽短衣，闻先生奏事，为更长衣。世拟之不冠不见黯”。英宗所服之“小帽短衣”亦当为此燕居之服。

167 何刚德《话梦集》卷上记为“吴三桂斗鹌鹑小像”，并有诗题咏，内有“窄帽将军奕有神，闲携小卒玩鹌鹑”语。

168 关于梁庄王墓所出帽顶，扬之水曾有研究，见扬之水著：《奢华之色——宋元明金银器研究》第二卷“明代金银首饰”，中华书局，2011 年，第 121—126 页。扬之水著：《中国古代金银首饰》，故宫出版社，2014 年，第 680—686 页。

169 叶子奇撰：《草木子》，中华书局，1959 年，第 61 页。

170 《原本老乞大：解题 · 原文 · 原本影印 · 索引》，第 61、65 页。

171 宋濂等撰：《元史》，中华书局，1976 年，第 1938 页。

172 陶宗仪撰：《南村辍耕录》，中华书局，1959 年，第 185 页。

173 汪维辉编：《朝鲜时代汉语教科书丛刊》第 3 册，中华书局，2005 年，第 772—777 页。

174 《原本老乞大：解题 · 原文 · 原本影印 · 索引》，第 61 页。

175 《原本老乞大：解题 · 原文 · 原本影印 · 索引》，第 65 页。

176 甘肃省博物馆、漳县文化馆：《甘肃漳县元代汪世显家族墓葬——简报之一》，《文物》1982 年第 2 期。

177 《南村辍耕录》，第 84—85 页。

178 宋岘：《“回回石头”与阿拉伯宝石学的东传》，《回族研究》1998 年第 3 期。

179 王士点、商企翁撰，高荣盛点校：《秘书监志》，浙江古籍出版社，1992 年，第 130 页。

180 宋岘：《“回回石头”与阿拉伯宝石学的东传》，《回族研究》1998年第3期。宋岘：《蒙元时期从波斯传到中国的自然科学》，高发元主编：《首届赛典赤研究国际会议论文集》，云南大学出版社，2004年，第319—323页。

181 《元史》，第2872页。

182 不著撰人：《大元圣政国朝典章》，《续修四库全书》第787册，上海古籍出版社，2002年，第564页。

183 同上。

184 同上。

185 《明太祖实录》卷八十一“洪武六年四月癸巳”条。

186 《天水冰山录》，第441页。

187 《万历野获编》，第662页。

188 关于绦环的研究，见孙机：《中国古代的带具》，《中国古舆服论丛（增订本）》，第284—287页。对绦钩、绦环的讨论，又见《奢华之色——宋元明金银器研究》，第140—146页；《中国古代金银首饰》，第694—702页。

189 《天水冰山录》，第441—445页。

190 见孙机：《中国古代的带具》，《中国古舆服论丛（增订本）》，第286页。

191 吴自牧撰：《梦粱录》，《丛书集成新编》第96册，第720页。

192 《元史》，第3113页。

193 大同市文物陈列馆、山西云冈文物管理所：《山西省大同市元代冯道真、王青墓清理简报》，《文物》1962年第10期。

194 无锡市博物馆：《江苏无锡市元墓中出土的一批文物》，《文物》1964年第12期。徐琳：《从带饰到“如意瓦子”——一件“春水”玉绦环的名物变迁》，《紫禁城》2008年第4期。

195 《朝鲜时代汉语教科书丛刊》第3册，第771—772页。

196 甘肃省博物馆、漳县文化馆：《甘肃漳县元代汪世显家族墓葬——简报之一》，《文物》1982 年第 2 期。

197 元明带具上的闹装，孙机曾有讨论，见孙机：《中国古代的带具》，《中国古舆服论丛（增订本）》，第 285—287 页。

198 阙名：《阀阅舞射柳捶丸记》，《孤本元明杂剧》第 2 册，中国戏剧出版社，1958 年，第 12 页。

199 柯九思等著：《辽金元宫词》，北京古籍出版社，1988 年，第 3 页。

200 《朝鲜时代汉语教科书丛刊》第 2 册，第 303—304 页。

201 《朝鲜时代汉语教科书丛刊》第 3 册，第 1108 页。

202 《元史》，第 503 页。

203 《元史》，第 537 页。

204 《元史》，第 601—602 页。

205 《元史》，第 783 页。

206 《元史》，第 3025 页。

207 《元史》，第 3625 页。

208 《元史》，第 3977 页。

209 《元史》，第 2294 页。

210 杨慎著，王幼安校点：《词品》，人民文学出版社，1960 年，第 73 页。

211 胡应麟撰：《少室山房笔丛》，上海书店出版社，2001 年，第 215 页。

212 如“海青天鹅中阔菜玉闹妆女带”“金折丝嵌珠宝合香闹妆带”，《天水冰山录》，第 452 页、第 454 页。

213 高宇泰撰：《敬止录》，《北京图书馆古籍珍本丛刊》第 28 册，书目文献出版社，2000 年，第 460—461 页。

214 万明：《明初“贡市”新证——以〈敬止录〉引〈皇明永乐志〉佚文外国物品清单为中心》，《明史研究论丛》第 7 辑，紫禁城出版社，2007 年，第 91—109 页。

215 马欢撰，冯承钧校注：《瀛涯胜览校注》，中华书局，1955 年，第 21 页。永乐六年明成祖致如来大宝法王赐物中有宝石珠翠金牌宝相花一朵，礼单详列其物料，内“青鸦鹘石一块，重二分；红马斯肯的石一块，重二分；黄鸦鹘石一块，重一分”。此中鸦鹘即雅姑，红马斯肯的石即红马厮肯的石，或即采买自暹罗等国。

216 《瀛涯胜览校注》，第 35—37 页。

217 《瀛涯胜览校注》，第 41 页。

218 《瀛涯胜览校注》，第 45 页。

219 《瀛涯胜览校注》，第 55—56 页。

220 《瀛涯胜览校注》，第 63 页。

221 《瀛涯胜览校注》，第 67 页。

222 《瀛涯胜览校注》，第 49—50 页。

223 《瀛涯胜览校注》，第 58 页。

224 严从简著，余思黎点校：《殊域周咨录》，中华书局，1993 年，第 324 页。

225 《明英宗实录》卷二百八十七“天顺二年二月戊申”条载：“司礼监太监福安奏：永乐、宣德间，云南、福建、浙江产有银矿之所，悉令采办、煎销，上纳京库，此诚国家大利。近年或采或止，国用不足，请如旧制各遣内外官员开场煎办。又，永乐、宣德间，屡下西洋收买黄金、珍珠、宝石诸物，今停止三十余年，府藏虚竭，请遣内官于云南等处，出官库银货收买、上纳。从之。”

226 《明英宗实录》卷三百“天顺三年二月丁卯”条载：“司礼监太监福安奏：永乐间，差内官下西洋并往广东买办、采捞珍珠，故国用充足。今久不采，府库空虚。上命监察御史吕洪，同内官往广东雷州、廉州二府杨梅等珠池采办。”

227 《明英宗实录》三百七“天顺三年九月癸巳”条载：“司礼监太监福安奏：内外衙门累年成造各王府宝册、仪仗关用黄金数多，官库收贮缺乏，乞照永乐、宣德年间差内外官员往西洋等处采买，及云南等处差发、课程，差人采办进库应用。上曰：采买不必行，云南等处金课数亦无多，其以云南岁办差发银、折收金应用。”

228 《谕对录》，第 93 页。

229 《大明冠服图》卷首嘉靖七年三月二十七日皇帝下礼部敕谕：“夫常

人之情，多修治于显明之处，而怠略于幽独之时。古圣王慎之，于是制为玄端，以为燕居之服，盖玄取其玄邃，端取其方正之义，然其用则通乎上下,本无等级者也……朕惟玄端之服在古虽为上下通用之服，而今人又非古人之比，故虽在燕居之中宜有等威之辨，因酌古玄端之制，更名燕弁，庶几乎深宫独处之时而以燕安为戒也。”

230 保和冠服之所以冠以“保和”之名，《明世宗实录》卷九十六“嘉靖七年十二月甲申”条载：“上谕礼部：朕惟自古帝王之制礼，皆推己以及人，而其施固当自亲始也。稽诸帝尧平章百姓、协和万邦必先于亲睦九族，所以尽制尽伦、有典有则也……保和冠服，品式之不同者，亲亲之杀也。等杀既明，名分攸定，庶几知所保矣。保斯和、和斯安，此固锡名之义也。孟轲氏曰：‘乐天者保天下，畏天者保其国。’”

231 《大明会典》，第209页。燕弁冠服、保和冠服之创制，皆由明世宗圣衷独运，张孚敬等折衷损益而成。详见《谕对录》卷四精考燕居冠服式、详定冠服图说、图闲居冠服仪义，卷九定诸王燕弁服式、定郡王长子冠服式、定保和冠服制式。

232 《大明冠服图》。

233 同上。

234 《酌中志》，第173页。

235 《酌中志》，第174页。

236 史玄撰：《旧京遗事》，北京古籍出版社，1986年，第10—11页。

237 《酌中志》，第174页

238 《稗说》，第121页。

239 《明宣宗实录》卷三“洪熙元年七月庚辰”条载“赐诸王黄白金、文绮、锦、纱罗、布、钞有差。上谕行在礼部臣曰：朕初即位，诸王宗亲守藩在外，宜有赐赉，用展亲亲。于是周、庆、代、宁、沈、汉、赵七王各白金五百两、文绮二十表里、锦五匹、纱罗各二十匹、兜罗锦五匹、西洋布十匹、钞三万贯，汉、赵二王各加赐黄金百两。晋、楚、鲁、肃、辽、韩、唐、伊、秦、蜀十王各白金三百两、文绮十表里、锦三匹、纱罗各十匹、兜罗锦三匹、西洋布五匹、钞二万贯。赐宁国、大名、南康、永嘉、含山、汝阳、宝庆七大长公主及永平、安成、咸宁三公主各白金二百两、文绮十表里、纱罗各十匹、锦三匹、兜罗锦三匹、西洋布五匹、钞一万贯”；陈诚《历官事迹》云“永乐四年夏四月，赴内府文渊阁修《永乐大典》，节次赏钞五十锭，西洋布四匹”；《明宪宗实录》卷一百五十八“成化十二年十月壬辰”条载“朝鲜国王李娎为继妻尹氏请封，上允之，即以诰命、冠服，并罗、西洋布等物畀所遣陪臣归赐之”。

240 周致中著，陆峻岭校注：《异域志》，中华书局，1981 年，第 23 页。

241 周达观原著，夏鼐校注：《真腊风土记校注》，中华书局，1981 年，第 76 页。伯希和所作笺注，字句与此稍异，见伯希和：《真腊风土记笺注》，冯承钧译：《西域南海史地考证译丛七编》，中华书局，1957 年，第 136 页。

242 汪大渊著，苏继庼校释：《岛夷志略校释》，中华书局，1981 年，第 38 页。

243 《岛夷志略校释》，第 133 页。

244 《岛夷志略校释》，第 209 页

245 《岛夷志略校释》，第 240 页。

246 《岛夷志略校释》，第 43 页。

247 《真腊风土记校注》，第 87 页。

248 本田實信：《〈回回館譯語〉に就いて》，《北海道大學文學部紀要》第 11 輯，1963 年，第 192 頁。

249 刘迎胜著：《海路与陆路：中古时代东西交流研究》，北京大学出版社，2011 年，第 44 页。

250 王元林、林杏容：《十四至十八世纪欧亚的西洋布贸易》，《东南亚研究》2005 年第 4 期。

251 杉本直治郎：《東南アジア史研究 I》，日本學術振興會，1956 年。以上均转引自夏鼐所注。见《真腊风土记校注》，第 87—88 页。古里，

《岛夷志略》作古里佛，为南印度西岸马拉巴尔海岸科泽科德大港阿拉伯语名 Kalikut 之对音，见《岛夷志略校释》，第 43 页。

252 谢应芳撰：《龟巢稿》，《景印文渊阁四库全书》第 1218 册，第 20 页。

253 万明：《释“西洋”——郑和下西洋深远影响的探析》，《南洋问题研究》2004 年第 4 期。

254 张燮《东西洋考》卷五“文莱”条载：“文莱，即婆罗国，东洋尽处，西洋所自起也。”同书卷九《舟师考》“东洋针路”载：“文莱国，即婆罗国，此东洋最尽头，西洋所自起处也，故以婆罗终焉。”

255 《瀛涯胜览校注》，第 42 页。

256 《瀛涯胜览校注》，第 47 页。

257 张燮著，谢方点校：《东西洋考》，中华书局，1981 年，第 146 页。

258 张星烺编注，朱杰勤校订：《中西交通史料汇编》第 3 册，中华书局，1978 年，第 56 页。

259 《大明会典》，第 86 页。

260 《大明会典》，第 82 页。

261 《大明会典》，第 87 页。

262 严从简《殊域周咨录》卷八“暹罗”条、“满剌加”条、“古里”条，卷九“苏门答腊”条。黄省曾《西洋朝贡典录》卷上占城国第一、满剌加国第五，卷中暹罗国第十、锡兰山国第十五、榜葛剌国第十六，卷下古里国第十九。

263 《明太宗实录》卷十二“洪武三十五年九月戊戌”条载：“车里军民宣慰使司宣慰使刀暹答，及老挝土官刀线歹、八百土官刀板面、孟定府土官刀名扛、威远州土官刀算党，各遣人来朝，贡象齿、犀角、孔雀尾、西洋布、红花丝幔帐及金银器，赐刀暹答等锦绮纱罗有差。”《明宪宗实录》卷一百九十四“成化十五年九月丙寅”条载：“云南缅甸宣慰使司、贵州程番府、金筑安抚司、洪番长官司、湖广施州卫、金峒安抚司各遣人来朝，贡象、马，并金银器、西洋布等物。赐宴，并衣服、彩币等物有差。”

264 谢肇淛撰：《滇略》，方国瑜主编，徐文德、木芹、郑志惠纂录校订：《云南史料丛刊》第6卷，云南大学出版社，2000年，第690—691页。

265 《滇略》，第700页。

266 向达校注：《两种海道针经》，中华书局，1961年，第7页。

267 庞乃明：《明代中国人的欧洲称谓述略》，《历史教学》2004年第6期。

268 利玛窦著，朱维铮主编：《利玛窦中文著译集》，复旦大学出版社，2001年，第232—235页。

269 李贤等撰：《大明一统志》，三秦出版社，1990年，第1386页。

270 《东西洋考》，第75页。

271 《古今事物考》，第391页。

272 曹昭撰，舒敏、王佐增：《新增格古要论》，《续修四库全书》第1185册，上海古籍出版社，2002年，第243页。

273 利类思、安文思、南怀仁著：《西方要纪》，《丛书集成新编》第98册，第171页。

274 方以智著：《通雅》，中国书店，1990年，第452页。

275 查继佐著：《罪惟录》，浙江古籍出版社，1986年，第2868页。

276 艾儒略著，谢方校释：《职方外纪校释》，中华书局，1996年，第94页。

277 《职方外纪校释》，第123页。

278 冒襄撰：《影梅庵忆语》，《续修四库全书》第1272册，上海古籍出版社，2002年，第237页。

279 周振鹤：《董小宛身上的西洋布料》，周振鹤著：《知者不言》，生活·读书·新知三联书店，2008年，第86—87页。

280 徐光启撰，石声汉校注：《农政全书校注》，上海古籍出版社，1979年，第960页。

281 《明太祖实录》卷三十六“洪武元年十一月甲子”条。

282 《明太祖实录》卷七十四“洪武五年六月丁酉”条。

283 《皇明典礼》，第10a—11a页。

284 《明世宗实录》卷一百十八“嘉靖九年十月壬戌”条。

285 《明世宗实录》卷一百二十二“嘉靖十年二月庚辰”条载：“上亲祀大明于朝日坛。上谕大学士张璁：朕奉章圣慈仁皇太后慈训，于选中淑女三十人内慎选九人以充九嫔，所有应行礼仪，卿可传谕礼部，趣令开具进览。于是礼部尚书李时等言：皇上以宗祀之重，择真淑备九嫔，诚宜定拟典礼，以昭示天下。臣等考之《大明会典》诸书，惟载册立后妃礼仪，嫔御以下皆缺。及考唐制，贵妃、淑妃、德妃、贤妃正一品，昭仪、昭容、昭媛、修仪、修容、修媛、充仪、充容、充媛为九嫔，正二品，皆遣使册命，则唐以前九嫔之礼甚重。皇朝原无册立九嫔之仪，礼始今日，臣等窃拟遵照册嫔仪注，量为降杀，谨逐一开具，恭候圣裁。一、吉期用嘉靖十年三月初二日。一、先期太常寺备告太庙、世庙牲醴，翰林院具祝文；一、先期内府造九翟冠，次皇妃之凤者，大衫、鞠衣如皇妃制，圭用次玉谷文，银册少杀于皇妃五分之一，以金饰之……上曰：告庙用香帛、脯醢、果酒，捧主官如故，正副使并执事官，令具服行礼，百官公服侍班，其余依拟行。”

286 明初另有九翚二凤冠以赐外国蕃王妃。《高丽史·舆服志》载高丽王妃冠服，谓“恭愍王十九年五月，太祖高皇帝孝慈皇后赐冠服。冠，饰以七翚二凤，花钗九树，小花如大花之数，两博鬓，九钿。翟衣青质，绣翟九等。素纱中单，黼领，罗縠为〔之〕，缘以红色。蔽膝如裳色，以緅为领缘，绣翟二等。大带随衣色。革带，金钩艓。佩绶，青袜，青舄。”其时赐高丽国王为九章冕服，则高丽国王相当于明朝亲王，高丽王妃相当于明朝亲王妃，而高丽王妃凤冠较明朝亲王妃凤冠少了二凤，同于亲王次妃。

287 《大明会典》，第291页。同书亲王婚礼所列发册礼物同此。《大明会典》卷六十“冠服”虽列永乐制度，但卷六十七“亲王婚礼”则用洪武制度，故而两卷所见亲王妃冠服制度有所参差。

288 《明太祖实录》卷一百二“洪武八年十一月甲子”条。

289 《承天大志校注》，第324页。嘉靖《承天大志》，第62b—63b页。

290 万喜字铎，原作万喜字锋，广本、抱本锋作译。锋、译二字当为铎之讹，铎即铎针。

291 《明神宗实录》卷四百十七“万历三十四年正月甲申”条。

292 《宋史》，第3535页。

293 欧阳修等撰:《太常因革礼》,江苏古籍出版社,1988年,第328—329页。

294 周密辑：《武林旧事》，西湖书社，1981年，第26页。

295 孙机谓“在皇后的凤冠上，此物（掩鬓）稍稍改型而成为博鬓，左右各三件，比掩鬓就隆重得多了”，意以博鬓由掩鬓演化而来。见孙机：《明代的束发冠、䯼髻与头面》，《中国古舆服论丛（增订本）》，第325页。

296 明代凤冠及其装饰，见拙文《明代的凤冠到底什么样？》，《紫禁城》2013年第2期。宋元凤冠上的装饰，见孙机：《宋元皇后盛饰》，杨泓、孙机著：《寻常的精致——文物与古代生活》，辽宁教育出版社，1996年，第39—45页。

297 《宋史》，第3576页。

298 《梦粱录》，第720页。

299 《朝鲜时代汉语教科书丛刊》第2册，第229页。

300 苏州市文物保管委员会、苏州博物馆：《苏州吴张士诚母曹氏墓清理简报》，《考古》1965年第6期。

301 张瀚撰，萧国亮点校：《松窗梦语》，上海古籍出版社，1986年，第123页。

302 王得臣撰:《麈史》,《全宋笔记》第1编第10册,大象出版社,2003年,第16页。

303 李廌撰：《师友谈记》，《全宋笔记》第2编第7册，大象出版社，2006年，第39页。

304 《宋会要辑稿》第44册舆服三“皇后服”载：“徽宗大观四年十一月十六日，宰臣何执中奏：皇后受册冠服当办具者。上曰：比有司画一来上内头官合用珠子，中言一见辄自陈曰方今朝廷未丰，不当以服饰费耗邦财，头冠用珠数多，请以为妃时所服冠命工改造，增篦插三枝足矣。朕喜其能躬俭节用，亦即许之。”

305 徐梦莘撰：《三朝北盟会编》，上海古籍出版社，1987 年，第 20 页。

306 蔡絛撰，冯惠民、沈锡麟点校：《铁围山丛谈》，中华书局，1983 年，第 105 页。

307 《明神宗实录》卷四百十七“万历三十四年正月甲申”条。

308 《周礼注疏》，第 148 页。

309 《大明集礼》《明宫冠服仪仗图》“画翟赤质”误作“画翠赤质”。

310 赵丰、金琳主编：《黄金 · 丝绸 · 青花瓷：马可 · 波罗时代的时尚艺术》，香港艺纱堂 / 服饰出版，2005 年，第 91 页。

311 此蔽膝发掘简报原作“残丝织品”。《黄金 · 丝绸 · 青花瓷：马可波罗时代的时尚艺术》，第 91 页。

312 《明太祖实录》卷一百二“洪武八年十一月甲子”条。

313 《明太祖实录》卷一百二“洪武八年十一月甲子”条。

314 《黄金 · 丝绸 · 青花瓷：马可 · 波罗时代的时尚艺术》，第 89 页。

315 《明太祖实录》卷一百二“洪武八年十一月甲子”条。

316 《明神宗实录》卷四百十七“万历三十四年正月甲申”条。

317 定陵出有皇后尖足云头鞋两双，形制与舄相近，但其颜色、装饰与舄不同。

318 《黄金 · 丝绸 · 青花瓷：马可 · 波罗时代的时尚艺术》，第 87 页。

319 《明太祖实录》卷三十六“洪武元年十一月甲子”条。

320 《明太祖实录》卷六十五“洪武四年五月癸酉”条。

321 《明太祖实录》卷七十四“洪武五年六月丁酉”条载：“于是诏以贵人为三品，以后妃燕居冠及大衫、霞帔为朝会礼服；珠翠庆云冠、鞠衣、褙子、缘禩袄裙为常服。”

322 《皇明典礼》，第 11a—16a 页。

323 《大明会典》，第 289 页。同书亲王婚礼所列纳征礼物同。

324 《大明会典》，第 291 页。

325 《朝鲜太宗实录》卷六“永乐元年十月辛未”条。

326 《朝鲜文宗实录》卷三“景泰元年八月甲戌”条。

327 《承天大志校注》，第324—325页。嘉靖《承天大志》，第63b—64a页。

328 《朝鲜太宗实录》卷六“永乐元年十月辛未”条。

329 《光海君日记》卷四十二“万历四十二年十一月乙丑”条。

330 刘銮撰：《五石瓠》，《丛书集成续编》第215册，新文丰出版公司，1989年，第549页。

331 《朝鲜世祖实录》卷四“景泰七年五月己卯”条。朝鲜受赐冠服，初时未知穿着之法，故而颇能详细述及，“命宦官田畇赍鱼肉、脯鲊赠尹凤等，问曰：今赐中宫冠狭小而又有箴，未知何以穿着？凤等曰：梳发后从顶后分囟，左右发毛交相结，上作丫髻，将冠冒其上而仍插箴。畇曰：命服中亦有似宝钿之物，用之何处乎？凤等曰：其名禁步，自两肩垂之于前，节其行而不妄步也。又曰：首饰之制，问诸执爨婢之入朝回还者，可以知之矣。”此记载又见于李德懋《盎叶记》“女服从华制”条，惟《实录》中所载之“箴”作“簪”，后又被《五洲衍文长笺散稿》《东典考》等书所征引。

332 中国藏学研究中心、中国第一历史档案馆、中国第二历史档案馆、西藏自治区档案馆、四川省档案馆合编：《元以来西藏地方与中央政府关系档案史料汇编》（元明），中国藏学出版社，1994年，第105页。

333 《明神宗实录》卷四百十七“万历三十四年正月甲申”条。

334 西周生《醒世姻缘传》第八十五回说“（薛素姐）这番因有了这一弄齐整行头，不由的也欣然要去。梳了光头，戴了满头珠翠，雪白大圆的珠子挑牌，拔丝金凤衔着，搽着杭州宫粉”；又，兰陵笑笑生《金瓶梅词话》第六十三回写画士给李瓶儿画的云身像，“但见头戴金翠围冠，双凤珠子挑牌、大红妆花袍儿，白馥馥脸儿，俨然如生”。

335 关于宋、明大衫的研究，见赵丰：《大衫与霞帔》，《文物》2005年第2期。

336 《宋史》，第3535页。

337 《宋史》，第2730页。

338 孙机：《霞帔坠子》，《中国古舆服论丛（增订本）》，第293—302页。赵丰：《大衫与霞帔》，《文物》2005年第2期。

339 《宋史》，第3578页。

340 程大昌撰：《演繁露》，《全宋笔记》第4编第8册，大象出版社，2008年，第183页。

341 《周礼注疏》，第148页。

342 孙诒让撰，王文锦、陈玉霞点校：《周礼正义》，中华书局，1987年，第583页。

343 《奢华之色——宋元明金银器研究》，第107页。《中国古代金银首饰》，第588页。

344 《奢华之色——宋元明金银器研究》，第108页。

345 《黄金·丝绸·青花瓷：马可·波罗时代的时尚艺术》，第90页。

346 《奢华之色——宋元明金银器研究》，第105页。《中国古代金银首饰》，第584页。

347 扬之水认为玉禁步乃用于受册、谒庙、朝会所着之礼服，而白玉云样玎珰则为常服所用，见《奢华之色——宋元明金银器研究》，第102页。《中国古代金银首饰》，第670页。

348 《大明会典》，第404页。

349 《明神宗实录》卷四百十七“万历三十四年正月甲申”条。

350 《大明会典》卷六十七“婚礼”皇太子纳妃仪、亲王婚礼纳征礼物中玉革带上有玉事件九件，与同书卷六十“冠服”玉革带上玉事件十有异。

351 扬之水：《移植与嬗变——明代金银饰品中的藏传佛教艺术》，《中国文化》2009年第29期，第193页。

352 《酌中志》，第172页。

353 《宣和画谱》卷五“人物”记唐代张萱“善画人物……又能写婴儿，此尤为难。盖婴儿形貌、态度自是一家，要于大小岁数间定其面目髫稚。世之画者，不失之于身小而貌壮，则失之于似妇人。又贵贱气调与骨法。尤须各别”。

354　厉鹗《南宋院画录》卷二称“苏汉臣作婴儿，深得其状貌，而更尽神情，亦以其专心为之也”，又称“汉臣制作极工，其写婴儿着色鲜润，体度如生。熟玩之不啻相与言色者，可谓神矣”。

355　姚丽荣：《张居正〈应制题百子图〉与明定陵出土的百子衣》，南炳文、商传主编：《张居正国际学术研讨会论文集》，湖北人民出版社，2013年，第297—300页。

356　张居正撰：《新刻张太岳先生诗文集》，《四库全书存目丛书》集部第113册，齐鲁书社，1997年，第387页。

357　朱彝尊撰：《曝书亭集》，《景印文渊阁四库全书》第1318册，第63页。

358　诗云：“情态任天然，桃红两颊鲜。乍行人共看，初语客多怜。臂膊肥如瓠，肌肤软胜绵。长头才覆额，分角渐垂肩。散诞无尘虑，逍遥占地仙。排衙朱阁上，喝道画堂前。合调歌《杨柳》，齐声踏《采莲》。走堤行细雨，奔巷趁轻烟。嫩竹乘为马，新蒲折作鞭。莺雏金镟系，猧子彩丝牵。拥鹤归晴岛，驱鹅入暖泉。杨花争弄雪，榆叶共收钱。锡镜当胸挂，银珠对耳悬。头依苍鹘裹，袖学柘枝揎。酒殢丹砂暖，茶催小玉煎。频邀筹箸挣，时乞绣针穿。宝箧拿红豆，妆奁拾翠钿。戏袍披按褥，尖帽戴靴毡。展画趋三圣，开屏笑七贤。贮怀青杏小，垂额绿荷圆。惊滴沾罗泪，娇流污锦涎。倦书饶娅姹，憎药巧迁延。弄帐鸾绡映，藏衾凤绮缠。指敲迎使鼓，筋拨赛神弦。帘拂鱼钩动，筝推雁柱偏。棋图添路画，笛管欠声镌。恼客初酣睡，惊僧半入禅。寻蛛穷屋瓦，探雀遍楼椽。抛果忙开口，藏钩乱出拳。夜分围榾柮，朝聚打秋千。折竹装泥燕，添丝放纸鸢。互夸轮水碓，相教放风旋。旗小裁红绢，书幽截碧笺。远铺张鸽网，低控射蝇弦。吉语时时道，谣歌处处传。匿窗眉乍曲，遮路臂相连。斗草当春径，争毬出晚田。柳傍慵独坐，花底困横眠。等鹊前篱畔，听蛩伏砌边。傍枝粘舞蝶，隈树捉鸣蝉。平岛夸趫上，层崖逞捷缘。嫩苔车迹小，深雪履痕全。竞指云生岫，齐呼月上天。蚁窠寻径斫，蜂穴绕阶填。樵唱回深岭，牛歌下远川。垒柴为屋木，和土作盘筵。险砌高台石，危跳峻塔砖。

忽升邻舍树，偷上后池船。项橐称师日，甘罗作相年。明时方任德，劝尔减狂颠。”见彭定求等编：《全唐诗》第21册，中华书局，1960年，第8255—8256页。此诗似由扬之水最先注意，定陵百子衣上的游戏，亦见于扬之水的考证。见扬之水：《从〈孩儿诗〉到百子图》，《文物》2003年第12期。

359 扬之水：《从〈孩儿诗〉到百子图》，《文物》2003年第12期。

360 朱权等撰：《明宫词》，北京古籍出版社，1987年，第75—76页。

361 王士性撰，吕景琳点校：《广志绎》，中华书局，1981年，第33页。

362 于慎行撰，吕景琳点校：《谷山笔麈》，中华书局，1984年，第29页。

363 《旧京遗事》，第23页。

364 《明宫词》，第81—82页。

365 《明宫词》，第82页。

366 《明宫词》，第92—93页。

367 文震亨著，陈植校注，杨超伯校订：《长物志校注》，江苏科学技术出版社，1984年，第325页。

368 李渔著:《闲情偶寄》,《李渔全集》第三卷,浙江古籍出版社,1991年，第132页。

369 余怀著，李金堂校注：《板桥杂记》，上海古籍出版社，2000年，第13页。

370 《明史》，第1994页。

371 《明史》，第1996页。

372 《明史》，第1994页。

373 《明世宗实录》卷五百十八“嘉靖四十二年二月甲子”条。

374 《明世宗实录》卷五百二十“嘉靖四十二年四月壬子”条。

375 《明世宗实录》卷五百二十三“嘉靖四十二年七月壬辰”条。

376 《明世宗实录》卷五百三十“嘉靖四十三年二月甲辰”条。

377 《明世宗实录》卷五百三十六“嘉靖四十三年七月丙辰”条。

378 《明世宗实录》卷五百四十五“嘉靖四十四年四月己丑”条。

379 《明神宗实录》卷四百十七“万历三十四年正月甲申”条。

380 《明史》，第1996—1997页。

381 南朝沈怀远《南越志》载：“珠有九品，大五分以上者至一寸八分，分为八品。有光彩，一边小平似覆釜者名当珠，当珠之次为走珠，走珠之次为滑珠，滑珠之次为磥砢珠，磥砢珠之次为官两珠，官两珠之次为税珠，税珠之次为葱符珠，葱符珠之次为稗珠。”

382 宋应星撰：《天工开物》，《丛书集成续编》第88册，第772页。

383 《明太祖实录》卷二百四十一“洪武二十八年九月辛酉”条。

384 《明太祖实录》卷二百五十四“洪武三十年七月庚戌”条。

385 《酌中志》，第102页。

386 《酌中志》，第110页。

387 《明太祖实录》卷五十六“洪武三年九月庚子”条。

388 《明太祖实录》卷一百四“洪武九年二月丁亥”条。

389 《明太祖实录》卷二百四十一“洪武二十八年九月辛酉”条。

390 《明英宗实录》卷二百二十八“景泰四年四月戊申”条。

391 《明宪宗实录》卷二百六十二“成化二十一年二月己未”条。

392 《明世宗实录》卷五十三“嘉靖四年七月庚辰”条。

393 《大明会典》，第285页。

394 《明武宗实录》卷十八“正德元年十月甲寅”条。

395 《明神宗实录》卷五百三十一“万历四十三年四月壬寅”条。

396 明末帝后诞辰，重臣或近臣多有“万寿”字簪之赐。朝鲜陪臣赵宪《朝天日记》下“万历二年八月十四日乙卯”条载“圣节，钦赏大学士张居正金八宝三十两，膳九品，长春酒五瓶”；“讲官丁士美万寿字簪一对，银十五两”；“讲官范应期万寿字簪一对，银十两，金簪一根，银八宝四个”。宫中样范的首饰且经太监等人之手流入民间。《金瓶梅词话》第十三回写李瓶儿欲结好潘金莲，托西门庆捎了一对寿字簪儿，“金莲接在手内观看，却是两根番文低板、石青填地、金玲珑寿字簪儿，乃御前所制造，宫里出来的，甚是奇巧”。第十四回写李瓶儿来为潘金莲做生日，“金莲艳抹浓妆，鬓嘴边撇着一根金寿字簪儿，从外摇摆将来”，月娘因问瓶儿“你与六姐这对寿字簪儿，是那里打造的？倒且是好样儿。到明日俺每人照样也配恁一对儿戴”。李瓶儿道“大娘既要，奴还有几对，到明日每位娘都补奉上一对儿。此是过世老公公宫里御前作带出来的，外边那里有这样范”。见扬之水：《“文”“物”相映之二——明代首饰中的“万寿”、“摩利支天”、“毛女”》，《南方文物》2014 年第 1 期。《中国古代金银首饰》，第 728—729 页。

397 《明神宗实录》卷一百九“万历九年二月甲辰”条。

398 《明神宗实录》卷二百八十八“万历二十三年八月庚申”条。陈汝锜《甘露园短书》卷五载：“曾见陕西抚院贾待问疏称，该省应造万历二十五年龙凤袍共五千四百五十匹，额设机五百三十四张，该织匠五百三十四名，挽花匠一千六百二名；新设机三百五十张，该织匠三百五十名，挽花匠七百五十名；挑花络丝打线匠四千二百余名。”或以为贾待问奏疏中之龙凤袍，即吕鸣珂奏疏中之新样绒袍。见赵丰著：《天鹅绒》，苏州大学出版社，2011 年，第 17 页。

399 《明宫词》，第 42 页。

400 《酌中志》，第 170 页。

401 《酌中志》，第 165 页。

402 《酌中志》，第 177—183 页。

403 《明史》，第 6126 页。

404 《北京文物鉴赏》编委会编：《明清金银首饰》，北京美术摄影出版社，2005 年，第 36—39 页。

405 《北京文物精粹大系》编委会、北京市文物局编：《北京文物精粹大系 · 金银器卷》，北京出版社，2004 年，第 178—179 页。

406 张先得、刘精义、呼玉恒：《北京市郊明武清侯李伟夫妇墓清理简报》，《文物》1979 年第 4 期。

407 美国亚洲艺术博物馆网站所示题记为英文“Made on the fifth day of

the eleventh month, twenty-third year of the reign of the Wanli emperor [equivalent to December 5, 1595]. Length four feet, two liang [slightly more than two ounces] of silk floss [for padding]”，译成中文为“万历二十三年十二月初五日，长四尺，用丝二两”，而十一月十九日为孝定李太后圣诞。

408 《长物志校注》，第 221 页。

409 《酌中志》，第 166 页。

410 《旧京遗事》，第 24 页。又，冯梦龙《警世通言》第二十三卷“乐小舍弃生觅偶”讲到乐和常想顺娘情意，不能割舍，“每遇清明三月三，重阳九月九，端午龙舟，八月玩潮，这几个胜会，无不刷鬓修容，华衣美服，在人丛中挨挤。只恐顺娘出行，侥幸一遇”。“刷鬓修容，华衣美服”讲的虽是乐和，但清明、重阳、端午、八月顺娘既会出行，想必也是“华衣美服”。

411 陈娟娟：《明代的丝绸艺术》，陈娟娟著：《中国织绣服饰论集》，紫禁城出版社，2005 年，第 23—76 页。

412 孙珮编辑：《苏州织造局志》卷七，《中华再造善本》续编，国家图书馆出版社，2014 年，第 2b—4b 页。

卷之三　品官命妇冠服

1 《明太祖实录》卷一二七“洪武十二年十一月甲寅”条。

2 王焕镳撰：《明孝陵志》，南京出版社，2006 年，第 35 页。

3 《明孝陵志》，第 36 页。

4 南京市博物馆：《明中山王徐达家族墓》，《文物》1993 年第 2 期。

5 南京市文物保管委员会、南京市博物馆：《明徐达五世孙徐俌夫妇墓》，《文物》1982 年第 2 期。

6 邵磊：《明中山王徐达家族成员墓志考略》，《南方文物》2013 年第 4 期。

7 南京市博物馆：《江苏南京市板仓村明墓的发掘》，《考古》1999 年第10期。

8 南京市文物保管委员会:《南京太平门外岗子村明墓》,《考古》1983年第6期。

9 南京市文物保管委员会:《南京江宁县明沐晟墓清理简报》,《考古》1960年第9期。

10 南京市博物馆:《江苏南京市明黔国公沐昌祚、沐睿墓》,《考古》1999年第10期。

11 南京市博物馆:《江苏南京市明黔国公沐昌祚、沐睿墓》,《考古》1999年第10期。两座墓葬墓主人最初被认定为沐昌祚和沐睿,后经考证,判定是沐朝辅和沐启元,见邵磊:《明黔国公沐昌祚墓辨讹及其相关问题——从沐朝辅妻陈氏墓志的发现谈起》,《东南文化》2011年第1期。力子:《明黔国公沐睿墓辨讹》,《东南文化》2012年第4期。

12 南京市博物馆、江宁区博物馆:《南京将军山明代沐昂夫妇合葬墓及M6发掘简报》,《东南文化》2013年第2期。

13 南京市博物馆、江宁区博物馆:《南京将军山明代沐昂侧室邢氏墓及M21发掘简报》,《东南文化》2013年第2期。

14 南京市博物馆、江宁区博物馆:《南京江宁将军山明代沐斌夫人梅氏墓发掘简报》,《文物》2014年第5期。

15 云南省文物工作队:《云南呈贡王家营明清墓清理报告》,《考古》1965年第4期。

16 南京市博物馆:《南京南郊明墓清理简报》《南方文物》1997年第1期。

17 南京市文物保管委员会:《南京中华门外明墓清理简报》,《考古》1962年第9期。

18 南京市博物馆:《南京市两座明墓的清理简报》,《华夏考古》2001年第2期。

19 南京市博物馆:《江苏南京白马村明代仇成墓发掘简报》,《文物》2014年第9期。

20 南京市博物馆、雨花台区文化局:《江苏南京市戚家山明墓发掘简报》,

《考古》1999 年第 10 期。

21 南京市博物馆：《江苏南京市明蕲国公康茂才墓》，《考古》1999 年第 10 期。

22 南京市博物馆：《南京明汪兴祖墓清理简报》，《考古》1972 年第 4 期。

23 南京市博物馆、雨花台区文化局：《南京小行明蔡国公夫人武氏墓》，南京市博物馆编：《南京文物考古新发现：南京历史文化新探二》，江苏人民出版社，2006 年，第 149—154 页。

24 南京市博物馆：《江苏南京市南郊两座大型明墓的清理》，《考古》1999 年第 10 期。

25 南京市博物馆、雨花台区文管会：《江苏南京市邓府山明佟卜年妻陈氏墓》，《考古》1999 年第 10 期。

26 邵磊、骆鹏：《明宪宗孝贞皇后王氏家族墓的考古发现与初步研究》，《东南文化》2013 年第 5 期。

27 北京市文物工作队：《北京南苑苇子坑明代墓葬清理简报》，《文物》1964 年第 11 期。

28 《明史》，第 7677 页。

29 张先得、刘精义、呼玉恒：《北京市郊明武清侯李伟夫妇墓清理简报》，《文物》1979 年第 4 期。

30 北京市文物研究所：《北京华能热电厂明墓发掘简报》，《文物春秋》2006 年第 6 期。

31 北京市文物研究所：《北京市朝阳区明赵胜夫妇合葬墓发掘简报》，《文物》2008 年第 9 期。

32 蚌埠市博物展览馆：《明汤和墓清理简报》，《文物》1977 年第 2 期。

33 苏州市博物馆：《苏州虎丘王锡爵墓清理纪略》，《文物》1975 年第 3 期。

34 苏州博物馆考古组、太仓县博物馆：《苏州太仓县明黄元会夫妇合葬墓》，《考古》1987 年第 3 期。

35 常熟博物馆：《常熟市虞山明温州知府陆润夫妇合葬墓发掘简报》，《东南文化》2004 年第 1 期。

36 常州市博物馆：《常州市广成路明墓的清理》，《东南文化》2006 年第 2 期。
37 朱敏：《常州王家村明代墓葬初探》，《常州文博》2009 年第 2 期。
38 常州市考古研究所：《江苏常州花园底明代白氏家族墓发掘简报》，《东南文化》2014 年第 6 期。
39 武进市博物馆：《武进明代王洛家族墓》，《东南文化》1999 年第 2 期。
40 黄炳煜：《江苏泰州西郊明胡玉墓出土文物》，《文物》1992 年第 8 期。
41 泰州市博物馆：《江苏泰州市明徐蕃夫妇墓清理简报》，《文物》1986 年第 9 期。
42 泰州市博物馆：《江苏泰州森森庄明墓发掘简报》，《文物》2013 年第 11 期。
43 无锡市博物馆：《江苏无锡青山湾明黄钺家族墓》，《考古学集刊》第 3 集，中国社会科学出版社，1983 年，第 205—217 页。
44 钱宗奎：《明龚勉墓出土的文物》，《无锡文博》1993 年第 1 期。
45 江阴市博物馆：《江苏江阴明代薛氏家族墓》，《文物》2008 年第 1 期。
46 林嘉华：《江阴明代承天秀墓清理简报》，《东南文化》1988 年第 1 期。林嘉华：《江阴磨盘墩明承氏家族墓》，《无锡文博》1993 年第 3 期。朱卫华：《江阴明代承天秀墓丝织品鉴定》，《无锡文博》1993 年第 3 期。
47 上海博物馆考古研究部：《上海市松江区华阳明代墓群发掘简报》，《上海博物馆集刊》第 9 期，上海书画出版社，2002 年，第 640—651 页。上海市文物管理委员会：《武略将军杨四山家族墓》，上海市文物管理委员会编：《上海明墓》，文物出版社，2009 年，第 19—23 页。
48 上海市文物管理委员会：《大兴县丞韩思聪墓》，《上海明墓》，第 25—26 页。
49 上海市文物管理委员会：《光禄寺少卿顾从礼家族墓》，《上海明墓》，第 59—65 页。王正书：《上海打浦桥明墓出土玉器》，《文物》2000 年第 4 期。
50 上海市文物管理委员会：《上海市卢湾区明潘氏墓发掘简报》，《考古》

1961 年第 8 期。上海市文物管理委员会：《光禄寺掌醢署监事潘允徵家族墓》，《上海明墓》，第 101—109 页。

51 上海博物馆：《上海浦东明陆氏墓记述》，《考古》1985 年第 6 期。上海市文物管理委员会：《詹事府詹事兼翰林院学士赠礼部右侍郎陆深家族墓》，《上海明墓》，第 83—88 页。

52 上海市文物管理委员会：《陆深后裔家族墓》，《上海明墓》，第 138—139 页。

53 后经观察，乌纱帽内尚有网巾未予揭取，网巾上缀有两个金网巾圈儿。

54 周伟民：《浙江桐乡濮院杨家桥明墓发掘简报》，《东方博物》第 25 辑，浙江大学出版社，2007 年，第 49—57 页。

55 周意群：《安吉明代吴麟夫妇墓》，《东方博物》第 25 辑，浙江大学出版社，2007 年，第 49—57 页。

56 吴海红：《嘉兴王店李家坟明墓清理报告》，《东南文化》2009 年第 2 期。

57 鲁怒放：《余姚明代袁炜墓出土文物》，《东方博物》第 25 辑，浙江大学出版社，2007 年，第 41—48 页。

58 李科友、彭适凡：《明昭勇将军戴贤夫妇合葬墓》，《考古》1984 年第 10 期。

59 简报称墓中出土有霞帔 1 件，似有可疑。

60 德安县博物馆：《江西德安明代熊氏墓清理简报》，《南方文物》1994 年第 4 期。德安县博物馆：《江西德安明代熊氏墓清理简报》，《文物》1994 年第 10 期。

61 胡义慈：《玉山县发现明墓一座》，《文物工作资料》1962 年第 4 期。江西省博物馆：《江西玉山、临川和永修县明墓》，《考古》1973 年第 5 期。

62 江西省博物馆：《江西玉山、临川和永修县明墓》，《考古》1973 年第 5 期。

63 江西省博物馆：《江西玉山、临川和永修县明墓》，《考古》1973 年第 5 期。

64 江西广昌县博物馆：《明代布政使吴念虚夫妇合葬墓清理简报》，《文物》1993 年第 2 期。

65 郭亶伯：《明代户部尚书马森墓出土丝织品的研究》，《丝绸》1985 年第 10 期、第 11 期、第 12 期。

66 王文径：《明户、工二部侍郎卢维祯墓》，《东南文化》1989 年第 3 期。

67 黄文宽：《戴缙夫妇墓清理报告》，《考古学报》1957 年第 3 期。

68 张光华：《明钟雪松家族墓发掘实录》，《南方文物》2003 年第 1 期。

69 张家口地区文物管理处、赤城县博物馆：《赤城马营明代墓葬群清理简报》，《文物春秋》1993 年第 2 期。

70 赵世纲：《杞县高高山明墓清理简报》，《文物参考资料》1957 年第 8 期。

71 大同市考古研究所：《大同明代甘固总兵夫妇合葬墓》，《文物世界》2002 年第 4 期。

72 肖琦：《明兵部尚书阎仲宇夫妇合葬墓》，《文博》1993 年第 3 期。

73 甘肃省文物管理委员会：《兰州上西园明彭泽墓清理简报》，《考古通讯》1957 年第 1 期。

74 甘肃省文物考古研究所：《兰州市兰工坪明戴廷仁夫妇墓》，《文物》1998 年第 8 期。张珑：《明戴廷仁夫妇墓志释录》，《考古与文物》2004 年第 6 期。虞万里：《明戴廷仁夫妇墓志释录补正》，《考古与文物》2008 年第 3 期。

75 伍德煦、陈东屏、徐功元：《甘肃省文县鹄衣坝明墓清理所见》，《甘肃中医学院学报》1987 年第 2 期。

76 宁夏文物考古研究所、中国丝绸博物馆、盐池县博物馆编著：《盐池冯记圈明墓》，科学出版社，2010 年。

77 荆州地区博物馆、石首市博物馆：《湖北石首市杨溥墓》，《江汉考古》1997 年第 3 期。

78 闵萍：《宜昌市东山明墓出土女尸服饰图案浅析》，湖南省文物考古研究所、湖南考古学会合编：《湖南考古辑刊》第 7 集，求索杂志社，1999 年，第 340—345 页。

79 四川省博物馆、剑阁县文化馆：《明兵部尚书赵炳然夫妇合葬墓》，《文物》1982 年第 2 期。

80 邹振常：《剑阁县明代赵炳然墓志简释》，《四川文物》1988 年第 6 期。

81 四川省文物管理委员会：《四川新都县发现明代软体尸墓》，《考古通讯》1957 年第 2 期。

82 刘恩元：《贵州思南明代张守宗夫妇墓清理简报》，《文物》1982 年第 8 期。

83 朝祭之服，明末穿着的场合似较典制的记载为详。《朝制小纪略》记更服礼宜，有云"一，圣节、冬至、年节、习仪、宣捷、进春、颁历、日食礼部救护、颁诰命、传制、册封、领诏，以上朝服"，见《月令广义》卷一所引。又，《鸿胪寺志略》卷四"朝参服色"载"朝服：冬至、元旦、圣节、习仪、颁历、进春、颁诏、册封、传制、日食、领诰敕、传胪"，"祭服：坛庙陪祭监礼"。

84 《明太祖实录》卷三十六"洪武元年十一月甲子"条。

85 《明太祖实录》卷二百九"洪武二十四年六月己未"条。《大明会典》不载洪武元年制度，且将洪武二十四年制度误为洪武二十六年所定，《明史·舆服志》沿其讹误，见戴立强：《〈明史·舆服志〉正误二十六例》，《辽海文物学刊》1997 年第 1 期。

86 《明世宗实录》卷一百八"嘉靖八年十二月丁丑"条。

87 《高丽史》，第 719 页。

88 《朝鲜世宗实录》卷三十一"宣德元年二月庚寅"条。

89 朝鲜初年，即仿明朝制度定其朝官冠服之制。《朝鲜太宗实录》卷三十一"永乐十四年三月壬戌"条载："礼曹上朝官冠服之制。启曰：'谨稽洪武三年中书省据礼部呈，钦奉圣旨，赐与冠服咨内一款：陪臣祭服，比中朝臣下九等，递降二等，王国七等。第一等秩比中朝第三等，第二等秩比中朝第四等，第三等秩比中朝第五等，第四等秩比中朝第六等，第五等秩比中朝第七等，第六等秩比中朝第八等，第七等秩比中朝第九等。'《洪武礼制》第三等以下各品冠服等第，及本国诸祭序例各品祭服等第，参考详定，谨具启闻。一品冠五梁，革带用金，佩用玉，绶用黄、绿、赤、紫四色丝，织成云鹤花锦，下结青丝网，绶环二，用金。笏用象牙。赤罗衣，白纱中单，俱用青饰领缘。赤罗裳，青缘。赤罗蔽膝，大带用赤、白二色绡，白袜，黑履，角簪。二品冠四梁，革带用金，佩用玉，绶用黄、绿、赤、紫四色丝，织成云鹤花锦，下结青丝网，绶环二，用金，笏用象牙。衣、中单、裳、蔽膝、大带、袜、履、簪，自此至九品并同一品。三品冠三梁，革带用银，佩用药玉，绶用黄、绿、赤、紫四色丝，织成盘雕花锦，下结青丝网，绶环二，用银，笏用象牙。四品冠二梁，革带用银，佩用药玉，绶用黄、绿、赤三色丝，织成练鹊花锦，下结青丝网，绶环二，用银，笏用象牙。五、六品冠二梁，革带用铜，佩用药玉，绶用黄、绿、赤三色丝，织成练鹊花锦，下结青丝网，绶环二，用铜，笏用槐木。七、八、九品冠一梁，革带用铜，佩用药玉，绶用黄、绿二色丝，织成鸂鶒花锦，下结青丝网，绶环二，用铜，笏用槐木。从之。”朝鲜初年，明朝且有数次梁冠的赐予，《朝鲜世宗实录》卷四十二“宣德三年十二月甲申”条载：“进贺使元闵生、副使曹致等奉敕书而来，上率世子及百官，迎于慕华楼，至勤政殿行礼。敕曰：所奏世子冠服，具悉。今赐世子六梁冠一顶，永为定制，至可领也。百官进贺。”

90 此梁冠旧照上可见六梁，知现存梁冠至少脱落一梁。景泰三年之后衍圣公梁冠当用八梁。孔继汾《阙里文献考》卷十八载：“明太祖洪武元年初授正二品资善大夫，班亚丞相，后革丞相，令班列文臣之首。十七年又诏，既爵公勿事散官，给诰用玉轴，同一品。景帝景泰三年改给三台银印，如正一品，赐玉带、织金麒麟袍，遂为例。朝服、公服、常服皆同一品，冠八梁，佩与绶俱用玉，笏用象牙。”黄文旸《埽垢山房诗钞》卷八记其曾从孔庆镕、孔庆銮观阙里孔氏所藏先世衣冠，并作歌咏之，内有云“冠上金丝分八梁”。

91 孟元老撰，伊永文笺注：《东京梦华录笺注》，中华书局，2007 年，第 889 页。

92 沈榜编著：《宛署杂记》，北京古籍出版社，1982 年，第 137 页。

93 议政府编：《祭器乐器都监仪轨》，仁祖二年（1624）笔写本，奎章阁韩国学研究院藏，第 41a 页。

94 此承扬之水教示，谨此致谢。

95 《明世宗实录》卷一百一“嘉靖八年五月庚子”条。

96 《明世宗实录》卷一百八“嘉靖八年十二月丁丑”条。

97 《大明会典》，第 233 页。

98 《明世宗实录》卷一百八“嘉靖八年十二月丁丑”条。

99 《大明会典》，第 233 页、第 236 页。

100 《明世宗实录》卷一百八“嘉靖八年十二月丁丑”条。

101 《大明会典》，第 233 页。

102 《明世宗实录》卷一百八“嘉靖八年十二月丁丑”条。

103 《明世宗实录》卷一百八“嘉靖八年十二月丁丑”条。

104 《大明会典》，第 233 页。

105 《谕对录》，第 191 页。

106 《大明会典》，第 233 页。

107 增益佩袋始末，首见于王世懋《窥天外乘》，其书载：“玎珰玉佩之制，原无纱袋。嘉靖中，世庙升殿，尚宝司卿谢敏行捧宝，玉佩飘摇，偶与上佩相勾连不解。敏行皇怖跪，世庙命中官为之解，而敏行跪不能起，又命中官掖之，赦其罪。因诏中外官俱制佩袋，以防勾结，缙绅便之。独太常寺官以骏奔郊庙，取铿锵声，不袋如故。今上郊天升坛时，中官例不得上，独寺丞董弘业从。弘业佩忽勾鼎耳，坚不得脱，上为立待久之，弘业仓皇以齿啮断之，始得脱。上不悦，卿裴应章被累夺俸，明年考察，弘业遂以老去。”类似记载，又见于沈德符撰《万历野获编》，其书卷十三《礼部》“笏囊佩袋”条载：“古今制度，有一时创获，其后循用不可变者，如前代之笏囊，与本朝之佩袋是也。凡大朝会时，百寮俱朝服佩玉，殿陛之间，声韵甚美。嘉靖初年，世宗升殿，尚宝卿谢敏行，以故事捧宝逼近宸旒，其佩忽与上佩相纠结，赖中官始得解。敏行惶怖伏罪，上特宥之，命自今普用佩袋，以红纱囊之。虽中外称便，而广除中清越之音减矣。惟郊天大礼，不敢用袋，登坛时惟太常侍仪进爵，中涓辈俱不得从，万历丙戌年，今上南郊，寺臣董宏业所佩忽为鼎耳所絓，上立待许久，始得成礼。然祠官之不袋，至今犹然，盖敬天又特重云。”

108 王夫之《识小录》载：“佩既有囊，唐宋所增，于是趋简约者，以襄汉间药料所烧者充玉。官卑俸薄，不得已而用此。若大臣不自媟其章服以象德，即用玉，亦未至不给也。”

109 高承撰：《事物纪原》，长泽规矩也编：《和刻本类书集成》第 2 辑，上海古籍出版社，1990 年，第 88 页。

110 《宋史》，第 3569 页。

111 王夫之《识小录》载：“笏本用象，趋轻便者，用黄杨及槐木为之，非制也。或乃以孔林楷木作笏，衍圣公以此赠人，要非士君子所忍用。”

112 山东博物馆编：《斯文在兹：孔府旧藏服饰》，山东博物馆，2012 年，第 28 页。

113 所附图式为公服所用，但公服笏板乃“依朝服为之”。

114 《宋史》，第 3569 页。

115 《宋史 · 舆服志》载朝靴之制，谓“以黑革为之，大抵参用履制，惟加靿焉。其饰亦有絇、繶、纯、綦，大夫以上具四饰，朝请、武功郎以下去繶，从义、宣教郎以下至将校、伎术官并去纯。底用麻再重、革一重。里用素衲毡，高八寸。诸文武官通服之，惟以四饰为别。服绿者饰以绿，服绯、紫者饰亦如之，仿古随裳色之意”。

116 崇祯《松江府志》记履袜之变，谓“旧制，民间多用布履，有镶履，为二镶三镶之制，色用青蓝或红绿为朝鞋”。

117 高翔汉修，乔中和纂崇祯《内丘县志》卷七《风纪》“冠履”载：“万历初，庶民穿腄靸，秀才穿双脸鞋，非乡先生首戴忠静冠者，不得穿厢边云头履。夫云头履，名曰朝履，俗呼朝鞋，谓朝天子之鞋。至近日而门快皂舆无非云履。”

118 吕坤《实政录》卷三“禁约风俗”条述违禁奢侈之事，其中一条谓“二金线梁便有品级，三镶云履原是朝靴，俱非未仕者之服，近日不系缙绅，金梁乱戴，而吏承门快，镶履乱穿，甚属僭逾”，见吕坤撰，王国轩、王秀梅整理：《吕坤全集》，中华书局，2008年，第1001页。

119 《明太祖实录》卷八十六“洪武六年闰十一月甲申”条。

120 《谕对录》，第191页。

121 《明世宗实录》卷一百八“嘉靖八年十二月丁丑”条。

122 《谕对录》，第192页。

123 《明世宗实录》卷一百八“嘉靖八年十二月丁丑”条。

124 《明世宗实录》卷一百八“嘉靖八年十二月丁丑”条。

125 《明太祖实录》卷三十六“洪武元年十一月甲子”条。

126 《明太祖实录》卷二百九“洪武二十四年六月己未”条。

127 《明太祖实录》卷二百十四“洪武二十四年十一月辛丑”条。公服穿着的场合，明末《朝制小纪略》记云“一，谢恩、见辞、宴赏、朔望、谢驾、散官、实授，以上公服幞头”，见《月令广义》卷一所引。《鸿胪寺志略》卷四“朝参服色”亦载“公服：朔望、晏赏、谢恩、见朝、辞朝、请假、加散官”，文后并以小字注云“自正月初二日起至十五日止系升殿日期俱公服”。

128 《明宪宗实录》卷十二“天顺八年十二月庚寅”条。

129 《朝鲜世宗实录》卷三十一“宣德元年二月庚寅”条。

130 关于幞头的演变发展历史，孙机考之甚详，见孙机：《从幞头到头巾》，《中国古舆服论丛（增订本）》，第205—223页。

131 《宋史·舆服志》载文武官“公服……宋因唐制，三品以上服紫，五品以上服朱，七品以上服绿，九品以上服青。其制，曲领大袖，下施横襕，束以革带，幞头，乌皮靴。自王公至一命之士，通服之”。

132 《宋史》，第3564页。

133 《东京梦华录笺注》，第228页。

134 《东京梦华录笺注》，第794页。

135 泰州市博物馆：《泰州市北宋墓群清理》，《东南文化》2006 年第 5 期。

136 《明太祖实录》卷二百九“洪武二十四年六月己未”条。黄一正《事物绀珠》载：“国朝幞头，用漆纱，二等展角各长一尺二寸，文武官公服同用，杂职官用垂带附梢头。”

137 《明太祖实录》卷二百九“洪武二十六年八月庚寅”条。

138 双摆之名，或得自衣后的双摆。张自烈《正字通 · 衣部》“襬”条谓：“襬，裙也。《方言》‘裙，关东谓之襬，陈魏谓之帔’。今衣裓下幅有襞积者皆曰襬，读若摆。”

139 《大明会典》，第 237 页。

140 《明太祖实录》卷五十五“洪武三年八月庚申”条。

141 《明宪宗实录》卷十二“天顺八年十二月庚寅”条。

142 《大明会典》《明史 · 舆服志》误将品官常服制定置于洪武三年，《明太祖实录》将其系于洪武元年。《明史 · 舆服志》“团领衫、束带为公服”，据戴立强所论当为“团领衫、束带如公服”，见戴立强：《〈明史 · 舆服志〉正误二十六例》，《辽海文物学刊》1997 年第 1 期。

143 明代品官常服，见拙文《明代品官常服考略》，王亚蓉、贺阳主编，安蕾副主编，中国文物学会纺织文物专业委员会审定：《中国服饰之美》，中国纺织出版社，2018 年，第 233—256 页。

144 《明宪宗实录》卷十二“天顺八年十二月庚寅”条。

145 《大明会典》，第 405 页。

146 《明神宗实录》卷五十二“万历四年七月丁酉”条。

147 刘元卿编纂：《贤弈编》，《丛书集成新编》第 88 册，第 530 页。

148 李乐撰：《见闻杂记》，上海古籍出版社，1986 年，第 188 页。

149 叶梦珠著，来新夏点校：《阅世编》，上海古籍出版社，1981 年，第 173 页。

150 《明史》，第 1485 页。

151 丁茂松：《彭泽清理一座明监察御史墓》，《南方文物》1990 年第 1 期。

152 山辺知行、神谷栄子著：『上杉家伝來衣裝』，日本伝統衣裝第一卷，講談社，1969年。

153 郎瑛《七修类稿》卷二十三《辩证类》“堂帽唐祭”条载：“今之纱帽即唐之软巾，朝制但用硬盔列于庙堂，谓之堂帽。对私小而言，非唐帽也，唐则称巾耳。”王三聘辑《古今事物考》卷六“堂帽”条载“国朝取象唐巾，乃用硬盔铁线为硬展脚，非有职之人列于朝堂之上，不敢僭用，故曰堂帽，始制于洪武二年。”黄一正《事物绀珠》亦载：“堂帽象唐巾，制用硬盔，铁线为硬展脚，列职朝堂之上乃敢用，俗直曰纱帽。”

154 叶梦珠《阅世编》载：“纱帽前低后高，两傍各插一翅，通体皆圆。”

155 顾起元撰，谭棣华、陈稼禾点校：《客座赘语》，中华书局，1987年，第97页。

156 《大明会典》，第237页。此又见《七修类稿》卷九《国事类》“衣服制”条，“洪武二十三年三月，上见朝臣衣服多取便易，日至短窄，有乖古制，命礼部尚书李源名等参酌时宜，俾有古义，议凡官员衣服，宽窄随身，文官自领至裔，去地一寸，袖长过手复回至肘，袖桩广一尺，袖口九寸。公、侯、驸马与文职同，耆民、生员亦同，惟袖过手复回不及肘三寸，庶民衣长去地五寸。武职官去地五寸，袖长过手七寸，袖桩广一尺，袖口仅出拳。军人去地七寸，袖长手五寸，袖桩七寸，袖口仅出拳。颁示中外”。

157 《大元圣政国朝典章》，第561页。

158 《朝鲜时代汉语教科书丛刊》第3册，第772页。

159 丘濬撰：《大学衍义补》，《景印文渊阁四库全书》第713册，第147页。

160 谢肇淛撰：《五杂组》，上海书店出版社，2001年，第251页。

161 《罪惟录》，第502页。

162 《明太祖实录》卷二百九“洪武二十四年六月己未”条。

163 《识小录》，第604页。

164 方龄贵《元明戏曲中的蒙古语》一书专列“褡𫋷”一条，博引古今图书及中外字典考证其为蒙古语，其意训为一种袄子或皮袄。

165 《元史》，第 1938 页。

166 《原本老乞大：解题 · 原文 · 原本影印 · 索引》，第 60—61 页。

167 《朝鲜时代汉语教科书丛刊》第 3 册，第 772、776 页。

168 《朝鲜时代汉语教科书丛刊》第 3 册，第 772 页。

169 山东邹县文物保管所：《邹县元代李裕庵墓清理简报》，《文物》1978 年第 4 期。

170 安仁实：《高丽时期的男袍复原——以 13 世纪腰线贴里和搭护为例》，赵丰、尚刚主编：《丝绸之路与元代艺术国际学术讨论会论文集》，香港艺纱堂 / 服饰出版，2005 年，第 318—327 页。

171 《朝鲜时代汉语教科书丛刊》第 3 册，第 772 页。

172 翟灏撰：《通俗编》，商务印书馆，1959 年，第 561 页

173 이은주 : 「철릭의 명칭에 관한 연구」,『한국의류학회지』,v.12, no.3, 1988 년 , pp.363-371.

174 党宝海、杨玲：《腰线袍与辫线袄——关于古代蒙古文化史的个案研究》，《西域历史语言研究集刊》第 2 辑，科学出版社，2009 年，第 29—48 页。

175 李莉莎：《“质孙”对明代服饰的影响》，《内蒙古大学学报（哲学社会科学版）》2010 年第 4 期。

176 《朝鲜时代汉语教科书丛刊》第 3 册，第 771 页。

177 《朝鲜时代汉语教科书丛刊》第 3 册，第 962—964 页。

178 安仁实：《高丽时期的男袍复原——以 13 世纪腰线贴里和搭护为例》，《丝绸之路与元代艺术国际学术讨论会论文集》，第 318—327 页。

179 《朝鲜成宗实录》卷一百十七“成化十六年五月庚辰”条。

180 《通雅》，第 445 页。

181 《阅世编》，第 173 页。《朴通事谚解》以金带为题的一段对话，也细说带銙的专称，“那三台板儿做得好，南斗六星板儿做得忒圆了些，左辅右弼板儿和两个束儿欠端正些。后面北斗七星板儿做的好，那雀舌儿牢壮便好”。

182 《明太祖实录》卷二百九“洪武二十四年六月己未”条。

183 王世贞撰：《觚不觚录》，《丛书集成新编》第85册，第407页。

184 《识小录》，第604页。

185 祝允明撰：《野记》，《丛书集成新编》第85册，第223页。

186 《醒世恒言》第十三卷《勘皮靴单证二郎神》讲二郎庙里庙官孙神通假扮二郎神骗奸皇宫内夫人韩玉翘，事发被潘道士打落一只四缝乌皮皂靴，皂靴最终成为破案的关键。关于此靴的制式、匠人及买卖的规程，小说描写甚详，小说讲的虽是宋代故事，反映的却是明代世情。皮靴相关的略引两段如下：“冉贵向灯下细细看那靴时，却是四条缝，缝得甚是紧密。看至靴尖，那一条缝略有些走线。冉贵偶然将小指头拨一拨，拨断了两股线，那皮就有些撬起来。向灯下照照里面时，却是蓝布托里。仔细一看，只见蓝布上有一条白纸条儿，便伸两个指头进去一扯，扯出纸条。仔细看时，不看时万事全休，看了时，却如半夜里拾金宝的一般。那王观察一见，也便喜从天降，笑逐颜开。众人争上前看时，那纸条上面却写着：‘宣和三年三月五日铺户任一郎造。’”“任一郎接着靴，仔细看了一看：‘告观察，这靴儿委是男女做的。却有一个缘故：我家开下铺时，或是官员府中定制的，或是使客往来带出去的，家里都有一本坐簿，上面明写着某年某月某府中差某干办来定制做造。就是皮靴里面，也有一条纸条儿，字号与坐簿上一般的。’”

187 西周生撰，黄肃秋校点：《醒世姻缘传》，上海古籍出版社，1981年，第1184—1185页。

188 兰陵笑笑生著，白维国、卜键校注：《金瓶梅词话校注》，岳麓书社，1995年，第2056页。

189 《酌中志》，第97—98页。

190 关于长颈鹿和麒麟，见孙机、阎德发：《长颈鹿和麒麟》，《化石》1984年第2期。

191 单国强主编：《故宫博物院藏文物珍品大系·织绣书画》，上海科学技术出版社，2005 年，第 73—74 页。

192 《宋书 · 符瑞志》载“天鹿者，纯灵之兽也。五色光耀洞明，王者道备则至”。《艺文类聚》“祥瑞部”引《瑞应图》，曰“天鹿者，纯善之兽也。道备则白鹿见，王者明惠及下则见”。

193 陈娟娟在故宫收购此天鹿锦的当年即已指出，天鹿锦所用戳纱绣法明代方始流行，当属明代之物，见陈娟娟：《记“天鹿锦”》，《文物参考资料》1958 年第 9 期。戴立强则指出此天鹿锦系正德皇帝授予徐脯的赏赐之物，见戴立强：《“天鹿锦”与“天鹿补子”年代及用途考》，《社会科学辑刊》1996 年增刊，第 205—207 页。关于此天鹿锦的研究，又见包铭新、李晓君：《“天鹿锦”或“麒麟补”》，《故宫博物院院刊》2012 年第 5 期。关于此天鹿锦图卷最新的研究，又见拙文《含华蕴古——纳纱天鹿图卷的源流》，《紫禁城》2018 年第 2 期。

194 李石撰，李之亮点校：《续博物志》，巴蜀书社，1991 年，第 144 页。

195 劳费尔指出，驼牛是长颈鹿的波斯语 ushtur-gāw 之准确对译，ushtur 意为驼，gāw 意为牛。Berthold Laufer, The Giraffe in History and Art, Anthropology, Leaflet No. 27,Field Museum of Natural History,Chicago,1928,pp.42. 劳费尔此书系统考察了长颈鹿在古埃及、非洲、阿拉伯、波斯、中国、印度的历史与艺术，及在不同时期的情况。

196 夏德与柔克义在《诸蕃志校注》中指出，此弼琶啰国即拨拔力国，而关于拨拔力国的最早记载见于《酉阳杂俎》，见 Chau Ju-kua: His Work on the Chinese and Arab Trade in the twelfth and thirteenth Centuries, entitled Chu-fan-chï. Translated from the Chinese and Annotated by Friedrich Hirth and W. W. Rockhill,St. Petersburg: Printing Office of the Imperial Academy of Sciences, 1911,pp.128.

197 Chau Ju-kua: His Work on the Chinese and Arab Trade in the twelfth and thirteenth Centuries, entitled Chu-fan-chï. Translated from the Chinese and Annotated by Friedrich Hirth and W. W. Rockhill,St. Petersburg: Printing Office of the Imperial Academy of Sciences, 1911,pp.129.

198 范金民：《〈娄东刘家港天妃宫石刻通番事迹记〉校读》，朱诚如、王天有主编：《明清论丛》第 10 辑，紫禁城出版社，2010 年，第 337—345 页。

199 费信《星槎胜览》后集“佐法儿国”条载“地产祖剌法、金钱豹、驼鸡、乳香、龙涎香”，“天方国”条载“地产金珀、宝石、真珠、狮子、骆驼、祖剌法、豹、麂”。见费信著，冯承钧校注：《星槎胜览校注》，中华书局，1954 年，第 19 页，第 25 页。

200 费琅：《瀛涯胜览中之麒麟》，冯承钧译：《西域南海史地考证译丛续编》，商务印书馆，1934 年，第 127—131 页。

201 费琅：《瀛涯胜览中之麒麟》，《西域南海史地考证译丛续编》，第 127—131 页。冯承钧《瀛涯胜览校注》于“麒麟”后注云“Somali 语 Giri 之对音，即 giraffe 也”；向达校注《西洋番国志》亦云“麒麟即长颈鹿，麒麟乃 Somali 语 Giri 对音”。冯、向二人所说，当皆本自费琅。

202 明初外国进贡的麒麟，见张之杰：《郑和下西洋与麒麟贡》，《自然科学史研究》2006 年第 4 期。

203 《明史》，第 8446 页。《明史 · 成祖本纪》“榜葛剌贡麒麟”，《明史》，第 94 页。

204 《明史》，第 8446 页。《明史 · 英宗前纪》“榜葛剌贡麒麟”，《明史》，第 130 页。

205 《明史》，第 8451 页。《明史 · 成祖本纪》“麻林及诸番进麒麟、天马、神鹿”，《明史》，第 95 页。

206 《明史》，第 8450 页。

207 《明史》，第 8621 页。《明史 · 宣宗本纪》宣德八年“西域贡麒麟”，或以为八年所贡即五年所采买者，见张之杰：《郑和下西洋与麒麟贡》，《自然科学史研究》2006 年第 4 期。

208 《瀛涯胜览校注》，第 58 页。巩珍《西洋番国志》“阿丹”国条所载近同，见巩珍著，向达校注：《西洋番国志》，中华书局，1961 年，第 37 页。

209 《五杂组》，第 168 页。

210 王聘珍撰，王文锦点校：《大戴礼记解诂》，中华书局，1983 年，第 259 页。

211 张瑶、王泉：《南京出土狮蛮纹玉带板》，《中国历史文物》2002 年第 5 期。穆朝娜：《明代胡人戏狮纹玉带板及相关问题的探讨》，《文物春秋》2010 年第 1 期。

212 《北京文物精粹大系》编委会、北京市文物局编：《北京文物精粹大系·玉器卷》，北京出版社，2002 年。

213 岳珂撰：《愧郯录》，《笔记小说大观》第 8 册，江苏广陵古籍刻印社，1983 年，第 385 页。

214 《宋史》，第 3565 页。

215 陈世崇撰，孔凡礼点校：《随隐漫录》，中华书局，2010 年，第 28 页。

216 《武林旧事》，第 148 页。

217 方龄贵著：《元明戏曲中的蒙古语》“108. 狮蛮、闼狮蛮”条，汉语大词典出版社，1991 年，第 314—320 页。

218 《明史》，第 1652 页。

219 郎瑛撰：《七修类稿》，上海书店出版社，2001 年，第 134 页。

220 《万历野获编》，第 546 页。

221 《金瓶梅词话校注》，第 1485 页。

222 《东京梦华录笺注》，第 817 页。

223 《梦粱录》卷五“九月”条谓重阳时节“蜜煎局以五色米粉塑成狮蛮，以小彩旗簇之，下以熟栗子肉杵为细末，入麝香、糖、蜜和之，捏为饼糕小段，或如五色弹儿，皆入韵果糖霜，名之狮蛮栗糕，供衬进酒，以应节序”。周密《武林旧事》卷三“重九”条载：“且各以菊糕为馈，以糖肉秫面杂糅为之，上缕肉丝鸭饼，缀以榴颗，标以彩旗。又作蛮王狮子于上，又糜栗为屑，合以蜂蜜，印花脱饼，以为果饵。”

224 《元明戏曲中的蒙古语》“108. 狮蛮、闼狮蛮”条，第 314—320 页。

225 《元明戏曲中的蒙古语》“108. 狮蛮、闼狮蛮”条，第 320 页。

226 孙机：《中国古代的带具》，《中国古舆服论丛（增订本）》，第280页。

227 孙机：《谈谈狮蛮带》，《文物天地》2000年第3期。白维国、卜键校注《金瓶梅词话》，于“狮蛮玉带”后出注云“狮蛮：腰带钩上装饰的狮子、蛮王形象”，见《金瓶梅词话校注》，第1505页。

228 金盈之撰：《醉翁谈录》，江苏古籍出版社，1988年，第41页。陈元靓《岁时广记》卷三十五《重九》“遗亲识”条所记近同。

229 《东京梦华录笺注》，第823—824页。

230 沈从文编著：《中国古代服饰研究》，商务印书馆香港分馆，1981年，第331页。

231 《铁围山丛谈》，第101—102页。

232 《愧郯录》，第386页。

233 《愧郯录》，第386页。拂菻带，唐代已见。《唐语林》卷二载：“郑□□云：张燕公文逸而学奥……公又云：张巧于才，近世罕比。端午三殿侍宴诗云：‘甘露垂天酒，芝盘捧御书。舍丹同蝘蜓，灰骨慕蟾蜍。’上亲解紫拂菻带以赐焉。”

234 李诫撰：《营造法式》卷十二，《中华再造善本》续编，国家图书馆出版社，2014年，第1b—2a页。

235 《营造法式》卷十四，第5a页。

236 《营造法式》卷三十二、三十三，第23a页，第14a页。

237 孙机：《中国古代的带具》，《中国古舆服论丛（增订本）》，第278页。

238 程旭、师小群：《唐敬陵贞顺皇后石椁》，陕西历史博物馆编：《皇后的天堂：唐敬陵贞顺皇后石椁研究》，文物出版社，2015年，第26—109页。关于蛮人牵拽狮子图像的研究，详见葛承雍：《唐贞顺皇后（武惠妃）石椁浮雕线刻画中的西方艺术》，《皇后的天堂：唐敬陵贞顺皇后石椁研究》，第112—125页；葛承雍：《再论唐武惠妃石椁线刻画中的希腊化艺术》，《皇后的天堂：唐敬陵贞顺皇后石椁研究》，第126—143页；王庆卫：《墓葬中的窣堵波——再论武惠妃石椁上的勇士神兽图》，《皇后的天堂：唐敬陵贞顺皇后石椁研究》，第220—233页。

239 中国历史博物馆、内蒙古自治区文化厅编：《契丹王朝——内蒙古辽代文物精华》，中国藏学出版社，2002年，第163页。

240 《契丹王朝——内蒙古辽代文物精华》，第301页。

241 《謇斋琐缀录》，第366页。

242 《謇斋琐缀录》，第411页。

243 《謇斋琐缀录》，第415页。

244 何良俊撰：《四友斋丛说》，中华书局，1959年，第53页。

245 《识小录》，第604页。

246 王锜撰，张德信点校：《寓圃杂记》，中华书局，1984年，第41页。

247 陆容撰，佚之点校：《菽园杂记》，中华书局，1985年，第123页。

248 《菽园杂记》，第123—124页。

249 《万历野获编》，第913页。

250 同上。

251 何孟春撰：《余冬序录》，《四库全书存目丛书》子部第101册，齐鲁书社，1995年，第719页。冯梦龙《古今谭概》卷一《迂腐部》成弘嘉三朝建言所载类同。

252 《明太宗实录》卷三十三“永乐二年八月乙未”条载：“有军校缚至二人，言北京城中官马往往盗剪其尾，二人专鬻马尾帽于市，此皆因盗所得，请罪之。上曰：尝见其剪马尾乎？抑以疑似执之乎？对曰：实疑而执之。上顾三法司官曰：市中货马尾帽甚多，可尽以疑似罪之乎？疑似加刑，有累君德，其释之。”

253 《明孝宗实录》卷九“弘治元年正月甲寅”条。

254 《万历野获编》，第490页。

255 姚旅著，刘彦捷点校：《露书》，福建人民出版社，2008年，第185页。

256 《谷山笔麈》，第176页。

257 《万历野获编》，第913页。

258 李睟光著：《芝峰类说》，《朝鲜群书大系》三编，朝鲜古书刊行会，

1915 年，第 270 页。

259 《明世宗实录》卷八十五“嘉靖七年二月丁巳”条。

260 《明世宗实录》卷八十五“嘉靖七年二月丁巳”条。

261 忠静冠服的议定，见《谕对录》卷四“详定冠服图说”，卷五“图闲居冠服仪义”“定忠静冠服等级”“参详忠静冠服事宜”，及《明世宗实录》卷八十五“嘉靖七年二月丁巳”条、卷九十三“嘉靖七年十月甲子”条、卷九十六“嘉靖七年十二月甲申”条。

262 《明史·舆服志》载：“帝因复制《忠静冠服图》颁礼部，敕谕之曰：‘……朕因酌古玄端之制，更名忠静，庶几乎进思尽忠，退思补过焉。’”《明世宗实录》卷八十五“嘉靖七年二月丁巳”条作“进斯尽忠、退斯补过”。《大明冠服图》载嘉靖七年三月二十七日明世宗敕谕礼部：“夫善与人同，令从君出，故欲儆于有位自难混于无名，因复酌古玄端之制更名曰忠静，庶几乎进思尽忠、退思补过也。”

263 《大明冠服图》。

264 《明世宗实录》卷八十五“嘉靖七年二月丁巳”条。

265 《明世宗实录》卷九十三“嘉靖七年十月甲子”条。

266 《谕对录》，第 108—109 页。

267 《大明会典》，第 244 页。

268 关于明代起绒织物的生产及相关实物，见赵翰生：《明代起绒织物的生产及外传日本的情况》，《自然科学史研究》2000 年第 2 期。阙碧芬：《明代起绒织物探讨》，《东华大学学报（社会科学版）》2006 年第 3 期。

269 《明神宗实录》卷二百六十三“万历二十一年八月辛卯”条载：“以万寿圣节赐大学士王锡爵银六十两，彩段四表里，内斗牛胸背二表里。赵志皋、张位每银五十两、四表里，讲官陈于陛等五员每银二十两、纻丝一表里。”

270 高士奇撰：《金鳌退食笔记》，北京古籍出版社，1982 年，第 146 页。

271 《觚不觚录》，第 408 页。

272　《识小录》，第 604 页。

273　《觚不觚录》，第 408 页。

274　安积澹泊编：《舜水朱氏谈绮》上，宝永五年刊本，日本内阁文库藏，第 38a—40b 頁。

275　《舜水朱氏谈绮》上，第 41a—41b 页。

276　《明太祖实录》卷六十二“洪武四年三月乙巳”条。

277　《皇明制书》，第 83—84 页。

278　《皇明制书》，第 220 页。

279　《明太祖实录》卷三十六“洪武元年十一月甲子”条。

280　《明太祖实录》卷六十五“洪武四年五月癸酉”条载：“定中宫妃主常服及外命妇朝服、常服之制。先是，上以古者天子、诸侯服衮冕，故后与夫人亦服袆翟，今群臣既以梁冠、绛衣为朝服，而不敢用冕，则外命妇亦不当服翟衣以朝。命礼部议之。至是，礼部奏：中宫妃主礼服，已有定制……其外命妇以山松特髻、假鬓、花钿、真红大袖衣、珠翠蹙金霞帔为朝见之服，以珠翠角冠、金珠花钗、阔袖、杂色缘襈为燕居之服。其品级则以大袖衣及霞帔上花样、首饰为等第。一品衣用金绣凤文，霞帔用金珠翠妆饰，玉坠子；二品衣用金绣云肩大杂花，霞帔用金珠翠妆饰，金坠子；三品衣用金绣大杂花，霞帔用珠翠妆饰，金坠子；四品衣用金绣小杂花，霞帔用翠妆饰，金坠子；五品衣用销金大杂花，霞帔用生色画绡起花妆饰，金坠子；六品、七品衣用销金小杂花，霞帔用生色画绡起花妆饰，镀金银坠子；八品、九品衣用大红素罗，霞帔用生色画绡妆饰，银坠子。首饰一品、二品用金玉珠翠；三品、四品用金珠翠；五品用金翠；六品以下用金镀银，间用珠。制曰：可。”

281　《明太祖实录》卷七十三“洪武五年四月己亥”条载：“礼部奏更定品官命妇冠服制度。一品命妇礼服用山松特髻，翠松五株，金翟八，口衔珠结。正面珠翠翟一，珠翠花四朵，珠翠云喜花三朵；后鬓珠梭球一，珠翠飞翟一，珠翠梳四，金云头连三钗一，珠帘梳一，金簪二，珠梭环一双。大袖衫用真红色，霞帔、褙子俱用深青色，纻丝、绫、罗、纱随用。霞帔上施蹙金绣云霞翟文，钑花金坠子。褙子上施金绣云霞翟文……二品特髻上金翟七，口衔珠结，余同一品……三品特髻上金孔雀六，口衔珠结，正面珠翠孔雀一，后鬓翠孔雀二。霞帔上施蹙金云霞孔雀文，钑花金坠子。褙子上施金绣云霞孔雀文，余同二品……四品特髻上金孔雀五，口衔珠结，余同三品……五品特髻上镀金银鸳鸯四，口衔珠结。正面珠翠鸳鸯一，小珠铺翠云喜花三朵；后鬓翠鸳鸯二，镀金银云头连三钗一，小珠帘梳一，镀金银簪二，小珠梭环一双。霞帔上施绣云霞鸳鸯文，镀金银钑花坠子。褙子上施绣云霞鸳鸯文，余同四品……六品特髻上翠松三株，银镀金练鹊四，口衔珠结。正面银镀金练鹊一，小珠翠花四朵；后鬓翠梭球一，翠练鹊二，翠梳四，银云头连三钗一，珠缘翠帘梳一，银簪二。大袖衫，绫、罗、绸、绢随所用。霞帔施绣云霞练鹊文，钑花银坠子。褙子上施云霞练鹊文，余同五品……七品礼服常服俱同六品。其八品、九品礼服，惟用大袖衫、霞帔、褙子。大衫同七品。霞帔上绣缠枝花，钑花银坠子。褙子上绣摘枝团花。通用小珠庆云冠。常服亦用小珠庆云冠，银间镀金银练鹊三，又银间镀金练鹊二挑小珠牌，银间镀金云头连三钗一，银间镀金压鬓双头钗二，银间镀金脑梳一，银间镀金簪二……凡品官祖母及母与子孙同居，亲弟侄妇女礼服合依本官所居官职、品级，通用漆纱珠翠庆云冠、大衫、霞帔、褙子、缘襈袄裙，惟山松特髻止许受封诰敕者用之。品官次妻许用本品珠翠庆云冠、褙子为礼服，销金阔领长袄、长裙为常服……制曰：可。”

282 《明太祖实录》卷二百九“洪武二十四年六月己未”条。

283 《明太祖实录》卷二百九“洪武二十四年六月己未”条载：“入内朝见君后、在家见舅姑并夫及祭祀许用冠服，余皆常服。”《大明会典》卷六十一“命妇冠服”载：“凡命妇入内朝见君后、在家见舅姑并夫及祭祀则服礼服。”

284 《明宪宗实录》卷十二“天顺八年十二月庚寅”条。

285 《明太祖实录》卷七十四“洪武五年六月丙申”条。

286 上海市文物管理委员会:《登州府同知李新斋家族墓》,《上海明墓》,第114—122页。

287 金琦:《无锡惠山发现明代夫妇合葬墓》,《考古通讯》1956年第3期。

288 《北京文物精粹大系》编委会、北京市文物局编:《北京文物精粹大系·金银器卷》,北京出版社,2004年,第74—75页。《明清金银首饰》,第15—17页。

289 《大明会典》,第247页。

290 《南村辍耕录》,第140页。

291 周迪人、周旸、杨明著:《德安南宋周氏墓》,江西人民出版社,1999年。

292 福建省博物馆编:《福州南宋黄昇墓》,文物出版社,1982年。

293 顾苏宁:《南京高淳县花山宋墓出土丝织品服饰的初步认识》,南京市博物馆编:《学耕文获集——南京市博物馆论文选》,江苏人民出版社,2008年,第52—69页。

294 《大明会典》,第247—248页。

295 孙机:《霞帔坠子》,《中国古舆服论丛(增订本)》,第293—302页。

296 关于此类帔坠的讨论,见《中国古代金银首饰》,第588—592页。

297 上海市文物管理委员会:《南京太仆寺少卿陈所蕴夫妇墓》,《上海明墓》,第132—134页。

298 《大明会典》,第248页。

299 《大明会典》,第249页。

300 《明太祖实录》卷六十五“洪武四年五月癸酉”条。

301 《明太祖实录》卷七十三“洪武五年四月己亥”条。

302 《明太祖实录》卷七十六“洪武五年十一月壬子”条。

303 《明太祖实录》卷一百七十三“洪武十八年六月戊戌”条。

304 《明太祖实录》卷二百九“洪武二十四年六月己未”条。

305 崔溥著:《锦南漂海录》,林基中编:《燕行录全集》第1册,东国大学校出版部,2001年,第598—599页。

306 郑州市文物考古研究所、登封市文物局：《登封卢店明代壁画墓》，《中原文物》1999年第4期。
307 《旧京遗事》，第24页。
308 崇祯《松江府志》，第185页。
309 《金瓶梅词话校注》，第397页。
310 《金瓶梅词话校注》，第1918页。
311 《天水冰山录》，第506页。
312 《金瓶梅词话校注》，第70页。
313 《金瓶梅词话校注》，第397页。
314 《金瓶梅词话校注》，第1804页。
315 《金瓶梅词话校注》，第1918页。
316 胡澹庵撰，钱德苍增订：《新订解人颐广集》卷四，乾隆二十六年刊本，东京大学东洋文化研究所藏，第2b页。
317 《辫水朱氏谈绮》下，第16a页。
318 冯梦龙辑：《挂枝儿》，《冯梦龙全集》第10册，凤凰出版社，2007年，第94页。
319 《阅世编》，第181—182页。
320 《余冬序录》，第86页。
321 《金瓶梅词话校注》，第70页。
322 《金瓶梅词话校注》，第659页。
323 《金瓶梅词话校注》，第677页。
324 《金瓶梅词话校注》，第734页。
325 《金瓶梅词话校注》，第1918页。
326 《金瓶梅词话校注》，第1951页。
327 《金瓶梅词话校注》，第705页。
328 范濂著：《云间据目抄》，《笔记小说大观》第13册，第111页。
329 《阅世编》，第182页。
330 杨晙修，李中白等纂：顺治《潞安府志》卷一，顺治十六年（1659）

刻本，中国国家图书馆藏，第 75a 页。

331 顺治《潞安府志》卷一，第 75a—75b 页。

332 张淑渠、姚学瑛等修，姚学甲等纂：乾隆《潞安府志》，《中国地方志集成》山西府县志辑 30，凤凰出版社、上海书店、巴蜀书社，2005 年，第 100 页。

333 乾隆《潞安府志》，第 101 页。

334 《吕坤全集》，第 65 页。

335 《农政全书校注》，第 836 页。

336 《吕坤全集》，第 65 页。

337 谷泰辑：《博物要览》，《四库全书存目丛书》子部第 118 册，齐鲁书社，1995 年，第 760—764 页。

338 张应文著：《清秘藏》，《丛书集成续编》第 94 册，第 717—718 页。

339 田艺蘅撰，陈碧莲点校：《留青日札》，上海古籍出版社，1992 年，第 449 页。

340 《天工开物》，第 772—773 页。

341 《长安客话》，第 36 页。

342 《广志绎》，第 125 页。

343 《天工开物》，第 772 页。

344 《长安客话》，第 36 页。

345 《留青日札》，第 449 页。

346 《五杂组》，第 247 页。

347 《五杂组》，第 248 页。

348 钱希言撰：《戏瑕》，《四库全书存目丛书》子部第 97 册，齐鲁书社，1995 年，第 37 页。

349 《明太祖实录》卷二十五“吴元年九月丁亥”条。

350 《明太祖实录》卷二十八“吴元年十二月丙寅”条。

351 《明宫冠服仪仗图》，第 66 页。

352 《明宫冠服仪仗图》，第 67 页。

353 《明太祖实录》卷五十七“洪武三年十月壬戌”条。

354 《古今事物考》，第406页。此本上述引文有缺，据他本补足。

355 《七修类稿》，第132页。内官冠帽为高丽国王冠制，此说亦见于谢肇淛撰《五杂组》卷十二《物部四》、陈元龙《格致镜原》卷十四《冠服类》所引《事物绀珠》。

356 《明史》，第7765页。

357 刘若愚著《酌中志》卷十六《内府衙门识掌》载：“按内府十二监：曰司礼，曰御用，曰内官，曰御马，曰司设，曰尚宝，曰神宫，曰尚膳，曰尚衣，曰印绶，曰直殿，曰都知。又四司：曰惜薪，曰宝钞，曰钟鼓，曰混堂。又八局：曰兵仗，曰巾帽，曰针工，曰内织染，曰酒醋面，曰司苑，曰浣衣，曰银作，以上总谓之曰二十四衙门也。”

358 赵宪著：《东还封事》，《燕行录全集》第5册，第411页。

359 《明史》，第1647页。

360 《酌中志》，第165—175页。后文所引，均出此书。

361 明初对宦官管制较严，宦官本无朝服、朝冠，后世渐有之。《觚不觚录》载：“余于万历甲戌以太仆卿入陪祀太庙，见上由东阶上，而大珰四人，皆五梁冠祭服以从，窃疑之。夫高帝制内臣常服纱帽，与群臣不同，亦不许用朝冠服及幞头公服，岂有服祭服礼？曾与江陵公言及，以为此事起于何年，江陵亦不知也。后访之前辈，云嘉靖中亦不见内臣用祭服。而考之累朝实录，皆遣内臣祭中霤之神。此必隆万间大珰内遣行中霤礼，辄自制祭服以从祀耶。惜乎言官不能举正，坐成其僭妄耳。”

卷之四　士庶及妻服饰

1 《明太祖实录》卷五十六“洪武三年九月丙午”条载：“靖江王相兼广西等处行中书省参政蔡仙卒……仍遣使护丧还京师，卜地以葬，命有司给丧具、明器，自车马仪仗及服食器用皆象侯爵，生时所需，无一不具。”

洪武五年，定品官袭衣、明器之制，《明太祖实录》卷七十四“洪武五年六月丙申”条载：“明器，公侯九十事，一品、二品八十事，三品、四品七十事，五品五十事，六品、七品三十事，八品、九品二十事。”

2 常州博物馆：《常州市霍家村明墓的清理》，《常州文博》2010 年第 1 期。

3 常州博物馆：《江苏常州怀德南路明墓发掘简报》，《文物》2013 年第 1 期。

4 林嘉华：《江阴明陆氏家族墓清理简报》，《无锡文博》1994 年第 2 期。

5 江阴博物馆：《江苏江阴叶家宕明墓发掘简报》，《文物》2009 年第 8 期。

6 泰州市博物馆：《江苏泰州明代刘鉴家族墓发掘简报》，《文物》2016 年第 6 期。

7 泰州市博物馆：《江苏泰州明代刘湘夫妇合葬墓清理简报》，《文物》1992 年第 8 期。

8 江苏省淮安县博物馆：《淮安县明代王镇夫妇合葬墓清理简报》，《文物》1987 年第 3 期。

9 上海市文物管理委员会：《上海宝山明朱守城夫妇合葬墓》，《文物》1992 年第 5 期。上海市文物管理委员会：《朱守城夫妇墓》，《上海明墓》，第 125—128 页。

10 章国任：《江西新余明墓出土服饰的保护与保管》，中国文物保护技术协会编：《中国文物保护技术协会第四次学术年会论文集》，科学出版社，2007 年，第 336—340 页。

11 潜江市博物馆：《潜江刁市祈湾村明墓清理简记》，《江汉考古》1995 年第 2 期。

12 湖北省文物考古研究所编著，王善才主编：《张懋夫妇合葬墓》，科学出版社，2007 年。

13 程崇勋：《巴中明墓清理记》，《四川文物》1991 年第 6 期。

14 唐文元：《惠水县城关出土明代纺织品介绍》，《贵州省博物馆馆刊》1985 年创刊号。

15 对明代士庶服饰的研究，见巫仁恕：《明代平民服饰的流行风尚与士大夫的反应》，《新史学》第 10 卷，1999 年第 3 期，第 55—109 页。

巫仁恕著:《品味奢华: 晚明的消费社会与士大夫》, 中华书局, 2008 年, 第 115—164 页。王熹:《明代庶民服饰研究》,《明史研究》第 10 辑, 黄山书社, 2007 年, 第 87—113 页。张志云《明代服饰文化研究》一书对此亦多有涉及, 见张志云著:《明代服饰文化研究》, 湖北人民出版社, 2009 年。王熹《明代服饰研究》一书且辟有专章讨论, 见王熹著:《明代服饰研究》, 中国书店, 2013 年。

16 《明太祖实录》卷三十“洪武元年二月壬子”条。

17 《明太祖实录》卷三十“洪武元年二月壬子”条。

18 《明太祖实录》卷三十“洪武元年二月壬子”条。

19 《明太祖实录》卷四十九“洪武三年二月甲子”条。关于四方平定巾的创制, 相传与杨维祯有关。张岱《夜航船》卷十一《日用部》“方巾”条载:“元杨维祯被召入见, 太祖问: 卿所冠何巾? 对曰: 四方平定风吹草动。太祖悦其名, 召中书省, 依此巾制颁天下尽冠之。”陈元龙《格致镜原》卷十四《冠服类》引沈文《初政记》云“洪武三年二月, 命制四方平定巾式, 颁行天下, 以士民所服四带巾未尽善, 复制此, 令士人吏民服之”, 又引《七修类稿》称“今里老所戴黑漆方巾, 乃杨维祯入见太祖时所戴, 上问曰此巾何名, 曰四方平定巾也, 遂颁式”。明太祖制作士庶服饰, 寓有深意, 余永麟《北窗琐语》谓“太祖制民庶章服, 黑漆方巾, 取四方平静之意, 青布直身, 取四海永清之意。服此巾服, 则人知礼节, 此制作之深意也”。

20 《明太祖实录》卷五十五“洪武三年八月庚申”条。

21 《明太祖实录》卷七十三“洪武五年五月戊辰”条。

22 《明太祖实录》卷七十六“洪武五年十月己丑”条。

23 《明太祖实录》卷八十一“洪武六年四月癸巳”条。

24 《明太祖实录》卷一百四十六“洪武十五年六月壬辰”条。

25 《明太祖实录》卷一百九十八“洪武二十二年十二月己亥”条。

26 《明太祖实录》卷二百“洪武二十三年三月乙丑”条。

27 《明太祖实录》卷二百十九“洪武二十五年七月壬午”条。

28 《明太祖实录》卷二百四十三“洪武二十八年十一月乙亥”条。

29 《明太宗实录》卷四十七“永乐三年十月壬午”条。

30 《明太宗实录》卷五十九“永乐四年九月戊午”条。

31 《明太宗实录》卷九十“永乐七年四月甲午”条。

32 《明英宗实录》卷九十九“正统七年十二月己丑”条。

33 《明英宗实录》卷一百四十九“正统十二年正月戊寅”条。

34 《明英宗实录》卷一百七十五“正统十四年二月丙寅”。

35 《明英宗实录》卷二百八十“天顺元年七月庚寅”条。

36 《明英宗实录》卷二百八十七“天顺二年二月庚戌”条。此条《皇明条法事类纂》亦收，其卷二十二礼部类、服舍违式、官员人等不许僭用服色例载：“蟒龙、飞鱼、斗牛、大鹏、象生、狮子、四宝相花、大西番莲并玄、黄、紫及玄色，黑绿、柳黄、姜黄，俱系内府供应之数。今在京在外无知之徒，往往私自织绣染造僭用，以致贵贱不分、尊卑无别，越礼犯分，莫甚于此。恁都察院便出榜晓谕禁约，今后敢有仍前效先等花样、颜色织绣染造私卖僭用的拿来，本身处死，全家充军。”

37 《明宪宗实录》卷八十六“成化六年十二月庚午”条。

38 《明武宗实录》卷十三“正德元年五月丙申”条。

39 《明武宗实录》卷十四“正德元年六月辛酉”条。

40 林丽月：《明代禁奢令初探》，《历史学报》1994 年第 22 期。

41 刘海年、杨一凡主编，杨一凡、曲英杰、宋国范点校：《中国珍稀法律典籍集成》乙编第 1 册，《洪武法律典籍》，科学出版社，1994 年，第 28 页。

42 不著撰人：《大明律集解附例》卷十二，光绪三十四年重刊本，日本早稻田大学图书馆藏，第 16a 页、第 18a 页、第 18b—19a 页。《大明会典》一百六十五律例六礼律“服舍违式”条同。

43 陈威、顾清纂修：正德《松江府志》，《四库全书存目丛书》史部第 181 册，齐鲁书社，1996 年，第 447—448 页。

44 崇祯《松江府志》，第 185—186 页。

45 《云间据目抄》，第 110 页。

46 转引自《日知录》，见顾炎武撰，陈垣校注：《日知录校注》，安徽大学出版社，2007 年，第 1618 页。

47 曾才汉修，叶良佩纂：嘉靖《太平县志》，《天一阁藏明代方志选刊》第 17 册，上海古籍书店，1981 年，第 19b—20a 页。

48 史树德修，杨文焕纂：万历《新修余姚县志》，《中国方志丛书》华中地方第 501 号，成文出版社，1983 年，第 160 页。

49 张宁、陆君弼纂修：万历《江都县志》，《四库全书存目丛书》史部第 202 册，齐鲁书社，1996 年，第 81 页。

50 《松窗梦语》，第 123 页。

51 徐生祥修：《余姚江南徐氏宗谱》，万历二十九年修光绪十年重印木刻本，上海图书馆藏。《援古证今》附于该谱之末。

52 转引自常建华：《宗族与风俗：明代中后期社会变迁的缩影——以浙江余姚江南徐氏为例》，《吉林大学社会科学学报》2008 年第 4 期。

53 转引自陈学文：《〈敬所笔记〉小序》，《民俗研究》1989 年第 4 期。

54 上海人民出版社编：《清代日记汇抄》，上海人民出版社，1982 年，第 162 页。

55 《清代日记汇抄》，第 165 页。

56 凌蒙初著，魏亦珀校点：《拍案惊奇》，《凌蒙初全集》第 2 册，凤凰出版社，2010 年，第 29 页。

57 冯梦龙编著：《醒世恒言》，《冯梦龙全集》第 3 册，凤凰出版社，2007 年，第 48 页。

58 《醒世恒言》，第 50 页。

59 金木散人著：《鼓掌绝尘》，大众文艺出版社，1999 年，第 85—86 页。

60 《醒世姻缘传》，第 380—381 页。

61 《醒世姻缘传》，第 382 页。

62 《醒世姻缘传》，第 378 页。

63 《醒世姻缘传》，第 963 页。

64 《见闻杂记》，第 480 页。

65 冯梦龙编著：《古今谭概》，《冯梦龙全集》第 6 册，凤凰出版社，2007 年，第 34—35 页。

66 余永麟撰：《北窗琐语》，《四库全书存目丛书》子部第 240 册，齐鲁书社，1995 年，第 411 页。

67 林云程、沈明臣纂修：万历《通州志》，《四库全书存目丛书》史部第 203 册，齐鲁书社，1996 年，第 90 页。

68 《客座赘语》，第 293 页。

69 《北窗琐语》，第 411 页。

70 《见闻杂记》，第 817 页。

71 《万历野获编》，第 582 页。

72 同上。

73 《古今谭概》，第 34 页。

74 《见闻杂记》，第 155 页。

75 翁相修，陈棐纂：嘉靖《广平府志》，《天一阁藏明代方志选刊》第 5 册，上海古籍书店，1981 年，第 2b 页。

76 邢云路修纂：万历《临汾县志》，傅斯年图书馆藏缩影资料，第 44—45 页。转引自《品味奢华：晚明的消费社会与士大夫》，第 147 页。

77 戴瑞卿修，于永享等纂：万历《滁阳志》，《稀见中国地方志汇刊》第 22 册，中国书店，1992 年，第 2b—3a 页。

78 高翔汉修，乔中和纂：崇祯《内丘县志》，傅斯年图书馆藏缩影资料，第 1b—2a 页。转引自《品味奢华：晚明的消费社会与士大夫》，第 145 页。

79 罗炌修，黄承昊纂：崇祯《嘉兴县志》，《日本藏中国罕见地方志丛刊》第 15 册，第 633 页。

80 徐咸撰：《西园杂记》，《丛书集成新编》第 88 册，第 70—71 页。

81 《客座赘语》，第 23—24 页。

82 《云间据目抄》，第 110 页。

83 崇祯《松江府志》，第 185 页。

84 《三才图会》，第 629—635 页。

85 《留青日札》，第 409—412 页。顾起元《说略》卷二十一“服饰”所记略同。

86 《三才图会》，第 632 页。

87 《三才图会》，第 633 页。

88 同上。

89 屠隆撰:《考槃余事》,《四库全书存目丛书》子部第 118 册, 齐鲁书社, 1995 年，第 226 页。

90 《三才图会》，第 633 页。

91 《三才图会》，第 634 页。

92 《留青日札》，第 412 页。

93 《三才图会》，第 633 页。

94 《留青日札》，第 412 页。

95 同上。

96 《三才图会》，第 632 页。

97 《留青日札》，第 412 页。

98 《北窗琐语》，第 411 页。

99 《舜水朱氏谈绮》上，第 40b 页。

100 《三才图会》，第 632 页。

101 《三才图会》，第 633 页。

102 同上。

103 《考槃余事》，226 页。

104 《古今事物考》，第 406 页。

105 《留青日札》，第 412 页。

106 《三才图会》，第 632 页。

107 《三才图会》，第 635 页。

108 《留青日札》，第 412 页。

109 《考槃余事》，第 226 页。

110 朱术垍撰：《汝水巾谱》，《四库全书存目丛书》子部第79册，齐鲁书社，1995年。

111 《四库全书总目提要（二十二）》，第89页。

112 顾孟容撰：《冠谱》，《四库全书存目丛书》子部第79册，齐鲁书社，1995年。

113 《四库全书总目提要（二十二）》，第88—89页。

114 《四库全书总目提要（二十二）》，第89页。

115 不著撰人：《各样巾制》，明代笔写本，奎章阁韩国学研究院藏。

116 朱权编：《天皇至道太清玉册》，《正统道藏》第1112册，涵芬楼，1926年，第205b页。

117 《长物志校注》，第336页。

118 《考槃余事》，第226页。

119 《闲情偶寄》，第104页。

120 《见闻杂记》，第156页。

121 《见闻杂记》，第913—914页。

122 《客座赘语》，第293页。

123 洪文科撰：《语窥今古》，《笔记小说大观》38编第4册，新兴书局，1985年，第82a—82b页。

124 《四友斋丛说》，第323页。

125 《北窗琐语》，第411页。

126 《西园杂记》，第71页。

127 祁彪佳撰，赵丽、丁蕊、徐娜、张瑞龙誊抄，夏明方、朱浒校订：《救荒全书》，《中国荒政书集成》第2册，天津古籍出版社，2010年，第549—550页。

128 《吕坤全集》，第1000—1002页。后于吕坤出任山西巡抚的吴仁度，亦曾发布告示以禁薄俗，其《约束齐民告示》提及“三晋夙推陶唐之遗雅，尚俭约而敦节度，不虞挽近裂维弃轨”，于是访知近日“皆伤俭德”的薄俗四款摘开于后，严行禁革，计开：“一、居地栋础，民间自由分涯，律严违式不啻较著矣。本院闻之晋初齐民无大屋，今则荜门圭窦者率多不安湫隘，逞其赀力，构厦翚飞，厌情风雨之蔽，恣意土木之穷，胡为者也。况《大明会典》品官之家房屋皆有节制，岂蕞尔微民反可侈壮丽越轶准绳乎？仰各府州县查民居，今后再有仍前营构高厦、惊骇耳目者，拿究知罪，拆屋归官，以惩逾僭。一、方巾峨冠，法天地之方圆，为士绅之藻火。本院闻晋旧无市人方巾者，今则下至台舆厮役之贱，俨然周弁章甫之华，山鸡而假凤冠，非其质矣。沐猴而被元服，胡不耻哉！礼重三加，类分士庶，此习不锄，将有贱妨贵而至无等者，仰各府州县严行禁革！市人及吏胥等役有方巾者罚无赦。并青衿士人竞尚九华、三台、云霞、五常等巾，皆属好异，足乱经常，晓谕帽店不得巧制射利。如有此等，有司将一概重治，不得轻贷，仍通行教官知会生员不遵者指名申报。一、豸补玄黄，象神羊之善触，章宪纪之威棱。凡在庶民，何敢僭拟？况皂胥之妻，彼何人妇而服此不衷，抵为身灾，倡优后饰又何异焉？沿波而往，则黼、黻、华虫、宗彝、粉米之制，凡女可侈，霞装不必问其谁家之妇也。此俗不除，倒置日甚。仰各府州县严行禁谕，务加体访，再有皂胥之室补饰无忌者，有司即行拿究，胥役重治枷号，并晓村妇庄女敢有僭越者即坐其夫。一、四轿皂盖必以折圭分符之品，乃有仪章舆卫之崇。赀郎何人？铜臭鬻阶，权薄蝉翼，乘肥衣轻，亦其常态。今则侈凭轼之仆夫，树翳云之高盖，贿结官司，乞灵借龙，在上或假以颜色，在下遂广其附趋。四轿辚辚，僭拟充朝等级，皂盖烨烨，虚张烁众羽毛。此辈志得，寒士色沮。有一于此，足为民害，蓄富如晋，是途颇宽。仰各府州县颁禁裁抑，敢有仍前恣肆乘轿张盖者，严行罚治，重则申院拿究不贷。”见杨一凡、王旭主编：《古代榜文告示汇存》第1册，社会科学文献出版社，2006年，第575—582页。

129 对网巾及网巾圈的讨论，见《奢华之色——宋元明金银器研究》，第117—121页。《中国古代金银首饰》，第676—679页。扬之水：《金井玉栏杆圈儿》，《文史知识》2016年第5期。

130 刘仕义撰：《新知录摘抄》，《丛书集成新编》第88册，第288页。查敖英《绿云亭杂言》原书，未见此条。类似记载又见于郎瑛《七修类稿》卷十四国事类“平头巾、网巾”条、张岱《夜航船》卷十一《日用部》“网巾”条、《明史·舆服志》等。姚士麟《见只编》卷下所记与诸说稍异，其谓“俗传网巾起自我朝新安。丁南羽言，见唐人开元八相图，服皆窄袖，有岸唐巾者，下露网纹，是古有网巾矣。然画人见网，其合作雅俗尚当更论”。

131 《古今事物考》，第406页。

132 徐充撰：《暖姝由笔》，《丛书集成续编》第213册，第462页。杨联陞《朝代间的比赛》一文曾引明末徐㶿《徐氏笔精》卷八“国朝事胜前代”条谓“余曰：最善者不改元，官员莅任不用谢表，大夫士庶俱带网巾，不用团扇用折扇，滨海之地不运粮，选官惟进士、举贡、监吏，不别开科目。此尤极便于官民，前代未有也”。见杨联陞著：《朝代间的比赛》，《国史探微》，新星出版社，2005年，第30—42页。

133 《三才图会》，第632页。

134 李介撰：《天香阁随笔》，《笔记小说大观》第12册，第89页。

135 《静志居诗话》卷四“蓝仁”条下云：“网巾之制，相传明孝陵微行见之于神乐观，遂取其式颁行天下。冠礼加此，以为成人，三百年未之改，然题咏者寡，独蓝静之有三诗。”见朱彝尊著：《静志居诗话》，明文书局，1991年，第406—407页。

136 萨都剌著，岛田翰校，李佩伦校注：《永和本萨天锡逸诗》，山西古籍出版社，1993年，第11页。《咏物诗》著者原题作谢宗可。四库馆臣在收录此集时云：“宗可自称金陵人，其始末无考。相传为元人，故顾嗣立《元百家诗选》录是编于《戊集》之末，亦不知其当何代也。”后据《永和本萨天锡逸诗》，知为萨都剌逸诗而误入谢集。

137 刘仕义《新知录摘抄》引敖英《绿云亭杂言》记明太祖与网巾事，文后有一段议论，颇可采。其谓“大抵凡物之制，必有以托始之者。或由粗以入精，或由质以加文。所以因袭之者，其来必远。岂一人之智虑能创为之哉？……由是观之,虽创为于一人者,亦必有以托始之矣”。刘廷銮《十二弃诗》自序亦提及萨都剌《网巾》诗，但仍误其作者为谢宗可，其亦颇疑网巾元代已有，谓：“岂元初已兆端，谢遽有咏耶？抑尝行于方隅而未遍宇内耶？”

138 明代《笑林》载有一则趣事，谓：“有戴破帽、破网巾者，途中见人呼破帽子换铜钱，急取帽袖之；再呼破网巾换铜钱，复急脱网巾袖之；又呼乱头发换引线，乃大怒曰：‘你这人无礼，忒寻得我要紧。’”丐者亦戴网巾，可见网巾之流行。

139 冯从吾撰：《冯少墟文集》，《丛书集成三编》第50册，新文丰出版公司，1997年，第678页。

140 《醒世姻缘传》，第1396页。

141 《醒世姻缘传》，第737页。

142 王逋撰：《蚓庵琐语》，《丛书集成续编》第216册，第204页。

143 醉竹居士编：《龙阳逸史》，陈庆浩、王秋桂主编：《思无邪汇宝》第5册，台湾大英百科股份有限公司，1994年，第249—250页。

144 《金瓶梅词话校注》，第340—341页。

145 《五杂组》，第250页。

146 《蚓庵琐语》，第204页。

147 《日知录校注》，第1619页。

148 《挂枝儿》，第89页。

149 《挂枝儿》，第89—90页。

150 冯梦龙辑：《山歌》，《冯梦龙全集》第10册，凤凰出版社，2007年，第62页。

151 《万历野获编》，第647页。

152 张岱撰，刘耀林校注：《夜航船》，浙江古籍出版社，1987年，第496页。

153 《夜航船》，第674页。

154 不著撰人：《淮城纪事》，于浩辑：《明清史料丛书八种》第7册，北京图书馆出版社，2005年，第155页。

155 《明史》，第 6871 页。

156 江阴市博物馆:《江苏江阴明代薛氏家族墓》,《文物》2008 年第 1 期。

157 姬乃军:《延安明杨如桂墓》，《文物》1993 年第 2 期。

158 南开大学考古学与博物馆学系、淄博市文物事业管理局、周村区文物管理所:《山东淄博周村汇龙湖明代墓地发掘简报》，《中国国家博物馆馆刊》2015 年第 2 期。

159 拉达:《记大明的中国事情》，C. R. 博克舍编注，何高济译:《十六世纪中国南部行纪》，中华书局，1990 年，第 200 页。

160 利玛窦、金尼阁著，何高济、王遵仲、李申译，何兆武校:《利玛窦中国札记》，中华书局，1983 年，第 82 页。

161 曾德昭著,何高济译,李申校:《大中国志》,上海古籍出版社,1998 年,第 36 页。

162 林丽月:《故国衣冠:鼎革易服与明清之际的遗民心态》，《历史学报》2002 年第 30 期，第 39—56 页。

163 《阅世编》，第 175 页。

164 《朝鲜仁祖实录》卷四十五“崇祯十七年八月戊寅”条。

165 《朝鲜仁祖实录》卷四十五“崇祯十七年八月戊寅”条。

166 王家祯撰:《研堂见闻杂记》,《明清史料丛书八种》第 6 册,第 374 页。

167 姚佺辑:《诗源初集》，《四库禁毁书丛刊》第 169 册，北京出版社，2000 年，第 75 页。

168 清代或称“挂腰”。石玉昆《三侠五义》第五十二写宁妈妈替三公子递信，收了书信，“他仿佛奉圣旨的一般，打开衫子，揣在贴身胸前挂腰子里”。

169 《留青日札》，第 379 页。

170 《明宫词》，第 30 页。

171 《山歌》，第 3 页。

172 《金瓶梅词话校注》，第 2175 页。

173 《金瓶梅词话校注》，第 2233 页。

174 《金瓶梅词话校注》，第 2234 页。
175 《金瓶梅词话校注》，第 2234—2235 页。
176 《金瓶梅词话校注》，第 757 页。
177 《金瓶梅词话校注》，第 787 页。
178 《金瓶梅词话校注》，第 1744 页。
179 《醒世姻缘传》，第 130 页。
180 《醒世姻缘传》，第 1126—1129 页。
181 施耐庵著，李卓吾批评：《忠义水浒全传》，黄山书社，1991 年，第 339 页。
182 《忠义水浒全传》，第 1204 页。
183 洪楩编，谭正璧校点：《清平山堂话本》，上海古籍出版社，1987 年，第 218 页。
184 《醒世姻缘传》，第 148 页。
185 《忠义水浒全传》，第 907 页。
186 《忠义水浒全传》，第 930 页。
187 杨朝英辑：《朝野新声太平乐府》，《续修四库全书》第 1739 册，上海古籍出版社，2002 年，第 603—604 页。
188 吕叔湘：《释“主腰”》，《语文研究》1983 年第 2 期，49 页。
189 杨朝英辑：《乐府新编阳春白雪》，《续修四库全书》第 1739 册，上海古籍出版社，2002 年，第 455 页。
190 臧晋叔编：《元曲选》，中华书局，1958 年，第 1423 页。
191 《朝野新声太平乐府》，第 604 页。
192 吕叔湘：《释“主腰”》，《语文研究》1983 年第 2 期，50 页。
193 《明史》，第 1675—1676 页。
194 《明太祖实录》卷四十六“洪武二年十月辛卯”条。
195 《明太祖实录》卷二百“洪武二十三年三月乙丑”条。
196 《吕坤全集》，第 919 页。
197 《明太祖实录》卷二百十三“洪武二十四年十月庚申”条。其时工部尚书为秦逵，襕衫之制即由其创式。《明史·秦逵传》载：“帝以学校为国储材，而士子巾服无异胥吏，宜更易之。命逵制式以进。凡三易，其制始定。赐监生蓝衫、绦各一，以为天下先。明代士子衣冠，盖创自逵云。”

198 《吕坤全集》，第 919—920 页。

199 《明太祖实录》卷二百十四“洪武二十四年十一月癸未”条。

200 《夜航船》，第 472 页。

201 陈元龙撰:《格致镜原》,《景印文渊阁四库全书》第 1031 册, 第 178 页。

202 《七修类稿》，第 89 页。

203 同上。

204 明人文震亨即以“檐帽襕衫、申衣幅巾”为宋人服饰，见《长物志校注》，第 325 页。

205 《宋史》，第 3579 页。

206 镇江市博物馆、金坛县文管会：《江苏金坛南宋周瑀墓发掘简报》，《文物》1977 年第 7 期。

207 张自烈撰，廖文英续：《正字通》，《续修四库全书》第 235 册，上海古籍出版社，2002 年，第 466 页。

208 郎瑛《七修类稿》载：“洪熙中，上问着蓝衣者何人，左右以监生对。上曰：教着青衣好看。乃易青圆领也。”

209 叶梦珠《阅世编》载：“其举人、贡监生员则俱服黑镶蓝袍，其后举、贡服黑花缎袍，监生服黑邓绢袍，皆不镶，惟生员照旧式。”

210 吴炜：《扬州两座明墓》，《扬州文博》1999 年第 3 期。

211 《东还封事》，第 411 页。

212 镇江市博物馆、金坛县文管会：《江苏金坛南宋周瑀墓发掘简报》，《文物》1977 年第 7 期。

213 黄一正辑：《事物绀珠》，《四库全书存目丛书》子部第 200 册，齐鲁书社，1995 年，第 728 页。

214 《东还封事》，第 410 页。王夫之《识小录》则称“耆老头巾如儒冠，而冠顶正方向后如民字样”，赵宪所记之民字巾或即耆老头巾，盖因其近于儒巾而误认。

215 《吕坤全集》，第 920 页。

216 《三才图会》，第 632 页。

217 《阅世编》，第 173 页。

218 《东还封事》，第 410 页。

219 《诗源初集》，第 76 页。赵宪所说似与姚佺有异，谓“其体端平，不甚尖斜”。

220 《三才图会》，第 632 页。郎瑛《七修类稿》卷八国事类“生员巾服”条亦载：“洪武末许戴遮阳帽，遂因私戴之。”

221 《阅世编》，第 173 页。

222 《识小录》，第 605 页。

223 石家庄市文物保管所：《石家庄市郊陈村明代壁画墓清理简报》，《考古》1983 年第 10 期。

224 《识小录》，第 605—606 页。

225 《大明会典》，第 249 页。

226 《大明会典》，第 249 页。叶梦珠《阅世编》也说：“然进士殿试后，犹服镶蓝袍，入谢毕，始易冠带。”

227 《识小录》，第 605 页。

228 《大明会典》，第 249 页。

229 《大明会典》，第 409 页。

参考文献

古籍文献

1 艾儒略著，谢方校释：《职方外纪校释》，中华书局，1996 年。

2 敖英撰：《绿云亭杂言》，《四库全书存目丛书》子部第 102 册，齐鲁书社，1995 年。

3 北京市文物局图书资料中心编：《明宫冠服仪仗图》，北京燕山出版社，2015 年。

4 不著撰人：《大明冠服图》，清代写本，北京大学图书馆藏。

5 不著撰人：《大明律集解附例》，光绪三十四年重刊本，日本早稻田大学图书馆藏。

6 不著撰人：《大元圣政国朝典章》，《续修四库全书》第 787 册，上海古籍出版社，2002 年。

7 不著撰人：《皇明典礼》，《中华再造善本》续编，国家图书馆出版社，2014 年。

8 不著撰人：《天水冰山录》，《丛书集成新编》第 48 册，新文丰出版公司，1985 年。

9 蔡沉撰：《书经集传》，《景印文渊阁四库全书》第 58 册，台湾“商务印书馆”，1986 年。

10 蔡絛撰，冯惠民、沈锡麟点校：《铁围山丛谈》，中华书局，1983 年。
11 曹昭撰，舒敏、王佐增：《新增格古要论》，《续修四库全书》第 1185 册，上海古籍出版社，2002 年。
12 陈诚著，周连宽校注：《西域行程记 西域番国志》，中华书局，2000 年。
13 陈汝锜撰：《甘露园短书》，《四库全书存目丛书》子部第 87 册，齐鲁书社，1995 年。
14 陈世崇撰，孔凡礼点校：《随隐漫录》，中华书局，2010 年。
15 陈威、顾清纂修：正德《松江府志》，《四库全书存目丛书》史部第 181 册，齐鲁书社，1996 年。
16 陈元靓编：《岁时广记》，《丛书集成新编》第 43 册，新文丰出版公司，1985 年。
17 陈元龙撰：《格致镜原》，《景印文渊阁四库全书》第 1031 册，台湾商务印书馆，1986 年。
18 程大昌撰：《演繁露》，《全宋笔记》第 4 编第 8 册，大象出版社，2008 年。
19 《承天大志》校注整理工作委员会校注：《承天大志校注》，中国文史出版社，2018 年。
20 戴金编：《皇明条法事类纂》（卷一至卷二十五），刘海年、杨一凡主编，蒋达涛、杨一凡、杨育棠、宋国范点校：《中国珍稀法律典籍集成》乙编第 4 册，科学出版社，1994 年。
21 戴金编：《皇明条法事类纂》（卷二十六至卷五十），刘海年、杨一凡主编，刘笃才、李贵连、杨一凡、宋北平点校：《中国珍稀法律典籍集成》乙编第 5 册，科学出版社，1994 年。
22 戴瑞卿修，于永享等纂：万历《滁阳志》，《稀见中国地方志汇刊》第 22 册，中国书店，1992 年。
23 杜佑撰，王文锦、王永兴、刘俊文、徐庭云、谢方点校：《通典》，中华书局，1988 年。
24 范濂著：《云间据目抄》，《笔记小说大观》第 13 册，江苏广陵古籍刻印社，1983 年。
25 方以智著：《通雅》，中国书店，1990 年。
26 方岳贡修，陈继儒纂：崇祯《松江府志》，《日本藏中国罕见地方志丛刊》第 22 册，书目文献出版社，1991 年。
27 费信著，冯承钧校注：《星槎胜览校注》，中华书局，1954 年。
28 冯从吾撰：《冯少墟文集》，《丛书集成三编》第 50 册，新文丰出版公司，1997 年。
29 冯梦龙编著：《醒世恒言》，《冯梦龙全集》第 3 册，凤凰出版社，2007 年。
30 冯梦龙编著：《古今谭概》，《冯梦龙全集》第 6 册，凤凰出版社，2007 年。
31 冯梦龙辑：《挂枝儿》，《冯梦龙全集》第 10 册，凤凰出版社，2007 年。
32 冯梦龙辑：《山歌》，《冯梦龙全集》第 10 册，凤凰出版社，2007 年。
33 冯应京辑，戴任增释：《月令广义》，《四库全书存目丛书》史部第 164 册，齐鲁书社，1996 年。
34 傅恒等撰：《御制增订清文鉴》，《景印文渊阁四库全书》第 233 册，台湾“商务印书馆”，1986 年。
35 高承撰：《事物纪原》，长泽规矩也编：《和刻本类书集成》第 2 辑，上海古籍出版社，1990 年。
36 高濂著，赵立勋、阙再忠等校注：《遵生八笺校注》，人民卫生出版社，1994 年。
37 高士奇著：《金鳌退食笔记》，北京古籍出版社，1982 年。
38 高宇泰著：《敬止录》，《北京图书馆古籍珍本丛刊》第 28 册，书目文献出版社，2000 年。
39 巩珍著，向达校注：《西洋番国志》，中华书局，1961 年。
40 谷泰辑：《博物要览》，《四库全书存目丛书》子部第 118 册，齐鲁书社，1995 年。
41 顾孟容撰：《冠谱》，《四库全书存目丛书》子部第 79 册，齐鲁书社，

1995 年。
42 顾起元撰，谭棣华、陈稼禾点校：《客座赘语》，中华书局，1987 年。
43 顾炎武撰：《昌平山水记》，《顾炎武全集》第 4 册，上海古籍出版社，2011 年。
44 顾炎武撰，陈垣校注：《日知录校注》，安徽大学出版社，2007 年。
45 何刚德著：《话梦集》，北京古籍出版社，1995 年。
46 何良俊撰：《四友斋丛说》，中华书局，1959 年。
47 何孟春撰：《余冬序录》，《四库全书存目丛书》子部第 101 册，齐鲁书社，1995 年。
48 洪楩编，谭正璧校点：《清平山堂话本》，上海古籍出版社，1987 年。
49 洪文科撰：《语窥今古》，《笔记小说大观》38 编第 4 册，新兴书局，1985 年。
50 胡澹庵撰，钱德苍增订：《新订解人颐广集》，乾隆二十六年刊本，东京大学东洋文化研究所藏。
51 胡应麟撰：《少室山房笔丛》，上海书店出版社，2001 年。
52 黄文旸撰：《埽垢山房诗钞》，《续修四库全书》第 1459 册，上海古籍出版社，2002 年。
53 黄省曾著，谢方校注：《西洋朝贡典录校注》，中华书局，2000 年。
54 黄一正辑：《事物绀珠》，《四库全书存目丛书》子部第 200 册，齐鲁书社，1995 年。
55 黄虞稷撰：《千顷堂书目》，《景印文渊阁四库全书》第 676 册，台湾“商务印书馆”，1986 年。
56 蒋一葵著：《长安客话》，北京古籍出版社，1982 年。
57 焦竑撰，顾思点校：《玉堂丛语》，中华书局，1981 年。
58 金木散人著：《鼓掌绝尘》，大众文艺出版社，1999 年。
59 金盈之撰：《醉翁谈录》，江苏古籍出版社，1988 年。
60 柯九思等著：《辽金元宫词》，北京古籍出版社，1988 年。
61 孔安国传，孔颖达疏，陆德明音义：《尚书注疏》，《景印文渊阁四库全书》第 54 册，台湾“商务印书馆”，1986 年。
62 孔继汾撰：《阙里文献考》，《续修四库全书》第 512 册，上海古籍出版社，2001 年。
63 兰陵笑笑生著，白维国、卜键校注：《金瓶梅词话校注》，岳麓书社，1995 年。
64 郎瑛撰：《七修类稿》，上海书店出版社，2001 年。
65 劳堪编：《宪章类编》，《北京图书馆古籍珍本丛刊》第 46 册，书目文献出版社，2000 年。
66 李东阳等撰：《大明会典》，《中华再造善本》续编，国家图书馆出版社，2014 年。
67 李东阳撰：《燕对录》，《续修四库全书》第 433 册，上海古籍出版社，2002 年。
68 李介撰：《天香阁随笔》，《笔记小说大观》第 12 册，江苏广陵古籍刻印社，1983 年。
69 李诫撰：《营造法式》，《中华再造善本》续编，国家图书馆出版社，2014 年。
70 李乐撰：《见闻杂记》，上海古籍出版社，1986 年。
71 李石撰，李之亮点校：《续博物志》，巴蜀书社，1991 年。
72 李贤等撰：《大明一统志》，三秦出版社，1990 年。
73 李渔著：《闲情偶寄》，《李渔全集》第 3 卷，浙江古籍出版社，1991 年。
74 李廌撰：《师友谈记》，《全宋笔记》第 2 编第 7 册，大象出版社，2006 年。
75 利类思、安文思、南怀仁著：《西方要纪》，《丛书集成新编》第 98 册，新文丰出版公司，1985 年。
76 利玛窦著，朱维铮主编：《利玛窦中文著译集》，复旦大学出版社，2001 年。
77 林尧俞等纂修，俞汝楫等编撰：《礼部志稿》，《景印文渊阁四库全书》第 597、598 册，台湾“商务印书馆”，1986 年。

78 林云程、沈明臣纂修：万历《通州志》，《四库全书存目丛书》史部第203册，齐鲁书社，1996年。
79 凌蒙初著，魏亦珀校点：《拍案惊奇》，《凌蒙初全集》第2册，凤凰出版社，2010年。
80 刘海年、杨一凡主编，杨一凡、曲英杰、宋国范点校：《中国珍稀法律典籍集成》乙编第1册，洪武法律典籍，科学出版社，1994年。
81 刘銮撰：《五石瓠》，《丛书集成续编》第215册，新文丰出版公司，1989年。
82 刘若愚著：《酌中志》，北京古籍出版社，1994年。
83 刘仕义撰：《新知录摘抄》，《丛书集成新编》第88册，新文丰出版公司，1985年。
84 刘惟谦等撰：《大明律》，《续修四库全书》第862册，上海古籍出版社，2002年。
85 刘向集录：《战国策》，上海古籍出版社，1985年。
86 刘元卿编纂：《贤弈编》，《丛书集成新编》第88册，新文丰出版公司，1985年。
87 陆容撰，佚之点校：《菽园杂记》，中华书局，1985年。
88 罗炌修，黄承昊纂：崇祯《嘉兴县志》，《日本藏中国罕见地方志丛刊》第15册，书目文献出版社，1991年。
89 吕坤撰，王国轩、王秀梅整理：《吕坤全集》，中华书局，2008年。
90 马欢撰，冯承钧校注：《瀛涯胜览校注》，中华书局，1955年。
91 冒襄撰：《影梅庵忆语》，《续修四库全书》第1272册，上海古籍出版社，2002年。
92 孟元老撰，伊永文笺注：《东京梦华录笺注》，中华书局，2007年。
93 聂崇义撰：《三礼图集注》，《景印文渊阁四库全书》第129册，台湾“商务印书馆”，1986年。
94 欧阳修等撰：《太常因革礼》，江苏古籍出版社，1988年。
95 彭定求等编：《全唐诗》，中华书局，1960年。

96 祁彪佳撰，赵丽、丁蕊、徐娜、张瑞龙誊抄，夏明方、朱浒校订：《救荒全书》，《中国荒政书集成》第 2 册，天津古籍出版社，2010 年。

97 钱希言撰：《戏瑕》，《四库全书存目丛书》子部第 97 册，齐鲁书社，1995 年。

98 丘濬撰：《大学衍义补》，《景印文渊阁四库全书》第 713 册，台湾“商务印书馆”，1986 年。

99 阙名：《新编对相四言》，祝氏藐园所藏明刻本，美国哥伦比亚大学图书馆藏。

100 阙名：《阀阅舞射柳捶丸记》，《孤本元明杂剧》第 2 册，中国戏剧出版社，1958 年。

101 任大椿撰：《弁服释例》，《续修四库全书》第 109 册，上海古籍出版社，2002 年。

102 萨都剌著，岛田翰校，李佩伦校注：《永和本萨天锡逸诗》，山西古籍出版社，1993 年。

103 上海人民出版社编：《清代日记汇抄》，上海人民出版社，1982 年。

104 申时行等修，赵用贤等纂：《大明会典》，《续修四库全书》第 789—792 册，上海古籍出版社，2002 年。

105 沈榜编著：《宛署杂记》，北京古籍出版社，1982 年。

106 沈德符撰：《万历野获编》，中华书局，1959 年。

107 施耐庵著，李卓吾批评：《忠义水浒全传》，黄山书社，1991 年。

108 施耐庵撰，罗贯中纂修：《明容与堂刻水浒传》，上海人民出版社，1975 年。

109 石玉昆著：《三侠五义》，华夏出版社，1994 年。

110 史树德修、杨文焕纂：万历《新修余姚县志》，《中国方志丛书》华中地方第 501 号，成文出版社，1983 年。

111 史玄撰：《旧京遗事》，北京古籍出版社，1986 年。

112 宋濂等撰：《元史》，中华书局，1976 年。

113 宋起凤著：《稗说》，《明史资料丛刊》第 2 辑，江苏人民出版社，

1982年。
114 宋应星撰:《天工开物》,《丛书集成续编》第88册,新文丰出版公司,1989年。
115 隋树森编:《全元散曲》,中华书局,1964年。
116 孙珮辑:《苏州织造局志》,《中华再造善本》续编,国家图书馆出版社,2014年。
117 孙诒让撰,王文锦、陈玉霞点校:《周礼正义》,中华书局,1987年。
118 谈迁撰,汪北平点校:《北游录》,中华书局,1960年。
119 陶宗仪撰:《南村辍耕录》,中华书局,1959年。
120 田艺蘅撰,陈碧莲点校:《留青日札》,上海古籍出版社,1992年。
121 屠隆撰:《考槃余事》,《四库全书存目丛书》子部第118册,齐鲁书社,1995年。
122 脱脱等撰:《宋史》,中华书局,1977年。
123 汪大渊著,苏继庼校释:《岛夷志略校释》,中华书局,1981年。
124 王鏊撰:《震泽长语》,《丛书集成新编》第8册,新文丰出版公司,1985年。
125 王逋撰:《蚓庵琐语》,《丛书集成续编》第216册,新文丰出版公司,1989年。
126 王谠撰,周勋初校证:《唐语林校证》,中华书局,1987年。
127 王得臣撰:《麈史》,《全宋笔记》第1编第10册,大象出版社,2003年。
128 王夫之著:《识小录》,《船山全书》第12册,岳麓书社,1992年。
129 王家桢撰:《研堂见闻杂记》,于浩辑:《明清史料丛书八种》第6册,北京图书馆出版社,2005年。
130 王泾撰:《大唐郊祀录》,《续修四库全书》第821册,上海古籍出版社,2002年。
131 王聘珍撰,王文锦点校:《大戴礼记解诂》,中华书局,1983年。
132 王锜撰,张德信点校:《寓圃杂记》,中华书局,1984年。
133 王三聘辑:《古今事物考》,《丛书集成新编》第39册,新文丰出版公司，1985 年。
134 王士点、商企翁编撰，高荣盛点校：《秘书监志》，浙江古籍出版社，1992 年。
135 王士性撰，吕景琳点校：《广志绎》，中华书局，1981 年。
136 王世懋撰：《窥天外乘》，《丛书集成新编》第 85 册，新文丰出版公司，1985 年。
137 王世贞撰：《觚不觚录》，《丛书集成新编》第 85 册，新文丰出版公司，1985 年。
138 王圻辑：《三才图会》，《四库全书存目丛书》子部第 191 册，齐鲁书社，1995 年。
139 魏源著：《魏源集》，中华书局，1976 年。
140 魏徵等撰：《隋书》，中华书局，1973 年。
141 文震亨著，陈植校注，杨超伯校订：《长物志校注》，江苏科学技术出版社，1984 年。
142 翁相修，陈棐纂：嘉靖《广平府志》，《天一阁藏明代方志选刊》第 5 册，上海古籍书店，1981 年。
143 吾丘衍撰：《闲居录》，《丛书集成新编》第 87 册，新文丰出版公司，1985 年。
144 吴自牧撰：《梦粱录》，《丛书集成新编》第 96 册，新文丰出版公司，1985 年。
145 西周生撰，黄肃秋校点：《醒世姻缘传》，上海古籍出版社，1981 年。
146 向达校注：《两种海道针经》，中华书局，1961 年。
147 谢应芳撰：《龟巢稿》，《景印文渊阁四库全书》第 1218 册，台湾“商务印书馆”，1986 年。
148 谢肇淛撰：《滇略》，方国瑜主编，徐文德、木芹、郑志惠纂录校订：《云南史料丛刊》第 6 卷，云南大学出版社，2000 年。
149 谢肇淛撰：《五杂组》，上海书店出版社，2001 年。
150 徐㶿辑：《徐氏笔精》，《丛书集成续编》第 17 册，新文丰出版公司，

1989 年。
151 徐充撰：《暖姝由笔》，《丛书集成续编》第 213 册，新文丰出版公司，1989 年。
152 徐光启撰，石声汉校注：《农政全书校注》，上海古籍出版社，1979 年。
153 徐阶等修，林爊等纂：嘉靖《承天大志》，《重庆图书馆藏稀见方志丛刊》第 24 册，民国二十六年钟祥县志局重刻铅印本，国家图书馆出版社，2014 年。
154 徐梦莘撰：《三朝北盟会编》，上海古籍出版社，1987 年。
155 徐松辑，刘琳、刁忠民、舒大刚、尹波等校点：《宋会要辑稿》，上海古籍出版社，2014 年。
156 徐咸撰：《西园杂记》，《丛书集成新编》第 88 册，新文丰出版公司，1985 年。
157 徐一夔等撰：《大明集礼》，《中华再造善本》续编，国家图书馆出版社，2014 年。
158 严从简著，余思黎点校：《殊域周咨录》，中华书局，1993 年。
159 杨宾撰：《柳边纪略》，《续修四库全书》第 731 册，上海古籍出版社，2002 年。
160 杨朝英辑：《朝野新声太平乐府》，《续修四库全书》第 1739 册，上海古籍出版社，2002 年。
161 杨朝英辑：《乐府新编阳春白雪》，《续修四库全书》第 1739 册，上海古籍出版社，2002 年。
162 杨尔绳辑：《鸿胪寺志略》，明崇祯刻本，中国国家图书馆藏。
163 杨晙修，李中白等纂：顺治《潞安府志》，顺治十六年刻本，中国国家图书馆藏。
164 杨慎著，王幼安校点：《词品》，人民文学出版社，1960 年。
165 杨士奇编：《文渊阁书目》，《景印文渊阁四库全书》第 675 册，台湾“商务印书馆”，1986 年。
166 杨一凡、田涛主编，杨一凡点校：《中国珍稀法律典籍续编》第 3 册，明代法律文献（上），黑龙江人民出版社，2002 年。
167 杨一凡、田涛主编，杨一凡、苏圣儒、田禾、吴艳红点校：《中国珍稀法律典籍续编》第 4 册，明代法律文献（下），黑龙江人民出版社，2002 年。
168 杨一清撰，唐景绅、谢玉杰点校：《杨一清集》，中华书局，2001 年。
169 姚佺辑：《诗源初集》，《四库禁毁书丛刊》集部第 169 册，北京出版社，2000 年。
170 姚士麟撰：《见只编》，《丛书集成新编》第 119 册，新文丰出版公司，1985 年。
171 叶梦珠著，来新夏点校：《阅世编》，上海古籍出版社，1981 年。
172 叶子奇撰：《草木子》，中华书局，1959 年。
173 佚名撰：《淮城纪事》，于浩辑：《明清史料丛书八种》第 7 册，北京图书馆出版社，2005 年。
174 尹直撰：《謇斋琐缀录》，《四库全书存目丛书》子部第 239 册，齐鲁书社，1995 年。
175 印鸾章著：《明鉴》，上海书店，1984 年。
176 永瑢等撰：《四库全书总目提要》，商务印书馆，1939 年。
177 于慎行撰，吕景琳点校：《谷山笔麈》，中华书局，1984 年。
178 余怀著，李金堂校注：《板桥杂记》，上海古籍出版社，2000 年。
179 余永麟撰：《北窗琐语》，《四库全书存目丛书》子部第 240 册，齐鲁书社，1995 年。
180 岳珂撰：《愧郯录》，《笔记小说大观》第 8 册，江苏广陵古籍刻印社，1983 年。
181 恽敬撰：《大云山房十二章图说》，《丛书集成新编》第 48 册，新文丰出版公司，1985 年。
182 曾才汉修，叶良佩纂：嘉靖《太平县志》，《天一阁藏明代方志选刊》第 17 册，上海古籍书店，1981 年。
183 查继佐著：《罪惟录》，浙江古籍出版社，1986 年。

184 翟灏撰：《通俗编》，商务印书馆，1959 年。
185 张岱撰，刘耀林校注：《夜航船》，浙江古籍出版社，1987 年。
186 张孚敬撰：《谕对录》，《四库全书存目丛书》史部第 57 册，齐鲁书社，1996 年。
187 张瀚撰，萧国亮点校：《松窗梦语》，上海古籍出版社，1986 年。
188 张居正撰：《新刻张太岳先生诗文集》，《四库全书存目丛书》集部第 113 册，齐鲁书社，1997 年。
189 张卤辑：《皇明制书》，《续修四库全书》第 788 册，上海古籍出版社，2002 年。
190 张宁、陆君弼纂修：万历《江都县志》，《四库全书存目丛书》史部第 202 册，齐鲁书社，1996 年。
191 张淑渠、姚学瑛等修，姚学甲等纂：乾隆《潞安府志》，《中国地方志集成》山西府县志辑 30，凤凰出版社、上海书店、巴蜀书社，2005 年。
192 张廷玉等撰：《明史》，中华书局，1974 年。
193 张燮著，谢方点校：《东西洋考》，中华书局，1981 年。
194 张应文著：《清秘藏》，《丛书集成续编》第 94 册，新文丰出版公司，1989 年。
195 张自烈撰，廖文英续：《正字通》，《续修四库全书》第 234、235 册，上海古籍出版社，2002 年。
196 赵翼著，王树民校证：《廿二史札记校证（订补本）》，中华书局，1984 年。
197 郑光主编：《原本老乞大：解题 · 原文 · 原本影印 · 索引》，外语教学与研究出版社，2002 年。
198 郑玄注，贾公彦疏，陆德明音义：《仪礼注疏》，《景印文渊阁四库全书》第 102 册，台湾“商务印书馆”，1986 年。
199 郑玄注，贾公彦疏，陆德明音义：《周礼注疏》，《景印文渊阁四库全书》第 90 册，台湾“商务印书馆”，1986 年。
200 郑玄注，孔颖达疏，陆德明音义：《礼记注疏》，《景印文渊阁四库全书》第115、116册，台湾“商务印书馆”，1986年。
201 周达观著，夏鼐校注：《真腊风土记校注》，中华书局，1981年。
202 周密辑：《武林旧事》，西湖书社，1981年。
203 周致中著，陆峻岭校注：《异域志》，中华书局，1981年。
204 朱权编：《天皇至道太清玉册》，《正统道藏》第1112册，涵芬楼，1926年。
205 朱权等著：《明宫词》，北京古籍出版社，1987年。
206 朱术珣撰：《汝水巾谱》，《四库全书存目丛书》子部第79册，齐鲁书社，1995年。
207 朱彝尊著：《静志居诗话》，明文书局，1991年。
208 朱彝尊撰：《曝书亭集》，《景印文渊阁四库全书》第1318册，台湾“商务印书馆”，1986年。
209 祝允明撰：《野记》，《丛书集成新编》第85册，新文丰出版公司，1985年。
210 醉竹居士编：《龙阳逸史》，陈庆浩、王秋桂主编：《思无邪汇宝》第5册，台湾大英百科股份有限公司，1994年。
211 左丘明传，杜预注，孔颖达疏，陆德明音义：《春秋左传注疏》，《景印文渊阁四库全书》第143册，台湾“商务印书馆”，1986年。

今人著述

1 《北京文物鉴赏》编委会编：《明清金银首饰》，北京美术摄影出版社，2005年。
2 《北京文物精粹大系》编委会、北京市文物局编：《北京文物精粹大系·古籍善本卷》，北京出版社，2002年。
3 《北京文物精粹大系》编委会、北京市文物局编：《北京文物精粹大系·金银器卷》，北京出版社，2004年。
4 《北京文物精粹大系》编委会、北京市文物局编：《北京文物精粹大系·

玉器卷》，北京出版社，2002 年。
5 《北京文物精粹大系》编委会、北京市文物局编：《北京文物精粹大系·织绣卷》，北京出版社，2001 年。
6 常沙娜主编：《中国织绣服饰全集》历代服饰卷（上），天津人民美术出版社，2004 年。
7 常沙娜主编：《中国织绣服饰全集》历代服饰卷（下），天津人民美术出版社，2004 年。
8 常州博物馆编：《常州博物馆五十周年典藏丛书：漆木·金银器卷》，文物出版社，2008 年。
9 陈宝良著：《明代社会生活史》，中国社会科学出版社，2004 年。
10 陈大康著：《明代商贾与世风》，上海文艺出版社，1996 年。
11 陈娟娟著：《中国织绣服饰论集》，紫禁城出版社，2005 年。
12 重庆市博物馆编：《明玉珍及其墓葬研究》，重庆地方史资料组，1982 年。
13 崔圭顺著：《中国历代帝王冕服研究》，东华大学出版社，2007 年。
14 方龄贵著：《元明戏曲中的蒙古语》，汉语大词典出版社，1991 年。
15 傅乐淑著：《元宫词百章笺注》，书目文献出版社，1995 年。
16 韩永愚著，金宰民、孟春玲译：《朝鲜王朝仪轨》，浙江大学出版社，2012 年。
17 黄能馥、陈娟娟编著：《中国服装史》，中国旅游出版社，1995 年。
18 黄云眉著：《明史考证》（全 8 册），中华书局，1979—1986 年。
19 江西省博物馆、首都博物馆编：《赣水流韵，辉耀千载——江西古代文物精品》，文物出版社，2014 年。
20 辽宁省博物馆编：《辽宁省博物馆学术论文集》第 2 辑（1985—1999），辽海出版社，1999 年。
21 刘毅著：《明代帝王陵墓制度研究》，人民出版社，2006 年。
22 刘迎胜著：《海路与陆路：中古时代东西交流研究》，北京大学出版社，2011 年。
23 南京博物院编：《金色江南：江苏古代金器》，江苏美术出版社，2008 年。

24 南京市博物馆编:《故都神韵——南京市博物馆文物精华》,文物出版社,2013 年。
25 南京市博物馆编:《明朝首饰冠服》,科学出版社,2000 年。
26 山东博物馆编:《斯文在兹:孔府旧藏服饰》,山东博物馆,2012 年。
27 陕西历史博物馆编:《皇后的天堂:唐敬陵贞顺皇后石椁研究》,文物出版社,2015 年。
28 单国强主编:《故宫博物院藏文物珍品大系 · 织绣书画》,上海科学技术出版社,2005 年。
29 上海市戏曲学校中国服装史研究组编:《中国历代服饰》,学林出版社,1984 年。
30 沈从文编著:《中国古代服饰研究》,商务印书馆香港分馆,1981 年。
31 首都博物馆编:《首都博物馆馆藏纺织品保护研究报告》,文物出版社,2009 年。
32 苏州博物馆编著:《苏州博物馆藏出土文物》,文物出版社,2009 年。
33 孙机著:《中国古舆服论丛(增订本)》,文物出版社,2001 年。
34 王焕镳撰:《明孝陵志》,南京出版社,2006 年。
35 王熹著:《明代服饰研究》,中国书店,2013 年。
36 王宇清著:《冕服服章之研究》,《国立历史博物馆历史文物丛书》第 1 辑,中华丛书编审委员会,1966 年。
37 巫仁恕著:《品味奢华:晚明的消费社会与士大夫》,中华书局,2008 年。
38 吴希贤辑汇:《历代珍稀版本经眼图录》,中国书店,2003 年。
39 谢贵安著:《明实录研究》,上海古籍出版社,2013 年。
40 谢国桢选编:《明代社会经济史料选编》,福建人民出版社,1980—1981 年。
41 严勇、房宏俊、殷安妮主编:《清宫服饰图典》,紫禁城出版社,2010 年。
42 颜湘君著:《中国古代小说服饰描写研究》,上海书店出版社,2007 年。
43 杨联陞著:《国史探微》,新星出版社,2005 年。
44 杨一凡、王旭主编:《古代榜文告示汇存》第 1 册,社会科学文献出版社,

2006 年。
45 扬之水著:《奢华之色——宋元明金银器研究》第一卷“宋元金银首饰”,中华书局,2010 年。
46 扬之水著:《奢华之色——宋元明金银器研究》第二卷“明代金银首饰”,中华书局,2011 年。
47 扬之水著:《中国古代金银首饰》,故宫出版社,2014 年。
48 张星烺编注,朱杰勤校订:《中西交通史料汇编》第 3 册,中华书局,1978 年。
49 张志云著:《明代服饰文化研究》,湖北人民出版社,2009 年。
50 赵丰、金琳主编:《黄金·丝绸·青花瓷——马可·波罗时代的时尚艺术》,香港艺纱堂 / 服饰出版,2005 年。
51 赵丰、尚刚主编:《丝绸之路与元代艺术国际学术讨论会论文集》,香港艺纱堂 / 服饰出版,2005 年。
52 赵丰主编:《纺织品考古新发现》,香港艺纱堂 / 服饰出版,2002 年。
53 赵丰著:《天鹅绒》,苏州大学出版社,2011 年。
54 政事堂礼制馆编纂:《祭祀冠服制 祭祀冠服图》,政事堂礼制馆刊行,1914 年。
55 中国历史博物馆、内蒙古自治区文化厅编:《契丹王朝——内蒙古辽代文物精华》,中国藏学出版社,2002 年。
56 中国营造学社编:《岐阳世家文物考述》,京城印书局,1932 年。
57 中国营造学社编:《岐阳世家文物图像册》,京城印书局,1937 年。
58 中国藏学研究中心、中国第一历史档案馆、中国第二历史档案馆、西藏自治区档案馆、四川省档案馆合编:《元以来西藏地方与中央政府关系档案史料汇编》(元明),中国藏学出版社,1994 年。
59 周锡保著:《中国古代服饰史》,中国戏剧出版社,1984 年。
60 周振鹤著:《知者不言》,生活·读书·新知三联书店,2008 年。

域外文献

1 安积澹泊编:《舜水朱氏谈绮》, 宝永五年(1708)刊本, 日本内阁文库藏。

2 蔡铎、蔡应祥、郑士纶、程顺则、蔡用弼等编:《历代宝案》。

3 大庭脩著:『古代中世における日中關係史の研究』, 同朋舍, 1996年。

4 京都國立博物館編:『特別展覧會: 妙法院と三十三間堂』, 日本経済新聞社, 1999年。

5 琉球新報社編:『尚家継承琉球王朝文化遺産』, 琉球新報社, 1993年。

6 山辺知行、神谷栄子著:『上杉家伝來衣裝』, 日本伝統衣裝第一卷, 講談社, 1969年。

7 真靜撰, 吳景文著, 岡本豐彥畫:《豐公遺寶圖略》, 青山文庫天保三年(1832)刊本, 日本國立國會圖書館藏。

8 不著撰人:《各样巾制》, 明代笔写本, 奎章阁韩国学研究院藏。

9 崔德中著:《燕行录》, 林基中编:《燕行录全集》第40册, 东国大学校出版部, 2001年。

10 崔溥著:《锦南漂海录》, 林基中编:《燕行录全集》第1册, 东国大学校出版部, 2001年。

11 弘文馆编:《增补文献备考》, 隆熙二年(1908)铅活字本, 奎章阁韩国学研究院藏。

12 洪万朝著:《晚退燕槎录》, 林基中编:《燕行录续集》第110册, 尚书院, 2008年。

13 李盟休编:《春官志》, 英祖二十年(1744)笔写本, 奎章阁韩国学研究院藏。

14 李睟光著:《芝峰类说》,《朝鲜群书大系》三编, 朝鲜古书刊行会, 1915年。

15 李湝著:《燕途纪行》, 林基中编:《燕行录全集》第22册, 东国大学校出版部, 2001年

16 柳义养编:《春官通考》, 正祖十二年(1788)笔写本, 奎章阁韩国

学研究院藏。

17 朴趾源著：《热河日记》，林基中编：《燕行录全集》第53册，东国大学校出版部，2001年。

18 申叔舟编：《国朝五礼仪》，成宗五年（1474）木版本，奎章阁韩国学研究院藏。

19 申忠一著：《申忠一建州见闻录》，林基中编：《燕行录全集》第8册，东国大学校出版部，2001年。

20 汪维辉编：《朝鲜时代汉语教科书丛刊》，中华书局，2005年。

21 议政府编：《祭器乐器都监仪轨》，仁祖二年（1624）笔写本，奎章阁韩国学研究院藏。

22 尹凤九撰：《屏溪集》，正祖、纯祖年间木活字版，韩国学中央研究院藏。

23 掌礼院编：《大韩礼典》，光武元年（1897）以后写本，韩国学中央研究院藏。

24 赵宪著：《朝天日记》，林基中编：《燕行录全集》第5册，东国大学校出版部，2001年。

25 赵宪著：《东还封事》，林基中编：《燕行录全集》第5册，东国大学校出版部，2001年。

26 郑麟趾撰：《高丽史》，《四库全书存目丛书》史部第160册，齐鲁书社，1996年。

27 Berthold Laufer, *The Giraffe in History and Art*, Anthropology, Leaflet No. 27, Field Museum of Natural History,Chicago,1928.

28 *Chau Ju-kua: His Work on the Chinese and Arab Trade in the twelfth and thirteenth Centuries*, entitled Chu-fan-chï. Translated from the Chinese and Annotated by Friedrich Hirth and W. W. Rockhill, St. Petersburg: Printing Office of the Imperial Academy of Sciences, 1911.

29 本田實信：《〈回回館譯語〉に就いて》，《北海道大學文學部紀要》第11輯，1963年，第150—224頁。

30 荒木猛：「金瓶梅補服考」，『長崎大學教養部紀要（人文科學篇）』

第 31 卷第 1 號，1990 年，第 1—28 頁。
31 국립고궁박물관 편 :『고궁문화』제 4 호 , 국립고궁박물관 ,2011 년 .
32 국립민속박물관 :『오백년의 침묵 그리고 환생: 원주변씨출토유물기증전』,2000 년 .
33 김지연、홍나영 :「조선시대 적관 (翟冠) 에 관한 연구」,『복식』, v.60,no.7,2010 년 , pp.74-87.
34 朴聖實:「豊公遺寶圖略 에 나타난 宣祖朝 王室服飾」,『韓國服飾』12 輯，檀國大學石宙善紀念博物館，1994 年，第 105—117 頁。
35 朴洪甲：《〈朝鲜王朝实录〉的意义及编纂方式》，《高丽亚娜》2008 秋季号。
36 안보연、유지은 :「적의본翟衣本신자료 소개」, 국립고궁박물관 편 :『고궁문화』제 5 호 ,2012 년 , pp.127-164.
37 이은주: 「철릭의 명칭에 관한 연구」,『한국의류학회지』,v.12, no.3, 1988 년 , pp.363-371.
38 홍나영、유희경 :「朝鮮王朝 의 王妃法服에 관한 硏究」,『복식』, v.7, no.7,1983 년 , pp.5-19.
39 장인우 :「풍공유보도략 (豊公遺寶圖略) 의 복식사적 의미」,『복식』, v.59, no.10, 2009 년 , pp.124-136.

考古报告

1 北京市昌平区十三陵特区办事处编：《定陵出土文物图典》，北京美术摄影出版社，2006 年。
2 北京市文物工作队：《北京南苑苇子坑明代墓葬清理简报》，《文物》1964 年第 11 期。
3 北京市文物局、北京市文物研究所编：《北京奥运场馆考古发掘报告》，科学出版社，2007 年。
4 北京市文物研究所：《北京华能热电厂明墓发掘简报》，《文物春秋》

2006 年第 6 期。

5 北京市文物研究所:《北京市朝阳区明赵胜夫妇合葬墓发掘简报》,《文物》2008 年第 9 期。

6 北京市文物研究所编著:《北京奥运场馆出土文物》,科学出版社,2008 年。

7 蚌埠市博物展览馆:《明汤和墓清理简报》,《文物》1977 年第 2 期。

8 蔡卫东:《无锡秦燿墓清理简报》,《无锡文博》1996 年第 3 期。

9 长陵发掘委员会工作队:《定陵试掘简报》,《考古通讯》1958 年第 7 期。

10 长陵发掘委员会工作队:《定陵试掘简报(续)》,《考古》1959 年第 7 期。

11 常熟博物馆:《常熟市虞山明温州知府陆润夫妇合葬墓发掘简报》,《东南文化》2004 年第 1 期。

12 常州博物馆:《江苏常州怀德南路明墓发掘简报》,《文物》2013 年第 1 期。

13 常州博物馆:《常州市霍家村明墓的清理》,《常州文博》2010 年第 1 期。

14 常州市博物馆:《常州市区明墓群的发掘》,《东南文化》2003 年第 11 期。

15 常州市博物馆:《常州市广成路明墓的清理》,《东南文化》2006 年第 2 期。

16 常州市考古研究所:《江苏常州花园底明代白氏家族墓发掘简报》,《东南文化》2014 年第 6 期。

17 陈钦源、王良田:《河南商丘市发现明武略将军墓》,《华夏考古》2008 年第 1 期。

18 陈文华:《明益王朱祐槟墓发掘简报》,《文物工作资料》1973 年第 2 期。

19 陈文华:《江西新建明朱权墓发掘》,《考古》1962 年第 4 期。

20 程崇勋:《巴中明墓清理记》,《四川文物》1991 年第 6 期。

21 程应麟、薛尧:《新建县发现明代江西宁王府郡主墓》,《文物工作资料》1962 年第 3 期。

22 成都市文物考古研究所:《成都明代蜀僖王陵发掘简报》,《文物》2002 年第 4 期。

23 成都市文物考古研究所：《明蜀定王次妃王氏墓》，《成都考古发现（1999）》，科学出版社，2001 年，第 295—314 页。

24 成都文物考古研究所：《成都市三圣乡明蜀“怀王”墓》，《成都考古发现（2005）》，科学出版社，2007 年，第 382—428 页。

25 成都文物考古研究所、金牛区文物管理所：《成都凤凰山明蜀王妃墓》，《成都考古发现（2008）》，2010 年，科学出版社，第 489—495 页。

26 成都文物考古研究所、双流县文物管理所：《双流县黄龙溪镇明蜀藩王墓调查与试掘报告》，《成都考古发现（2011）》，科学出版社，2013 年，第 521—561 页。

27 重庆市博物馆：《重庆明玉珍墓（叡陵）发掘报告》，《明玉珍及其墓葬研究》，重庆地方史资料组，1982 年，第 1—35 页。

28 重庆市博物馆：《四川重庆明玉珍墓》，《考古》1986 年第 9 期。

29 大同市博物馆：《大同金代阎德源墓发掘简报》，《文物》1978 年第 4 期。

30 大同市考古研究所：《大同明代甘固总兵夫妇合葬墓》，《文物世界》2002 年第 4 期。

31 大同市文物陈列馆、山西云冈文物管理所：《山西省大同市元代冯道真、王青墓清理简报》，《文物》1962 年第 10 期。

32 德安县博物馆：《江西德明代安熊氏墓清理简报》，《南方文物》1994 年第 4 期。

33 德安县博物馆：《江西德明代安熊氏墓清理简报》，《文物》1994 年第 10 期。

34 丁茂松：《彭泽清理一座明监察御史墓》，《南方文物》1990 年第 1 期。

35 方晖：《安徽歙县明代贵夫人墓》，《中原文物》2003 年第 4 期。

36 福建省博物馆编：《福州南宋黄昇墓》，文物出版社，1982 年。

37 傅文琪、李梅、刘玖莉：《明秦藩王墓前石刻调查与研究》，赵毅、林凤萍主编：《第七届明史国际学术讨论会论文集》，东北师范大学出版社，1999 年，第 691—702 页。

38 甘肃省博物馆：《兰州市上西园明墓清理简报》，《考古》1960 年第 3 期。

39 甘肃省博物馆、漳县文化馆：《甘肃漳县元代汪世显家族墓葬——简报之一》，《文物》1982 年第 2 期。
40 甘肃省文物管理委员会:《兰州上西园明彭泽墓清理简报》,《考古通讯》1957 年第 1 期。
41 甘肃省文物考古研究所：《兰州市兰工坪明戴廷仁夫妇墓》，《文物》1998 年第 8 期。
42 高振卫：《江阴璜塘明徐君峰夫妇墓清理简报》，《江阴文博》1999 年创刊号。
43 贵州省博物馆:《遵义高坪“播州土司”杨文等四座墓葬发掘记》,《文物》1974 年第 1 期。
44 郭远谓：《南昌明宁康王次妃冯氏墓》，《考古》1964 年第 4 期。
45 何莉：《江西南昌市出土明代阌乡县君朱氏墓》，《南方文物》2013 年第 4 期。
46 胡义慈：《玉山县发现明墓一座》，《文物工作资料》1962 年第 4 期。
47 湖北省文物考古研究所编著，王善才主编：《张懋夫妇合葬墓》，科学出版社，2007 年。
48 湖北省文物考古研究所、荆门市博物馆、钟祥市博物馆：《湖北钟祥明代梁庄王墓发掘简报》，《文物》2003 年第 5 期。
49 湖北省文物考古研究所、荆门市博物馆、钟祥市博物馆编著：《郢靖王墓》，文物出版社，2016 年。
50 湖北省文物考古研究所、武汉市文物考古研究所、武汉市江夏区博物馆:《武昌龙泉山明代楚昭王墓发掘简报》，《文物》2003 年第 2 期。
51 湖北省文物考古研究所、钟祥市博物馆编著:《梁庄王墓》,文物出版社,2007 年。
52 黄炳煜：《江苏泰州西郊明胡玉墓出土文物》，《文物》1992 年第 8 期。
53 黄文宽：《戴缙夫妇墓清理报告》，《考古学报》1957 年第 3 期。
54 姬乃军：《延安明杨如桂墓》，《文物》1993 年第 2 期。
55 济南市文化局文物处、长清县文物管理所：《山东长清县明德王墓群发掘简报》，《考古学集刊》第11集，中国大百科全书出版社，1997年，第221—241页。
56 江苏省淮安县博物馆：《淮安县明代王镇夫妇合葬墓清理简报》，《文物》1987年第3期。
57 江西广昌县博物馆：《明代布政使吴念虚夫妇合葬墓清理简报》，《文物》1993年第2期。
58 江西南昌市博物馆：《江西南昌市江联小区明墓发掘简报》，《南方文物》2013年第4期。
59 江西省博物馆：《江西南城明益王朱祐槟墓发掘报告》，《文物》1973年第3期。
60 江西省博物馆：《江西玉山、临川和永修县明墓》，《考古》1973年第5期。
61 江西省博物馆、南城县博物馆、新建县博物馆、南昌市博物馆编：《江西明代藩王墓》，文物出版社，2010年。
62 江西省历史博物馆、南城县文物陈列室：《南城明益宣王夫妇合葬墓》，《江西历史文物》1980年第3期。
63 江西省文物工作队：《江西南城明益定王朱由木墓发掘简报》，《文物》1983年第2期。
64 江西省文物工作队：《江西南城明益宣王朱翊鈏夫妇合葬墓》，《文物》1982年第8期。
65 江西省文物工作队、南城县文物陈列室：《南城县明益定王朱由木墓发掘记实》，《江西历史文物》1982年第4期。
66 江西省文物管理委员会：《江西南城明益庄王墓出土文物》，《文物》1959年第1期。
67 江西省文物考古研究所：《南昌明代宁靖王夫人吴氏墓发掘简报》，《文物》2003年第2期。
68 江阴博物馆：《江苏江阴叶家宕明墓发掘简报》，《文物》2009年第8期。
69 江阴市博物馆：《江苏江阴明代薛氏家族墓》，《文物》2008年第1期。

70 金琦:《无锡惠山发现明代夫妇合葬墓》,《考古通讯》1956年第3期。
71 荆州博物馆:《湖北荆州明湘献王墓发掘简报》,《文物》2009年第4期。
72 荆州地区博物馆、江陵县文物局:《江陵八岭山明代辽简王墓发掘简报》,《考古》1995年第8期。
73 荆州地区博物馆、石首市博物馆:《湖北石首市杨溥墓》,《江汉考古》1997年第3期。
74 考古研究所通讯组:《北京西郊董四墓村明墓发掘记——第一号墓》,《科学通报》1951年第12期。
75 考古研究所通讯组:《北京西郊董四墓村明墓发掘记——第一号墓》,《文物参考资料》1952年第2期。
76 李从喜:《湖北蕲春县西驿明代墓葬》,《考古》1995年第9期。
77 李德文:《合肥明初何杨氏墓》,《文物研究》第4期,黄山书社,1988年,第145—151页。
78 李科友、彭适凡:《明昭勇将军戴贤夫妇合葬墓》,《考古》1984年第10期。
79 辽宁省博物馆文物队、鞍山市文化局文物组:《鞍山倪家台明崔源族墓的发掘》,《文物》1978年第11期。
80 林嘉华:《江阴明代承天秀墓清理简报》,《东南文化》1988年第1期。
82 林嘉华:《江阴明陆氏家族墓清理简报》,《无锡文博》1994年第2期。
81 林嘉华:《江阴磨盘墩明承氏家族墓》,《无锡文博》1993年第3期。
83 刘恩元:《贵州思南明代张守宗夫妇墓清理简报》,《文物》1982年第8期。
84 刘霞:《南阳明故溆水郡主墓》,《东南文化》2004年第5期。
85 刘毅:《甘肃榆中明肃庄王陵墓调查》,《中原文物》2012年第3期。
86 鲁怒放:《余姚明代袁炜墓出土文物》,《东方博物》第25辑,浙江大学出版社,2007年,第41—48页。
87 南昌市博物馆筹备组:《南昌市郊塘山发掘一座明墓》,《江西历史文物》1983年第3期。

88 南京博物院：《江苏吴县洞庭山发掘清理明许裕甫墓》，《文物》1977年第3期。
89 南京市博物馆、江宁区博物馆：《南京将军山明代沐昂侧室邢氏墓及M21发掘简报》，《东南文化》2013年第2期。
90 南京市博物馆、江宁区博物馆：《南京将军山明代沐昂夫妇合葬墓及M6发掘简报》，《东南文化》2013年第2期。
91 南京市博物馆、江宁区博物馆：《南京将军山明代沐斌夫妇合葬墓发掘简报》，《东南文化》2013年第2期。
92 南京市博物馆、江宁区博物馆：《南京江宁将军山明代沐斌夫人梅氏墓发掘简报》，《文物》2014年第5期。
93 南京市博物馆、雨花台区文管会：《江苏南京市邓府山明佟卜年妻陈氏墓》，《考古》1999年第10期。
94 南京市博物馆、雨花台区文化局：《江苏南京市戚家山明墓发掘简报》，《考古》1999年第10期。
95 南京市博物馆、雨花台区文化局：《江苏南京市唐家凹明代张云墓》，《考古》1999年第10期。
96 南京市博物馆、雨花台区文化局：《南京小行明蔡国公夫人武氏墓》，南京市博物馆编：《南京文物考古新发现：南京历史文化新探二》，江苏人民出版社，2006年，第149—154页。
97 南京市博物馆：《江苏南京白马村明代仇成墓发掘简报》，《文物》2014年第9期。
98 南京市博物馆：《江苏南京发现明代太监怀忠墓》，《考古》1993年第7期。
99 南京市博物馆：《江苏南京市板仓村明墓的发掘》，《考古》1999年第10期。
100 南京市博物馆：《江苏南京市明蕲国公康茂才墓》，《考古》1999年第10期。
101 南京市博物馆：《江苏南京市明黔国公沐昌祚、沐睿墓》，《考古》

1999 年第 10 期。

102　南京市博物馆：《江苏南京市南郊两座大型明墓的清理》，《考古》1999 年第 10 期。

103　南京市博物馆：《明中山王徐达家族墓》，《文物》1993 年第 2 期。

104　南京市博物馆：《南京邓府山明代福清公主家族墓》，《南方文物》2000 年第 2 期。

105　南京市博物馆：《南京明代吴祯墓发掘简报》，《文物》1986 年第 9 期。

106　南京市博物馆：《南京明汪兴祖墓清理简报》，《考古》1972 年第 4 期。

107　南京市博物馆：《南京幕府山宋墓清理简报》，《文物》1982 年第 3 期。

108　南京市博物馆：《南京南郊明墓清理简报》，《南方文物》1997 年第 1 期。

109　南京市博物馆：《南京市两座明墓的清理简报》，《华夏考古》2001 年第 2 期。

110　南京市文物保管委员会、南京市博物馆：《明徐达五世孙徐俌夫妇墓》，《文物》1982 年第 2 期。

111　南京市文物保管委员会：《南京江宁县明沐晟墓清理简报》，《考古》1960 年第 9 期。

112　南京市文物保管委员会：《南京太平门外岗子村明墓》，《考古》1983 年第 6 期。

113　南京市文物保管委员会：《南京中华门外明墓清理简报》，《考古》1962 年第 9 期。

114　南开大学考古学与博物馆学系、淄博市文物事业管理局、周村区文物管理所：《山东淄博周村汇龙湖明代墓地发掘简报》，《中国国家博物馆馆刊》2015 年第 2 期。

115　内蒙古自治区文物考古研究所、哲里木盟博物馆编：《辽陈国公主墓》，文物出版社，1993 年。

116　宁夏文物考古研究所、中国丝绸博物馆、盐池县博物馆编著：《盐池冯记圈明墓》，科学出版社，2010 年。

117　蕲春县博物馆：《蕲春县西河驿石粉厂明墓清理简报》，《江汉考古》

1992 年第 1 期。
118 钱宗奎：《明龚勉墓出土的文物》，《无锡文博》1993 年第 1 期。
119 潜江市博物馆：《潜江刁市祈湾村明墓清理简记》，《江汉考古》1995 年第 2 期。
120 山东省博物馆：《发掘明朱檀墓纪实》，《文物》1972 年第 5 期。
121 山东博物馆、山东省文物考古研究所编：《鲁荒王墓》，文物出版社，2014 年。
122 山东邹县文物保管所：《邹县元代李裕庵墓清理简报》，《文物》1978 年第 4 期。
123 陕西省考古研究所、西北大学文博学院：《西安明代秦藩辅国将军朱秉橘家族墓》，《文物》2007 年第 2 期。
124 陕西省文物管理委员会：《长安四府井村明安僖王墓清理简报》，《考古通讯》1956 年第 5 期。
125 上海博物馆：《上海浦东明陆氏墓记述》，《考古》1985 年第 6 期。
126 上海博物馆考古研究部、上海市松江博物馆：《上海市松江区明墓发掘简报》，《文物》2003 年第 2 期。
127 上海博物馆考古研究部：《上海市松江区华阳明代墓群发掘简报》，《上海博物馆集刊》第 9 期，上海书画出版社，2002 年，第 640—651 页。
128 上海市文物保管委员会：《上海市郊明墓清理简报》，《考古》1963 年第 11 期
129 上海市文物管理委员会：《上海宝山明朱守城夫妇合葬墓》，《文物》1992 年第 5 期。
130 上海市文物管理委员会：《上海市卢湾区明潘氏墓发掘简报》，《考古》1961 年第 8 期。
131 上海市文物管理委员会编：《上海明墓》，文物出版社，2009 年。
132 邵磊、骆鹏：《明宪宗孝贞皇后王氏家族墓的考古发现与初步研究》，《东南文化》2013 年第 5 期。
133 石家庄市文物保管所：《石家庄市郊陈村明代壁画墓清理简报》，《考

古》1983 年第 10 期。

134 四川省博物馆、剑阁县文化馆：《明兵部尚书赵炳然夫妇合葬墓》，《文物》1982 年第 2 期。

135 四川省文管会、绵阳市文化局、平武县文保所：《四川平武明王玺家族墓》，《文物》1989 年第 7 期。

136 四川省文物管理委员会：《成都白马寺第六号明墓清理简报》，《文物参考资料》1956 年第 10 期。

137 四川省文物管理委员会：《四川新都县发现明代软体尸墓》，《考古通讯》1957 年第 2 期。

138 苏州博物馆：《苏州虎丘明墓清理简报》，《东南文化》1997 年第 1 期。

139 苏州博物馆考古组、太仓县博物馆：《苏州太仓县明黄元会夫妇合葬墓》，《考古》1987 年第 3 期。

140 苏州市博物馆：《苏州虎丘王锡爵墓清理纪略》，《文物》1975 年第 3 期。

141 苏州市文物保管委员会、苏州博物馆：《苏州吴张士诚母曹氏墓清理简报》，《考古》1965 年第 6 期。

142 泰州市博物馆：《江苏泰州明代刘鉴家族墓发掘简报》，《文物》2016 年第 6 期。

143 泰州市博物馆：《江苏泰州明代刘湘夫妇合葬墓清理简报》，《文物》1992 年第 8 期。

144 泰州市博物馆：《江苏泰州明代墓葬清理简报》，《东南文化》2007 年第 3 期。

145 泰州市博物馆：《江苏泰州森森庄明墓发掘简报》，《文物》2013 年第 11 期。

146 泰州市博物馆：《江苏泰州市明徐蕃夫妇墓清理简报》，《文物》1986 年第 9 期。

147 泰州市博物馆：《泰州市北宋墓群清理》，《东南文化》2006 年第 5 期。

148 天津市文化局考古发掘队：《河北阜城明代廖纪墓清理简报》，《考古》1965 年第 2 期。

149 铜梁县文管所：《四川铜梁明张文锦夫妇合葬墓清理简报》，《文物》1986 年第 9 期。
150 万德强：《丰城县发现明万历八年墓葬》，《江西历史文物》1982 年第 4 期。
151 万为民：《江西新建朱宸浯夫妇合葬墓》，《南方文物》1992 年第 3 期。
152 王翰章：《明秦藩王墓群调查记》，《陕西历史博物馆馆刊》第 2 辑，三秦出版社，1995 年，第 188—194 页。
153 王文径：《明户、工二部侍郎卢维祯墓》，《东南文化》1989 年第 3 期。
154 王艳玲：《海淀香山军科院明太子墓发掘简报》，《北京文物与考古》第 5 辑，北京燕山出版社，2002 年，第 68—72 页。
155 无锡市博物馆、无锡县文物管理委员会：《江苏无锡县明华师伊夫妇墓》，《文物》1989 年第 7 期。
156 无锡市博物馆：《江苏无锡市元墓中出土的一批文物》，《文物》1964 年第 12 期。
157 无锡市博物馆：《江苏无锡青山湾明黄钺家族墓》，《考古学集刊》第 3 集，中国社会科学出版社，1983 年，第 205—217 页。
158 无锡市锡山区文管办：《鸿声前房桥钱氏家族墓清理简报》，《东南文化》2007 年第 1 期。
159 吴海红：《嘉兴王店李家坟明墓清理报告》，《东南文化》2009 年第 2 期。
160 吴炜：《扬州两座明墓》，《扬州文博》1999 年第 3 期。
161 吴聿明：《太仓南转村明墓及出土古籍》，《文物》1987 年第 3 期。
162 伍德煦、陈东屏、徐功元：《甘肃省文县鹄衣坝明墓清理所见》，《甘肃中医学院学报》1987 年第 2 期。
163 武汉市文物考古研究所、武汉市江夏区博物馆：《武汉江夏二妃山明景陵王朱孟炤夫妻墓发掘简报》，《江汉考古》2010 年第 2 期。
164 武汉市文物考古研究所：《武汉市明通城王朱英焀家族墓地发掘简报》，《江汉考古》2014 年第 6 期。
165 武进市博物馆：《武进明代王洛家族墓》，《东南文化》1999 年第 2 期。

166 西安市文物保护考古所：《西安南郊皇明宗室汧阳端懿王朱公鐕墓清理简报》，《考古与文物》2001 年第 6 期。
167 襄樊市考古队、谷城县博物馆、南漳县博物馆：《明襄阳王墓调查》，《江汉考古》1999 年第 4 期。
168 肖琦：《明兵部尚书阎仲宇夫妇合葬墓》，《文博》1993 年第 3 期。
169 小屯：《刘娘井明墓的清理》，《文物参考资料》1958 年第 5 期。
170 谢涛：《成都市潘家沟村明蜀王、王妃墓》，中国考古学会编：《中国考古学年鉴（1998）》，文物出版社，2000 年，第 224—225 页。
171 辛德文：《合肥明初何杨氏墓》，《文物研究》第 4 期，黄山书社，1988 年，第 145—151 页。
172 徐长青:《盛妆出土的大明王妃——宁靖王妃吴氏墓》,李玉英主编:《故园寻踪——考古大发现》，江西人民出版社，2011 年，第 238—250 页。
173 徐兴万、余家栋、刘林：《明乐安昭定王墓清理记实》，《南方文物》1993 年第 3 期。
174 许成、吴峰云：《同心县任庄村明代王陵》，中国考古学会编：《中国考古学年鉴（1984）》，文物出版社，1984 年，第 175—176 页。
175 许智范：《厚葬竞奢华，金玉夸豪富——明代藩王及其家族墓》，李玉英主编：《故园寻踪——考古大发现》，江西人民出版社，2011 年，第 223—237 页。
176 薛尧:《南城县株良发现明代王墓》,《文物工作资料》1964 年第 2 期。
177 薛尧：《江西南城明墓出土文物》，《考古》1965 年第 6 期。
178 杨豪、邓小红：《广东四会发现三座明墓》，《考古》1994 年第 2 期。
179 杨新民：《常熟城郊发现明代墓葬》，《东南文化》1991 年第 6 期。
180 院文清、周代玮、龙永芳：《湖北省钟祥市明代郢靖王墓发掘收获重大》，《江汉考古》2007 年第 3 期。
181 云南省博物馆文物工作队：《云南昆明虹山明墓发掘简报》，《文物》1983 年第 2 期。
182 云南省文物工作队：《云南呈贡王家营明清墓清理报告》，《考古》

1965 年第 4 期。

183 张光华：《明钟雪松家族墓发掘实录》，《南方文物》2003 年第 1 期。

184 张家口地区文物管理处、赤城县博物馆：《赤城马营明代墓葬群清理简报》，《文物春秋》1993 年第 2 期。

185 张先得、刘精义、呼玉恒：《北京市郊明武清侯李伟夫妇墓清理简报》，《文物》1979 年第 4 期。

186 漳县文化馆：《甘肃漳县元代汪世显家族墓葬——简报之二》，《文物》1982 年第 2 期。

187 赵世纲：《杞县高高山明墓清理简报》，《文物参考资料》1957 年第 8 期。

188 浙江省文物考古研究所、长兴县文物保护管理所：《浙江长兴石泉明墓发掘简报》，《文物》2015 年第 7 期。

189 镇江市博物馆、金坛县文管会：《江苏金坛南宋周瑀墓发掘简报》，《文物》1977 年第 7 期。

190 郑州市文物考古研究所、登封市文物局：《登封卢店明代壁画墓》，《中原文物》1999 年第 4 期。

191 中国科学院考古研究所京郊发掘团通讯组：《北京董四墓村明墓发掘续记——第二号墓》，《文物参考资料》1952 年第 2 期。

192 中国社会科学院考古研究所、定陵博物馆、北京市文物工作队编：《定陵》，文物出版社，1990 年。

193 中国社会科学院考古研究所、四川省博物馆、成都明墓发掘队：《成都凤凰山明墓》，《考古》1978 年第 5 期。

194 周迪人、周旸、杨明著：《德安南宋周氏墓》，江西人民出版社，1999 年。

195 周伟民：《浙江桐乡濮院杨家桥明墓发掘简报》，《东方博物》第 25 辑，浙江大学出版社，2007 年，第 49—57 页。

196 周意群：《安吉明代吴麟夫妇墓》，《东方博物》第 51 辑，中国书店，2014 年，第 35—50 页。

197 朱江、李鉴昭、倪振逵：《无锡青山湾明许姓墓发掘简报》，《考古通讯》1955 年第 2 期。

198 朱敏：《常州王家村明代墓葬初探》，《常州文博》2009年第2期。
199 朱卫红：《湖南麻阳发现窖藏金银器》，《湖南省博物馆馆刊》第6辑，岳麓书社，2009年，第473—474页。
200 朱亦梅：《兰州晏家坪明肃藩系延长王墓葬发掘记》，《东方收藏》2012年第5期。
201 朱振文、夏天霞：《安徽滁州市南小庄发现明墓》，《考古》1996年第11期。

研究论文

1 白宁：《由汪兴祖玉带特点论及明代玉带规制》，《南方文物》1997年第4期。
2 白维国：《〈金瓶梅〉风俗谈：服饰掇琐》，《文史知识》2007年第5期。
3 白维国：《〈金瓶梅〉风俗谈：方巾、小帽》，《文史知识》2007年第6期。
4 柏桦、李倩：《论明代〈诸司职掌〉》，《西南大学学报（社会科学版）》2014年第4期。
5 包铭新、李晓君：《“天鹿锦”或“麒麟补”》，《故宫博物院院刊》2012年第5期。
6 伯希和：《真腊风土记笺注》，冯承钧译：《西域南海史地考证译丛七编》，中华书局，1957年，第120—171页。
7 常建华：《论明代社会生活性消费风俗的变迁》，《南开学报》1994年第4期。
8 常建华：《宗族与风俗：明代中后期社会变迁的缩影——以浙江余姚江南徐氏为例》，《吉林大学社会科学学报》2008年第4期。
9 钞晓鸿：《明清人的“奢靡”观念及其演变——基于地方志的考察》，《历史研究》2002年第4期。
10 陈宝良：《蒙元遗俗与明人日常生活——兼论民族间物质与精神文化的双向交融》，《安徽史学》2016年第1期。

11 陈宝良:《清初士大夫遗民的头发衣冠情结及其心理分析》,《安徽史学》2013 年第 4 期。

12 陈春:《蕲春出土明代金首饰装饰题材举隅》,《湖南省博物馆馆刊》第 10 辑,岳麓书社,2014 年,第 348—357 页。

13 陈定荣、张定福:《明代曾凤彩缎补官服》,《贵州社会科学》1980 年第 2 期。

14 陈芳:《晚明女子头饰“卧兔儿”考释》,《艺术设计研究》2012 年第 3 期。

15 陈芳:《明代女子服饰“披风”考释》,《艺术设计研究》2013 年第 2 期。

16 陈建平:《出土明代玉圭:大明王朝恢复汉制的实物例证》,《东方收藏》2010 年第 5 期。

17 陈建平:《玉佩琼琚触眼明:明代组玉佩赏析》,《收藏家》2007 年第 6 期。

18 陈娟娟:《记“天鹿锦”》,《文物参考资料》1958 年第 9 期。

19 陈世松:《明代蜀藩宗室考》,《西华大学学报(哲学社会科学版)》2011 年第 2 期。

20 陈学文:《〈敬所笔记〉小序》,《民俗研究》1989 年第 4 期。

21 陈学文:《明代中叶民情风尚习俗及一些社会意识的变化》,《驻马店师专学报》1986 年第 2 期。

22 戴立强:《明代品官“补子”新探》,《辽海文物学刊》1995 年第 2 期。

23 戴立强:《〈明史·舆服志〉正误二十六例》,《辽海文物学刊》1997 年第 1 期。

24 戴立强:《“天鹿锦”与“天鹿补子”年代及用途考》,《社会科学辑刊》1996 年增刊,第 205—207 页。

25 党宝海、杨玲:《腰线袍与辫线袄——关于古代蒙古文化史的个案研究》,《西域历史语言研究集刊》第 2 辑,科学出版社,2009 年,第 29—48 页。

26 刁统菊:《白绫衫照月光殊——由〈金瓶梅〉及相关史料看明代元宵节妇女服饰民俗》,《枣庄师范专科学校学报》2002 年第 6 期。

27 丁文月：《明代霞帔研究》，《苏州工艺美术职业技术学院学报》2012年第1期。

28 丁艳芳：《〈金瓶梅词话〉男子服饰新探》，《南方文物》2012年第4期。

29 董晓荣：《元代蒙古族所着半臂形制及其对明清服饰的影响》，《甘肃民族研究》2009年第4期。

30 董晓荣：《元代蒙古族所着半臂形制研究》，《内蒙古民族大学学报（社会科学版）》2010年第5期。

31 董新林：《明代诸侯王陵墓初步研究》，《中国历史文物》2003年第4期。

32 段涛涛、王宏彬、张洪林、罗莎：《金黄璀璨的夕唱：蕲春明代荆王府墓出土金银器撷珍》，《收藏家》2014年第6期。

33 范金民：《〈娄东刘家港天妃宫石刻通番事迹记〉校读》，朱诚如、王天有主编：《明清论丛》第10辑，紫禁城出版社，2010年，第337—345页。

34 范金民、夏维中：《明代中央织染机构考述》，《明史研究》第4辑（庆贺王毓铨先生85华诞暨从事学术研究60周年专辑），黄山书社，1994年，第44—50页。

35 方晨、周长源：《扬州出土的明清金首饰》，《东南文化》2003年第8期。

36 方志远：《"冠带荣身"与明代国家动员——以正统至天顺年间赈灾助饷为中心》，《中国社会科学》2013年第12期。

37 费琅：《瀛涯胜览中之麒麟》，冯承钧译：《西域南海史地考证译丛续编》，商务印书馆，1934年，第127—131页。

38 傅萌：《明定陵孝靖皇后百子衣研制报告》，首都博物馆编：《首都博物馆馆藏纺织品保护研究报告》，文物出版社，2009年，第104—135页。

39 高敏、华强：《明代命妇冠服制度研究——以常州王洛家族墓出土纺织品为例》，《艺术生活》2013年第3期。

40 高塽：《明代宫廷用玉略说：明代江西藩王墓出土的玉器及嵌宝石金饰》，《收藏》2014年21期。

41 葛兆光：《大明衣冠今何在》，《史学月刊》2005年第10期。

42 龚巨平：《明宝庆公主墓葬的清理及明代公主墓葬制度分析——兼释赵伯容墓志》，《东南文化》2011年第1期。

43 顾苏宁：《南京高淳县花山宋墓出土丝织品服饰的初步认识》，南京市博物馆编:《学耕文获集——南京市博物馆论文选》,江苏人民出版社，2008年，第52—69页。

44 顾苏宁、徐佩佩：《南京市博物馆藏金镶玉文物浅析》，《华夏考古》2011年第4期。

45 郭亶伯：《明代户部尚书马森墓出土丝织品的研究》，《丝绸》1985年第10期、第11期、第12期。

46 郭永利：《两件明崇祯五年金累丝嵌白玉观音造像簪及其相关问题》，郑炳林主编:《佛教艺术与文化国际学术研讨会论文集》，三秦出版社，2009年，第207—215页。

47 郭永利：《明肃藩王妃金累丝嵌宝石白玉观音簪》，《敦煌研究》2008年第2期。

48 韩敏敏：《瑞兽祥禽画衣冠，黼黻灿烂文章鲜：山东博物馆藏明代服饰赏鉴》，《收藏家》2012年第10期。

49 韩佺:《明代江西宗藩墓葬玄宫制度浅论》,《南方文物》2010年第4期。

50 何继英:《上海考古出土的霞帔坠饰》,《上海文博论丛》2004年第3期。

51 何继英：《上海明代墓葬概述》，《上海博物馆集刊》第9期，上海书画出版社，2002年，第653—666页。

52 何继英：《上海明墓出土补子》，《上海文博论丛》2002年第2期。

53 何莉：《额上风情——从南昌市江联小区明墓出土玉饰片论及明代妇女头箍》，《南方文物》2013年第4期。

54 何淑宜:《皇权与礼制:明嘉靖朝的郊祀礼改革》,《中央史论》第22辑，韩国中央史学会，2005年，第71—98页。

55 贺云翱：《江苏明代墓葬的发现及类型学分析》，《南方文物》2001年第2期。

56 侯杰、胡伟：《剃发·蓄发·剪发——清代辫发的身体政治史研究》，《学术月刊》2005 年第 10 期。

57 胡桂梅：《北京艺术博物馆藏龙纹补子分析：兼论明代皇室成员龙纹胸背及补子的使用》，《收藏家》2015 年第 2 期。

58 胡汉生：《试论明代袍式衮服的性质及服用场合》，《北京文博文丛》2001 年第 1 期。

59 黄凤春：《湖北蕲春出土一件明代朱书文字上衣》，《文物》1999 年第 8 期。

60 黄明兰：《明朝伊藩王世系补正》，《河南师大学报》1980 年第 3 期。

61 黄维敏：《蟒衣逾制与晚明小说的民间书写》，《四川师范大学学报（社会科学版）》2012 年第 3 期。

62 霍华：《南京地区明代功臣贵族墓出土洪武瓷刍论——兼论出土的其它瓷器》，《东南文化》2011 年第 1 期。

63 霍巍：《论江西明代后期藩王墓葬的形制演变》，《东南文化》1991 年第 1 期。

64 江兰英：《从〈醒世姻缘传〉看明代晚期服饰》，《南方文物》2009 年第 2 期。

65 金来恩、田娟：《明朝赣地藩王及其墓葬》，《南方文物》2004 年第 3 期。

66 鞠明库：《〈诸司职掌〉与明代会典的纂修》，《史学史研究》2006 年第 2 期。

67 鞠明库：《试论明代会典的纂修》，《西南大学学报（社会科学版）》2007 年第 6 期。

68 李白军、高峰、高松、古顺芳：《大同明代懿王夫妇合葬墓墓志考》，《文物世界》2001 年第 5 期。

69 李莉莎：《“质孙”对明代服饰的影响》，《内蒙古大学学报（哲学社会科学版）》2010 年第 4 期。

70 李娉、吕健：《吉光凤羽——孔府旧藏之明代红色湖绸斗牛袍》，《文物鉴定与鉴赏》2014 年第 1 期。

71 李小波、宋上上:《中国国家博物馆藏〈王琼事迹图册〉像主的再考察》,《中国国家博物馆馆刊》2020年第12期。

72 李英华:《从江苏泰州出土文物看明代服饰》,《收藏家》1995年第5期。

73 李永强:《北京明代考古回顾与展望》,《北京文博文丛》2015年第2期。

74 李之檀、陈晓苏、孔繁云:《珍贵的明代服饰资料——〈明宫冠服仪仗图〉整理研究札记》,《艺术设计研究》2014年第1期。

75 力子:《明黔国公沐睿墓辨讹》,《东南文化》2012年第4期。

76 梁柱:《明梁庄王墓金首饰臂饰与服饰浅议:梁庄王墓出土文物赏析之二》,《收藏家》2007年第8期。

77 梁柱《明梁庄王墓金银容器与用具略说:梁庄王墓出土文物赏析之一》,《收藏家》2007年第7期。

78 林健:《甘肃省博物馆藏明肃王家族墓志考略》,《陇右文博》2002年第1期。

79 林健:《明代兰州肃藩家族金银器》,《湖南省博物馆馆刊》第3期,岳麓书社,2006年,第114—117页。

80 林丽月:《大雅将还:从"苏样"服饰看晚明的消费文化》,《明史研究论丛》第6辑(中国社科院历史所暨明史研究室成立50周年纪念专辑),黄山书社,2004年,第194—208页。

81 林丽月:《故国衣冠:鼎革易服与明清之际的遗民心态》,《历史学报》2002年第30期。

82 林丽月:《明代禁奢令初探》,《历史学报》1994年第22期。

83 林丽月:《世变与秩序:明代社会风尚相关研究述评》,《明代研究通讯》2001年第4期。

84 林丽月:《万发俱齐——网巾与明代社会文化的几个面向》,胡晓真、王鸿泰编:《日常生活的论述与实践》,允晨文化实业股份有限公司,2011年,第147—181页。

85 林丽月:《衣裳与风教——晚明的服饰风尚与"服妖"议论》,《新史学》第10卷,1999年第3期,第111—157页。

86 林梅村：《珠宝艺术与中外文化交流》，《考古与文物》2014 年第 1 期。
87 刘精义、鲁琪：《明代妃嫔陵园及圹志》，《故宫博物院院刊》1980 年第 2 期。
88 刘霞：《南阳明溵水郡主墓出土的一批金器》，《中原文物》2007 年第 1 期。
89 陆锡兴：《明代巾、簪之琐论》，《南方文物》2009 年第 2 期。
90 陆锡兴：《明梁庄王墓帽顶之研究——兼论元明时代大帽和帽顶》，《南方文物》2012 年第 4 期。
91 逯杏花：《明朝对李氏朝鲜的冠服给赐》，《辽东学院学报(社会科学版)》2010 年第 5 期。
92 罗玮：《明代的蒙元服饰遗存初探》，《首都师范大学学报(社会科学版)》2010 年第 3 期。
93 吕叔湘：《释“主腰”》，《语文研究》1983 年第 2 期。
94 马晓菲：《明朝对朝鲜半岛政权的赐服探析》，《求索》2012 年第 2 期。
95 闵萍：《宜昌市东山明墓出土女尸服饰图案浅析》，湖南省文物考古研究所、湖南考古学会合编：《湖南考古辑刊》第 7 集，求索杂志社，1999 年，第 340—345 页。
96 穆朝娜：《明代胡人戏狮纹玉带板及相关问题的探讨》，《文物春秋》2010 年第 1 期。
97 穆益勤：《明代宫廷绘画——〈宣宗行乐图〉》，《故宫博物院院刊》1983 年第 2 期。
98 纳春英：《明赐服制初探——以播州宣慰司杨氏的赐服为例》，《历史教学》2007 年第 12 期。
99 纳春英：《明中央与西南土司关系：以赐服制为中心的考察》，《广西民族大学学报（哲学社会科学版）》2008 年第 1 期。
100 南京市博物馆、苏州丝绸博物馆：《明代缎地麒麟纹曳撒与梅花纹长袍的修复与研究》，《华夏考古》2004 年第 3 期。
101 牛犁、崔荣荣、高卫东：《网巾与明代社会变迁》，《江西社会科学》

2013年第4期。
102 潘耀:《从泰州出土服饰管窥明代冠服制》,《东方收藏》2011年第9期。
103 庞乃明:《明代中国人的欧洲称谓述略》,《历史教学》2004年第6期。
104 彭林:《朝鲜〈国朝五礼仪〉与中国古礼》,《国际汉学》第5辑,大象出版社,2000年,第189—202页。
105 谯慧:《边域金饰流光溢彩:云南呈贡王家营出土金器》,《收藏家》2011年第9期。
106 阙碧芬:《明代宫廷丝绸设计与风格演变》,《故宫学刊》第8辑,故宫出版社,2012年,第123—131页。
107 阙碧芬:《明代起绒织物探讨》,《东华大学学报(社会科学版)》2006年第3期。
108 森正夫著,王翔译:《由地方志所见明末社会秩序的变动》,《琼州大学学报(社会科学版)》1998年第2期。
109 山根幸夫撰,熊远报译:《明代的会典》,《明史研究论丛》第6辑(中国社会科学院历史所暨明史研究室成立50周年纪念专辑),黄山书社,2004年,第43—55页。
110 邵军、张驰:《故宫博物院藏〈张瀚宦迹图卷〉初步研究》,《艺术设计研究》2016年第2期。
111 邵磊、王泉:《南京出土明代皇族墓志考》,《中国国家博物馆馆刊》2013年第3期。
112 邵磊:《明初开国功臣墓志校正》,《四川文物》2008年第6期。
113 邵磊:《明黔国公沐昌祚墓辨讹及其相关问题——从沐朝辅妻陈氏墓志的发现谈起》,《东南文化》2011年第1期。
114 邵磊:《明中山王徐达家族成员墓志考略》,《南方文物》2013年第4期。
115 盛锦朝:《解读东至出土的龙凤纹玉带板》,《文物天地》2012年第9期。
116 施连山:《明肃王墓考略》,《西北史地》1997年第4期。
117 宋岘:《"回回石头"与阿拉伯宝石学的东传》,《回族研究》1998年第3期。

118 宋岘：《蒙元时期从波斯传到中国的自然科学》，高发元主编：《首届赛典赤研究国际会议论文集》，云南大学出版社，2004 年，第 319—323 页。
119 宋燕：《浅议明代出土玉带板装饰及形制特点》，南京市博物馆编：《学耕文获集——南京市博物馆论文选》，江苏人民出版社，2008 年，第 90—96 页。
120 苏德荣:《明代宗室出土文物的历史价值》,《南方文物》1993 年第 1 期。
121 苏日娜：《蒙元时期蒙古人的袍服》，《内蒙古大学学报（人文社会科学版）》2000 年第 3 期。
122 苏日娜：《蒙元时期蒙古人的袍服与靴子——蒙元时期蒙古族服饰研究之三》，《黑龙江民族丛刊》2000 年第 3 期。
123 苏日娜：《蒙元时期蒙古族的发式与帽冠——蒙元时期蒙古族服饰研究之二》，《黑龙江民族丛刊》2000 年第 2 期。
124 苏日娜：《蒙元时期蒙古族的服饰原料——蒙元时期蒙古族服饰研究之一》，《黑龙江民族丛刊》2000 年第 1 期。
125 孙机：《步摇 · 步摇冠 · 摇叶饰片》，孙机著：《中国圣火——中国古文物与东西文化交流中的若干问题》，辽宁教育出版社，1996 年，第 87—106 页。
126 孙机：《宋元皇后盛饰》，杨泓、孙机著：《寻常的精致——文物与古代生活》，辽宁教育出版社，1996 年，第 39—45 页。
127 孙机：《谈谈狮蛮带》，《文物天地》2000 年第 3 期。
128 孙机、阎德发：《长颈鹿和麒麟》，《化石》1984 年第 2 期。
129 孙机：《玉屏花与玉逍遥》，《文物》2006 年第 10 期。
130 孙汝洁：《周代冕服与周礼》，《管子学刊》2006 年第 4 期。
131 孙卫国：《〈明实录〉与〈李朝实录〉之比较研究》，《求是学刊》2005 年第 2 期。
132 唐汉章、翁雪花：《江阴长泾、青阳出土的明代金银饰》，《文物》2001 年第 5 期。

133 唐文元：《惠水县城关出土明代纺织品介绍》，《贵州省博物馆馆刊》1985年创刊号。

134 滕新才、刘秀兰：《明朝中后期服饰文化特征探析》，《西南民族学院学报（哲学社会科学版）》2000年第8期。

135 万明：《明初“贡市”新证：以〈敬止录〉引〈皇明永乐志〉佚文外国物品清单为中心》，《明史研究论丛》第7辑，紫禁城出版社，2007年，第91—109页。

136 万明：《释“西洋”——郑和下西洋深远影响的探析》，《南洋问题研究》2004年第4期。

137 万水标、陈建平：《礼仪天下，登峰造极：江西出土的明代藩王玉器巡礼》，《东方收藏》2011年第1期。

138 王纪潮：《明代亲王葬制的几个问题》，《文物》2003年第2期。

139 王丽梅：《定陵出土丝织品数字化的意义》，北京市科学技术协会信息中心、北京数字科普协会编：《创意科技助力数字博物馆》，中国传媒大学出版社，2012年，第357—360页。

140 王丽梅：《定陵出土丝织品纹样浅析》，中国明史学会、中国明史学会朱元璋研究会编：《明太祖与凤阳》，黄山书社，2011年，第423—435页。

141 王丽梅：《礼，“辨贵贱，明等威”——浅析万历二后随葬品的差异》，田澍、王玉祥、杜常顺主编：《第十一届明史国际学术讨论会论文集》，天津古籍出版社，2007年，第949—957页。

142 王丽梅：《明定陵出土的带钩》，《紫禁城》2001年第4期。

143 王丽梅：《明定陵出土的服饰与明史研究》，中国明史学会编：《第十三届明史国际学术研讨会论文集》，湖南人民出版社，2011年，第373—382页。

144 王丽梅：《明定陵出土丝织品纹样初探》，《故宫学刊》第8辑，故宫出版社，2012年，第132—145页。

145 王丽梅：《万历皇帝两位皇后发簪的差别》，《紫禁城》2007年第8期。

146 王连海：《万历百子衣中的古代玩具》，《文艺研究》2004 年第 1 期。
147 王宁：《王尊玉贵带精美：江西出土明代藩王玉带板（上）》，《收藏家》2011 年第 2 期。
148 王宁：《王尊玉贵带精美：江西出土明代藩王玉带板（下）》，《收藏家》2011 年第 3 期。
149 王泉、张瑶：《从南京明墓出土组玉佩浅谈明初玉佩制度》，《中国历史文物》2004 年第 3 期。
150 王卫东：《馆藏明代玉器三题》，《文物鉴定与鉴赏》2012 年第 10 期。
151 王文元：《兰州白衣寺塔：明代珍宝大发现》，《东方收藏》2014 年第 2 期。
152 王熹：《明代凤阳等六府三州服饰风尚略论》，《安徽史学》2007 年第 4 期。
153 王熹：《明代服饰研究简述》，《明史研究》第 11 辑，黄山书社，2010 年，第 265—288 页。
154 王熹：《明代庶民服饰研究》，《明史研究》第 10 辑，黄山书社，2007 年，第 87—131 页。
155 王熹：《明代松江府服饰风尚初探》，《中国地方志》2007 年第 2 期。
156 王先福、王洪兴：《明代襄藩王室墓葬的发现与研究（上）》，《湖北文理学院学报》2012 年第 9 期。
157 王先福、王洪兴：《明代襄藩王室墓葬的发现与研究（下）》，《湖北文理学院学报》2012 年第 10 期。
158 王秀玲：《定陵出土的明代宫廷玉器》，《收藏家》2005 年第 12 期。
159 王秀玲：《定陵出土的丝织品》，《江汉考古》2001 年第 2 期。
160 王秀玲：《定陵出土丝织品颜色》，《收藏家》2011 年第 9 期。
161 王秀玲：《定陵出土丝织物题记》，《收藏家》2011 年第 11 期。
162 王秀玲：《定陵出土织物用料》，《收藏家》2011 年第 12 期。
163 王秀玲：《略论明代皇帝之衮服》，田澍、王玉祥、杜常顺主编：《第十一届明史国际学术讨论会论文集》，天津古籍出版社，2007 年，第

444—453 页。

164 王秀玲：《明定陵出土帝后服饰（一）》，《收藏家》2009 年第 9 期。

165 王秀玲：《明定陵出土帝后服饰（二）》，《收藏家》2009 年第 10 期。

166 王秀玲：《明定陵出土帝后服饰（三）》，《收藏家》2009 年第 11 期。

167 王秀玲：《明定陵出土帝后服饰（四）》，《收藏家》2009 年第 12 期。

168 王秀玲：《明定陵出土宫廷御用金器（上）》，《收藏家》2008 年第 10 期。

169 王秀玲：《明定陵出土宫廷御用金器（下）》，《收藏家》2008 年第 11 期。

170 王秀玲：《明定陵出土首饰特点》，《收藏家》2007 年第 5 期。

171 王秀玲：《明定陵出土丝织品种（上）》，《收藏家》2008 年第 7 期。

172 王秀玲：《明定陵出土丝织品种（下）》，《收藏家》2008 年第 8 期。

173 王秀玲：《明定陵出土丝织纹样（上）》，《收藏家》2010 年第 4 期。

174 王秀玲：《明定陵出土丝织纹样（中）》，《收藏家》2010 年第 5 期。

175 王秀玲：《明定陵出土丝织纹样（下）》，《收藏家》2010 年第 6 期。

176 王岩、王秀玲：《明十三陵的陪葬墓——兼论东西二井陪葬墓的墓主人》，《考古》1986 年第 6 期。

177 王岩：《打开丝绸历史的宝库（之六）：定陵地宫——明代的丝织宝库》，《丝绸》1993 年第 8 期。

178 王岩：《定陵出土文物与明史研究》，十三陵特区办事处编：《世界文化遗产——明清皇家陵寝保护与发展研讨会论文集》，北京燕山出版社，2007 年，第 54—62 页。

179 王岩：《明定陵出土丝织品研究》，《中国考古学研究》编委会编：《中国考古学研究——夏鼐先生考古五十年纪念论文集》，文物出版社，1986 年，第 317—327 页。

180 王岩：《明定陵出土丝织纹样概述》，昌平区十三陵特区办事处编：《首届明代帝王陵寝研讨会、首届居庸关长城文化研讨会论文集》，科学出版社，2000 年，第 161—174 页。

181 王业宏、赵丰：《清入关前朝服考》，《东华大学学报（社会科学版）》2009 年第 4 期。
182 王毅、蒋成、江章华：《成都地区近年考古综述》，《四川文物》1999 年第 3 期。
183 王玉兰：《明代严嵩的三件遗物》，《南方文物》1992 年第 4 期。
184 王元林、林杏容：《十四至十八世纪欧亚的西洋布贸易》，《东南亚研究》2005 年第 4 期。
185 王云：《明代民间服饰的流变及其成因》，《北方论丛》1996 年第 5 期。
186 王湛：《画楼金簪锁云鬟：中国国家博物馆藏明益庄王妃万氏金簪赏析》，《收藏家》2009 年第 1 期。
187 王正华：《过眼繁华——晚明城市图、城市观与文化消费的研究》，李孝悌编：《中国的城市生活》，新星出版社，2005 年，第 1—52 页。
188 王正书：《上海打浦桥明墓出土玉器》，《文物》2000 年第 4 期。
189 王正书：《元代玉雕带饰和腰佩考述》，《上海博物馆集刊》第 9 期，上海书画出版社，2002 年，第 486—498 页。
190 巫仁恕：《妇女与奢侈——一个明清妇女消费研究史的初步检讨》，《中国史学》第 13 卷，朋友书店，2003 年，第 69—82 页。
191 巫仁恕：《明代平民服饰的流行风尚与士大夫的反应》，《新史学》第 10 卷，1999 年第 3 期，第 55—109 页。
192 吴恩荣：《元代礼失百年与明初礼制变革》，《北京社会科学》2016 年第 8 期。
193 吴晗：《〈金瓶梅〉的著作时代及其社会背景》，北京市历史学会编：《吴晗史学论著选集》第 1 卷，人民出版社，1984 年，第 334—370 页。
194 吴启琳：《〈皇明条法事类纂〉所见明成弘时期“奢靡”之风》，《中国社会历史评论》第 10 卷，天津古籍出版社，2009 年，第 261—280 页。
195 吴兴汉：《嘉山县明代李贞夫妇墓及有关问题的推论》，《文物研究》第 4 期，黄山书社，1988 年，第 99—103 页。
196 夏寒：《明初功臣葬地考》，《学海》2007 年第 4 期。

197 夏寒：《南京地区明代大型砖室墓形制研究》，《东南文化》2007 年第 1 期。

198 向辉：《消逝的细节：嘉靖刻本〈大明集礼〉著者与版本考略》，《版本目录学研究》第 7 辑，北京大学出版社，2016 年，221—240 页。

199 向珊：《奇冠异服：杨维桢谪仙形象的雅与俗》，中国社会科学院历史研究所文化史研究室编：《形象史学研究（2013）》，人民出版社，2014 年，第 174—186 页。

200 肖健一：《明秦藩家族谱系及墓葬分布初探》，《考古与文物》2007 年第 2 期。

201 谢大勇：《明代服饰文献举要》，《北京文博文丛》2013 年第 4 期。

202 谢国桢：《明末社会经济的繁荣与文化艺术的发展》，《明史研究》第 2 辑（纪念谢国桢先生九十诞辰专辑），黄山书社，1992 年，第 2—17 页。

203 解立新：《江苏泰州出土明代服饰综述》，《艺术设计研究》2015 年第 1 期。

204 解立新：《泰州出土明代服饰样式漫谈》，《东方收藏》2012 年第 1 期。

205 辛革：《明代顺阳王墓所见金簪》，《中原文物》2009 年第 4 期。

206 熊岚、李宝群：《“三言”、“二拍”中的明代服饰文化管窥》，《唐山师范学院学报》2009 年第 4 期。

207 徐琳：《从带饰到“如意瓦子”——一件“春水”玉绦环的名物变迁》，《紫禁城》2008 年第 4 期。

208 徐琳：《明前期礼仪用玉研究》，《故宫学刊》第 10 辑，故宫出版社，2013 年，第 174—192 页。

209 徐琳：《元代带钩系带方法及其定名的探讨》，杨伯达主编：《出土玉器鉴定与研究》，紫禁城出版社，2001 年，第 399—407 页。

210 徐文跃：《〈皇明典礼〉冠服制度考述》，《文津学志》第 11 辑，国家图书馆出版社，2018 年，第 461—473 页。

211 徐文跃：《含华蕴古——纳纱天鹿图卷的源流》，《紫禁城》2018 年第 2 期。
212 徐文跃：《明代朝鲜冕服研究——以〈国朝五礼仪〉为中心》，张伯伟主编：《域外汉籍研究集刊》第 17 辑，中华书局，2018 年，第 123—141 页。
213 徐文跃：《明代的凤冠到底什么样？》，《紫禁城》2013 年第 2 期。
214 徐文跃：《明代品官常服考略》，王亚蓉、贺阳主编，安蕾副主编，中国文物学会纺织文物专业委员会审定：《中国服饰之美》，中国纺织出版社，2018 年，第 233—256 页。
215 徐志明、王为刚：《从明代墓葬出土服饰看明代服饰制度的僭越》，《丝绸之路》2013 年第 2 期。
216 许敏：《明代嘉靖、万历年间“召商买办”初探》，《明史研究论丛》第 1 辑，江苏人民出版社，1982 年，第 185—209 页。
217 许智范：《地宫幽圹秘藏奇珍——明朝益藩王府宝器欣赏（上）》，《收藏界》2003 年第 10 期。
218 许智范：《地宫幽圹秘藏奇珍——明朝益藩王府宝器欣赏（下）》，《收藏界》2003 年第 11 期。
219 许智范：《藩王墓葬竞奢华　满堂金玉夸豪富——明益王墓发掘亲历记》，《东方收藏》2010 年第 7 期。
220 许智范：《江西明代藩王墓考古收获》，《中国历史文物》2003 年第 4 期。
221 许智范：《江西明代藩王墓志综述》，江西省考古学会编：《江西历史文物：江西省考古学会成立大会暨学术讨论会论文集》，江西省考古学会，1986 年，第 108—116 页。
222 薛登、方全明：《明蜀王和明蜀王陵》，《四川文物》2000 年第 5 期。
223 阎步克：《北魏北齐的冕旒服章：经学背景与制度源流》，《中国史研究》2007 年第 3 期。
224 阎步克：《宗经复古与尊君实用——〈周礼〉六冕制度的兴衰变异》，《北京大学学报（哲学社会科学版）》2005 年第 6 期，2006 年第 1、2 期。
225 杨伯达：《“金镶宝玉闹装绦带三台”考》，《故宫博物院院刊》

2004 年第 2 期。
226 杨婕：《明代时期皇帝冕服的特点及冠服制度考证》，《兰台世界》2015 年第 9 期。
227 杨丽丽：《一位明代翰林官员的工作履历——〈徐显卿宦迹图〉图像简析》，《故宫博物院院刊》2005 年第 4 期。
228 扬之水：《从〈孩儿诗〉到百子图》，《文物》2003 年第 12 期。
229 扬之水：《金井玉栏杆圈儿》，《文史知识》2016 年第 5 期。
230 扬之水：《“文”“物”相映之二——明代首饰中的“万寿”、“摩利支天”、“毛女”》，《南方文物》2014 年第 1 期。
231 扬之水：《移植与嬗变——明代金银饰品中的藏传佛教艺术》，《中国文化》2009 年第 29 期，第 191—204 页。
232 姚丽荣：《明定陵出土丝织品的类别及特点》，中国明史学会、北京十三陵特区办事处编：《明长陵营建 600 周年学术研讨会论文集》，社会科学文献出版社，2010 年，第 629—634 页。
233 姚丽荣：《张居正〈应制题百子图〉与明定陵出土的百子衣》，南炳文、商传主编：《张居正国际学术研讨会论文集》，湖北人民出版社，2013 年，第 297—300 页。
234 于长英：《古代霞帔探源》，《华夏文化》2007 年第 2 期。
235 于长英：《明代藩王命妇霞帔、坠子的探索》，《南方文物》2008 年第 1 期。
236 虞海燕：《玉带与明代政治生活》，《北京文博文丛》2015 年第 2 期。
237 虞万里：《明戴廷仁夫妇墓志释录补正》，《考古与文物》2008 年第 3 期。
238 袁胜文：《江西明墓的类型和分期》，《南方文物》2015 年第 3 期。
239 原瑞琴：《〈大明会典〉版本考述》，《中国社会科学院研究生院学报》2011 年第 1 期。
240 原瑞琴：《万历〈大明会典〉纂修成书考析》，《历史教学》2009 年第 24 期。
241 原祖杰：《服饰文化与明代社会》，《文化学刊》2008 年第 1 期。

242 原祖杰：《皇权与礼制：以明代服制的兴衰为中心》，《求是学刊》2008 年第 5 期。
243 臧卓美：《试论江西省明藩王墓出土的明代头面》，中国明史学会、蓬莱市人民政府编：《第十五届明史国际学术研讨会暨第五届戚继光国际学术研讨会论文集》，黄海数字出版社，2015 年，第 381—389 页。
244 张彩娟：《明代妃嫔墓出土礼仪用玉与冠服制度》，《中国历史文物》2007 年第 1 期。
245 张德信：《明代诸王分封制度述论》，《历史研究》1985 年第 5 期。
246 张广文：《明代的服饰用玉及玉佩坠（上）——宫廷服饰用玉及其影响下的玉佩饰》，《紫禁城》2008 年第 8 期。
247 张广文：《明代的服饰用玉及玉佩坠（下）——民间的佩玉风气》，《紫禁城》2008 年第 9 期。
248 张广文：《明代的玉礼器》，《紫禁城》2008 年第 4 期。
249 张金兰：《试论〈金瓶梅〉中几类女性的服饰》，《枣庄师专学报》2001 年第 3 期。
250 张珑：《明戴廷仁夫妇墓志释录》，《考古与文物》2004 年第 6 期。
251 张鸣铎：《新出土的几方明秦藩王宗族墓志》，《文博》1989 年第 4 期。
252 张琴：《四川明代墓葬试探》，《学理论》2012 年第 14 期。
253 张雯：《明定陵出土金簪装饰中的佛教因素》，《东方收藏》2014 年第 2 期。
254 张瑶、王泉：《南京出土狮蛮纹玉带板》，《中国历史文物》2002 年第 5 期。
255 张瑶：《明墓出土的成对金银饰件简析》，南京市博物馆编：《学耕文获集——南京市博物馆论文选》，江苏人民出版社，2008 年，第 97—125 页。
256 张之杰：《郑和下西洋与麒麟贡》，《自然科学史研究》2006 年第 4 期。
257 张志云：《重塑皇权：洪武时期的冕制规划》，《史学月刊》2008 年第 7 期。

258 章国任：《江西新余明墓出土服饰的保护与保管》，中国文物保护技术协会编：《中国文物保护技术协会第四次学术年会论文集》，科学出版社，2007 年，第 336—340 页。

259 章永俊：《明代北京的官营手工业》，《北京文博文丛》2014 年第 3 期。

260 赵承泽、张琼：《"改机"及其相关问题探讨》，《故宫博物院院刊》2001 年第 2 期。

261 赵丰：《大衫与霞帔》，《文物》2005 年第 2 期。

262 赵丰：《蒙元龙袍的类型及地位》，《文物》2006 年第 8 期。

263 赵翰生：《明代起绒织物的生产及外传日本的情况》，《自然科学史研究》2000 年第 2 期。

264 赵克生：《〈大明集礼〉的初修与刊布》，《史学史研究》2004 年第 3 期。

265 赵克生：《洪武十年前后的祭礼改制初探——以郊、庙、社稷礼为中心》，《东南文化》2004 年第 5 期。

266 赵克生：《明代郊礼改制述论》，《史学集刊》2004 年第 2 期。

267 赵连赏：《明代赐赴琉球册封使及赐琉球国王礼服辨析》，《故宫博物院院刊》2011 年第 1 期。

268 赵连赏：《明代的赐服与中日关系》，《明史研究》第 9 辑，黄山书社，2005 年，第 51—55 页。

269 赵连赏：《明代殿试考官与考生服饰研究》，《南方文物》2015 年第 4 期。

270 赵连赏：《明代祭服略论》，中国社会科学院历史研究所文化史研究室编：《形象史学研究（2011）》，人民出版社，2012 年，第 125—144 页。

271 赵联赏：《古代帝王冕服的文化隐义》，《文史杂志》2014 年第 1 期。

272 赵联赏：《朱元璋对明代冕服制度的影响》，中国明史学会、中国明史学会朱元璋研究会编：《明太祖与凤阳》，黄山书社，2011 年，第 246—255 页。

273 赵小帆：《贵州遵义官田坝明墓出土金银器：失而复得的大明奇珍》，《大众考古》2015 年第 7 期。

274 赵秀丽：《明代皇帝对服饰的影响》，《湖北师范学院学报（哲学社会科学版）》2007 年第 6 期。
275 郑静：《明代首饰繁荣背后的社会因素——以江阴出土的明代首饰为例》，《创意与设计》2014 年第 5 期。
276 周南泉：《论中国古代的圭——古玉研究之三》，《故宫博物院院刊》1992 年第 3 期。
277 周绍泉：《明代服饰探论》，《史学月刊》1990 年第 6 期。
278 朱鸿：《〈徐显卿宦迹图〉研究》，《故宫博物院院刊》2011 年第 2 期。
279 朱勤文、樊昌生、曹妙聪：《江西南昌交大明墓出土部分金玉器特征研究》，《南方文物》2012 年第 1 期。
280 庄英博：《绝世风华：山东博物馆收藏之孔府明清服饰》，《收藏家》2014 年第 1 期。
281 邹建平、陈建平：《玉叶金枝：明代江西藩王墓出土玉器精品赏析》，《收藏家》2011 年第 11 期。
282 邹松林、许智范：《王墓玄宫藏奇珍》，《东方收藏》2010 年第 10 期。
283 邹振常：《剑阁县明代赵炳然墓志简释》，《四川文物》1988 年第 6 期。

博硕论文

1 陈冰：《西安明秦王墓的考察与研究》，硕士学位论文，陕西师范大学中国史专业，2013 年。
2 陈燕菁：《宋代妇女服饰研究》，硕士学位论文，台湾佛光大学历史学系，2009 年。
3 仇泰格：《明代金银首饰研究》，硕士学位论文，上海社会科学院考古学及博物馆学专业，2014 年。
4 丁培利：《四合如意暗花云纹云布女衫的保护修复与研究》，硕士学位论文，北京服装学院艺术理论专业，2014 年。
5 丁艳芳：《〈金瓶梅词话〉的明代服饰词汇训诂》，硕士学位论文，南昌大学汉语言文字学专业，2012 年。
6 多丽梅：《中国古代组玉佩研究》，硕士学位论文，中央民族大学社会学与民族学系，2011 年。
7 何兆阳：《中国南方明代墓葬出土玉器研究》，硕士学位论文，云南大学文物与博物馆学专业，2015 年。
8 胡正宁：《南京出土明代墓志铭考释与研究》，博士学位论文，南京大学中国古代史专业，2013 年。
9 黄玉丽：《古发饰名物词考辨》，硕士学位论文，江西师范大学汉语言文字学专业，2014 年。
10 贾玺增：《中国古代首服研究》，博士学位论文，东华大学服装设计与工程专业，2006 年。
11 江兰英：《〈醒世姻缘传〉的明代服饰词汇训诂》，硕士学位论文，南昌大学汉语言文字学专业，2009 年。
12 蒋玉秋：《明代丝绸服装形制研究》，博士学位论文，东华大学服装设计与工程专业，2016 年。
13 李世财：《论明成化时期的宫廷采买》，硕士学位论文，江西师范大学专门史专业，2006 年。
14 李小虎：《〈明史·舆服志〉中的服饰制度研究》，硕士学位论文，天津师范大学美术学专业，2009 年。
15 廖彩真：《明清妇女的社会生活——以〈醒世姻缘传〉为中心》，硕士学位论文，中兴大学历史学系，2007 年。
16 刘冬红：《明代服饰演变与训诂》，硕士学位论文，南昌大学汉语言文字学专业，2013 年。
17 刘东晓：《〈醒世姻缘传〉中的服饰文化研究》，硕士学位论文，山东大学中国古代文学专业，2015 年。
18 芦苇：《潞绸技术工艺与社会文化研究》，博士学位论文，东华大学中国古代纺织工程专业，2012 年。
19 陆朝婷：《中国冕服制度及其文化价值之研究》，硕士学位论文，辅仁大学织品服装学系，2001 年。
20 罗玮：《汉世胡风：明代社会中的蒙元服饰遗存研究》，硕士学位论文，首都师范大学历史文献学专业，2012 年。
21 马晓光：《长江下游地区元、明墓葬》，硕士学位论文，吉林大学宋元考古专业，2007 年。
22 泥一鸣：《明代女子佩饰“禁步”研究》，硕士学位论文，北京服装学院艺术学专业，2013 年。
23 曲明东：《明代珠池业研究》，硕士学位论文，华南师范大学中国古代史专业，2005 年。
24 阙碧芬：《明代提花丝织物研究（1368—1644）》，博士学位论文，东华大学纺织工程专业，2005 年。
25 时梦楚：《明代女子簪钗的式样与纹样研究》，硕士学位论文，中国地质大学设计艺术学专业，2014 年。
26 孙素娟：《明代服饰词语研究》，硕士学位论文，苏州大学汉语言文字学专业，2010 年。
27 王惠：《服饰与〈金瓶梅〉人物形象塑造》，硕士学位论文，南昌大学汉语言文字学专业，2010 年。
28 王佳琪：《明代女服中的金属饰扣研究》，硕士学位论文，北京服装学院艺术学专业，2012 年。
29 王静：《明代宦官服饰变化探析》，硕士学位论文，东北师范大学中国古代史专业，2012 年。
30 王雪莉：《宋代服饰制度研究》，博士学位论文，浙江大学中国古代史专业，2006 年。
31 邬俊：《明代沐氏家族墓葬研究》，硕士学位论文，南京大学考古学及博物馆学专业，2012 年。
32 吴美琪：《流行与世变：明代江南士人的服饰风尚及其社会心态》，硕士学位论文，台湾师范大学历史研究所，2000 年。
33 吴启琳：《〈皇明条法事类纂〉所见明成化、弘治时期社会经济》，硕士学位论文，南昌大学专门史专业，2007 年。

34 吴原元:《明成化弘治时期经济犯罪探析——以〈皇明条法事类纂〉和〈明实录〉为基本史料》,硕士学位论文,江西师范大学专门史专业,2004 年。

35 谢浩：《三峡库区明代墓葬研究》，硕士学位论文，吉林大学考古学及博物馆学专业，2012 年。

37 徐琳：《元代钱裕墓出土的“春水”玉等玉器的研究》，硕士学位论文，南京艺术学院美术考古专业，2002 年。

38 许佩甄：《明清节庆中的女性节俗与性别文化——以元宵节为中心》，硕士学位论文，台湾师范大学历史学系，2009 年。

39 许晓：《孔府旧藏明代服饰研究》，硕士学位论文，苏州大学设计艺术学专业，2014 年。

40 杨婧：《明代“苏样”服饰及其社会功能》，硕士学位论文，华中师范大学中国古代史专业，2009 年。

41 杨奇军：《中国明代文官服饰研究》，硕士学位论文，山东大学考古学及博物馆学专业，2008 年。

42 杨贤：《中国古代服饰制作工艺研究》，硕士学位论文，武汉理工大学设计艺术学专业，2006 年。

43 杨晓霖:《明代玉带风格研究——以梁庄王墓玉带为例》,硕士学位论文，中国地质大学设计艺术学专业，2012 年。

44 应裕康：《明代笔记所见明人社会习俗之研究》，博士学位论文，中国文化大学中国文学研究所，2008 年。

45 于长英：《古代霞帔制度初探》，硕士学位论文，南昌大学汉语言文字学专业，2007 年。

46 余建伟:《明代赐服研究》，硕士学位论文，西北民族大学专门史专业，2013 年。

47 袁邦建：《江西明代藩王墓葬文化探究》，硕士学位论文，江西师范大学考古学及博物馆学专业，2011 年。

48 张含冉:《明代藩王墓出土金与宝玉石结合制品研究》，硕士学位论文，吉林大学文物与博物馆专业，2014 年。

49 张燕芬：《明清服饰之器物纹样研究》，硕士学位论文，江南大学设计艺术学专业，2012 年。

50 周小靖:《赣鄂地区明墓出土女性头部金银饰品研究》，硕士学位论文，中国地质大学设计艺术学专业，2013 年。

51 庄嬴：《明代皇帝赏赐现象探析》，硕士学位论文，天津师范大学史学理论及史学史专业，2012 年。

图版目录

卷之一　服饰文献举要

卷之二　帝王后妃冠服

卷之三 品官命妇冠服

卷之四 士庶及妻服饰

后　记

写作本书的想法由来已久，但直到2015年底才得以动笔。至2016年9月，书稿大体完成，其后对内容稍作了补充并完成形式上的统一。我的本业，最初与织绣服饰无关，既无师承，又无倚傍，涉足此行纯属兴趣使然，且出于偶然。至今，关注织绣服饰已逾十五年，本书算是学习过程中的一点心得、一份作业吧。

其间，加惠于我的师友众多，首先要感谢的是三位老师。

第一位，郑老师。郑老师毕业于中央美术学院国画系，初为美术编辑，后为展览陈列设计师。郑老师专业功底深厚，盆中花、池边草、架上瓜，经其寥寥数笔，无不形神俱足。又因热爱文物且浸润日久，其所经手的展览在陈列设计上往往别具一格，颇能展现文物的历史文化价值与美感。当年我混迹网络，所发文字往往得其点评，收于本书的某些文字，即承郑老师垂阅。可以说，郑老师是本书较早的读者之一。

第二位，朱老师。朱老师祖籍浙江，祖上清末就已著籍京师。与其相识，是经郑老师的介绍，而得以认识的缘由，实为因我读书不精而犯的一个错误。因着网络的便利，也部分地因我是浙江人，朱老师屡以图书寄赐。2012年11月，朱老师南下省亲，当面以几本又大又重的图书惠赠。朱老师身体清瘦，又长途带书见赠，高情厚谊是很可感的。那一次，是我和朱老师的首次见面。

第三位，房老师。房老师是织绣服饰的典守之人，也是对此研究用力甚深的人。最初知道房老师，是因拜读了他的一些文章。后来也是机缘巧合，得以知道房老师的邮箱，我曾就一些具体的问题向他请教，此后即蒙赐阅一些织绣服饰相关的资料或文章。2013 年 11 月，出差西南期间，正好与房老师在同一住所且只相隔一间。得知后我便冒昧上门拜谒，于是就有了第一次见面。

以上三位老师，最初都是经由网络认识，而得见其人的却只有后面二位。郑老师则因故未能见着，而今他已无缘看到此书，这不得不说是一个不小的遗憾。

本书完稿后，曾赴椙柿楼请益，主人以其所著图书惠赐并予鼓励，实际上本书的不少内容即受其影响。本书的写作，正值我在杭州工作期间，单位的领导和同事，诸如赵丰、汪自强、周旸、王淑娟、楼航燕、罗铁家等人，在工作和学习上都曾给予关照。本书在写作及改定过程中，也得到众多师友的帮助，他们或提供资料，或允许使用插图，或允许使用翻译的材料，他们是北京的谢大勇、云南元阳的马国瑞、湖北荆州的黎国亮、上海的李捷、浙江象山的梁晓野、身处海外的李青芯，以及许多我不知道其真实姓名的朋友。武义驻京办主任朱老师与编辑刘晴，为了本书能够早日出版，付出了我知道与不知道的诸多努力。我曾在杭州工作、生活多年，本书写于杭州，现在又在杭州出版，可以说与杭州的缘分不浅。而接续这一缘分的，实赖浙江古籍出版社的支持。浙江古籍出版社总编辑钱之江慨允将小稿纳入出版社的出版计划，使本书有了出版的可能。责任编辑伍姬颖的不辞劳苦、辛苦付出，使本书能够顺利出版。在这，对上述的各位，表示由衷的感谢。

读书不易，著书亦难。囿于闻见，兼以驽钝，书中的不足和错误在所难免。古人说闻过则喜，倘读者诸君愿意指出我的不足、匡正我的谬误，则实在是我所乐见。

2016 年底于钱塘江畔

2022 年春改定于京郊